Fabio Basilico

Il sapore del freddo

Romanzo

Jaborandi Publishing Italia

Jaborandi Publishing Italia, Milano 2016
© Fabio Basilico

ISBN 979-12-200-1498-4

In copertina: foto dell'Autore

NOTA
La vicenda narrata è pura fantasia letteraria. I nomi dei personaggi sono immaginari, così come i riferimenti a cose e situazioni. Nell'opera compaiono anche riferimenti a strutture istituzionali esistenti o informazioni storiche che sono puramente casuali ed esclusivamente finalizzati all'elaborazione del romanzo.

Il sapore del freddo

A Federico e Giuliana.
Le due parti che compongono
il mio tutto.

"Colui che colpisce un uomo causandone la morte,
sarà messo a morte".
Esodo 21, 12

"Ma a voi che ascoltate, io dico: amate i vostri nemici,
fate del bene a coloro che vi odiano, benedite coloro che vi maledicono,
pregate per coloro che vi trattano male.
A chi ti percuote sulla guancia, offri anche l'altra;
a chi ti strappa il mantello, non rifiutare neanche la tunica".
Vangelo di Luca 6, 27-29

Primo giorno
Capitolo 1

Ciò che chiamiamo superbia è sublime qualità per il genio e arrogante banalità per lo stupido. Il freddo vorace di una mattina assolata di Gennaio non riusciva ad annebbiare la maestosa crudeltà di quella visione. Solo un pazzo dotato di intelligenza raffinata poteva aver concepito un simile teatro del tragico: il cadavere di una ragazza nuda, dai folti capelli biondi, pendeva a testa in giù come un tronco inerte dalla Parléra, la loggetta dell'Arengario da cui nel Medioevo venivano letti i decreti del Comune. Una corda grezza, fissata a una delle due colonne della loggetta, cui erano avvinghiati gli esili piedi di giovane donna, cingeva in un abbraccio mortale anche le articolazioni di pietra fredda dell'antico balcone. Il volto della poveretta era ricoperto dai capelli che pudicamente sembravano proteggerlo da sguardi affamati.

Piazza Roma invasa dai curiosi. Immobile nel suo metr'ottanta e rotti, i piedi gelati avvolti in calze leggere dentro scarpe di finta pelle, una giacca a vento logorata ai gomiti e un paio di jeans scoloriti, il giornalista Filippo Corti, caporedattore della nera del quotidiano locale La Gazzetta, non smetteva di pensare all'autore di quell'efferatezza. La scena davanti ai suoi occhi era insieme terrificante e grottesca, degna solo della fantasia di un genio criminale.
Non c'erano dubbi sulle sue perverse competenze scenografiche. Il freddo, intanto, lo possedeva come un'amante focosa. Ne sentiva il profumo, il sapore gli roteava vorticosamente in bocca e finiva inghiottito, giù fin nella pancia ancora ingombra di brioche e caffè mescolati insieme. Il corpo inerte della giovane donna era quello di una bambola senza vestiti. Il colore grigio quello delle cose brutte che puzzano. Nessun segno esterno visibile di violenza, la pelle liscia come di plastica. Aste spezzate le sue braccia, dritte come moncherini bruciati da cui fuoriuscivano, a intermittenza schizofrenica, deboli schizzi di sangue dispersi per terra in anonime gocce scure confuse tra i consunti sanpietrini. Le mani non c'erano più, recise, tagliate, segate e portate chissà dove. In mezzo alle gambe il pube, un isolato velo di peluria chiara che si perdeva in un mare di grigio stinto.

Il cadavere dondolava leggermente, spinto da un venticello crudele che calciava l'aria cattiva di quella fredda mattina di gennaio. L'angoscia straripava persino dalle mute facciate degli edifici che circondavano la piazza. Filippo Corti sapeva chi era quella donna: Anna Reggiani, diciannove anni. La sua scomparsa, risalente a una settimana prima, lo aveva tenuto parecchio occupato al giornale. Per sette giorni si era immerso nell'oscuro destino di quella giovane sfortunata. In redazione non aveva pensato ad altro che a riempire file di righe scritte. Era quella la fine di una storia triste?
Nel cielo azzurro tutto sembrava immobile. Piazza Roma avvolta in un silenzio dotato

di intelligenza cinica. Nella vicina edicola che sporgeva da un lato di piazza Citterio, le copie fresche della Gazzetta erano stese sullo scaffale. Copie fresche che odoravano già di vecchio. Negli articoli di cronaca nera si poteva leggere di una ragazza scomparsa di cui tutti si chiedevano dove fosse finita, nutrendo il desiderio di rivederla presto. I quotidiani. Esercizi di scrittura distorta, raccontano oggi ciò che è accaduto ieri, come libri di storia contemporanea di strettissimo raggio. Non hanno il dono paranormale della chiaroveggenza, seguono il meccanicismo zoppo della realtà visibile e lasciano l'amaro in bocca. Ieri la ragazza era assente, oggi invece è presente. E morta. L'assalì improvviso il desiderio di scrivere. Impetuoso, carico di energia. Non abbassare la guardia, ripeté a se stesso. A questa morte ne potrebbero seguire altre, altri rapimenti, altre paure, l'ombra di un assassino che potrebbe non desistere dal suo mortale compito.

"Ho un maledetto presentimento".

Il commissario Franco Crespi, sigaretta in bocca, non passava inosservato con la sua imponente statura che sembrava fendere l'aria. Il loden verde militare emanava tensione impazzita. Si avvicinò a Corti guardandolo con aria greve. Gli occhi arroventati dalla lucidità elettrica dell'insonne.

"Proprio così. Un maledetto presentimento che non sia finita qui ma che siamo solo agli inizi".

Non era mai accaduto nulla del genere nella storia recente della città.

"Buona famiglia, ottimi studi, brillanti prospettive di carriera. Sembra che il destino non aspetti altro per farsi una bella sega e rovinare tutto".

Crespi sputò a terra il mozzicone e si accese un'altra sigaretta, l'ennesima Camel dal fetore insopportabile. Il giornalista si strinse nella giacca a vento. Il freddo pungeva con aghi schizzoidi.

"Il destino gioca a dadi ma è un baro, commissario".

Il poliziotto rise emettendo una nuvola di fumo acre.

"Ieri ho letto il tuo articolo. Ogni volta che vedo la tua firma, Corti, la curiosità vince ogni resistenza. Non è solo perché mi piace il tuo stile. C'è una sorta di tensione tra le righe, una calamita mentale che tiene avvinghiato il lettore incuriosito fino alla fine del pezzo".

"Però l'articolo che trovi oggi in edicola è totalmente fuori tema", precisò l'interpellato sospirando involontariamente.

"Capisco cosa vuoi dire", proseguì Crespi sorridendo. "È così che vanno le cose e suppongo che nessuno di noi abbia voglia di cambiarle. Dico bene?".

Corti annuì con svogliatezza, distratto dai movimenti della piazza. Una berlina Mercedes di colore nero proveniente a bassa velocità da via Vittorio Emanuele II si fermò a pochi metri dal luogo dove era appesa Anna Reggiani. Dai sedili posteriori emerse la figura di un sacerdote grassottello sulla sessantina con un cappello nero a tese larghe in testa. Si mosse piano, con timore, costretto dalle evidenti drammatiche circostanze a compiere il suo dovere ministeriale. In un mano reggeva l'aspersorio, nell'altra il secchiello per l'acqua benedetta. Con movimenti calcolati, il prete sparse a casaccio liquido santo e benedisse lo spazio invisibile al di sotto del corpo appeso della ragazza.

Dalla sua bocca uscivano parole incomprensibili, sussurrate come un mantra triste e da nessuno ascoltate. Terminata l'operazione, il sacerdote risalì a bordo della Mercedes che si allontanò nella scia degli sguardi dei presenti.
"Sta arrivando l'ambulanza", continuò Crespi mostrando totale indifferenza per quanto appena successo. "Ma quelli della Scientifica dove cazzo sono?".
Buttò a terra il mozzicone. Una sottile linea di fumo salì verso l'alto come un'anima impaziente di raggiungere la dimora celeste. Si diresse da due dei suoi uomini, parlò loro in tono concitato e afferrò il cellulare per chiamare qualcuno. Annunciata dai latrati della sirena, l'ambulanza sbucò pochi minuti dopo da via Carlo Alberto, le gomme stridenti sui sanpietrini lisi. I curiosi osservavano ammutoliti. Il commissario continuò a parlare mentre a passo svelto percorreva i pochi metri che lo separavano dall'imbocco della via. All'improvviso alzò una mano intimando l'alt al veicolo di soccorso. L'ambulanza subito si arrestò. L'autista abbassò il finestrino laterale e parlò con Crespi in modo tranquillo. Poi il mezzo di soccorso si rimise in moto, a sirene spente. Girò intorno all'Arengario per fermarsi sul lato est, quello prospiciente la Fontana della giovinetta. Alla fanciulla di pietra avevano da poco riattaccato la testa, un segnale di civile ottimismo in un tempo di barbarie. Forse sarebbe durata poco e come già successo innumerevoli altre volte, sarebbero arrivati i barbari di turno per eseguire una nuova decapitazione.

I due uomini a bordo dell'ambulanza rimasero seduti. Evidentemente, la priorità assoluta sulla scena del crimine era della Scientifica. Crespi urlava al telefono.
"Sono due ore che io e i miei uomini siamo qui, cazzo! Crede che ci stiamo divertendo a congelare davanti al triste spettacolo di una ragazza uccisa e appesa a testa in giù?! Vi voglio qui, immediatamente!".
La testa di Corti scivolò via oscenamente, nel futuro. Quella sera lui e Lucia sarebbero usciti a cena. Da almeno quindici giorni i due non si ritagliavano un momento privato in un buon ristorante. In poco più di sei mesi di relazione, non era certo la tempistica di frequentazione perfetta. Filippo non poteva permettersi di perdere troppo tempo per strada se non voleva arrivare tardi all'appuntamento. L'articolo in fieri avrebbe contenuto informazioni importanti: ragazza ritrovata, morta, circostanze brutali, via alle indagini. Per lo sdegno e la pietà umana sarebbe bastato improvvisare sul momento. Ne era certo: avrebbe trascorso un pomeriggio intero a riepilogare i fatti, fare il punto della situazione e avanzare qualche coraggiosa ipotesi. Pensò ai genitori della vittima, focalizzando con difficoltà uno stato d'animo che non poteva concepire in tutta la sua immanenza tragica. Il dolore colpisce tutti ma si fa riconoscere solo dal singolo. Chi aveva avuto il compito di avvertirli di quanto era successo all'Arengario? Lo aveva fatto Crespi o qualcuno dei suoi uomini? E dove erano i signori Reggiani? Nascosti tra la gente? In un angolo a soffrire in silenzio, la mente annebbiata, lo spirito spezzato come un vetro rotto in migliaia di pezzi, impossibili da ricomporre? Oppure erano già tornati a casa, nella loro casa, improvvisamente l'unica tana dove ripararsi da intemperie che facevano temere la fine del mondo?

4

Non poteva ancora andarsene. Doveva vedere arrivare la Scientifica. Soprattutto, desiderava con tutte le sue forze che la ragazza fosse tirata giù e aiutata a trovare una sistemazione più umana. Il commissario Crespi tornò da lui, con l'evidente intenzione di sputare altre parole di sfogo.
"A volte mi chiedo come la gente possa essere diventata così poco professionale".
Un'altra sigaretta puzzolente.
"L'ambulanza è arrivata a sirene spiegate nonostante sapessero che non c'era nessuna vita da salvare. E i coglioni della Scientifica se la prendono comoda: sono in sede ad aspettare che qualcuno gli dica di muoversi. Probabilmente stanno giocando a briscola. Teste di cazzo".
Altri dieci minuti. Corti e Crespi decisero di concedersi un caffè ristoratore. Offrì il giornalista, lasciando al commissario il piacere pieno di gustarsi quel fuori onda al caldo del bar, piccola rivalsa contro i dispiaceri del lavoro contemporaneo. Non mentiva Crespi. Il commissario era sincero come sapeva esserlo un grande professionista, serio e preciso. Non sempre manifestava un atteggiamento disponibile, a volte era minaccioso e autoritario. Burbero, anche oltre misura. Ma nessuno metteva in dubbio le sue competenze.

Quando arrivò l'auto della Scientifica, il commissario era posizionato sotto il cadavere che ancora pendeva come il batacchio di una campana stonata. Lo sguardo di Crespi era torvo ed era probabile che si sarebbe esibito in una nuova sfuriata. Dall'auto scesero due uomini in tuta bianca. Non fecero neanche finta di muoversi velocemente. Il commissario gesticolò animatamente, disegnando in aria nuvolette con all'interno parolacce in cirillico. I due della tuta bianca si diressero, armati di grosse valigette, verso l'ingresso nord dell'Arengario, quello che permetteva di salire al piano superiore attraverso una scala a chiocciola di pietra. Pochi minuti dopo si affacciarono alla Parléra. Impiegarono mezz'ora per rilevare le prime tracce, che ovviamente nessuno poteva notare a occhio nudo, altri quindici minuti per avvolgere la corda e recuperare il corpo di Anna Reggiani. Lo spettacolo era finalmente finito.
Si mossero finalmente anche i due dell'ambulanza, in tuta arancione. Fecero indietreggiare il veicolo a ridosso dell'ingresso nord, smontarono e scaricarono una lettiga con steso sopra un pesante telone grigio topo. Per vedere meglio, Corti nel frattempo si era spostato sulla direttrice del lato ovest dell'Arengario, tenendosi comunque vicino all'imbocco con via Italia. Registrò tutto con naturalezza meccanica. Forza dell'abitudine. I curiosi iniziarono a scemare. Il giornalista cercò di individuare una coppia, nella speranza di poter vedere i genitori della ragazza. Non li aveva ancora conosciuti di persona, il contatto si era limitato a qualche telefonata durante la settimana precedente, quando Anna Reggiani era scomparsa e si nutriva la speranza di rivederla presto. Li aveva però visti in foto, poteva benissimo riconoscerli. Il dolore avrebbe potuto aiutarlo. Chi soffre ha una maschera ben evidente.
I due dell'ambulanza entrarono nella torre.
Quando uscirono, sorreggevano la barella con il corpo di Anna Reggiani infilato den-

tro il telone grigio. La coppia della Scientifica era invece sparita. Il suo lavoro era tuttavia appena iniziato: rilevare altre tracce per tutto l'edificio, fin dove la logica avrebbe imposto di cercarle. E se l'assassino fosse entrato dall'ingresso che dava sul lato est dell'edificio, raggiungibile grazie alla scala di metallo esterna? La morta venne caricata sull'ambulanza che si mise di nuovo in moto, senza sirene. Un carro funebre bianco. Attraversò piazza Carducci e da lì prese la direzione dell'Ospedale San Gerardo e del dipartimento di anatomopatologia dell'Università, per l'autopsia disposta dal procuratore.

Più rilassato e in apparente pace con il mondo, Crespi tornò dall'amico giornalista con l'ennesima sigaretta in bocca. Erano quasi le undici.
"Meno male che l'abbiamo tirata giù", disse espirando una nuvola di fumo biancastro.
"Non vedo i genitori della ragazza. Ci sono?", chiese Filippo in apparente apprensione.
Il commissario gli rispose senza guardarlo.
"Erano qui con me prima delle otto. Ti lascio immaginare il loro stato d'animo. Hanno preferito andarsene. Aspettano la figlia al dipartimento per l'autopsia".
A parte pochi gruppetti di persone fermi qua e là a parlottare, Piazza Roma sembrava tornata alla sua normale e robotica quotidianità. Gente che camminava, macchine che circolavano...
Crespi spostò lo sguardo di 180 gradi.
"Da dove pensi sia entrato l'assassino?".
Il commissario sospirò senza scomporsi più del dovuto.
"Probabilmente dalla porta sul lato est. C'è ancora la chiave nella serratura. Non credo abbia avuto difficoltà a procurarsela. Mi hanno riferito che di solito giace incustodita in un armadietto nella portineria del palazzo comunale. Basta sapere quale".
"E perché avrebbe dovuto lasciare la chiave nella serratura? Mi sembra un comportamento insolito per un assassino così efferato e preciso".
Crespi deglutì un bolo di catarro e si mise due dita dentro il colletto della camicia.
"Direi che non gli importa un fico secco dei dettagli marginali. Quello che gli preme è l'effetto scenico, i particolari significativi. Comunque, i ragazzi della Scientifica scopriranno se ci sono impronte digitali o che altro".
Il poliziotto fece qualche passo in avanti e poi tornò indietro.
"Sono nella merda fino al collo, Filippo. Il Sindaco mi ha già chiamato cinque volte, non so se è più incazzato o impaurito. Il procuratore mi chiede di accelerare perché deve arrivare al più presto a qualche risultato plausibile, come se dipendesse tutto da me".
"Di cosa dovrebbe avere paura il sindaco?"
Il commissario questa volta lo guardò stupito, come se Corti gli avesse chiesto per quale motivo l'acqua bolle se la scaldi.
"Sei un monzese, Corti. E per giunta fai anche il giornalista. Dovresti conoscere la mentalità della tua città e arrivarci da solo".

6

Crespi era nato a Novara, un alibi perfetto.

Il giornalista non disse nulla, aspettando che fosse il poliziotto a illuminarlo.

"Nella settimana in cui Anna Reggiani è scomparsa, Luca Riboldi mi chiamava tutti i giorni. Per un aggiornamento sulle indagini, diceva".

"Cosa ti ha indispettivo in tutto questo?"

"Siamo amici, Filippo. E ti posso parlare da amico. Ho la netta impressione che mi sto infilando in un tunnel molto lungo e molto buio. Non è tanto la ricerca del colpevole che mi preoccupa, quanto la strada che prima o poi ci porterà a scovarlo".

"Che intendi dire?"

Crespi sbuffò, guardandosi intorno per accertarsi che nessun altro potesse sentire cosa stesse per dire.

"Lavoro qui ormai da dodici anni. Monza è cambiata. Una volta le persone si sentivano più sicure e avevano più fiducia nelle istituzioni e nelle forse dell'ordine. Tutto era in stato di equilibrio e trionfava una mentalità basata sulle regole e sulle convenzioni sociali. Brave persone operose, una vita civile tranquilla, nessun scandalo pubblico, fatti privati tenuti rigorosamente segreti. Oggi non è più così, o almeno non lo è più in gran parte. C'è più insicurezza e meno fiducia nelle istituzioni ma la mentalità di fondo è rimasta la stessa".

"E il magico equilibrio è saltato...".

"Esatto. Questo genera nervosismo. Potrei anche dire paranoico perbenismo, il desiderio compulsivo di nascondere sotto il tappeto lo sporco scopato per terra. Anche se il tappeto non è più in grado di nascondere tutto, perché sotto c'è troppo roba. Il sindaco è ovviamente preoccupato per la sua immagine. Come dargli torto a meno di un anno dalle elezioni e un buco di bilancio di molti zeri? Una ragazza di buona famiglia che scompare e viene ritrovata morta appesa alla Parléra, nuda e con le mani mozzate, non va d'accordo con l'idea o l'illusione di avere a tutti i costi una città di onesti cittadini timorati di Dio. Ci sono di mezzo voti e interessi, la politica è fatta di queste cose e lo sappiamo. Tutto s'incastra in un sistema sociale fatto di principi, valori, convenzioni".

"Ti preoccupa il fatto di dover pestare i piedi al potente di turno?"

Crespi prese qualche secondo prima di rispondere. I suoi occhi tradirono la risposta con netto anticipo.

"Ho come l'impressione che la morte di Anna Reggiani solleverà una vera e propria tempesta, in grado di dare una bella scossa alla città e ai suoi notabili. Ovviamente, non ho elementi per accusare nessuno, sarei uno sciocco a crederlo per partito preso. Ma quando inizierò a scavare più nel profondo, finirò per diventare antipatico a molti".

Adesso anche Corti voleva fumare. Ufficiosamente intenzionato a smettere, non era ancora riuscito a prolungare l'astinenza oltre le ventiquattr'ore. Si accese una Philip Morris mentre mentalmente dava ragione a Franco Crespi. Non è nato a Monza ma della città ne ha compreso l'essenza, pensò con la sigaretta tra le labbra.

"Vorrei chiederti una cortesia, Filippo. Rispettando la tua autonomia professionale, s'intende".

"Certo. Chiedi pure".

Crespi girò la testa e si accorse che uno dei suoi poliziotti stava venendo verso di lui. Parlò velocemente.

"Collaboriamo più strettamente di quello che già facciamo. Ognuno nel suo campo, ovviamente. Aiutiamoci a vicenda a venire a capo di questa storia".

Lo chiese più da amico che da commissario, bisognoso com'era di qualcuno con cui digerire tutta quella bruttezza.

"Va bene. Contaci", rispose sincero Corti.

"Commissario, il Sindaco ha fatto richiesta di un incontro urgente", buttò lì solerte il poliziotto.

Crespi recepì il messaggio e guardò il giornalista con un'espressione eloquente.

"Va bene, Guidi. Confermi l'appuntamento tra un quarto d'ora".

Il poliziotto annuì e si allontanò.

"Grazie, Filippo. Ci sentiamo presto, allora. Buona giornata".

Prima di andarsene il commissario sorrise. Prima di raggiungere il gruppo di poliziotti che lo attendeva, gettò a terra un fazzoletto di carta usato. Non c'era neanche un cestino a portata di mano.

Primo giorno
Capitolo 2

Il segnale acustico del cellulare giunse inaspettato. Proprio quando Filippo Corti cominciava ad avere una gran fame. Nonostante la terribile esperienza di poche ore prima, il suo corpo cinicamente non accettava di venir meno alla necessaria regolarità delle funzioni biologiche. Nonostante lo spettacolo della morte che ancora vorticava nel suo cervello divorato dall'adrenalina. Quasi le tredici. Ora di pranzo. Lasciato l'ufficio, si sedette a uno dei tavoli di un piccolo e caldo locale di via Italia, a poche centinaia di metri dall'Arengario. Il cellulare emise ancora una volta il suo insistente e monotono richiamo mentre il giornalista, digitando sulla tastiera del tablet, buttava giù la prima parte dell'articolo destinato alla prima pagina della Gazzetta del giorno dopo. Lucia Zanata.

"Dottor Corti, buongiorno!".

Lucia era di buon umore. La sua voce spargeva energia attraverso la linea invisibile del magnetismo. Filippo si lasciò coinvolgere in una rete invisibile di sensazioni positive.

"Buongiorno, dottoressa. A quale interessante caso sono chiamato a collaborare?".

"Causa difficilissima, mio caro! Far divertire e distrarre un avvocato stressato e oberato di lavoro. L'appuntamento è fissato per questa sera, dottor Corti: spero non se lo sia dimenticato".

Via Italia era inondata di sole. Corti sorrise. I raggi illuminavano tutto ciò che si offriva al loro tocco caloroso. Faceva quasi primavera.

"No di certo. Il mio stomaco però sta reclamando cibo. Sono seduto al Bar Tigli di via Italia. Tu che fai?".

"Aspetto due colleghe. Come te, stiamo andando a pranzare nel nostro ristorantino di fiducia".

"Spero non migliore di quello dove ti porterò stasera, mia cara".

"Sarà meglio per te. Altrimenti dovrò rivedere al ribasso la stima che ho per il più brillante giornalista italiano".

L'avvocato rise e a Filippo parve di ascoltare una risata costruita, da copione. Una donna che puntava al successo e si divertiva a tenere gli uomini sulla punta delle dita, come una diciottenne seducente. Una diciottenne... Davanti agli occhi fluttuò al rallentatore l'immagine martoriata di Anna Reggiani appesa a testa in giù dalla loggetta dell'Arengario.

"Filippo? Tutto bene? Ci sei?"

"Sì... Scusami. E che all'improvviso mi sono accorto che questa giornata è iniziata con una brutta esperienza".

"La ragazza trovata morta? Ho ascoltato la notizia alla radio mentre rientravo da Milano. Sei stato sul posto?"

"Sì. Non potevo certo mancare al tragico spettacolo. Domani leggerai la cronaca di ciò che è successo questa mattina e del perché siamo arrivati a questo punto. Ho già scritto buona parte del pezzo, aspetto di avere altre informazioni al dipartimento di anatomopatologia e dai genitori della ragazza, sperando che abbiano voglia di ricevermi".
Lucia annuì emettendo un leggero grugnito.
"Povera ragazza. Che brutta fine. Cosa può essere successo?"
"La Polizia brancola nel buio. La ragazza era scomparsa una settimana fa, l'obiettivo era ovviamente ritrovarla viva. Certo, la morte era stata messa in conto, ma una fine così chi poteva immaginarsela? Ha spiazzato tutti".
A ovest il cielo si riempì improvvisamente di nuvole grigiastre. L'aria tornò fredda.
"A che ora passo a prenderti stasera?".
"Sarò a casa per le otto. Tempo di una doccia e di vestirmi come si deve... Diciamo verso le nove. Va bene?"
"Recepito. Alle nove sotto casa della più bella e intelligente lawyer italiana".
Lucia rise di nuovo. Questa volta senza recondite meschinità. I due si salutarono scambiandosi casti baci virtuali. Il pensiero macabro di Anna Reggiani se ne era già andato. Al suo posto, il cervello di Filippo partorì due archetipi istintivi: un panino con speck, brie, insalata e salsa rosa e un amplesso vertiginoso con penetrazione da dietro, augusto presagio dell'imminente appuntamento serale con Lucia Zanata.

Poco dopo le tre del pomeriggio Filippo parcheggiò la Polo blu nello spazio antistante alla piccola porta d'ingresso al dipartimento di anatomopatologia annesso all'Ospedale San Gerardo di Monza. Regnava un silenzio adeguato, inquietante. Nuvole nere incinte di pioggia cattiva aspettavano ansiose di partorire rabbia liquida. I genitori di Anna Reggiani potevano essere ancora lì, imprigionati nel loro dolore e incapaci di muoversi, forse persino di respirare come comuni mortali che annaspano nell'incubo della realtà quotidiana. Corti non aveva però più voglia di incontrarli. Non in quel momento almeno. Pigiò il tasto del citofono consumato da troppe dite appesantite. Pochi secondi dopo la porta di metallo si aprì davanti a un giovane dai capelli nerissimi e ricci, apparentemente più vicino ai trenta che ai quarant'anni, alto e dal fisico asciutto. Indossava un camice verde.
"Buongiorno. Sono Filippo Corti della Gazzetta".
"Prego, entri pure".
L'ambiente era buio e umido e i muri dello stretto corridoio che portava all'interno del dipartimento sembravano parti inanimate di un organismo mummificato. I due camminarono affiancati.
"Lei è il dottor Aliprandi, giusto?".
"Sì", rispose il patologo. "Ho preso il posto di Luigi Riva. Se non erro è la prima volta che ci vediamo".
"Esatto. Abbiamo già avuto modo di parlare al telefono ma non di conoscerci di persona".
Di Marco Aliprandi aveva scritto diffusamente anche la Gazzetta, mettendo in risalto

le sue competenze di anatomopatologo. Dall'inizio dell'anno il medico aveva sostituito il decano dei patologi monzesi, Luigi Riva, andato in pensione ed entrato a far parte della schiera dei fortunati che potevano permettersi di godersi il meritato riposo senza problemi economici. Marco Aliprandi si era fatto le ossa in diversi ospedali milanesi dove aveva avuto l'opportunità di mettersi in luce e di acquisire punti di credito nell'ambiente sanitario regionale.

"La collega Barbara Longhi mi ha accolto come un eroe", stava dicendo il medico. "Temeva di rimanere da sola dopo il pensionamento del dottor Riva. Le assicuro che non è piacevole lavorare in questo posto se non si è almeno in due".

"Immagino", disse senza sarcasmo Corti. Faceva freddo e lungo il corridoio che adesso curvava a gomito verso destra spirava aria che sembrava vento polare.

"Leggo spesso la sua firma sul giornale", continuò Aliprandi. "Ho seguito con apprensione la triste vicenda di Anna Reggiani. Povera ragazza, mi dispiace moltissimo".

"Barbara non c'è?"

"Inizierà il turno più tardi. Spero sia andata a riposarsi. L'ho vista un po' stanca negli ultimi giorni".

Il lungo corridoio giunse al termine: a destra la stanza di medici e ausiliari, il laboratorio, il magazzino e l'ufficio, a sinistra l'obitorio vero e proprio, il museo della morte. Due stanze adiacenti, ampie, spartane, ciniche. Al loro interno le celle frigorifere. I due uomini entrarono nella prima stanza. Marco Aliprandi camminava deciso ma lentamente. Non aveva fretta. I suoi pazienti non erano in trepidante attesa di una diagnosi.

"Qui c'è Anna", disse senza inutile enfasi mentre varcava la soglia.

Lì il freddo era ancora più pungente. Il corpo della ragazza giaceva su un tavolo di metallo, a ridosso della cella a esso destinata.

"Questa mattina ho ricevuto i genitori della ragazza. Le lascio immaginare lo strazio di quelle persone. Il riconoscimento è stato immediato".

Mentre pronunciava quelle parole, Aliprandi si posizionò lungo uno dei lati più lunghi del tavolo di metallo. Anna era avvolta nel sacco grigio da cui emergeva con la testa e la parte alta del torace. C'era ancora più puzza dolciastra nell'aria. La morte non ha colore ma odore.

"È lei che ha eseguito l'autopsia?".

"Sì. Ho già compilato il referto. Cosa le interessava sapere? Al telefono non mi ha anticipato nulla".

Il patologo lo guardò sorpreso. Poi sorrise allargando le braccia.

"Possiamo darci del tu? Aiuta a semplificare le cose".

"Certamente. Nessun problema. Causa della morte?".

Aliprandi fece scorrere con mani esperte la cerniera che chiudeva il sacco. Apparve il resto del corpo, con in evidenza le tracce dell'intervento autoptico. Un fantasma con sembianze di carne.

"Andiamo con ordine. Anna Reggiani è morta da non più di ventiquattr'ore. Ho eseguito un'autopsia completa con l'esame di tutte le cavità del corpo, testa compresa. Oltre alle evidenti amputazioni delle mani, non ho riscontrato altre lesioni esterne o interne. Tracce di sperma sono state rinvenute sia nella vagina sia nell'ano".

"Vuoi dire che è stata violentata?".

Il patologo, che evidentemente si aspettava una domanda del genere, sembrò in procinto di godersi la soddisfazione di fare una rivelazione importante.

"All'inizio lo pensavo anch'io. Ma l'esame dei tessuti vaginali e rettali l'ha escluso. La ragazza ha avuto un rapporto sessuale consenziente, prima di morire. Non ha subito alcuna violenza oltre a quella che l'ha uccisa e ha provocato l'amputazione degli arti superiori. Non ci sono lividi, graffi o altro. La Scientifica ci dirà qualcosa in più a proposito del sangue e dei campioni spermatici. Essendo stata penetrata anche analmente, è probabile che la ragazza abbia fatto sesso con più di un uomo".

"Ne è sicuro?", chiese Filippo allarmato.

"Tenga conto che i campioni di sperma appartengono a due individui diversi".

Un altro colpo di scena. Avrebbero accettato anche questo i familiari di Anna Reggiani? Oppure avrebbero fatto a meno della morale per una volta, una soltanto, il tempo di seppellire la figlia prima di rituffarsi nel mare magnum dell'ipocrisia sociale dell'alta borghesia monzese? Una figlia che lo prendeva a destra e a manca non era un buon biglietto da visita.

"Causa della morte?", ripeté Filippo tradendo la fretta dettata dall'impazienza più che dal tempo che scorreva inesorabile.

"Ci arriviamo. La ragazza non è morta per dissanguamento, quello è avvenuto dopo. E neppure per le amputazioni. Il decesso è stato causato da un arresto cardiaco. Anna Reggiani era una drogata cronica. Anfetamine. Sotto forma di polvere cristallina bianca inalata o iniettata. Anna Reggiani preferiva inalarla. Ho trovato poche punture di siringa. L'uso eccessivo di anfetamine ha provocato una grave forma di deperimento organico, che chiamiamo cachessia, caratterizzato da progressivo deterioramento di tutte le funzioni metaboliche. I sintomi sono debolezza, anoressia e forte dimagrimento. In un corpo così debilitato, l'ultima dose, più forte delle altre, è stata fatale. Il cuore non ha retto".

Filippo tossì per scacciare un grumo di saliva che gli bloccava la gola.

"È sicuro che fosse una drogata cronica?".

Il medico legale sorrise.

"Ho pochi dubbi. Ho trovato anche tracce di metadone. Evidentemente, stava provando a disintossicarsi".

Sesso e droga. Un binomio che in altre circostanze avrebbe riscosso il favore perverso di qualche mitomane masochista ma che nella stanza lugubre del dipartimento di anatomopatologia del San Gerardo suonava come tragico epilogo.

"L'amputazione delle mani è stata effettuata dopo la morte, almeno da questo punto di vista non ha sofferto".

Già, le mani. Come dimenticare che non erano dove dovevano essere?

"Appunto. Cosa mi puoi dire a proposito delle amputazioni?".

"Chi ha eseguito l'operazione potrebbe avere conoscenze mediche oppure essere uno psicopatico macellaio assassino dotato però di mano ferma e una certa precisione. Il sangue è defluito nel giro di qualche ora".

12

Silenzio.

"La natura fa il suo corso", chiosò il medico con nonchalance filosofica. Aliprandi riferiva i dettagli con un cinismo che non era fuori luogo ma incuteva apprensione in chi non era avvezzo a misurarsi quotidianamente con i cadaveri.

"Se ho ben capito, una volta che è stato dissanguato, l'assassino ha potuto trasportare Anna senza più preoccuparsi dei moncherini?".

"Se è per questo non si è neppure preoccupato di sistemarli. Ha lasciato tutto così, un braccio che finisce in un fascio di vasi sanguigni, tessuti e nervi scoperti".

Filippo non ci aveva pensato, là in Piazza Roma. Aveva visto due grossi buchi neri al posto delle mani. Era bastato, vista la sua cronica miopia.

"Beh, questo non è certo segno di precisione chirurgica", precisò ironico.

Aliprandi sorrise.

"Senza dubbio. Però rimane il fatto che l'amputazione di un arto non è un'operazione semplice. Credo che gli inquirenti dovranno lavorarci parecchio".

Corti immaginò la faccia tirata del commissario. I suoi dubbi più foschi si stavano per avverare: l'indagine era un gran casino e lo sarebbe diventata ancora di più.

"A cosa stai pensando, Filippo?".

"Al fatto che il caso si complica".

Mentre il giornalista ragionava avvinghiato a pensieri che erano una rete d'indefinibili fili intrecciati, il dottor Aliprandi proseguì con indomita sicurezza nell'esporre la sua lezioncina.

"La domanda a questo punto è d'obbligo: che giro di gente frequentava la ragazza?".

Il medico rispose quasi immediatamente.

"Oggi queste droghe si trovano praticamente ovunque. A mio parere, ci sarebbe una pista da seguire".

"Quale?".

"Festini a base di droga e sesso. Ce ne sono molti in giro, mi è capitato spesso di trattare casi di vittime che frequentavano giri del genere, alcuni anche molto raffinati".

"In che senso raffinati?".

"Frequentati da gente danarosa in cerca dell'ennesima trasgressione. Ambientati in posti da ricchi, esclusivi".

Il patologo si era espresso mettendo in campo un distacco volutamente sarcastico. Era evidente che anche lui, come Filippo del resto, non aveva simpatia per l'upper class monzese e brianzola. Un fatto che rese il giovane medico più simpatico agli occhi del giornalista.

"Un'ipotesi molto interessante. Da valutare attentamente", aggiunge Filippo posando gli occhi sul viso inespressivo di Anna Reggiani.

La giovane era lì, distesa, immobile, muta. Il volto grigiastro era quello di una statua. Un grande segreto era nascosto tra le pieghe della sua tragica morte e della sua breve vita. Non c'era altro da chiedere per il momento. L'autopsia era terminata e le autorità avrebbero dato a breve il permesso per celebrare i funerali. Filippo si chiese se i genitori di Anna sapessero della sua vita da tossicodipendente, se fossero a conoscenza delle sue abitudini sessuali. Probabilmente si trattava di una doppia vita, abilmente mascherata.

Dopo aver ringraziato Marco Aliprandi e fissato un appuntamento per un drink in una dimensione più consona, Filippo uscì dal dipartimento assaporando l'aria fresca densa di piacevole umidità. Il cielo era ancora nuvoloso e faceva molto freddo. Appena salito sulla Polo, squillò il cellulare. Franco Crespi.

"Filippo, c'è una cosa che mi sono dimenticato di dirti questa mattina. Hai notato i due monconi della ragazza?".

 Non proprio nel dettaglio, ma comunque...

"E allora?".

"Ho parlato con un mio amico chirurgo del San Gerardo, cui ho fatto vedere le foto della ragazza appesa. Dice che chi ha tranciato le mani di Anna Reggiani lo ha fatto in modo grossolano ma che per fare certe cose occorre comunque avere perizia tecnica".

"Anche il dottor Aliprandi poco fa mi ha parlato delle amputazioni. E persino lui sostiene che per eseguirle occorre una certa perizia. Ma non è detto che ci troviamo di fronte a un chirurgo affermato. Tu forse hai notato i residui di tessuti, nervi e vasi sanguigni scoperti che pendevano dal braccio della Reggiani. Vuol dire che non è stata fatta nessuna opera di sistemazione dei monconi dopo l'amputazione. Questo non denota proprio la presenza di un esperto".

 "Su questo non posso che darti ragione. Ci sarà da indagare, cazzo. E c'è dell'altro: a quanto pare oggi chiunque può avere accesso alle nozioni tecniche necessarie per poter fare delle rescissioni di arti. Basta navigare in internet, fare un po' di pratica su un manichino o animali morti ed essere sufficientemente psicopatici".

Il commissario era nervoso. Le battute risaltavano per spavalda cattiveria.

"Dobbiamo assolutamente vederci", ordinò con fare burocratico.

"Oggi no, Franco. Devo chiudere in fretta il pezzo per domani e ho ancora altre cose urgenti da fare".

"Quando allora?".

"Ti chiamo io. Prometto che sarà al più presto".

"Ci conto".

La chiamata si chiuse senza saluti. Non era giornata di convenevoli.

Primo giorno
Capitolo 3

L'appartamento dei Reggiani si trovava in via Leopardi, a due passi dell'ingresso del Parco di Monza. Una delle zone residenziali più esclusive della città. Vie regolari che formavano angoli retti, palazzoni dall'aspetto imponente, giardini con erba ben curata e alberi maestosi, ville dalla pianta estesa e finestre ben nascoste alla vista estranea. Gente ricca, probabilmente abituata a concedersi il lusso di vizi particolari, anche quelli fuori dalla portata dei comuni mortali. Era questo il mondo in cui viveva Anna Reggiani? Forse per la ragazza non doveva essere stato difficile tenere nascosta la sua tossicodipendenza, con tanti soldi a disposizione e crisi di astinenza facilmente controllabili. Forse era una consumatrice costante ma non eccessiva. Forse... E i suoi genitori? Erano al corrente della vita che conduceva la figlia?

Le domande assillavano la mente di Filippo Corti, che si trovava adesso nella spiacevole condizione del reporter coraggioso che affronta a testa bassa e una buona dose di cinismo il dolore dei familiari di una vittima innocente. Era giunto fin lì per parlare con loro. Aveva avvertito Domenico e Carla Reggiani del suo imminente arrivo ed era stato difficile convincerli. Al civico 18 c'era ad attenderlo un portone di ferro verniciato a nuovo. Dentro, un giardino ricco di fiori multicolori e una passatoia fatta di grosse pietre che conduceva direttamente alla scalinata d'ingresso del palazzo. Filippo premette con leggerezza il tasto sul citofono. Gli rispose la voce calma di una donna. Entrato nel cortile si accorse con fastidio di dover citofonare di nuovo al successivo portone. Sesto piano, il penultimo di quello stabile anni Ottanta dalla facciata marrone. Il datato ascensore si mosse senza cigolare. Filippo risalì i piani immerso nella sgradevole luce giallognola sprigionata da due neon appesi al soffitto della cabina.

La porta di casa Reggiani era socchiusa. Corti entrò in un ampio salone circondato da vetrate luminosissime. Gli venne incontro la signora Reggiani, il volto stravolto dal dolore.

"Prego, si accomodi".

Seduto su una poltrona c'era il marito, Domenico Reggiani, pallido e nervoso.

"Buongiorno, signor Reggiani. Vi ringrazio di aver accettato la mia richiesta".

La debole luce del tardo pomeriggio invernale entrava con inaspettata forza attraverso le grandi portefinestre del soggiorno. L'arredamento era sontuoso, il locale riempito di mobili, poltrone, divani. Alle pareti quadri di pittori di cui era impossibile leggere il nome a distanza. A terra tappeti colorati con predominanza di rosso porpora. Filippo si sedette sulla poltrona di fronte a quella occupata da Domenico Reggiani, che fino a quel momento non aveva ancora aperto bocca, nemmeno per salutare, e lo guardava con occhi torvi. La moglie Carla si accomodò sulla spalliera del divano, lontana dalla poltrona dove sedeva il marito, in una posizione volutamente scomoda.

Alle spalle dei due coniugi, sul ripiano di una credenza in legno, erano ben in vista alcune fotografie incorniciate. Raffiguravano varie persone, uomini e donne. In una era ritratto un gruppo di amici, quattro uomini che sorridevano davanti all'obiettivo. Sullo sfondo un panorama qualsiasi di palazzi e case osservato da posizione elevata. Uno di quegli uomini doveva essere sicuramente il padrone di casa. Più giovane ma non meno aggressivo, con uno strano sorriso che incuteva timore.

La signora Carla fu la prima a parlare.

"Vorrei subito precisare che né io né mio marito desideriamo che la morte di Anna diventi una morbosa esposizione mediatica".

Lo disse con falsa tranquillità, una malcelata freddezza che nascondeva un dolore profondo, incomunicabile. Prima che Corti potesse rispondere, dando precise rassicurazioni, intervenne il marito. Duro e spietato, con parole che erano invisibili lame taglienti.

"Dottor Corti, ho grande stima del suo direttore, che conosco personalmente. Lui stesso mi ha parlato bene di lei. Ci tengo a dirle che è solo per questo motivo che ho accettato di farla entrare in casa mia".

Filippo dischiuse le labbra in un debole sorriso.

"Innanzitutto, vi porgo le mie condoglianze. A volte, e di questo mi scuso, nel mio lavoro sono costretto a violare l'intimità delle persone. Cerco di farlo con tatto ma so che, in momenti particolarmente tristi e difficili, un giornalista può non essere la persona più gradita".

Reggiani non colse l'opportunità di una dialettica empatica e venne subito al sodo.

"Cosa vuole sapere esattamente?".

"Ho seguito la tragica vicenda di Anna fin da quando è scomparsa nel nulla una settimana fa. La Gazzetta ha dato il giusto risalto a una vicenda che, per come si è drammaticamente conclusa, ha purtroppo dimostrato che abbiamo fatto bene a mantenere alta l'attenzione".

"Purtroppo però Anna è morta, Dottor Corti", intervenne Carla Reggiani. "E non vedo cos'altro si possa dire, a parte constatare il ritrovamento all'Arengario. Ha visto in quali condizioni era la mia bambina? Ma come hanno potuto farle questo?".

Gli occhi della donna si spalancarono agghiacciati e l'immagine della ragazza appesa per i piedi a testa in giù aleggiò come un fantasma per il grande soggiorno. Lacrime impazienti bagnarono le guance tirate della donna. Passò qualche secondo prima che Filippo riuscisse a contenere la voglia di andarsene fuori dai piedi.

"Ho visto, signora. Nell'articolo che sto scrivendo e che verrà pubblicato domani, farò un resoconto il più possibile dettagliato e preciso dei fatti fino al tragico ritrovamento di questa mattina. Mi servirebbero ulteriori informazioni da integrare a quelle già in mio possesso. Presumo che il commissario vi abbia già informato dei risultati dell'autopsia...".

Domenico Reggiani taceva fissandolo con feroce determinazione. Corti ebbe l'impressione di muoversi su un terreno minato, le parole trattenute dalla paura di dire qualcosa fuori posto. Decise di impegnarsi a guardare negli occhi soprattutto la madre di

16

Anna. La donna sembrava più disponibile al dialogo. Ma il marito non aveva intenzione di rimanere zitto.

"Il rapporto è molto dettagliato. Le lascio immaginare con quale stato d'animo abbiamo letto quelle righe".

"Lo immagino, certamente. Anch'io ho avuto accesso a quelle informazioni e devo dire che sono rimasto sconcertato. Nel mio resoconto dovrò parlare anche di un'evidenza alquanto spiacevole".

"Quale?", domandò sospettoso Domenico Reggiani.

"Come sapete, l'autopsia ha rivelato tracce di sostanze stupefacenti nel corpo di Anna. Anfetamine. E poi tracce di metadone. La prima evidenza è quella di un consumo di droga abituale e di un tentativo di disintossicazione. Voi ne eravate a conoscenza?".

Carla Reggiani piangeva. In modo leggero, quasi nascondendo alla vista altrui il viso già rigato dalle lacrime.

"No, non ne sapevamo nulla", disse coprendosi la bocca e gran parte del viso con le mani.

"Anna era una brava ragazza, studiosa, dopo la maturità classica si era iscritta alla facoltà di Architettura, a Milano. Era brava. È sempre stato il suo sogno fare l'architetto".

"Gli inquirenti valuteranno tutte le ipotesi, signora".

Quella dell'incontro del tutto casuale con la droga poteva essere un'ipotesi su cui Carla Reggiani avrebbe volentieri ancorato la sua sopravvivenza fisica e psicologica. Ma il dottor Aliprandi era stato categorico: Anna Reggiani era drogata cronica. Una brava ragazza, certo, e le brave ragazze spesso e volentieri sono quelle che nascondono i segreti, soprattutto quelli che non devono essere raccontati ai genitori.

"Il patologo ha parlato chiaramente", mormorò Domenico Reggiani. "Si tratta di consumo abituale. Come se mia figlia fosse stata una drogata e chissà da quanti anni. Francamente difficile da accettare perché inammissibile!".

"Capisco. Non volevo parlare a nome delle autorità competenti. Non sono questioni di cui devo occuparmi io".

Si era difeso perché messo nelle condizioni di farlo. Brividi di tensione avvolsero il corpo di Filippo e un moto di rabbia incontenibile sembrò spingerlo a usare toni meno pacati.

"L'autopsia ha anche evidenziato tracce di sperma nel corpo di vostra figlia. Appartengono a due individui diversi. Il patologo sostiene che Anna abbia avuto un rapporto sessuale consenziente prima di morire".

Reggiani lo fissò con occhi furenti.

"Ma si rende conto? Due individui? Mia figlia non era né una puttana né una drogata!".

La moglie allungò un braccio e toccò quello del marito con la decisa intenzione di calmarlo. Singhiozzava al limite di una crisi nervosa.

"Non intendevo dire questo, signor Reggiani".

"Cosa allora?".

"Mi chiedevo... Mi chiedevo se avevate notato qualcosa di diverso in Anna che potesse giustificare determinati comportamenti".

Reggiani si agitò sulla poltrona come in preda a un prurito incontenibile. Sembrava un cane rabbioso trattenuto a fatica da una catena d'acciaio.

"Le sue argomentazioni non meritano risposta".

Corti si rivolse alla signora Reggiani.

"Mi racconti ancora qualcosa di Anna".

Preso un fazzoletto di tela da sotto la manica, Carla Reggiani si soffiò con educata delicatezza il naso.

"Da circa un anno frequentava un ragazzo più grande. Ne abbiamo già parlato con il commissario".

"Posso sapere il suo nome?".

"No, dottor Corti. Meglio di no!", argomentò quasi gridando Domenico Reggiani.

"Anna era contenta di questo rapporto o negli ultimi tempi avevate notato qualcosa di diverso?".

Carla Reggiani alzò la testa e i suoi occhi tradirono il fastidio provocato da quella domanda.

"Dottor Corti, sa benissimo che i genitori sono quasi sempre gli ultimi a sapere certe cose. Di questo argomento Anna parlava poco con noi. Della sua relazione con il fidanzato sapevamo solo ciò che succedeva in superficie. Qualche volta il ragazzo è stato a cena da noi, lo vedevamo quando veniva a prenderla in macchina. Tutto qui".

"E che impressione vi ha fatto?".

"Un ragazzo per bene", precisò seccata la signora Carla. "Di buona famiglia. Ha frequentato lo stesso Liceo Classico dove ha studiato Anna, lo Zucchi. Ora è iscritto a Medicina".

"Lo avete sentito oggi?".

"Lui e i suoi genitori sono stati i primi a venirci a trovare. Persone straordinarie. Ci hanno anche accompagnato al dipartimento di anatomopatologia. Il ragazzo invece ha preferito non vedere Anna".

Domenico Reggiani mosse leggermente la testa e con la bocca abbozzò una smorfia. Filippo intuì che l'ultima affermazione della moglie non gli era andata per niente a genio. Con la mente annegata dentro quei pensieri, il giornalista si concesse il tempo di prendere appunti.

"Anna aveva molti amici? Frequentava luoghi particolari, gruppi o associazioni?".

Carla Reggiani lo guardò e sorrise dolcemente.

"Mi sembra ancora di vederla in camera sua, seduta davanti al computer. Anna era una ragazza normalissima, utilizzava internet, navigava nei social network, chattava... Non ci siamo mai preoccupati di questo, sappiamo che i giovani oggi fanno così. Soprattutto, conoscevamo nostra figlia e ci fidavamo di lei".

Fece una pausa, rendendosi conto che forse, per via della droga e della disinibita sessualità, non di vera conoscenza si trattasse.

"Anna era molto adulta e sapeva gestire il suo rapporto con internet. Ne conosceva le insidie. Per questo sono più che sicura che si sia trattato di un rapimento forzato e non di un allontanamento volontario finito in tragedia".

18

Il sorriso della signora scomparve. Le ultime parole le provocarono ancora del pianto. Arrivò in suo soccorso il marito.

"Non frequentava associazioni, ma aveva molti amici, un gruppo che spesso si ritrova per una pizza o una serata in discoteca. Era iscritta in palestra. Nient'altro".

Carla si alzò e si diresse verso la credenza alle sue spalle. Aprì un cassetto ed estrasse un album di fotografie che poi porse a Filippo.

"Qui ci sono le foto di Anna da quando è nata. È la nostra unica figlia. Dia pure un'occhiata".

Corti iniziò a sfogliare l'album. Le prime foto ritraevano una bambina dal viso dolcissimo e gli occhi di un azzurro magnetico. La bellezza era un tratto caratteristico di Anna che non si era affievolito nel corso degli anni. Da adolescente, la sua femminilità sembrava addirittura esplodere in tutta la sua naturalezza. I lunghi capelli biondi, il viso allungato e gli zigomi leggermente alzati, il corpo atletico. Come una rosa che fiorisce e viene recisa brutalmente.

"Abbiamo già pubblicato altre foto di Anna, come sapete. Non voglio quindi chiedervene altre, visto che la redazione vi ha più volte chiamato nei giorni scorsi. Se però desiderate che domani l'articolo sia corredato da una nuova foto, posso assicurarmi che venga pubblicata quella che ritenete più idonea".

"Le saremmo molto grati", disse Carla. "Mi piacerebbe veder pubblicata questa", aggiunse indicando con l'indice una delle più recenti istantanee che raffiguravano Anna mentre reggeva un mazzo di fiori. "È stata scattata alla sua ultima festa di compleanno, organizzata in un locale di Monza. Non le sembra che sia straordinariamente felice?".

La domanda lo spiazzò. La ragazza sorrideva e gli occhi sembravano luccicare davanti all'obiettivo. Eppure, Filippo ebbe come l'impressione che quella felicità fosse falsa e artificiale.

"Va bene, signora. Le devo però chiedere di consegnarmi la foto per poterla scannerizzare. Mi preoccuperò di riconsegnargliela al più presto".

Carla Reggiani annuì e, con le dita lunghe e affusolate, iniziò delicatamente a togliere la fotografia dal suo involucro di carta velina. Corti si guardò intorno. Alla sua sinistra l'ampio salone si apriva su un corridoio, cui si accedeva passando nei pressi di una scala a chiocciola che saliva al piano superiore. Sesto e settimo piano. Forse c'era anche una mansarda. La foto finì in una busta di carta bianca che la signora Reggiani recuperò da un altro dei cassetti della credenza.

"Presumo che pubblicherete anche la foto del ritrovamento all'Arengario?", chiese all'improvviso Domenico Reggiani.

"È nostro dovere".

"Dovere... Già. L'avverto che farò di tutto per impedirlo. Non voglio che di mia figlia rimanga quel ricordo. Parlerò oggi stesso con il direttore e se è il caso mi rivolgerò direttamente all'editore".

"Non posso impedirglielo".

"Pubblicherete anche la foto di Anna appesa a quella maledetta corda?", domandò preoccupata la signora Carla. Come se non avesse sentito.

"Sì, signora. Siamo obbligati per dovere di cronaca".

"Capisco. Se è possibile, potreste dare più spazio alla nuova foto di Anna, magari mettendo più in piccolo la foto scattata all'Arengario?". Parole semplici per una semplice e comprensibile richiesta.

"Farò il possibile, signora. Glielo prometto, anche se l'impostazione grafica del giornale non dipende da me e segue regole precise. Posso chiederle un'ultima cosa? Quando avete visto Anna per l'ultima volta?".

Domenico Reggiani si alzò e sparì inghiottito dal corridoio.

La moglie sospirò prima di rispondere.

"Esattamente sette giorni fa. Dopo aver studiato, Anna è uscita con la borsa della palestra. Erano le sei di sera. Fuori era già buio da un pezzo".

"E cosa vi hanno detto quelli della palestra?".

"Non l'hanno vista entrare".

Anche Filippo si alzò infilandosi con fredda determinazione il giaccone. Mise la busta con la foto in una delle tasche interne.

"Bene, signora Reggiani. È tutto. La ringrazio dell'ospitalità. E ringrazi anche suo marito. Ora devo tornare in redazione per concludere il mio lavoro".

Carla Reggiani gli strinse la mano e lo accompagnò alla porta trascinandosi dietro la sua tristezza infinita. Salutò Filippo con un convenevole sussurro e chiuse con delicatezza la porta di casa. Mentre camminava sul marciapiedi, Filippo rifletté sul fatto che a volte la vita umana si riduce a una semplice fotografia. Non c'erano forse fotografie a riempire con gelido rammarico le fredde e mute lapidi dei cimiteri?

Primo giorno
Capitolo 4

C'era ansia nell'aria. Come sempre. La redazione della Gazzetta trasudava energie agitate nelle ore serali, quelle dedicate alla febbrile corsa alla chiusura dell'ultimo numero. Filippo Corti scese dall'ascensore al terzo piano del palazzone che sovrastava come un brutto muro alto, silenzioso e muto, il lato sud di piazza Trento e Trieste. I monzesi che ancora amavano le cose belle giudicavano quell'architettura senz'anima niente meno che un "obbrobrio", arrivato a un certo punto a deturpare una piazza che una volta si estendeva ben oltre, dando prova di una legittima maestosità, degna di un tempo in cui le menti erano capaci di illuminarsi esteticamente.
Corti aveva iniziato a scrivere nel mezzo di un'adolescenza innamorata dell'arte. Da allora ambiva alla cultura, ricercando senso e trovando nutrimento instabile ma prezioso alla consapevolezza di irraggiungibile compiutezza. Tra tutte le arti aveva scelto la scrittura senza calcolo, né motivazioni o fini nascosti. Semplicemente perché si sentiva bene quando scriveva. E se per eccessiva umiltà non poteva dire di se stesso di essere portato per quel nobile esercizio espressivo, godeva senza reticenze del piacere egocentrico che fosse qualcun altro a fargli notare che "sì, hai talento per la scrittura". Insomma, aveva molta stima di sé e delle sue capacità, ma non lo dava a vedere. Anche perché ciò che gli stava dentro faceva fatica a uscire allo scoperto e lui non faceva nulla per aiutarlo a vincere le resistenze. Studi al Liceo Scientifico, facoltà di Giurisprudenza alla Statale di Milano. Poi le prime esperienze in giornali locali, cultura, spettacolo, politica, società. Fino all'approdo come caporedattore della nera alla Gazzetta.
Un appartamento anonimo li conteneva tutti, i redattori del primo quotidiano della Brianza. Per fortuna, i numerosi collaboratori, loro preziosissimi, perché indispensabili, alleati nella giornaliera battaglia dell'informazione, lavoravano per lo più all'esterno e quando transitavano per la redazione non lo facevano mai tutti insieme nello stesso momento. C'erano però occasioni in cui la redazione si trasformava in un cubo pieno di formiche impazzite: riunioni di fine o inizio d'anno, incontri di gruppo straordinari, feste... L'appartamento aveva una superficie di 200 metri quadrati. Tanti per una famiglia, pochi per una redazione. Si arrangiavano, ogni redattore aveva il suo spazio vitale, piccolo ma funzionale, dove tutto era a portata di mano. C'era un grande salone, un corridoio, tre stanze adibite a uffici e locale magazzino, due bagni, tre terrazzi senza vasi e piante, luogo prediletto per i fumatori ghettizzati.
Alla redazione di cronaca nera erano in tre. Stipati in un angolo del salone rischiarato dalla luce che entrava dalle grandi vetrate che davano su piazza Trento. I giovani redattori che affiancavano Filippo si chiamavano Rodolfo Sala e Simona Vaccari. Simona, che in quel momento era alla sua scrivania, salutò Corti appena lo vide. I neon del salone erano accesi, oltre i finestroni il buio iniziava ad avvolgere la città. Erano le di-

ciotto di un giorno d'inverno. Filippo non vide Rodolfo ma prima di sedersi alla scrivania, sentì in lontananza l'eco della sua possente voce che riempiva il corridoio. Sala chiamò Corti non appena mise piede nel salone e quando lo raggiunse buttò fuori una domanda senza alcun preavviso.

"Hai saputo?".

Filippo si percepì fuori dal mondo. Saputo cosa? Il ritrovamento di Anna Reggiani risaliva a poche ore prima. Cosa poteva esserci di così nuovo e urgente?

"No", rispose con calma rassegnata.

"Il fidanzato di Anna Reggiani è in stato di fermo in commissariato. Al momento sembra lui il sospettato numero uno".

Filippo ebbe immediata consapevolezza che il commissario stesse sbagliando. Ne era certo. Forse si trattava di un'irrazionale convinzione, cui però voleva dare credito. Senza prove. Il fidanzato non centrava nulla con l'omicidio della ragazza. Non direttamente almeno.

"Chi te l'ha detto?".

"Mariani è al commissariato da stamattina. Ha visto una volante della Polizia entrare verso le quattro nel cortile di viale Romagna; ne sono scesi due poliziotti che scortavano il ragazzo. È riuscito ad avere qualche risposta lavorando pazientemente e ci ha riferito il tutto mezz'ora fa".

Rodolfo Sala chiamava tutti per cognome. Si dava un tono molto burocratico forse perché lo credeva adatto alla professione. Spesso lo faceva anche al di fuori del lavoro, al tavolo di un bar.

"Bene. Allora dì a Giacomo di preparare un bel pezzo sul fermo del fidanzato. Come si chiama?".

"Matteo Borsa. Ha ventiquattro anni".

"È il figlio di Cesare Borsa, il direttore della filiale di Piazza Carducci della Banca Commerciale Lombarda", precisò con prontezza Simona.

La giovane donna reggeva in mano un bicchiere di plastica con dentro del tè macerato che per fortuna non emanava cattivi odori.

"Frequentazioni altolocate, a quanto pare", argomentò Filippo assaporando il gusto del pettegolezzo fine a se stesso. "Anche la famiglia Reggiani è benestante. Sono stato da loro. Se non erro, il padre di Anna, Domenico Reggiani, è Amministratore delegato della MultiTech".

"La MultiTech non è però un'azienda di Monza", constatò roboante Rodolfo.

"Certo. Ha sede legale a Besana Brianza. E sarebbe il caso di indagare un po'. So che l'azienda sviluppa e produce componentistica per l'industria meccanica".

Simona digitò sulla tastiera del pc.

"Hanno un sito internet. Me ne occupo io".

"Non mi sembri sorpreso", disse Rodolfo mostrando un sorriso di convenienza.

"Di cosa dovrei sorprendermi?", domandò Filippo.

"Del fermo di Matteo Borsa".

Il caporedattore si sedette.

"Il ragazzo può essere d'aiuto per scoprire qualcosa in più sulle abitudini di Anna. Amici, frequentazioni, vizi e virtù di una ragazza ricca. Però non credo sia stato lui a ucciderla. È un omicidio troppo complesso, raffinato, pianificato. Una settimana di scomparsa, le mani mozzate, il luogo del ritrovamento in pieno centro e all'interno di uno dei monumenti simbolo della città. Senza contare come il cadavere è stato ritrovato. Troppi elementi difficili. Credo che dietro l'omicidio ci sia qualcosa di più grosso".
Simona intervenne categorica.
"Ma Matteo Borsa non lo conosciamo. Per quel che ne sappiamo potrebbe essere uno psicopatico in incognita con una mente raffinatissima".
"Hai ragione. La mia è solo una sensazione, per quanto credibile".
"Cosa intendi per 'più grosso'?", domandò perplesso Rodolfo.
"Uno o più assassini organizzati. E soprattutto con una mente lucida e folle".
Simona guardò avanti.
"Non escludiamo Matteo Borsa ma cerchiamo di andare anche oltre. È questo che dovremmo fare?".
"Sì".
"E se si trattasse di un serial killer?".
"O di più serial killer?", le fece eco Rodolfo.
"È un'ipotesi che ho già preso in considerazione", precisò Corti. "Anche per questo non riesco a capire come si possa sospettare il fidanzato di Anna".
Rodolfo e Simona si rintanarono nelle rispettive postazioni, uno di fronte all'altra con il tavolo bianco di Filippo a chiudere il triangolo. Le scrivanie erano praticamente attaccate: come essere seduti intorno allo stesso tavolo. C'era un'intimità che all'inizio Filippo detestava per via della sua innata misantropia, ma che poi aveva finito per considerare normale, forse solo per il fatto che ci si doveva abituare. Giunse il momento di dare qualche indicazione operativa.
"Simona, concentrati sulle famiglie: i Reggiani da una parte e i Borsa dall'altra. Scopri tutto quello che ci può essere utile".
Come spinta da un impulso irrefrenabile, la Vaccari si mise subito a digitare.
"Rodolfo, coordina Mariani che deve rimanere fisso al commissariato e tieni un resoconto di tutte le novità. Per quanto mi riguarda, seguirò la pista degli amici e conoscenti di Anna, le sue frequentazioni, le attività. Domani sarò in commissariato. Vi farò sapere ciò che mi dirà Crespi. Per il momento non c'è altro. Mettiamoci al lavoro. Ho la netta sensazione che questa storia non si fermerà con la tragica morte di Anna. Purtroppo".
Simona e Rodolfo si chiesero se per caso, all'improvviso, il loro diretto superiore non avesse deciso di lavorare solo a forza di intuizioni. A volte Filippo Corti dava l'impressione di lasciarsi andare all'irrazionale. Dopo poco più di due ore, il caporedattore consegnò alla grafica le quattro pagine relative al ritrovamento dell'Arengario. Mancavano solo le foto. C'era il pezzo portante scritto da Corti, corredato da quattro box di dettagli, due articoli firmati da Rodolfo e Simona più il pezzo del collaboratore Giacomo Mariani sul fermo di Matteo Borsa. In un piccolo box Mariani aveva raccolto le im-

pressioni a caldo dei genitori del ventiquattrenne. Alle venti e trenta Filippo uscì dalla redazione scendendo in ascensore nel parcheggio che si estendeva sotto Piazza Trento e Trieste. Al volante della Polo si infilò nel traffico calmo e fluido della serata appena iniziata. In dieci minuti raggiunse via Casati, dove abitava da quasi due anni. Il suo bilocale era uno dei dieci appartamenti incastonati in un'elegante palazzina immersa nella tranquillità di un interno con giardino.

Primo giorno
Capitolo 5

Lucia Zanata era avvocato. Professione complicata, senza dubbio. Dalla forte carica erotica, pure. Ma quest'ultima considerazione apparteneva più a Filippo Corti che al mondo intero. Ricordava quando glielo disse, che faceva l'avvocato, la prima volta che si conobbero, di sera, a una stupida e noiosa festa per pochi intimi. Il giornalista ebbe un'erezione che lo mise piacevolmente in imbarazzo: era seduto su un divano dalla seduta schizofrenica, non riusciva a trovare la posizione giusta e si dimenava come in preda a un allucinogeno. Con il membro rizzato, divenne ancora più difficile sistemare culo e gambe. Lei se ne accorse (del membro rizzato) e da quel momento pretese di essere l'unica ad avere il suo numero di cellulare.
Alla festa lo aveva portato un collega giornalista che meno di un minuto dopo il loro arrivo si era intrufolato in bagno con una morettina dalle gambe abbronzatissime. Il party si svolgeva in un appartamento apparentemente spazioso, se riusciva a contenere quella massa di gente in cerca di una qualche accettabile forma di rappresentazione di sé. Scorreva alcol a fiumi e qualcuno ci dava dentro con hashish e altra roba che Corti non ebbe il coraggio di indagare. A parte qualche spinello, non aveva mai desiderato sperimentare sedativi chimici. Lucia indossava una minigonna azzurrina e un paio di scarpe con il tacco alto. Sopra la linea di cintura, una maglietta con scritte illeggibili color panna. Era estate, faceva caldo e l'umidità circolava veloce come la peste. Filippo si dimenava sul divano anche per sbirciare meglio l'accavallamento furioso delle gambe dell'avvocato o le pieghe rivelatesi dei suoi seni prosperosi. Era da un po' che non scopava e grondava ormoni da tutti i pori. Dopo quella sera lui e Lucia presero a frequentarsi con regolarità, forse senza sapere perché lo facessero. A parte il sesso, naturalmente.

Dieci minuti prima di uscire per l'appuntamento serale con Lucia squillò il telefono. Corti aveva appena finito di vestirsi dopo una doccia calda che gli aveva rimesso in sesto il cervello. Troppe cose erano successe in quella lunga giornata e la voglia di svuotare la mente aveva preso il sopravvento e con essa la speranza di passare una piacevole serata in compagnia di una donna bella ed elegante. Era il commissario Franco Crespi.
"Disturbo?".
"Stavo uscendo", rispose Filippo con un certo nervosismo.
"Non hai più chiamato per dirmi quando possiamo vederci. O ti sei dimenticato o l'hai fatto apposta".
"Né una né l'altra, Franco".
"Quindi?".
Il commissario era impaziente. E voleva giocare al rialzo. Filippo avrebbe comunicato

qualcosa di grosso a lui, lui avrebbe fatto lo stesso con il giornalista e alla fine sarebbero arrivati a scoprire chi fosse il più bravo a mettere insieme una pista decente nel puttanaio in cui versava la città. Crespi era un fottuto narcisista, con il bisogno sempre impellente di sentirsi un bravo ed efficiente commissario, il numero uno in circolazione.

"Dall'autopsia emerge che non c'è stata violenza sessuale ma un rapporto consenziente. Ne avevamo già parlato?".

"Sì, ma non approfonditamente, Franco. Tracce di sperma sono state rinvenute nella vagina e nell'ano della ragazza. La Scientifica ci fornirà altre indicazioni oltre a quella che già sappiamo, ovvero che di due individui".

"Cazzo. E naturalmente anfetamine e metadone", precisò acido il poliziotto.

Il riassunto proseguì senza incertezze.

"La ragazza non è morta per dissanguamento e neppure per l'amputazione delle mani. Si è trattato né più né meno di un arresto cardiaco provocato da una dose massiccia di anfetamine".

Dall'altra parte della linea, Corti sentì il fruscio di un accendino in funzione.

"Cosa non ti quadra, Filippo? Il fatto che abbia fatto sesso con più uomini, oppure che ci sia di mezzo la droga?".

Il giornalista sospirò.

"Chi ti ha detto che ci deve essere per forza qualcosa che non mi quadra?".

Crespi ridacchiò e tossì.

"Andiamo, giornalista. Non dirmi che non ti sei fatto delle domande?".

"Non faccio il detective, commissario. Nel mio mestiere, prima di formulare domande intelligenti devo avere ben chiaro il quadro della situazione. Che al momento non ho. Che ne dici però se ne parliamo a quattrocchi?".

"Appunto. Quando?".

"Domani mattina sono da te. Verso le dieci".

Filippo comprendeva quella fretta di vedersi. Aveva fatto fatica a conquistare la fiducia di Crespi e il suo ruolo di collaboratore sotto copertura. Il commissario metteva a frutto il suo investimento.

"Ho qualcosa di interessante da dirti subito, ma sospetto che tu lo sappia già. Abbiamo deciso di mettere in stato di fermo Matteo Borsa, il fidanzato ufficiale di Anna".

Già, ufficiale. Di una che avrebbe potuto mettere a disposizione il proprio corpo a più di un uomo più o meno contemporaneamente, era difficile pensare che avesse avuto un fidanzato o che ne avesse avuto uno solo. Ma non era detto, ovviamente. A volte, Filippo si stupiva di quanto potesse essere arrogantemente moralista.

"L'ho saputo in redazione. Vuoi che ti dica cosa ne penso?".

"Sicuro".

"Il ragazzo non centra direttamente con l'omicidio. È una cosa troppo grossa per lui".

Un'opinione che il commissario non sembrò condividere.

"Conosci Matteo Borsa? Come fai ad affermare con certezza la sua estraneità?".

"Non ho detto che è estraneo ai fatti. Ho solo ipotizzato che non sia implicato direttamente. Sono due cose diverse".

Il giornalista guardò l'orologio dal quadrante bianco appeso alla parete del soggiorno. Era in ritardo.

"Al momento è l'unica pista plausibile, Filippo. Anna Reggiani non faceva proprio una vita da monaca di clausura e il suo ragazzo era probabilmente coinvolto nei suoi giri. I genitori della ragazza ti hanno detto qualcosa in proposito? Avevano dei sospetti?".

"No, nella maniera più assoluta. Per loro, Anna e Matteo erano una coppia modello, i genitori di lui sono amici dei Reggiani. Non mi hanno neanche voluto dire il nome del fidanzato. Il padre di Anna, Domenico, si è mostrato però tutt'altro che collaborativo. A un certo punto si è persino alzato e se ne è andato, senza neppure salutarmi. Per lui Anna era una ragazza a modo, studiosa e seria. Una vergine intoccabile".

"Come no...".

"Sono i genitori, Franco. Cosa vuoi che pensino e dicano? Si vede che non hai figli".

A queste parole, Crespi mugugnò infastidito.

"Certamente. Sono cose che non posso capire. Chi non ha figli non può comprendere cosa significhi essere genitori e bla bla bla. Non sono stupido, Filippo. Le indagine saranno complicate, anche per loro".

"Va bene, Franco. Domani parleremo di tutto ciò di cui c'è da parlare. Ora devo scappare, sono già in ritardo. Fai una buona serata".

"Grazie, anche tu".

Quando chiuse la telefonata, Corti sentì addosso un senso di scoramento che lo rese immediatamente malinconico. Reagì affrontando di petto i pensieri negativi che si affollavano nella mente. Voleva ardentemente vivere una bella serata con Lucia, gustarsi il momento, niente e nessuno avrebbe potuto impedirglielo. L'ultimo pensiero che scacciò dall'orizzonte celebrale fu il volto di Domenico Reggiani, la sua espressione gelida e aggressiva.

Scese in strada e salì a bordo della Polo. Erano passati cinque minuti dopo le nove e doveva ancora attraversare Monza per raggiungere via Lecco, dove abitava Lucia. Per fortuna non c'era traffico. Percorse via Casati fino all'incrocio con corso Milano. Le luci dei bar e dei ristoranti si stagliavano sullo sfondo, nell'ultimo tratto prima di largo Mazzini. Al primo semaforo, svoltò a destra e scese verso la stazione, passandole accanto e risalendo la via fino al semaforo successivo. In largo Mazzini il traffico era fluido, quasi rallentato. Si immise in via Turati e proseguì diritto su via Mentana fino all'incrocio con via Buonarroti. Percorrendo la zona est della città, sbucò in via Lecco dopo un breve tratto lungo via Visconti. Al semaforo girò a destra. Via Lecco aveva sempre suscitato in lui emozioni contrastanti. Era una delle parti di Monza che reputava più dense di storia confusa.

Una volta gli avevano detto che all'interno degli edifici dei missionari del Pime, che avevano sede proprio lungo la via, si celebravano esorcismi. Ogni volta che passava davanti a quello che reputava fosse il luogo indicato – non sapeva dire con esattezza quale fosse né gli interessava saperlo, per una sorta di pudore che si mescolava alla paura di conoscere segreti inquietanti e occulti – il pensiero andava a un mondo indecifrabile e malato, dominato da un flusso discontinuo di melma nera e sciropposa che pervadeva il reale come una malattia mentale che invade cervello e resto del corpo e li fa suoi. Via Lecco era un ponte che attraversava la storia della città: c'erano edifici antichi, moderni e contemporanei, si respirava aria nuova e aria d'altri tempi con gli stessi polmoni. La mente attraversava quel lungo tratto di strada che conduceva fino al vicino comune di Villasanta con l'ansia del forestiero che ancora non si è adattato del tutto a una nuova comunità.

Al semaforo dell'incrocio con via Cantore, Filippo osservò attraverso il parabrezza il palazzone all'angolo dove abitava Lucia. Cercò la luce del suo appartamento al quinto piano. La mente si era finalmente liberata di tutti gli orpelli inutili e si stava sintonizzando sugli stimoli primari. I pensieri su Anna Reggiani e la giornata che l'aveva vista tragica protagonista si annacquarono fino a diventare malsani ricordi lontani. Aveva voglia di Lucia, la desiderava. Parcheggiò la macchina sulla destra, di fronte al terreno che una volta ospitava un supermercato all'angolo tra viale Libertà e via Lecco. Inviò un sms per avvisare Lucia che era giù ad aspettarla. L'orologio segnava le ventuno e venti. Venti minuti di ritardo. La donna arrivò dopo sette minuti esatti, vestita molto elegantemente: minigonna nera e collant neri, scarpe con tacchi di misura ragionevole. Era truccata come si deve, per fare colpo. Il mascara si abbinava alla perfezione ai capelli color pece che scendevano liberi e lisci poco al di sotto della nuca. Una camicia a colori tenui emergeva senza ostentazione da una giacca blu scuro.

Mentre attraversava la strada, il cappotto nero, lasciato aperto, svolazzava spinto da un venticello improvviso. Lucia gli piaceva ma non sapeva dire quanto. Decise di non farsi intrappolare dalla mente ed egoisticamente giustificò il rapporto con l'avvocato richiamando alla mente un ménage tra adulti, consapevoli che i sogni non sempre coincidono con la realtà e che molto spesso quest'ultima è meglio della dimensione onirica.

Quando aprì la portiera, Lucia sorrise. Era un sorriso che sapeva di serenità. Ed era contagioso. Aveva il potere di svuotare definitivamente la mente e di lasciare finalmente fluire in tutta la loro leggiadria gli istinti più semplici e veri. Filippo ricambiò con una spontaneità ingenua e genuina. Consapevole che certi momenti valgono per quello che sono, disgiunti da un prima e un dopo.

"Spero di non averti fatto aspettare troppo".

"Nessun problema. Direi che sei quasi in perfetto orario".

Il suo profumo lo avvolse. E lui si lasciò penetrare. Riavviò la Polo e proseguendo diritto lungo via Lecco svoltò alla prima via sulla sinistra per tornare verso il centro storico.

"Hai prenotato?".

"Nessuna prenotazione. Ma c'è una novità. Ho deciso di portarti in un locale dove non siamo mai stati insieme. Spero tu non lo conosca".

Lucia lo osservò con sguardo malizioso. Filippo sentì montare dentro la voglia di fare l'amore, lì in macchina, in quel preciso momento. L'erezione, che già poco prima aveva dato i suoi segnali di avvertimento, si manifestò più forte e potente.

"Conosci L'Osteria dell'affamato?".

"L'ho già sentita e so dove si trova. Nient'altro".

"Ottimo. È già qualcosa per non rovinare la serata. Siamo diretti là. Dopo cena potremmo fare quattro passi in centro".

Lucia sorrise mentre si toccava il piede.

"Va benissimo. Accetto".

Parcheggiò poche centinaia di metri prima della piazzetta adiacente a via Spalto Santa Maddalena, a pochi metri dal ponte sul Lambro. Era un angolo della Monza storica che, soprattutto in estate, aveva un sapore provenzale. La trattoria con i posti all'aperto brulicanti di gente, gli odori del fiume e delle cose, la luce che faceva capolino di notte, dai lampioni, come un'aureola di santità urbana. Anche in inverno, però, quello era un luogo dal fascino artistico, un quadro impressionista in cui ti potevi muovere con leggiadra libertà. L'Osteria dell'affamato era a pochi metri dalla piazzetta, subito all'inizio della via pedonale che saliva verso il Duomo.

"Hai scelto il posto giusto", disse Lucia, entusiasta. "Sono davvero affamata".

Filippo ripensò alla breve sintesi che la donna gli aveva fatto in auto della sua giornata. Dati e informazioni che sembravano non conciliarsi per niente con ciò che le aveva raccontato lui a proposito di quel Lunedì di metà gennaio. Forse il senso della vita sta tutto nel contrasto tra ciò che è in equilibrio e ciò che non lo è. Appena entrati nel locale, i due furono inondati da un profumo gradevole di cibi ricchi. Il vapore acqueo aleggiava nell'aria e copriva come leggera patina bianca tutte le piccole e grandi finestrelle che circondavano l'unica sala a disposizione dei clienti. I tavoli non erano molti, una quindicina. Per fortuna non tutti erano occupati. Ne scelsero uno vicino a una colonna di mattoni che si ergeva in mezzo alla sala come una statua in memoria del passato contadino. Alla colonna erano appesi collane di aglio e cipolle, in cima alcune bottiglie di vino rosso facevano ben sperare sulla qualità delle bevande servite. Si sedettero e prima che arrivasse il cameriere ripresero la loro discussione.

"Quando durerà la causa che stai seguendo?".

"In un caso di divorzio non è facile mettere dei limiti. Non essendoci un procedimento consensuale, il tribunale si trasformerà in un luogo di battaglia tra le parti. Un anno come minimo, ma potrebbero essere anche due o tre".

"Mi chiedo come si possa resistere così tanto. È come vivere in sospeso per tanto tempo".

"Già. E, come ben sai, la cosa si aggrava quando ci sono di mezzo figli, specialmente se minorenni. Non è la prima causa di divorzio che capita nel mio studio, ne ho già seguite parecchie, ma si fa fatica ad abituarsi. Mi sorprende sempre vedere due persone che sono state insieme, hanno condiviso un cammino e poi all'improvviso vogliono essere estranei a tutti i costi, cancellando il passato come si cancella una riga di matita con la gomma. Ma come puoi cancellare il passato? Sarebbe come lobotomizzare la memoria, estinguere una parte del tuo essere, rimanere per sempre incompleto".

Corti ragionò su quei dettagli di vita sentendosi pronto a una discussione filosofica. Aveva sempre amato discutere di massimi sistemi con le donne, a tavola, guardandosi negli occhi, mangiando e bevendo.

"Pensa alla ragazza uccisa, Filippo", continuò Lucia. "Lei sopravvive solo nel ricordo di chi l'ha conosciuta e amata. Sono rimasta sconvolta oggi quando ho saputo del ritrovamento all'Arengario. È una cosa orribile".

Filippo non fece in tempo a dare peso a un'affermazione così impegnativa che si avvicinò al tavolo un cameriere con un gilet nero indossato sopra una camicia bianca dalle maniche rivoltate all'insù. Il cameriere li salutò consegnando i menù. Lucia e Filippo cambiarono registro addentrandosi nel fascino avventuroso della scelta delle pietanze. Optarono per un antipasto di salumi e formaggi, un secondo di tagliata di manzo con contorno di patate al forno e una fetta di millefoglie come dessert.

Fu in quel momento che Filippo si accorse della presenza di Marco Aliprandi, seduto con una donna a un tavolo posizionato a una certa distanza. Il medico parlava animatamente, sorrideva di continuo e si lasciava andare a risate compiaciute. La donna che lo accompagnava era bella e molto appariscente, con lunghi capelli biondi che le avvolgevano delicatamente le spalle. Se dovesse vedermi non mi farei scrupoli a salutarlo, ma chissà perché non ne ho voglia, pensò Filippo. Dopo una giornata passata a rimuginare intorno a un cadavere spero con tutto il cuore di non dover incrociare lo sguardo del patologo che ha fatto l'autopsia alla povera Anna Reggiani.

"Chi stai guardando?", gli domandò Lucia che si era accorta della sua distrazione.

"C'è il medico legale che ha effettuato l'autopsia sul corpo di Anna Reggiani in compagnia di una bionda davvero bella".

Lucia finse di non essere interessata all'argomento. Poi gli chiese dove si trovassero i due. Filippo glielo indicò e Lucia mosse leggermente la testa per avere la giusta visuale senza farsi notare. Competitività femminile, un piccolo capolavoro dell'evoluzione umana.

"Non vai a salutarlo?", gli propose cinicamente.

"No. E non perché sono maleducato. Oggi ne ho abbastanza di morti e autopsie. Sono riuscito a ripulire quasi del tutto la mente prima che tu salissi in macchina, pronto per una serata di svago e sano divertimento".

Lucia gli sorrise sfoggiando due occhi di una maliziosità provocatoria. Aveva sconfitto la bella bionda e prometteva scintille al suo uomo. Come premio. La serata si stava mettendo bene.

"Non ne parleremo allora".

"Beh, non dico che non se ne deve parlare. A tavola si può parlare di una tragedia come si trattasse di una commedia. Potrei riuscirci con te ma non credo di avere voglia di provarci con il dottor Aliprandi".

Arrivarono gli antipasti e i due commensali attaccarono con le prime forchettate. Il vino giunse qualche minuto dopo. Una bottiglia di Inferno della Valtellina, uno dei preferiti di Filippo. Il giornalista versò il liquido nel bicchiere di Lucia e fece lo stesso con il suo. Il liquido rosso si posò sul fondo di vetro e rimase lì ad aspettare. Era un'attesa che respirava tempi dilatati, vita vissuta secondo dopo secondo, senza fretta.

"Prima parlavi del ricordo...".

Lucia fece mente locale e sorrise finendo di ingerire un boccone.

"Penso sia l'unica possibilità che una persona normale abbia di lasciare traccia di sé nel mondo. Gli uomini e le donne celebri probabilmente si accontentano delle loro opere, belle o brutte che siano".

"Meglio se belle", rispose Filippo ironicamente. "Non mi pare che a Hitler abbiano dedicato qualche via o piazza. Anche se, senza dubbio, c'è qualche folle che lo farebbe".

"La vita però è più folle che razionale. I libri di storia abbondano di riferimenti a Hitler mentre non si fanno né i nomi né i cognomi di tutte le persone normali che, innocenti, hanno subito il delirio sanguinario di quel pazzo".

"A loro spetta il ricordo delle persone che le hanno conosciute e che ne tramandano la memoria".

"Sì, ne sono convinta".

Gli antipasti finirono in fretta. Prosciutto, salame e il deliziosa Casera si accompagnarono piacevolmente al vino rosso che scese come elisir caldo dentro il corpo.

"Credo però che la storia di Anna Reggiani non farà la fine che di solito spetta alle persone normali. Un fatto come questo conquista le prime pagine e a Monza ne rimarrà traccia in futuro".

"Lo credo anch'io", argomentò Filippo palpeggiando con i polpastrelli il vetro liscio del bicchiere. "Grazie soprattutto alle grandi inchieste dei giornalisti d'assalto della redazione cronaca nera della Gazzetta".

La battuta fece ridere Lucia che continuò a sorseggiare l'Inferno, il viso sempre più rilassato, come quello di un angelo del Paradiso. Lo stesso stava accadendo a Filippo che provò un lieve senso di colpa mentre pensava che la vita oltre che folle può essere cinica e stronza quanto basta per mischiare pensieri belli e brutti in un momento di leggerezza, senza mettere in conto cosa sia moralmente degno di un sorriso smarrito nei piaceri del vino o di una riflessione filosofica con la mente emotivamente coinvolta in un girotondo di pathos soffocante.

Ma, in fondo, per beffare la vita, basta cavalcarla con la testa rivolta all'orizzonte. Non occorre essere santi per vivere la mistica del sentirsi pienamente in sintonia con lo spirito universale. Basta saper godere degli attimi di piacere che possono magicamente concentrarsi in secondi, minuti, ore di prolungata gioia di essere presenti. Era ciò che Filippo sentiva più impellente in quella serata di gennaio che trascorreva al caldo, seduto al tavolo di un ristorante con una bella donna che sapeva essere sua.

Arrivò la tagliata. Profumava di selvatico e di terra arsa al sole. Le patate fumavano e il piatto era circondato dal sugo marrone della carne grigliata che aveva il sapore delle cose riuscite. La bottiglia di vino era arrivata a metà del suo naturale percorso verso l'estinzione. Gli occhi si erano fatti lucidi, le parole uscivano sciolte, le inibizioni allentavano i freni sul cervello.

"Hai qualche altro caso importante tra le mani?", domandò Filippo mentre Lucia era alle prese con coltello e forchetta.

"Oltre a quello del divorzio, ne sto seguendo altri due. Il primo riguarda una presunta violenza sessuale ai danni di una minorenne. Il secondo ha a che fare con l'usura. Una brutta faccenda. Come studio difendiamo la vittima che ha denunciato i suoi aguzzini".

Corti rifletté, suo malgrado. La vita era troppo complicata per lasciarti vivere in pace. Non c'era solo la tragedia di Anna Reggiani. Di tragedie era pieno il mondo che si nutriva di morti fisiche e spirituali come un obeso fa incetta vorace di panini imbottiti e infarciti di maionese.

"Violenza sessuale e denuncia di usura... Non mi sembra che a Monza sia successo niente di simile di recente. Se mi sbaglio, posso dire addio alla mia carriera di cronista di nera".

"Non ti sbagli. La violenza sessuale sarebbe stata consumata a Roncaro, in provincia di Pavia, mentre la denuncia di usura è arrivata da un commerciante di Caserta".

"Vi occupate anche di casi così lontani?".

"Certo, non c'è nulla che lo impedisce. Meglio prendere il lavoro quando arriva, altrimenti...".

Lucia lo guardò spalancando gli occhi.

"Un momento. Forse il vino ha fatto effetto ma non mi sono resa conto di parlare con un giornalista. Mi raccomando, Filippo, sono informazioni riservate".

"Roncaro e Caserta sono fuori dalla mia zona di competenza. E poi scusa: mi hai solo dato informazioni generali, senza entrare nei dettagli".

"Grazie a Dio, no", esclamò Lucia ridendo. "In verità, avrei anche potuto spingermi più in là".

"Vuol dire che il vino non ha ancora fatto del tutto effetto".

"No, vuol dire che mi fido di te. Come se fossi il mio fidanzato ufficiale e non ufficioso".

La donna guardò in basso, gli occhi puntati sul piatto. Aveva usato quella parola – fidanzato – con leggera astuzia, ma forse si rendeva conto che certe parole, per via di certi contesti, avevano comunque il loro peso, al di là del modo, del come e del quando le si pronunciava. Filippo sorrise in silenzio, imbarazzato, cercando di non farlo vedere. Non sapeva che dire e prese qualche secondo per abbozzare una contro-battuta credibile. Perché diavolo si sentiva così goffo e maldestro quando si trattava di discutere di vita di coppia, di relazioni sentimentali?

"Perché diavolo mi sento così goffo e maldestro quando si tratta di discutere di vita di coppia, di relazioni sentimentali?".

Ecco la sua risposta: una domanda. Trucco troppo ingenuo per un avvocato.

"È una domanda che fai a te stesso o che stai rivolgendo a me?".

Lucia era un po' imbronciata, forse delusa. Si aspettava una contro-battuta del tipo: Fidanzato ufficiale. Lo preferisco?

"Non lo so. Entrambe le cose, probabilmente".

"Allora il mio consiglio è: chiarisci prima con te stesso e poi passa al secondo step".

Decisamente sarcastica. Non le poteva dare torto. Si frequentavano da mesi, avevano un'intensa vita sessuale e sociale, ma niente di scritto, per non dire di definitivo, di chiaro su quello che erano. Insieme.

"Fidanzato mi potrebbe anche andare bene. Ufficiale o ufficioso non mi interessa".

L'aveva buttata lì così ma era come se si fosse salvato in corner. Sapeva che Lucia non era tipo da matrimonio, glielo aveva confidato un giorno, ma credeva fermamente nei legami durevoli e duraturi.

"Per il momento direi che può bastarmi. Almeno posso dire a me stessa davanti allo specchio di non avere una relazione clandestina con un amante in procinto di partire per il Brasile e addio per sempre. Sono in un certo senso fidanzata, me lo posso concedere. Ho le prove che la controparte ha espresso parere favorevole. La serata può continuare".

E giù un altro pezzo succulento di tagliata e il sorsetto di vino montanaro. Parliamo d'altro, mio Dio, per piacere. Mi vanno bene anche le tragedie se servono a cavarmi d'impaccio. Filippo cadde a piombo sul caso della violenza sessuale.

"La ragazza violentata... È viva?".

"Sì, per miracolo. L'hanno aggredita in una zona di periferia poco abitata. Era in motorino. In due sono sbucati dal nulla e l'hanno costretta a fermarsi. Fortunatamente, una macchina di passaggio ha interrotto la violenza. Gli aggressori sono scappati e le due persone a bordo dell'auto, una coppietta in cerca di intimità, hanno prestato soccorso alla ragazza".

"Voi rappresentata la ragazza?".

"Sì. Una storia tristissima, Filippo. Quella povera ragazza è ancora fortemente traumatizzata. Sono trascorsi tre mesi dalla tentata violenza ma non ci sono miglioramenti. È ricoverata in un centro specializzato a Pavia. Non sai quanto mi dispiace per lei".

"Come sono stati ricostruiti i fatti?".

"Grazie ai testimoni, i due giovani dell'auto. Erano fermi a poche centinaia di metri dal punto in cui la ragazza è stata aggredita. Hanno visto tutto e, una volta vinta la paura, hanno deciso di correre in suo aiuto".

"Hanno tutta la mia ammirazione. Non credo che per loro sia stata una scelta facile aiutare quella ragazza".

"No, in effetti".

Il cameriere arrivò e portò via i piatti. Filippo aveva ora una gran sete. Acqua, non vino. Bevve con avidità due bicchieri di gassata che scivolarono giù annacquando il vino che aveva riempiva lo stomaco. Guardò verso il tavolo dove fino a poco prima era seduto Marco Aliprandi e non vide nessuno. Non fece però in tempo a registrarlo nella memoria debole che si sentì arpionare alle spalle. Alzò la testa e vedi il patologo che gli sorrideva un po' ebete guardandolo dall'alto in basso. Aveva gli occhi lucidi e parlava quasi urlando.

"Filippo! Che piacere rivederti! Ma guarda che coincidenza!".

"Ciao, Marco. Allora è proprio vero che qui si mangia bene".

"Certamente. È la tua prima volta?".

"Sì e credo non sarà l'ultima".

Marco avviò le presentazioni.

"Lei è Sonia. Sonia, ti presento Filippo Corti, un amico giornalista".

Stretta di mano con la bella donna. Che da vicino era ancora più bella. Filippo ricambiò, stando ben attento a usare la fatidica parola.

"Lei è Lucia, la mia fidanzata".
L'avvocato sorrise allargando la bocca come se avesse vinto la Lotteria di Capodanno. Alla faccia della bionda che magari era lì solo in previsione di una nottata di fuoco. Una botta e via, ognuno per la propria strada. Quel fidanzato piazzato nella presentazione aveva avuto su Lucia l'effetto di un balsamo. Marco e la sua compagna si defilarono in fretta. Era evidente che la loro serata aveva in serbo la ciliegina sulla torta. Erano le undici passate e arrivò il dolce. Il millefoglie chiuse la cena con la coda di un decaffeinato. Quando uscirono dal locale, Lucia si strinse a Filippo trasmettendogli una forte carica passionale. Filippo percepì con limpida chiarezza il suo corpo in sintonia e si lasciò avvolgere da quella bellissima sensazione. Dentro, la voglia di sesso nacque con velocissima spontaneità. Si erano intesi, non serviva pianificare la prossima tappa.
Montarono in macchina e senza dire nulla mossero verso via Casati. Passato il grosso incrocio di largo Mazzini, Corti svoltò a sinistra lungo corso Milano. Poche centinaia di metri e parcheggiò l'auto nel box. Quando aprì la porta di casa, un profumo intenso di fiori gli riempì le narici. Il vaso che gli aveva regalato sua madre faceva bella figura sul ripiano che divideva il soggiorno dal corridoio. Anche Lucia allargò le narici, lasciandosi inebriare. Era tutta sensi. In camera da letto, il buio li sorprese a spogliarsi con ingordigia. Fu il trionfo della natura.

Primo/Secondo giorno
Capitolo 6

Il buio è nostro alleato. Nel silenzio della notte dominavano i respiri. Due corpi si fusero in un abbraccio che sapeva di ancestrali memorie dell'umanità. I ricordi svaniti all'interno della memoria spenta, la materia di una giornata pesante ricacciata indietro in recessi al momento inaccessibili, nel pozzo profondo dell'essere dove regna l'oblio: Anna Reggiani nuda, spaventosamente inerme, le mani mozzate, il bianco marmoreo del corpo smembrato, l'ansia aggressiva e allucinata del commissario, l'asettica atmosfera dell'obitorio, la carne morta sul banco di metallo gelido, il ridicolo conformismo della famiglia della vittima, la redazione agguantata dalla notizia, la comparsata ebbra di Marco Aliprandi al ristorante. Tutto era volato via, finalmente. Al piacere del corpo si univa la gioia indescrivibile della mente libera, spazi aperti per le mosse dell'istinto più primitivo e selvaggio, per l'animalità bella nel suo agire solenne.

Filippo Corti aveva imparato a godere fino in fondo quando si era orgogliosamente ribellato al conformismo asfissiante della famiglia e in particolare della madre, cattolica praticante e censore moralista di peccati sempre e inequivocabilmente altrui. La trasformazione avvenne al Liceo, teatro di leggiadria libertaria. Entrò in classe con un'identità zoppicante e uscì con l'anima che urlava proclami edonistici. Fece la prima scopata sull'erba bagnata dalla rugiada di una fredda alba estiva, in riva al mare, fissando orgogliosamente lo sguardo sull'orizzonte che si stava schiarendo. Capì che stare bene significava scegliere. E scelse: fare il giornalista nonostante le critiche della famiglia, smettere di andare in chiesa come una marionetta telecomandata dal dovere sociale, e poi fottere e scrivere, scrivere, scrivere. Riempì file di parole e alimentò la fantasia con orgasmi continui. All'epoca aveva molte donne, nessuna veramente legata a lui.
Poi, con il passare del tempo, la spinta vitalistica perse energia, come un universo che rallenta la velocità della sua perenne espansione. Ma non aveva mai smesso di credere in se stesso e nella sua morale: aveva solo introdotto la misura nel progredire delle esperienze. Si era dato dei limiti, aveva scoperto i problemi e le difficoltà del relazionarsi con gli altri. Si era anche fidanzato, qualche volta credendo con tutto se stesso al vantaggio del rapporto duraturo con una donna. In realtà, il suo rapporto con l'altra metà del cielo si era fatto sempre più complicato. Invisibili fili lo tenevano imprigionato in un reticolo di convenzioni e di prassi condivise che gli impedivano di esprimersi come avrebbe voluto.
Il senso di colpa germinò come una pianta infetta all'interno della sua coscienza, prima fortemente istintiva e impulsiva. Le emozioni sfuggirono al controllo come mine vaganti disperse sul terreno della guerra dei sessi. Si scoprì incapace di gestire la sua vita in rapporto a quella di una donna e preferì rifugiarsi nella superficialità dei

rapporti, nella fastidiosa ma rassicurante incertezza che ricopriva con gelatinosa petulanza il suo inconscio ingombro.

Al di sotto dell'apparente immobilità, si estendeva in tutta la sua feroce vastità il mare magnum del caos assoluto e primordiale che con movimenti tellurici improvvisi e dannosi colpiva la superficie lasciando ferite aperte che richiedevano anni per rimarginarsi. Regnavano contraddizioni manichee e la naturale ricerca dell'amore, per sua natura fanatico e sempre desideroso di instabilità critica, veniva sempre ostacolata dalla voglia infuocata di fuggire lontano per godere fino all'ultima goccia il calice dolce dell'assolata solitudine. Anche quella notte lasciò che la realtà contraddittoria facesse il suo corso.

Lucia gli avvinghiò i fianchi con le sue gambe sode e forti. La stretta sollecitò nei muscoli riscaldati di Filippo una spinta maggiore. Entrò in lei annaspando gioioso tra i profumi della sua pelle levigata, il membro eretto guidò l'avanzata folle e libera dell'eros vitale. Sopra di lei, Filippo fissò ipnotizzato i capelli neri della donna che si muovevano con febbrile meccanicità, assecondando gli spostamenti della testa. Lucia raggiunse il culmine dell'orgasmo e Filippo con lei. I loro genitali nuotarono in liquidi fecondi e caldi, come girini che nascono a nuova vita. Vita! Vita! Vita! In una giornata contrassegnata dalla morte, il cielo era comunque azzurro! Era il trionfo della Vita, che gridava comunque, prigioniera, annichilita, assassinata, vorace fino agli infinitesimali spiragli di universo possibile e nell'antro infinito dell'inconscio.

Filippo e Lucia, due spiragli di luce che sprizzavano ormoni, rilasciando particelle di amplessi nell'aria debole della notte addormentata. Ancora ansimanti, si separarono per coccolarsi subito dopo uno legato all'altra, nudi, sopra lenzuola che sapevano di strapazzi solenni. I cuscini, sformati dal gioco erotico dell'amplesso, giacevano schiacciati contro la spalliera del letto. A Filippo venne voglia di fumare. Non c'è niente di meglio di una sigaretta dopo un amplesso privo di ragione, quando i muscoli si rilassano, i genitali traggono nuovo ossigeno e ne fanno riserva per successive combustioni. Anche Lucia decise di fumare. Nuvole grigie riempirono velocemente la camera da letto, scomparendo in vortici disordinati in alto, rendendosi invisibili. I due non parlarono per diversi minuti, gli occhi di Lucia puntati chissà dove. Quelli di Filippo invece osservarono la luce della Luna che penetrava discreta ed elegante dalle fessure della tapparella.

I pensieri tornarono, ma erano i pensieri di un bambino: osservazioni senza logiche, empatia con il mondo esterno e rilascio di emozioni colorate di bianco. Inspirare, espirare. Fumo e sensazioni. Dello sperma gli era rimasta tediosa traccia all'interno della coscia. Lo sentì indurirsi sulla pelle e appiccicarsi come colla ai peli delle gambe. Il letto era ancora caldo, il caldo tenero e unico dei letti d'inverno, uteri artificiali in cui annidarsi in cerca di protezione materna. C'era tempo per tutto quella notte.

In strada, rare automobili transitavano a folle velocità per la stretta via Casati, tra due filari di edifici carichi di anni che sembravano alberi di marmo; rompevano il silenzio senza dare fastidio. La notte non si lasciava intimorire. Lucia fumava con grazia e lentezza. Era un momento di tranquillità che aveva una sua tempistica ordinaria.

"Che pena infliggeresti a una persona che uccide una ragazza, la mutila e l'appende nuda a testa in giù sulla piazza principale della città?".

"Eh, dai Filippo...Non vorrai affrontare questo argomento proprio adesso, rovinando un momento così bello".

"Perché no? Siamo in un altro mondo, i pensieri nascono e muoiono ingenui. È proprio in momenti come questi che voglio dire tutto quello che mi passa per la testa".

Non sapeva se Lucia lo stesse veramente ascoltando oppure simulasse attenzione con genuina abilità. Forse si era distratta. E si chiese se anche lui stesse disfacendosi per ricostituirsi nell'altro se stesso. Il reale attaccava con tutte le sue forze. Filippo ebbe paura di aver detto qualcosa di sbagliato, che il momento finisse, che la magia lasciasse spazio alla vita quotidiana, troppo difficile per essere interamente razionale.

"Parli proprio da fidanzato". Lo disse aprendo bene la bocca e scandendo le parole una a una. Soddisfatta del legittimo ardire.

"So cosa faresti tu, Filippo, perché conosco le tue opinioni sulla giustizia. E tu sai cosa farei io che ho un'idea di giustizia del tutto uguale alla tua".

Un concetto scimmiottato da luogo comune.

"Hai perfettamente ragione. Anche se nella vita si può sempre cambiare idea".

"Vorresti dire che saresti favorevole alla pena capitale? Se così fosse, ti assicuro che hai appena perso parecchi punti ai miei occhi di fidanzata".

Spense la sigaretta nel portacenere sul comodino alla sua sinistra. Poi si distese stirandosi e incrociando le gambe ancora umide.

"Non ho nessuna intenzione di cambiare idea in fatto di pena di morte. Ti ho solo fatto una domanda".

"Sono contraria alla pena capitale anche se ci trovassimo di fronte al peggior criminale della storia".

"Va bene. Ma prova per un attimo a metterti nei panni dei genitori di Anna Reggiani e di tutti coloro che l'hanno amata. Probabilmente non hanno di fronte il peggior criminale della storia, ma comunque un criminale che ha ucciso e deturpato una persona amata. Non credi che almeno abbiano diritto di odiare quel pazzo assassino? Credi che una persona che perde un essere umano amato per colpa di un altro essere umano sia disposto a dire: perdono l'assassino, come perdonerei sempre e comunque, anche il peggior criminale del mondo?".

Lucia espirò.

"Perdono sa un po' troppo di religione. Preferisco parlare di giustizia, diritto, rispetto della vita, valori su cui si fonda la nostra comunità civile. Anche se non mi permetterei mai di giudicare i genitori di Anna Reggiani per i sentimenti che provano verso l'assassino della loro unica figlia".

Filippo si voltò su un fianco.

"Credo che la civiltà si misuri anche dal rispetto per le vittime di atti di violenza ingiustificati".

Lucia annuì. Voleva controbattere ma non seppe trovare le parole giuste. Filippo tornò in posizione supina.

"Perdono. Ho usato un termine improprio. Che tra l'altro non mi piace per niente, come non mi piace il concetto di porgere l'altra guancia. Sarà contento il mio vecchio prof di religione".

"Sei perdonato", chiosò la donna.

Risero. Filippo si accese la sua seconda Philips Morris e Lucia fece lo stesso strappandogli di mano il pacchetto. Probabilmente non c'erano risposte. Quasi mai ce n'è una per una domanda fondamentale. Il tempo di ridurre le sigarette a due consumati mozziconi e Lucia gli salì di nuovo sopra. Mentre assaporavano il gusto di un nuovo amplesso, una breve riflessione fuggì alla rinnovata operazione pulizia del cervello compiuta da Filippo: vendetta. Si può avere giustizia con la vendetta? Ancora nessuna risposta. Tutto si ridusse a nulla e i corpi scivolarono di nuovo nel fluido scorrere di sensazioni ed emozioni erotiche. Entrambi sprofondarono nuovamente nel divenire del piacere intenso. Niente rimase in sospeso. Se la logica spesso è fallace, il sesso è di una compiutezza che trascende ogni poco rassicurante spiegazione. La notte era ancora lunga e il buio proteggeva i due amanti come un padre affettuoso.

Secondo giorno
Capitolo 7

Il desiderio incontenibile di fumare lo stava lentamente consumando, insieme alla rabbia per quella riunione a porte chiuse che si stava trasformando in un calvario a legittimità istituzionale. Franco Crespi non poteva uscire e scendere in cortile, doveva rimanere ancorato al tavolo della Sala Giunta al secondo piano del palazzone sede del Comune di Monza. Accanto a lui navigavano a vista i notabili della città, infervorati e carichi di vuote parole. L'argomento della riunione straordinaria scontato: l'omicidio di Anna Reggiani.

L'aria satura di umidità malsana non trovava sfogo all'esterno e l'odore affogava le narici di tutti i presenti. Il commissario sedeva al fianco del questore Matteo Liverani. Intorno al tavolo c'erano anche il sindaco di Monza Luca Riboldi, l'assessore alla sicurezza Eugenio Stanca, il tenente colonnello Melchiorre Poverini del comando dei Carabinieri, Carlo Cattaneo, procuratore capo della Repubblica, e Gennaro Salvatore della direzione dell'associazione industriali brianzoli. Crespi non capiva il perché di quella presenza. Ipotizzava che fosse lì in rappresentanza della categoria cui apparteneva l'imprenditore Domenico Reggiani, ovvio. Ma non c'erano certezze a quei livelli. Nessuno gli aveva dato spiegazioni, non c'era stato tempo per fare le dovute presentazioni. La riunione era iniziata presto, convocata d'urgenza, e tutti avevano la faccia incazzata.

In quel momento stava parlando il sindaco. Minuto, con una pancetta prominente che faceva pendant con l'incipiente calvizie, Luca Riboldi sputacchiava gocce di saliva mischiate a caffè.

"La gravità di quanto successo ci costringe ad agire con immediatezza e determinazione. Domenico Reggiani e la sua famiglia sono un valido esempio del meglio che questa città e il territorio brianzolo sanno esprimere in termini di capacità imprenditoriali, onestà e impegno civile".

Un coro silenzioso di teste annuenti ritmò all'unisono l'adesione a quel proclama che tradiva il vizio dei politici di parlare per ideogrammi mentali senza far distinzione tra contesti e situazioni diverse. Crespi si adeguò al coro fingendo di approvare ciò per cui provava totale indifferenza. Si sentiva ostaggio di quei potenti e la sua consueta forza espressiva autonoma era come annientata. Provava vergogna per se stesso e per l'obbligata farsa cui partecipava.

"Mentre le forze dell'ordine stanno conducendo le loro indagini coordinate dagli organi giudiziari preposti, come amministratori e rappresentanti istituzionali non possiamo sottrarci al nostro compito, che è in primis quello di rassicurare i cittadini".

A quel punto, Riboldi fece una pausa, osservando il suo uditorio con sudata apprensione. "Da una parte c'è un assassino, un pazzo criminale, che ha ucciso una ragazza innocente e potrebbe colpire di nuovo. Dall'altra ci sono i cittadini che hanno paura ed esigono di essere protetti". Il sindaco si sedette, asciugandosi la fronte bagnata. Il primo a replicare fu il questore Liverani. Crespi si spostò sulla sedia tirando su la schiena.

"Il primo, indispensabile, atto che il commissario Franco Crespi ha compiuto è stato il fermo di Matteo Borsa, fidanzato della vittima".

Un mormorio si levò all'altro capo del tavolo. Gennaro Salvatore si mosse impaziente sulla sedia.

"Mi scusi, signor questore", intervenne il rappresentante degli industriali. "Ma su questo punto mi permetta di esprimere il mio disappunto".

"Mi dica", acconsentì infastidito il questore.

"Come certamente saprete, Matteo Borsa è il primogenito di Cesare Borsa, uno stimato bancario che non merita certo di vedere il proprio figlio sbattuto in prima pagina come possibile mostro. Ho parlato con Cesare questa mattina: è sconvolto, signori. Sconvolto! Non voglio certo criticare le azioni delle forze dell'ordine, davanti alla legge siamo tutti uguali s'intende... Capite però che la situazione è molto delicata".

Fu il procuratore Cattaneo a replicare per primo.

"Dottor Salvatore, capisco le sue preoccupazioni ma come ha ben detto lei, la legge è uguale per tutti. Il questore e il commissario Crespi stanno scrupolosamente rispettando la legge e le procedure previste in questi casi. Mi permetta di suggerirle di tralasciare questioni in questo momento di secondo piano. C'è una grave emergenza da seguire...".

"Ma..."

"... Le posso assicurare che i diritti di Matteo Borsa sono e saranno salvaguardati e che il ragazzo non ha nulla da temere in questa fase inquirente. Al momento è in stato di fermo, non in arresto".

Solo apparentemente acquietato, Salvatore mollò la presa riservandosi la facoltà, o, come pensava, il legittimo privilegio, di far sentire la sua voce in un secondo più decisivo momento.

"L'assassino – continuò il questore – è senza alcun dubbio una persona dotata di un grado elevato di intelligenza e competenza. Il cadavere è stato meticolosamente dissanguato e le recessioni degli arti sono state eseguite con sufficiente precisione. Le piste da seguire sono diverse, dall'omicidio rituale al gesto isolato di un pazzo. Abbiamo escluso da subito l'ipotesi dell'omicidio colposo, di un avvenimento finito involontariamente in tragedia. Anche se è vero che Anna Reggiani era sparita da una settimana e l'ipotesi di un rapimento finito male può essere una prospettiva interessante da prendere in considerazione, è pur vero, come ho già detto, che siamo in presenza di una chiara premeditazione".

"Dovremmo anche tenere in conto la possibilità che si tratti di più assassini?", chiese il sindaco Riboldi.

Fu Crespi a rispondere.

"Nessuna ipotesi è esclusa, signor sindaco. Siamo solo agli inizi, dobbiamo vagliare tutte le possibili piste per poi procedere alla selezione delle più attendibili".

Gennaro Salvatore si allungò gesticolando con le mani.

"Mi pare un metodo di lavoro un po' grossolano. Non rischiamo di divagare magari prendendo di mira le persone sbagliate?".

Era evidente che si riferiva a Matteo Borsa.

"Pur non avendo ancora una pista precisa da seguire – precisò innervosito Crespi – ci troviamo evidentemente di fronte a un omicidio studiato nei minimi particolari. Questa specificità restringe il campo d'osservazione: sarebbe inutile sparare nel mucchio".

"Sembra che invece lo abbiate fatto...", ribatté Salvatore sempre più infervorato.

"Che intende dire?", domandò innervosito il questore.

Salvatore si agitò sulla sedia in preda a una malignità compulsiva.

"Non vorrei ripetermi ma... Il fermo di Matteo Borsa non vi sembra uno sparare nel mucchio?".

A sostegno di quella tesi intervenne l'assessore alla sicurezza, che fino a quel momento sembrava aver seguito la discussione origliando dal corridoio.

"Se posso permettermi, signor questore... Gennaro Salvatore non intende mettere in discussione il vostro lavoro ma solo invitarvi a circostanziare con maggiore accuratezza gli interventi".

Carlo Cattaneo si alzò in piedi scaraventando la sedia all'indietro.

"Il fermo di Matteo Borsa è un intervento circostanziato! In quanto fidanzato della vittima è evidente che il giovane non può essere escluso a priori dalle indagini!".

Crespi era sempre più schifato. L'allergia cronica alla baronia istituzionale prudeva sottopelle.

"Non sempre però il commissario Crespi dà prova di prudenza", ribadì Stanca. "Ne converrà con me, signor procuratore".

Cattaneo fissò Crespi e i due si scambiarono un tacito assenso. La parola passò al commissario.

"Assessore, lei si riferisce al caso della rapina alla gioielleria Silvestri avvenuta due anni fa. Le ricordo che a Francesco Ponzi, l'indagato che poi scoprimmo essere innocente, ci arrivammo su segnalazione del comandante della Polizia Municipale che a sua volta aveva avuto il via libera da lei in persona. È o non è alle sue dipendenze?".

Stanca annuì. Non perché fosse d'accordo con Crespi, ma perché sapeva di poter sfruttare a suo vantaggio le ultime parole del commissario.

"Allora le chiedo: lei è disposto ad assumersi ancora la responsabilità del fermo di un innocente?".

Crespi non replicò, passando la patata bollente ai suoi alleati.

"Il signor Borsa è solo indagato", precisò risoluto il procuratore. "Nessuno ha parlato ancora di innocenza o colpevolezza. La prego di non fare confusione".

Mariani allungò la mano e toccò il braccio dell'assessore per calmarlo.

"Va bene, signori. Non credo sia utile che ci perdiamo in questioni formali".

"Niente affatto, Luca! Non si tratta di pure questioni formali. Lei cosa ne pensa Poverini?".

Il tenente colonnello alzò lo sguardo dallo smartphone che lampeggiava a intermittenza.

"La prudenza non è mai troppa nel nostro lavoro. Troppo spesso sono stati commessi errori ingiustificabili. Nel contempo, ho piena fiducia nell'operato del questore e del commissario Crespi, la cui professionalità è fuori discussione. Sono certo che le loro decisioni siano sostenute da valide motivazioni. Per quanto riguarda l'organizzazione di cui sono responsabile, ho già garantito al questore la massima disponibilità operativa".

"Cosa state facendo nel concreto?", chiese Salvatore, quasi rassegnato.

"Soprattutto attività di pattugliamento di tutti i luoghi sensibili della città, compresi quelli molto frequentati dai giovani. Visto che la vittima è una ragazza non possiamo escludere che l'assassino o gli assassini abbiano interesse per persone di quella specifica fascia d'età. A questa attività si affianca quella di indagine sul campo, in totale coordinamento con la Polizia".

"È coinvolta solo Monza oppure state operando anche al di fuori?".

"Naturalmente – precisò Crespi – il territorio di riferimento spazia da Monza alle zone limitrofe e a tutta la provincia. Inoltre, stiamo allertando i colleghi di altre province".

"Ovviamente anche la Polizia Municipale di Monza, insieme ai comandi delle altre città, sono mobilitati in pattugliamenti e controlli", precisò con fare puntiglioso l'assessore Stanca.

"C'è anche un altro fattore da tenere in considerazione".

Salvatore tornò alla carica. Davanti a sé teneva un foglio.

"Questo mi è stato consegnato di persona da Domenico Reggiani. Gradirei poterne parlare, visto che ci sono degli spunti interessanti sui quali credo valga la pena di riflettere".

Gli altri annuirono, chi più chi meno infastidito da quello che si preannunciava come un inutile fuori programma.

"Il dottor Reggiani mi incarica di far presente a tutti i presenti che l'assassino potrebbe essere motivato da questioni non strettamente personali. Reggiani pensa che la morte della figlia potrebbe essere collegata alla sua attività imprenditoriale".

Carlo Cattaneo tossì e si lisciò i capelli.

"Intende dire che l'assassino della figlia Anna sia una sorta d'intimidazione da parte di concorrenti sleali?".

Gennaro Salvatore sorrise mostrando un dente d'oro che riflesse la luce artificiale dei lampadari.

"E cosa ci sarebbe di strano? Domenico Reggiani ha interessi in svariati settori, non solo nella meccanica. È un imprenditore di successo, competente e determinato nello svolgere al meglio il proprio lavoro".

Il questore sospirò.

"È un'ipotesi che terremo in debita considerazione, Salvatore".

L'uomo sorrise compiaciuto. Almeno su quel punto l'aveva vinta lui.

"C'è dell'altro, signori...", continuò armeggiando con il foglio.

"Domenico invita tutti a prestare la massima attenzione alle notizie diffuse dalla stampa. 'Per evitarE, scrive, 'malintesi e fraintendimenti nonché pubblicazioni di informazioni dannose per l'immagine della mia famiglia e di Anna'".

Crespi pensò immediatamente a Filippo. Per fortuna, nessuno sapeva della loro reciproca collaborazione. Preferì però non esternare commenti alle cazzate di Domenico Reggiani. Lo fece il questore, spalleggiato moralmente da un sorridente procuratore della Repubblica.

"Non possiamo certo impedire ai giornalisti di svolgere il loro lavoro. Se poi dovessero profilarsi casi di diffamazione o calunnia o quant'altro, potranno essere presi i necessari provvedimenti da chi è legittimato a farlo. Al momento, sulla triste vicenda di Anna Reggiani, non ho riscontrato alcunché di anche lontanamente offensivo. E posso assicurare che sono abituato a leggere i giornali tutte le mattine".

Gennaro Salvatore piegò il foglio e se lo mise in tasca senza controbattere. La riunione terminò meno di un'ora dopo tra resoconti vagamente dettagliati e la programmazione nevrotica delle cose urgenti da fare. Ognuno disse la sua e Crespi trovò difficile anche solo credere di poter sintetizzare il risultato di tanto inutile esercizio oratorio. Appena si ritrovò all'esterno, assaporò il piacere del contatto con l'aria fresca e il gusto onanistico del tabacco. Beatamente allegro dopo aver svuotato la vescica stracolma, il commissario impiegò cinque minuti per rimettersi in connessione con la realtà.

Secondo giorno
Capitolo 8

Un fiume di auto tracimava lungo corso Milano. C'era una tale totale confusione che Filippo Corti desiderò ardentemente essere altrove. A fatica riuscì a infilarsi nella colonna infinita degli automobilisti inferociti. Ci vollero più di venti minuti per percorrere duecento metri. Il tempo aveva preso una piega ironica, cattiva e disperata. Svoltò a sinistra verso piazza Indipendenza. Girò intorno all'isolato finché si trovò all'incrocio tra via Cavallotti e via Manzoni.

Gli ultimi metri che lo portarono al nuovo costosissimo parcheggio sotterraneo di Piazza Trento e Trieste per fortuna filarono via lisci e tranquilli. Niente code, niente rumori assordanti. La strada quasi libera divenne una miracolosa boccata d'ossigeno. Pioveva forte adesso, uno scroscio improvviso e inatteso. Corti guidò l'auto lungo la rampa scivolosa di accesso al parcheggio. La Publieditor pagava per assicurarsi un certo numero di posti che i redattori e i dipendenti del giornale potevano utilizzare senza sborsare un Euro. I collaboratori giornalisti esterni alla redazione dovevano invece arrangiarsi, ma in Italia, si sapeva, un collaboratore era poco più di uno schiavo, sottopagato e sfruttato. Un vero schifo. Monza aveva tra l'altro abolito i posti liberi in centro, i privati facevano grandi affari con quelli a pagamento, i vigili urbani erano esattori di multe pignoli e severi.

In redazione c'era fermento. Gli corse incontro Rodolfo Sala.
"Abbiamo fatto il botto, Filippo", disse trafelato e sorridente come un bambino che ha appena scartato il pacco regalo di Natale scoprendoci dentro proprio ciò che aveva tanto desiderato. "Copie praticamente esaurite in tutte le edicole di Monza. E sono ottimi i risultati di vendita anche nelle altre città della provincia. Il direttore sbava per la contentezza. Appena ti vedrà ti abbraccerà e bacerà sulla bocca. Ne sono certo. Stai in guardia, fratello!".
Rodolfo rise e Filippo con lui.
"È il momento ideale per chiedere l'aumento", buttò lì stringendo la mano al collega e battendogli l'altra sulla spalla. Il messaggio era chiaro: non era tutto merito del caporedattore.
"Complimenti a te e a Simona e a tutta la squadra esterna. Ottimo lavoro della redazione cronaca nera e dei collaboratori".
Dalla scrivania Simona Vaccari agitò la mano sorridendo a bocca spalancata. Reggeva una copia della Gazzetta.
"È da incorniciare e appendere al muro", pensò Filippo orgoglioso mentre, staccatosi da Rodolfo, si dirigeva alla stazione operativa.
Simona iniziò a parlare e la sua voce fu quasi un urlo di euforia pura.
"Immagino tu sappia già l'essenziale. Rodolfo voleva avere il privilegio di essere il

primo a darti i risultati. Aggiungo soltanto che la prima pagina di oggi è di quelle che meritano di passare alla storia del giornalismo".

Esagerato? Forse sì, forse no. L'entusiasmo era autentico e questo bastava. L'immagine dei genitori di Anna Reggiani fece capolino nell'orizzonte razionale di Filippo. Mise a fuoco il volto sofferente della madre della ragazza uccisa, ma anche l'immotivata aggressività del padre, la sua freddezza priva di dolore autentico. Constatò con disappunto che l'imprenditore non avrebbe per niente digerito la foto in prima pagina della figlia martoriata e appesa alla Parléra. Non era riuscito a condizionare i grafici impaginatori e la foto di Anna appesa a testa in giù giganteggiava al fianco di quella scelta dalla madre della ragazza. Cosa avrebbe pensato Carla Reggiani? L'immagine dell'Arengario era un detonatore di dolore: Anna, una bambola da film dell'orrore da esibire al pubblico, priva di anima e corpo umani. Non più padrona del suo corpo e forse, chissà, della sua anima. Data in pasto a famelici divoratori di cadaveri, reiterando la morte in un continuum degli orrori. E noi giornalisti chi siamo? I carnefici sorridenti che cucinano i morti sulla griglia della grande abbuffata collettiva? Filippo non ci credeva, non voleva crederci. Non era vero. Lo sapeva. Il suo lavoro era raccontare, trasferire conoscenza attraverso l'informazione. L'etica professionale si riassumeva in un concetto semplice: raccontare la verità rispettando fatti e protagonisti. E non necessariamente le dimensioni di una foto condizionavano il giudizio morale.

Simona stava ancora parlando ma le ultime parole erano tutte sfuggite a Filippo. Mentre cercava di riprendere il filo del discorso, squillò il cellulare. Era Crespi.

"Ciao. Volevo sapere a che ora passi in commissariato".

"Sono in redazione, Franco. Tra mezz'ora arrivo".

"Perfetto. Ci sono molte cose di cui parlare. Vecchie e nuove. Il tuo giornale ha suscitato un vespaio. Era logico e non sono sorpreso. Ma ieri la notizia del ritrovamento di Anna Reggiani passava lentamente di bocca in bocca. Oggi invece ne parlano tutti, anche i Tg nazionali hanno dato spazio al fatto. Ho il fiato sul collo di quelli che contano, Filippo".

"A tra poco".

In viale Romagna il traffico era regolare, come sempre. Corti ci mise però più di un quarto d'ora per trovare un fottuto posto libero dove parcheggiare la Polo. La sistemò in una via un po' distante e imprecò per l'assurdità della situazione: si muoveva in auto per arrivare prima e poi doveva impiegare il doppio del tempo per camminare e raggiungere la meta. Con la cartelletta in una mano e la sigaretta nell'altra si avviò verso la sede della Polizia. Da lontano vide che Franco Crespi era già nei pressi del portone d'ingresso. Agitato, ogni tre secondi guardava l'orologio. Filippo era in ritardo, ma non di molto. A meno che non fosse lui l'oggetto della presunta e apparente apprensione del commissario. Appena lo raggiunse, Crespi iniziò a parlare saltando i convenevoli.

"Ti stavo aspettando..."

Filippo salì i gradini con una spiacevole sensazione in corpo: voleva essere altrove.

"Buongiorno Franco, come va?".
Il commissario gli lanciò un'occhiata poco rassicurante. Per fortuna, Filippo sapeva
che non lo avrebbe mai morso, ma chi poteva dirlo?
"Bene. Anzi, male. Andiamo nel mio ufficio".
Lo seguì.
"Vuoi un caffè? Te lo faccio portare...".
Filippo sospirò.
"Messa così, la domanda suona come 'Preparati che sarà una giornata lunga'. Comunque, sì, lo voglio. Grazie".
Raggiunsero l'ufficio dopo aver percorso il breve corridoio al pian terreno che si apriva a destra una volta varcato l'ingresso del commissariato. Corti percepì uno spazio
troppo pieno. Ampio, in origine, ma che con il progressivo infittirsi degli arredi sembrava ormai fortemente ridimensionato. Alle pareti campeggiava una fila di quadri,
foto, riproduzioni di antiche carte geografiche. Entrò infine nell'ufficio di Crespi: una
grande finestra dava su via Romagna. In centro c'era una pesante scrivania in legno
piena zeppa di fogli, documenti, cartellette, libri e volumi. C'era anche il monitor di un
computer e da sotto il tavolo proveniva il ronzio incessante del calcolatore al lavoro.
A sinistra, un'enorme libreria ad ante vetrate conteneva altri libri e volumi ordinatamente appoggiati. Il lato destro dell'ufficio era occupato per tutta la sua lunghezza da
un tavolo stretto e lungo di legno marrone. Non c'erano sedie perché evidentemente
non era previsto il tè delle cinque. Il tavolo era interamente occupato da altro materiale cartaceo. In vista anche riviste e quotidiani, tra i quali la Gazzetta con l'enorme foto
di Anna Reggiani in prima pagina. Non c'era che dire: i grafici avevano fatto un ottimo lavoro e Filippo ne era sinceramente soddisfatto. L'immagine mentale dei coniugi
Reggiani continuava però a smorzare il suo entusiasmo.

Arrivò il caffè mentre i due si stavano accomodando intorno alla scrivania, Franco
sulla poltrona di comando che ondeggiava impazzita a destra e a sinistra, Filippo in
una delle due più modeste poltrone che fronteggiavano il tavolone. Un agente consegnò due bicchierini di plastica, due stanghette di plastica che fungevano da cucchiaini
e due bustine di zucchero che Filippo sperò non fosse anch'esso di plastica.
"Allora, Franco, da dove cominciamo?".
Il commissario si stese sullo schienale della poltrona e incrociò le mani dietro la nuca.
Filippo finì di sorseggiare il contenuto del bicchierino di plastica, poi dalla cartelletta
estrasse penna e taccuino. Franco lo osservò sorpreso.
"Non avevamo concordato un'intervista", gli fece notare l'altro con ostentata noncha-
lance.
"In effetti, hai ragione. Ma sono un giornalista, tu il commissario di una città che ha re-
gistrato un fatto di cronaca nera quantomeno insolito nelle ultime ventiquattro ore.
Non credi che come minimo sia interessato a raccogliere più informazioni possibili?".
Crespi si lasciò sfuggire un mugugno che il giornalista interpretò come assenso. Poi si
accese una Camel.

"D'accordo", affermò il poliziotto prendendo tra le dita libere una penna. "Ma vorrei appellarmi alla tua serietà professionale".

"Cosa intendi dire?".

"Massima riservatezza. Sono una tua preziosa fonte e la nostra collaborazione è un nostro segreto".

"Mi sorprendi: non sai che una delle regole fondamentali del mio mestiere è proprio la segretezza delle fonti?".

"Sì, lo so".

"E comunque, la nostra collaborazione è paritaria. Anch'io sono una preziosa fonte di informazione per te".

Crespi non replicò preferendo cambiare discorso.

"Il servizio che avete pubblicato è corretto. Avrei qualche osservazione da fare sulla scelta della foto in prima pagina. Troppo grande. Un'opinione personale che però non centra nulla con ciò che ti devo dire".

Prima che Filippo potesse difendersi, toccato sul vivo a proposito dell'argomento foto, Franco riprese a parlare, lo sguardo perso in direzione della porta di fronte.

"Ci sono questioni urgenti con cui vorrei confrontarmi con te".

"Propongo di iniziare dal riepilogo dei fatti e degli elementi di indagine in tuo possesso". "Proposta accettata", acconsentì Crespi indirizzando nuovamente lo sguardo verso l'interlocutore e abbozzando un lieve sorriso. Il giornalista partì alla carica.

"Dunque... Ieri, 19 gennaio, viene trovato il cadavere di Anna Reggiani, diciannove anni, scomparsa da casa una settimana prima in circostanze tuttora misteriose. Non sappiamo perché e dove sia andata, chi abbia incontrato sulla sua strada. Nessuno di coloro che la conoscevano e che abbiamo finora interrogato l'ha più sentita o vista, compreso il fidanzato, Matteo Borsa, attualmente in stato di fermo come sospettato. La ragazza è appesa per i piedi alla loggetta dell'Arengario, lato sud. È stata mutilata: entrambe le mani sono state mozzate e sono finite chissà dove. Sul terreno c'è del sangue, poco, anzi pochissimo. È della ragazza, che è stata messa lì già dissanguata. Del resto, dai moncherini fuoriesce ben poco. Il referto autoptico ci dice che Anna è morta da meno di ventiquattr'ore. Morte per arresto cardiaco, provocato da un'overdose di anfetamine. Nel corpo è stato trovato anche del metadone e tracce di sperma appartenenti a due individui sono state rinvenute nell'ano e nella vagina".

"Anna Reggiani ha avuto un rapporto sessuale con due uomini prima di morire", precisò attento il commissario.

Filippo annuì.

"Come ha ipotizzato Marco Aliprandi".

Franco sgranò gli occhi. Stava diventando sempre più nervoso. Si alzò e si voltò in direzione della finestra. Il fumo della sigaretta lasciò dietro una scia che lo seguì come un'ombra.

"Posso?".

Filippo reggeva il pacchetto di Philip Morris.

"Certo. Io sto fumando, quindi...".

Il giornalista accese la sigaretta e fissò il portacenere sulla scrivania. Aveva ripreso a piovere. Una pioggia leggera ma insistente.

"Qual è il problema, Franco? Cosa ti preoccupa? Hai parlato di pezzi grossi che ti stanno con il fiato sul collo...".

Il commissario lo guardò sconsolato. Non rispose subito. Tornò alla scrivania, spense il mozzicone e si accese un'altra sigaretta. Non si sedette. Prendendo la via più lunga, camminò dirigendosi verso il secondo tavolo e quindi passò dietro a Filippo per tornare alla poltrona a giro completato.

"La questione ha assunto proporzioni più grandi di quelle che avevo immaginato. Colpa mia. Sono stato uno stupido a non prevederlo. Anna Reggiani è figlia di un uomo importante, un imprenditore che a Monza e in Brianza ha amici potenti. Penso tu ne sia al corrente".

"So che Domenico Reggiani è Amministratore delegato della Multitech, un'azienda che si occupa di componentistica meccanica. Clienti in Italia ma soprattutto all'estero. È iscritto al partito di maggioranza che in città ha tra i suoi esponenti di spicco il sindaco Luca Riboldi. Delle sue idee politiche però non ho parlato nel mio pezzo".

"Per fortuna", disse Franco Crespi con entusiasmo forzato.

"Tu non hai scritto niente di sbagliato, non sono qui a insegnarti il tuo lavoro che conosci molto bene. Giustamente, non era pertinente scrivere delle idee politiche del padre della vittima quando la notizia è la figlia trovata cadavere e il modo in cui è stata trovata. Ma quelle idee ci sono, esistono e si muovono incarnate in squali affamati. I politici e i notabili che ruotano intorno a Reggiani non ragionano come noi, Filippo. Vagano con la fantasia, ipotizzano complotti, intrighi, macchinazioni in cui sarebbero coinvolti. Sono narcisisti, megalomani e si ritengono al di sopra della legge che soggioga i comuni mortali. Un mix terrificante".

"Non ho mai sopportato i politicanti, di qualsiasi partito siano. E neppure i notabili tirapiedi della cricca. È da un pezzo che non voto e ho delle inequivocabili tendenze anarcoindividualiste. Sono una persona umile e ne sono contento. Franco, ti avverto. Sono disposto a collaborare con te ma non accetto condizionamenti di nessun genere!".

Il commissario sorrise e si accomodò sulla poltrona.

"E fai bene. Io sono in una condizione peggiore della tua. I politici e la cricca mi girano intorno come insetti velenosi. Ha iniziato il sindaco all'Arengario, ieri mattina. Dopo che te ne sei andato. Poi mi hanno telefonato praticamente tutti, persino Domenico Reggiani, meno di un'ora fa. Senza contare la riunione pallosa di questa mattina in Sala Giunta".

"Se ti consola, sappi che Reggiani non mi sopporta".

"Immagino. Era incazzato nero con il tuo giornale, soprattutto per il tuo pezzo".

"Oh, non gli sono andato a genio fin da quando sono entrato in casa sua ieri pomeriggio...". Crespi sorrise di nuovo stiracchiando le labbra.

"Domenico Reggiani non ha apprezzato il fatto che hai scritto delle sostanze stupefacenti trovate nel corpo della figlia. E quel che è peggio non ha proprio mandato giù il risultato dell'autopsia a proposito dello sperma. Secondo lui hai descritto Anna come

una puttana e una tossicodipendente che frequentava ambienti equivoci. Il tutto condito dal riferimento a un possibile serial killer. Senza contare la lamentela ossessiva sulla foto in prima pagina".
Filippo sospirò.
"Sull'autopsia perché prendersela con me e il giornale? C'è un patologo responsabile delle analisi".
"Ovvio".
"Quindi sai benissimo che non ho avanzato nessuna ipotesi azzardata sulla vita privata di Anna Reggiani. Ho solo riferito i dati dell'autopsia e parlato di serial killer come possibile pista da seguire. I genitori di Anna non credono che la figlia si drogasse abitualmente. E naturalmente non accettano che si ipotizzi che la figlia abbia avuto una vita sessuale assai movimentata. Ciò però non cambia la realtà: l'autopsia ha rilevato tracce di droga e di metadone, il che fa pensare a una tossicodipendente. Senza contare lo sperma in punti poco equivoci".
Crespi non reagì subito a quelle parole. Parve riflettere su ciò che doveva per forza replicare. Il sasso era stato gettato, entrambi erano entrati nel vivo del confronto.
"Filippo, non sei qui per ricevere da me restrizioni sul tuo lavoro. Nessuno mi ha chiesto di fare da intermediario. Anche perché nessuno sa della nostra collaborazione. Però, è giusto che tu sappia che Gennaro Salvatore, rappresentante degli industriali, ha fatto da portavoce a Reggiani: l'imprenditore pretende di tenere sott'occhio la stampa e il flusso di informazioni. Follia pura".
Corti trattenne un moto di rabbia.
"Cosa mi chiedi allora?".
"Quello che ti chiedo è un favore, una cortesia se preferisci, in virtù del rapporto personale che si è creato tra noi".
Il giornalista annuì fidandosi dell'apparente sincerità delle parole del commissario.
"Il caso Anna Reggiani ha scatenato una tempesta che giudicavo impossibile, almeno non in queste dimensioni e nonostante l'oggettiva gravità del fatto. Io mi occuperò di tenere a freno le spinte impulsive e fare in modo che l'indagine prosegua senza intoppi, apparenti o figurati. Mi impegnerò in questo senso. Tu e il tuo giornale potreste usare la massima prudenza e verificare sempre con scrupolosità tutti i fatti che vi accingete a raccontare? Una scrupolosità maggiore di quella che già normalmente usate... Lo dico anche per voi: penso sia più prudente e saggio non gettare benzina sul fuoco dell'astio di Reggiani e della sua compulsiva ricerca di pretesti per sfogare rabbia. Ho la sensazione che dobbiamo tutti stare molto attenti. Non c'è solo l'assassino da temere... C'è chi colpisce senza uccidere e a volte il risultato è assai simile".
Filippo grugnì.
"Perché non hai chiamato direttamente Paolo Licastro? È lui il Direttore responsabile della Gazzetta. Anzi, potevi rivolgerti a Camillo Magri, l'editore. Perché prendersela con un semplice redattore?".
"Perché con te posso parlare liberamente e so che godi della stima dei tuoi colleghi, del direttore e dell'editore. Se mi rivolgessi ai tuoi capi, in veste di commissario, cosa

credi che penserebbe l'opinione pubblica a proposito di indebite ingerenze?".

Filippo si accese un'altra Philip Morris. Era troppo nervoso.

"Credo che l'ipotesi del serial killer non piaccia a chi sta sopra di noi", continuò Crespi. "Non so perché ma non piace. È come se coloro che si arrogano il diritto di considerarsi i detentori della sorti della città e di chi ci vive, non siano disposti ad accettare la presenza nel tessuto sociale di un corpo estraneo così fuori controllo, così diverso e pericoloso. Forse le mie sono solo elucubrazioni mentali che farebbero la gioia di uno psicologo in cerca di lavoro e non si addicono per niente a un'indagine della Polizia; ma non mi sembrano insensate e soprattutto prive di conseguenze sulle motivazioni, consce o inconsce, che spingono queste persone a pensare o ad agire".

"E tu che ne pensi?", chiese a bruciapelo Filippo.

"Di cosa?".

"Dell'ipotesi serial killer?".

Crespi sbuffò.

"Non saprei che dire. Non mi convince del tutto, anche se nulla può essere escluso a priori. Il sindaco mi ha tenuto al telefono venti minuti spiegandomi che è impossibile che a Monza ci sia un serial killer. Ha messo sul piatto argomentazioni incredibili: il tessuto sociale solido, i valori morali di una comunità come quella monzese, e via dicendo...".

"Assurdo".

"È quello che ho pensato anch'io. Monza non è Milano, la mentalità è quella di un paese di provincia arroccato attorno al campanile. Terreno fertile per uno psicopatico che vuole farsi strada".

"Sempre la stessa storia: vizi privati, pubbliche virtù. Un quadro edificante per i detentori delle sorti della città...".

"Per questo ti ho parlato di umori sotterranei che è necessario tenere a freno aguzzando la vista e aprendo bene le orecchie".

Filippo rise seguendo il dipanarsi di un pensiero che fulmineamente gli era balenato in testa. Franco se ne accorse subito.

"Cosa ti fa ridere?".

"Pensa se il serial killer fosse uno di loro. Oddio, che fine farebbe la rispettabilità di Monza?!".

Franco non colse l'ironia cinica e si accese l'ennesima sigaretta.

"Sai benissimo che continuerò a parlare di serial killer fino a prova contraria, vero?".

"Lo so. Ne hai tutto il diritto".

"Quello che non capisco è come sia possibile amministrare una città o influenzarne le decisioni politiche stando rinchiusi in una torre d'avorio a sputare sentenze. I serial killer possono nascere qui come da qualunque altra parte del mondo. È la società a produrli. Non sono un prodotto d'importazione".

"Hai ragione", confermò Crespi.

"E di Matteo Borsa, sospettato in stato di fermo, che mi dici? Quali sono le accuse a suo carico?".

50

"Era il fidanzato, Filippo. Un legame con la vittima l'ha avuto, probabilmente più profondo di altri, forse persino più profondo di quello dei genitori. Anche tu al mio posto e a quello del procuratore avresti fatto la stessa cosa. È la prassi, potrei dire, ma non lo dico perché mi sembra troppo cinico nei riguardi di una persona cui è stata momentaneamente privata la libertà".
"Non credo che Matteo Borsa c'entri qualcosa".
Crespi rise di gusto.
"Come fai a esserne così sicuro?".
Filippo si sporse in avanti. Parlò serio in volto.
"Franco, chi ha organizzato la morte e il ritrovamento di Anna Reggiani è una persona con un acuto senso della messinscena. Non ci troviamo di fronte a una mente normale che all'improvviso si lascia allegramente andare alla follia e al sadismo. Questa è pazzia lucida, controllata, pianificata. Credo si tratti di un serial killer, uno solo. È possibile che sia un medico, un chirurgo, ma non è detto. Comunque qualcuno con almeno basilari conoscenze di anatomia umana e di chirurgia. Non conosco di persona Matteo Borsa, so che ha ventiquattro anni e che tutto sommato conduce una vita normale. Studente di Medicina, certo, ma al di là di questo, per arrivare a fare quello che hanno fatto ad Anna Reggiani occorre essere perversamente geniali e aver macerato nel proprio buco nero per molti anni".
"Sull'intelligenza dell'assassino, o degli assassini, non ho dubbi. Però Matteo Borsa non lo conosci, l'hai detto tu. Non sappiamo tutto quello che passa per la testa delle persone che ci stanno attorno per anni e tu pretendi di capire una persona che neanche conosci?".
"Non sono certezze. Solo ipotesi".
"Per il momento non posso fare altro che continuare a interrogarlo. Finora non è emerso nulla di veramente insolito sulla vita privata di Anna, le sue occupazioni, i suoi interessi, le persone e i posti che frequentava. Nel caso, Dio non voglia, che l'assassino o gli assassini colpissero ancora, inizierò a riflettere seriamente sull'ipotesi serial killer".
Crespi si alzò e distese le labbra in un sorriso spontaneo, come se si fosse liberato di un peso. Aver condiviso le preoccupazioni sembrava lo facesse stare meglio.
"Ti terrò d'occhio, dottor Corti", disse stringendo forte la mano destra del giornalista.
"Lavorerò in incognito", rispose Filippo con sincerità disarmante. Anche lui si sentiva più leggero. Non tranquillo, ma leggero. Quando uscì all'aperto, un timido sole fece capolino tra le nuvole. Non pioveva più e l'aria era piacevole nella sua freddezza invernale. Era quasi mezzogiorno. Prima che raggiungesse la Polo squillò il cellulare. Marco Aliprandi lo invitò a pranzo. Filippo accettò e fissò l'appuntamento per le tredici, in centro. Nell'attesa aveva tempo di pensare con la mente straordinariamente sgombra da ombre irrazionali.

Secondo giorno
Capitolo 9

Marco Aliprandi uscì dalla toilette con un pezzo di camicia che penzolava fuori dai pantaloni. I capelli arruffati, il viso arrossato. Sorrideva compiaciuto alzando la mano per salutare un sorpreso Filippo Corti seduto a uno dei tavoli interni del Bar Conti di piazza Trento e Trieste. Il pranzo meritava il prologo di un originale fuori programma. Lo spettacolo stava infatti per offrire il suo momento topico. Dopo meno di dieci secondi, dalla stessa toilette sbucò con ostentata sicurezza una giovanissima cameriera dai lunghi capelli neri e la camicetta blu sbottonata appena sopra il seno prosperoso. Anche lei aveva il viso arrossato e i capelli lucenti arruffati. Lanciò al patologo uno sguardo provocante e carico di promettenti, ulteriori, incontri ravvicinati del primo tipo. Il medico, nel frattempo, si era seduto di fronte a Filippo e si stava versando dell'acqua gassata.

"Quella toilette deve essere abbastanza grande", ironizzò il giornalista.

Marco sogghignò e mentre beveva accennò con gli occhi a un riassunto non verbale dei maneggiamenti di cui era stato protagonista.

"Una toilette fantastica, ma solo se ci entri con la persona giusta".

Non la stessa con cui Corti l'aveva visto la sera prima al ristorante...

"Hai una vita sessuale così attiva perché sei affascinante o perché fai un mestiere che incredibilmente piace alle donne?".

"Ho una vita sessuale attiva perché mi piace frequentare donne diverse. Non sono tipo da relazione fissa, non sopporto l'idea del matrimonio, non credo nella famiglia e adoro cambiare terreno di caccia".

Tutte motivazioni plausibili. Il libertinaggio non era illegale.

"Da diversi anni trovo congeniale assaporare il gusto dell'essere libero. Non è sempre stata così, però. Ho avuto anch'io le mie relazioni più o meno lunghe. Oggi però va così e mi trovo bene. Riesco a soddisfare i miei desideri sessuali e insieme affettivi, senza bisogno di un rapporto univoco con una donna".

"Pensavo alla ragazza del ristorante. Sonia, se non ricordo male...".

"Sonia, sì... Con lei mi vedo a cena".

"Hai una predilezione per i ristoranti?".

Marco rise. Gli occhi brillavano di una luce intensa.

"No, per queste cose mi capita anche di frequentare altri generi di esercizi commerciali".

Arrivò la morettina della galoppata. Si era pudicamente allacciata il primo bottone della camicetta e i capelli non vagavano più senza meta. In una mano aveva un taccuino e una penna minuscola che sembrava nascondersi tra le dita.

Filippo ordinò per primo.

"Io prendo un insalata con tonno, mozzarella e pomodoro, acqua gassata e caffè".

La ragazza prese nota senza scomporsi.

"Per me una piadina con insalata, formaggio e pomodori, un quarto di Chianti, acqua gassata e caffè".

La cameriera se ne andò sospirando un grazie stiracchiato.

"Bella ragazza... Complimenti!".

"Anche tu, mi pare di aver capito, non sei tipo da tirarti indietro. Sei fidanzato? Ieri sera ne avevi tutta l'aria".

"In effetti lo sarei...".

"Lo saresti? Che significa?".

"Che con Lucia ci frequentiamo da diversi mesi, abbiamo un rapporto avviato ma...".

"Ma?"

"Lei ci tiene a essere fidanzata a tutti i costi. Mentre io... Il fatto di avere una relazione fissa mi autorizza a considerarmi un fidanzato? Ce lo siamo anche detti... In realtà, non so se la definizione mi vada bene. Credo di sì ma ho qualche dubbio... Probabilmente, alla prima occasione, farei come te: mi infilerei nella prima toilette con una bella figa e chi si è visto si è visto".

La cameriera tornò reggendo un vassoio con acqua e vino. Marco la guardò intensamente e lei ricambiò fissando su di lui due iridi da cerbiatta in calore. Un bel quadretto erotico che imbarazzò Filippo.

"Sono convinto che ci hai provato anche con la tua bella collega...".

"Barbara Longhi? A dire il vero no".

"No o non ancora?".

"Assolutamente no! Sul lavoro mi piace non confondere le cose. E poi sai, dove lavoro è piuttosto difficile trovare la giusta concentrazione".

Il medico versò vino nel bicchiere di Filippo che iniziò subito ad assaporarne l'aroma. Lo sguardo si perse attraverso la vetrina rivolta a piazza Trento e Trieste. Non pioveva e qualche sprazzo di cielo azzurro rischiarato dal sole gettava un po' di luce sulle pietre color crema della pavimentazione.

"Credo che Barbara Longhi sia una donna più adatta a te che a me. Una donna da fidanzamento, intendo dire".

Filippo lo fissò sorpreso. Non aveva mai pensato prima di allora a Barbara Longhi come a una possibile amante. Eppure la conosceva da almeno cinque anni e il loro era sempre stato un bel rapporto, anche se esclusivamente di natura professionale.

"Vorrà dire che prenderò esempio da te. Alla prima occasione, cercherò di conquistarla. Bella è bella, ha un fisico niente male. Dividerò il mio tempo tra lei e Lucia. Mi divertirò".

Filippo rise e Marco allargò le braccia con fare teatrale.

"Così finiresti per fare come me e addio al fidanzamento".

Quando arrivarono le cibarie, i due si avventarono sui piatti.

"Sei un inguaribile intellettuale, Filippo Corti. Meno male che non sei anche snob. Non ti sopporterei."

"Sono d'accordo. Gli snob stanno sui coglioni anche a me".

Marco Aliprandi era simpatico, intelligente e ironico. C'erano così poche persone capaci di nutrirsi di ironia che il panorama dell'umanità contemporanea emergeva in tutta la sua sconsolante desolazione. Filippo conosceva Marco da poche ore eppure sentiva che si era magicamente creata una buona intesa. Forse stava nascendo una nuova amicizia, da aggiungere alle poche che il giornalista poteva dire di avere. Era abbastanza selettivo nel scegliere le persone che lo dovevano accompagnare nella vita. Era un bene e un male nello stesso tempo.

"Barbara ha partecipato all'autopsia sul corpo di Anna Reggiani o hai fatto tutto da solo?".

"L'ho eseguita io dall'inizio alla fine", rispose Marco mentre puntava lo sguardo verso un punto imprecisato dietro le spalle del commensale.

"Se ti interessa, oggi Barbara non c'è. Sta seguendo un corso di aggiornamento all'Ospedale Oncologico San Vito di Torino".

"Che peccato, avevo intenzione di chiamarla per fissare un appuntamento galante...".

"Puoi sempre farlo quando torna. Rientrerà domani".

"Ottimo".

Accanto ai due si accomodò una coppia di adolescenti. Filippo notò con disappunto i loro musi lunghi, l'atteggiamento insoddisfatto di chi brucia energia a chiedere tutto troppo in fretta dalla vita.

"A che punto sono le indagini?", domandò Marco fissandolo con malcelata curiosità.

"È tutto scritto sulla Gazzetta. L'hai letta?".

"Certo. Sono un affezionato lettore della Gazzetta. Anche se ci siamo conosciuti ieri è praticamente da quando sono a Monza che compro il tuo quotidiano. Mi piace.".

"Ti ringrazio".

"Quello che si sa per certo è dunque solo quanto emerso dall'autopsia e dalle altre analisi?".

"Al momento, sì. La Polizia sta seguendo tutte le piste possibili, quello che verrò a sapere lo scriverò sul giornale. Così sarai sempre informato. C'è però una cosa che vorrei chiederti a questo proposito".

"Chiedi pure".

"Sappiamo che quando Anna è stata appesa all'Arengario era già completamente dissanguata. Secondo te è possibile stabilire con esattezza da quanto tempo era morta?".

"Nell'autopsia ho scritto chiaramente che è molto difficile stabilire il momento esatto del decesso. Come sai, Anna Reggiani non è morta per la perdita di sangue. È morta per arresto cardiaco provocato da un'overdose di anfetamine. Probabilmente è stata uccisa dalle dieci alle dodici ore precedenti. Non posso essere più preciso. Poi è stata dissanguata e infine appesa alla Loggetta. Penso nelle ore immediatamente dopo il decesso. Secondo me, la Polizia dovrebbe seguire la pista della droga e del sesso. Non dimenticare che sono state rinvenute tracce di sperma nella vagina e nell'ano. Senza contare il metadone".

L'insalata gli era diventata improvvisamente indigesta. Le immagini della ragazza uccisa lo invasero di nuovo.

"E secondo te si trattava di una drogata abituale?".

"Te lo già detto. Senza dubbio".

"E sul sesso cosa mi dici?".

"Come il mondo della droga. Un mare magnum. Lo sai meglio di me che, anche grazie a internet, si sono moltiplicate le occasioni di incontro e di partecipazione a festini e orge di tutti i generi".

I due adolescenti stavano bevendo una coca. Senza scambiarsi una parola e senza neppure guardarsi.

"Conosco il commissario Crespi", continuò Marco, portandosi il bicchiere alla bocca e bevendo un sorso abbondante di acqua gassata. "È uno in gamba. So che nei primi anni Ottanta, all'inizio della carriera, ha lavorato a Roma, al Ministero degli Interni. Non lo sapevi?".

"Sì, certo".

"Siete buoni amici?".

"Posso considerarlo un amico, sì. Anche se le nostre frequentazioni si riducono per lo più a rapporti di natura professionale. Non siamo mai andati a vedere un film insieme, tanto per intenderci".

"Allora, spero che vorrai approfittare per venire al cinema con me. Magari ci portiamo dietro le nostre due donne".

"La mia donna. Nel tuo caso, dovresti dire 'una di quelle che frequento'".

Risero di nuovo. A meno di un metro da loro, invece, andava in scena un piccolo dramma giovanile. Filippo rifletté sul perché gli interessassero così tanto i due giovani seduti accanto. In fondo, di loro non sapeva nulla e non gli fregava nulla.

"Prima di arrivare a Monza dove esercitavi?".

"A Milano. Ho lavorato in tre diversi ospedali. Prima all'Istituto neurologico Besta, poi all'Ospedale Maggiore e quindi al Sacco. Ho quarant'anni, mi sono laureato in medicina a ventiquattro e poi specializzato in anatomopatologia, sempre a Milano".

"Hai fratelli o sorelle?".

"Figlio unico".

Calò improvviso un silenzio opprimente. Marco virò a trecentosessanta il suo umore e assunse un'espressione triste e malinconica, gli occhi persi chissà dove.

"Sono anche orfano", continuò triste. "I miei genitori sono entrambi morti".

"Mi dispiace".

Il medico sorrise forzatamente e strisciò il palmo della mano sugli occhi.

"Non devi scusarti, Filippo. Ci mancherebbe. Mi dispiace solo di essermi rattristato così all'improvviso".

Tornò la cameriera con i caffè.

"Credo che adesso tocchi a me raccontare qualcosa della mia vita".

"Giusto".

Iniziarono a sorseggiare il liquido nero. Fuori, in cielo, transitò una nuvola enorme, scura e carica di pioggia.

"Ho trentanove anni e sono nato a Monza", esordì Filippo. "Figlio unico, come te. Mio padre e mia madre sono due simpatici pensionati, ogni tanto un po' troppo invadenti, ma insostituibili. Ho studiato al Liceo Classico Zucchi e poi ho frequentato la Statale di Milano dove mi sono laureato in Giurisprudenza. Ho iniziato a scrivere da ragazzo e non ho più smesso. Non credo di sapere fare altro".

"Quando sei arrivato alla Gazzetta?".

"Cinque anni fa. Prima ho collaborato con diverse testate locali, mensili e settimanali. È stata la prima volta che mi cimentavo con un quotidiano. Ho iniziato subito dalla cronaca nera e un anno fa sono stato ufficialmente assunto e promosso a caporedattore. Prima facevo vita da freelance precario sottopagato, come del resto la maggioranza dei giornalisti freelance italiani. Se non era per mamma e papà col cavolo che potevo permettermi il bilocale in cui vivo".

"A proposito: dove vivi?".

"In via Casati. E tu?".

"A Lissone, in un gigantesco e rumoroso condominio di via Matteotti".

Era ora di andare. Matteo e Filippo si alzarono più consapevoli della loro nascente amicizia. Non occorreva dirselo. Entrambi ne percepirono la presenza e con essa la consistenza quasi fisica dell'interazione. Marco pagò il conto e mentre si avviavano all'uscita incrociarono Franco Crespi.

"Ciao Filippo. Buongiorno dottor Aliprandi. Spero che il nostro giornalista d'assalto non la stia sottoponendo a un'interminabile tortura di domande sulla povera Anna Reggiani".

"No, commissario. Ho invitato io Filippo a pranzo. Un momento di relax in una dura e lunga giornata di lavoro".

"Ottima idea. Purtroppo io mi devo accontentare di un caffè quando posso. Come in questo momento. Non riesco mai a staccare la spina come vorrei. In questi due giorni, poi...".

"Io e Filippo non abbiamo potuto fare a meno di parlare anche dell'omicidio e del ritrovamento di Anna Reggiani. Penso lo stiano facendo un po' tutti in città".

Crespi annuì e guardò trepidante Filippo per avere conferma che dalla bocca del giornalista non fosse uscito niente che avesse anche lontanamente a che fare con quello che si erano detti nei loro incontri. Avuta la conferma telepaticamente, si rilassò. Filippo, che il significato recondito di quello sguardo lo aveva compreso fino in fondo, si divertì a pensarsi come l'amante segreto di Crespi, costretto a una doppia vita fatta di camere di motel e weekend al lago fatti passare per noiose convention.

"Credo se ne parlerà ancora a lungo, dottor Aliprandi. Bene. Vi devo lasciare ora. Bevo un caffè al volo e torno al lavoro".

Il commissario si avvicinò al bancone mentre Corti e Aliprandi uscirono all'aperto. Un sole coraggioso e insolitamente caldo si era fatto strada scavalcando il nuvolone aggressivo. Filippo e Marco camminarono senza meta sulla piazza, parlando di donne. In lontananza, svettavano verso il cielo le guglie del Duomo. Raggiunsero Piazza Roma: tutto era avvolto in una normalità cinica ma inevitabile. Di Anna Reggiani non era rimasta traccia se non nei ricordi e nelle parole della gente.

Secondo giorno
Capitolo 10

Filippo desiderò pensieri di utile leggerezza mentre, a gambe distese, era immerso fino al collo nella vasca. Sera tardi. In sottofondo, le note malinconiche ed evocative di "The Final Cut", l'ultimo struggente album dei Pink Floyd dell'epoca d'oro. Il resto della casa e il mondo erano immersi nel silenzio, rotto di tanto in tanto dall'odioso rumore dei motori di automobili spinte al massimo. Barbara Longhi e Lucia Zanata. La bionda e la mora. Due donne, tra altre donne. Una vecchia fiamma, una nuova potenziale conquista, una conoscente, un'amica, una collega? Simona Vaccari?... Carina, intelligente, simpatica e autonoma. La collega ideale. Ma come amante? Filippo si lasciò andare all'immaginazione, tutto gli era concesso dentro la vasca delle reminiscenze tardive e degli azzardi mentali.
Ma non sono ufficialmente fidanzato?, si chiese con ironia spavalda. Con la mora intendo...
Marco Aliprandi lo aveva piacevolmente canzonato, mettendo in bella mostra i lati positivi del suo essere single e libertino. Era invidioso di lui? Voleva essere come lui? Uscire dalla toilette di un bar dopo aver consumato una sveltina con una cameriera tutto pepe? Oppure era contento di essere almeno teoricamente fedele, unica contraddittoria consolazione a un rapporto traballante? E se la fedeltà fosse ammessa ma non obbligata? Concessa e non promessa? Libertino e contemporaneamente fidanzato, una soluzione che forse avrebbe potuto mettere a tacere il senso di colpa che lo stritolava da capo a piedi quando pensava intensamente di confessare a Lucia di non essere pronto per una relazione stabile. O più semplicemente di non essere pronto per una relazione stabile con lei.
La mente mollò gli ormeggi: ecco la trentenne dell'ultimo piano. Single, fidanzata? Non lo sapeva. Se era fidanzata, ignorava la questione, se era single, meglio. Aggiudicato. Via alle fantasie erotico-situazionali. Immerse la testa nell'acqua ancora calda e bruciò i tempi di un incontro fatale sulle scale del condominio.

Via Casati tornò a immergersi in un congelatore atmosferico ed emotivo. Il freddo rintanava in casa la gente, le mura contenevano tutto, comprese le bufere. Filippo assaporò il silenzio, lo amò come si può amare qualcosa che significa Vita. L'acqua nutriva la pelle che ne assorbiva l'essenza e la lanciava in circolo inondando i tessuti, l'intero corpo. Dopo il lavoro in redazione era passato dallo studio di Lucia, all'inizio di via Cavallotti. Avevano fatto l'amore oltre l'orario di chiusura, senza colleghi e clienti tra le palle. Anche lì regnava un silenzio propizio all'elevazione mentale, fisica e spirituale, che naturalmente il sesso gli aveva consentito immediatamente di raggiungere. Lucia era come una tigre in calore, lui un leone padrone del tempo e dello spazio. Soprattutto, ignaro di qualsivoglia conseguenza. Anna Reggiani apparteneva ormai alla dimensione del nulla. Un'altra categoria di pensiero. La morte annulla il pluralismo e rende tutto omogeneo nella sua ineluttabile negatività. Anna non era più una bella ragazza, una giovane donna pronta a solcare l'orizzonte. Era un cadavere da sotterrare, un corpo freddo che non emanava più calore umano. Era scomparsa per una settimana. Sette giorni nel buio più assoluto, forse un anticipo di morte o la morte stessa. Filippo ancora non aveva ben chiaro quanto centrasse il dissanguamento, in quale misura avesse determinato il concatenarsi dei tragici avvenimenti. E le mani mozzate? Quali erano le motivazioni di un gesto così crudele ed estremo? Dove sei stata, Anna? Con chi? Qualcuno di cui ti fidavi o che ti ha costretta a seguirlo? Cosa è successo in quei sette giorni? Dove hai vissuto e come? Cosa ti hanno fatto?.

Forse nessuno si era ancora posto quelle domande. Oppure, chi lo aveva fatto non aveva ancora trovato una risposta razionale. Franco Crespi stava indagando. Certo. L'ex fidanzato apparentemente non sapeva nulla, i familiari non sapevano nulla. Gli amici? Franco starà stringendo il cerchio intorno a loro ma anch'io voglio vederci chiaro. Doveva riuscire a contattare qualcuna delle conoscenze di Anna anche se un ragazzo o una ragazza potevano conoscere le persone del mondo senza averle mai incontrate. I social network intrecciavano contatti che nascevano e svanivano senza lasciare alcuna traccia profonda. Contatti virtuali senza alcun virtuosismo. Forse era tra questi contatti che andava rintracciato l'assassino. O gli assassini. Qualcosa mi dice che è a Monza che devo cercare, si ripeté sputando acqua dalla bocca. Non serviva un pc, bastavano il coraggio di chiedere senza essere invadenti e la sicurezza di ottenere risposte che non fossero frutto di un interrogatorio.

L'acqua si era intiepidita e iniziò a sentire freddo. La pelle gli si accapponò e subentrò una gran fame. Filippo guardò la piccola sveglia quadrata appoggiata sulla lavatrice: 22.30. SI alzò e le gocce d'acqua scesero lungo le gambe come appesantite. Si sentiva straordinariamente tranquillo e rilassato. Aver pensato ad Anna gli aveva fatto capire una volta di più quanto fosse importante vivere, senza porsi troppe domande, semplicemente lasciandosi andare alla propria essenza. In accappatoio si diresse fino in cucina dove mise sul fuoco una pentola con dell'acqua. Pasta con sugo di pomodoro e piselli. Una sua specialità. Afferrò la bottiglia aperta di Inferno e riempì un bicchiere con vino che doveva essere bevuto con lenta avidità. Il liquido ambrato scivolò dentro le viscere rilasciando immediatamente il suo carico di calore.
Aprì la finestra che dava su via Casati. L'aria fresca entrò con una folata prepotente che gli sferzò il viso. Si sporse dal parapetto e guardò la strada immersa nel buio appena rischiarato dai pochi lampioni presenti. Da lontano, giungevano ovattati i rumori delle macchine che percorrevano a gran velocità corso Milano e via Borgazzi. Il pomodoro e i piselli sfrigolarono sui fornelli, l'acqua bolliva impaziente come un'amante vogliosa. Buttò una manciata di fusilli con la presunzione che fossero un etto e poco più. Poi si sedette e accese una sigaretta. Sul tavolo, accanto a quanto occorreva per la cena tardiva, c'era il portacenere che gli aveva regalato Lucia tre mesi prima. Pegno

d'amore che non aveva mai avuto l'intenzione di ripagare. Si sentiva freddo dentro, avrebbe voluto essere più disponibile verso la donna che stava frequentando da fidanzato in apparenza modello.

Perché in quel momento quella donna non era lì al suo fianco? A cena. Forse perché Lucia non era la "sua" donna? Forse lo sapevano entrambi cos'erano in realtà, ma nessuno dei due aveva voglia o il coraggio di dirselo in faccia. Apertamente. Meglio cambiare discorso. Domani è un altro giorno. Già, domani... Nessun incontro con il commissario in programma. Un passato al Ministero degli Interni, chissà con quale incarico... Una carriera in discesa o in salita? Da Roma a Monza, passando per chissà dove... Ha in mano una bella gatta da pelare, Franco. Non troverà la strada spianata la sua indagine, in una città dove tacere non è un'imposizione mafiosa ma un dovere morale. Dove i peccati vengono chiusi in cassaforte insieme ai contanti e ai gioielli e le chiese sono incrostate delle ipocrisie dei cattolici benpensanti. Tutti quelli che contano hanno un'immagine pulita da sfoggiare in società, con i loro pari e con tutti gli altri. L'immagine del successo, dell'essere arrivati, dell'essere riusciti, dell'essersi arricchiti, della fatica che produce solide posizioni di classe, denaro contante, conti bancari, belle scuole, belle famiglie, figli promettenti e studiosi, preghiere recitate, incenso sui vestiti, preti ossequiosi e da ossequiare, cene memorabili, ville e case esclusive, rifiuti in quantità industriale.

Era questo il mondo di Anna Reggiani, da cui forse desiderava semplicemente fuggire. Poi ha incontrato la persona sbagliata, si è infilata in un giro troppo pericoloso. E se avesse voluto giocare sporco fino in fondo, mettendo a rischio tutto per un attimo di ubriachezza da contrapporre a una vita dominata dalla noia? Un gioco pericoloso, troppo pericoloso... Festini, orge, magari una setta... Droga, prostituzione, sesso estremo...

La pasta era cotta. Filippo scolò i fusilli e ci infilò il sugo. Quando si accomodò, l'aria fresca della sera si era come miracolosamente intiepidita. Si alzò, chiuse la finestra e accese il televisore sulla credenza. Audio e immagini scorsero veloci davanti ai suoi occhi e alle sue orecchie. Non ebbe voglia di prestare attenzione ad alcunché fino a quando non incappò nell'ultima edizione del telegiornale regionale. C'era una notizia che lo colpì come una coltellata alla schiena.

"...Clamorosa svolta nelle indagini sull'omicidio e il ritrovamento a Monza del cadavere di Anna Reggiani, la diciannovenne il cui corpo è stato appeso a testa in giù alla loggetta dell'Arengario con le mani mozzate. Il commissario Franco Crespi ha poco fa rilasciato una dichiarazione secondo cui il fidanzato della vittima, Matteo Borsa, ventiquattro anni, avrebbe confessato l'orribile delitto e la macabra messinscena".

Partì il servizio filmato. La ricostruzione di quanto accaduto era affidata a una voce femminile fuori campo. Sullo schermo scorrevano le immagini dell'Arengario, di via Italia e altre vie del centro. Poi le foto di una sorridente Anna Reggiani: con le compagne di classe, a nuoto, sugli sci... E ancora altre immagini, quelle di Matteo Borsa e del cadavere appeso. La diretta era invece all'esterno della sede della Polizia, in viale Romagna. La cancellata bianca e in fondo il finestrone dell'ufficio del commissario. Crespi in piedi sul marciapiede. Accanto a lui una giovane cronista dallo sguardo cinico. Il vento scompigliava i capelli ma almeno non pioveva. Strano: in via Casati di vento neanche a parlarne...

"Allora, dottor Crespi. Cosa ci può dire in merito alle sconvolgenti dichiarazioni di Matteo Borsa?". Al commissario sembrò mancargli le parole; ci mise qualche secondo a premere l'interruttore giusto. *"Posso dire poco perché l'indagine è tuttora in corso e non sono autorizzato a fare rivelazioni sui particolari. Nonostante le dichiarazioni del signor Borsa facciano pensare che il caso della tragica morte di Anna Reggiani sia chiuso, noi crediamo che ci sia ancora molto da fare. A cominciare dal fatto che quelle dichiarazioni vanno vagliate e provate. Il ragazzo è ancora in stato confusionale. Occorre verificare se ciò che ha detto corrisponde a verità o non sia frutto di una qualche forma di condizionamento".*

La giornalista incalzò, chiese di arrivare al punto: quali dichiarazioni aveva fatto? Cosa aveva detto Matteo Borsa?

"Il fidanzato ha raccontato di aver portato Anna in un luogo segreto. Non sappiamo quale, non ci ha ancora voluto dire nulla al riguardo. L'avrebbe portata lì una settimana prima del suo ritrovamento, così dice, quindi lunedì della scorsa settimana. In quel luogo, l'avrebbe uccisa dopo un rapporto sessuale consenziente e le avrebbe mozzato le mani con un'ascia. Il giorno stesso del loro arrivo. Poi sarebbe tornato a casa, non suscitando nessun sospetto presso familiari e conoscenti. Domenica notte è andato a prendere il cadavere ormai dissanguato, l'ha portato a Monza e salendo dalla scala esterna è entrato nel salone superiore dell'Arengario. Dice di essere stato in possesso delle chiavi della porta, che effettivamente non risulta forzata. Anna è stata poi appesa alla loggetta e lasciata lì fino al mattino successivo. Non sappiamo altro: nessun cenno sulle motivazioni che lo hanno condotto a compiere il delitto. Il ragazzo si è chiuso nel suo silenzio e adesso è in carcere sotto osservazione continua".

Filippo non ci credeva. Non voleva e non poteva crederci. E immaginava che anche Franco ragionasse così. Nonostante le dichiarazioni rilasciate in diretta. C'era una contraddizione, che Crespi ovviamente non aveva rivelato al pubblico: se Anna era morta già da una settimana quando venne appesa, come era possibile che Marco Aliprandi, pur senza certezza assoluta, avesse fissato il decesso a un massimo di ventiquattro ore prima del ritrovamento? Possibile che un particolare così determinante passasse in secondo piano? Tuttavia, Matteo Borsa studiava medicina e poteva avere le minime famigerate e necessarie competenze per poter eseguire l'amputazione delle mani...

"Occorre verificare se ciò che ha detto corrisponde a verità o non sia frutto di una qualche forma di condizionamento". Era chiaro che Crespi non era per niente convinto di ciò che aveva detto il ragazzo. Come non lo era Filippo: il rapimento e l'assassinio di Anna Reggiani erano frutto di una mente malata ma lucida, intelligente e preparata, il risultato di un piano pensato e organizzato nei minimi particolari, non una cazzata di un fidanzatino con il cervello saltato. Un piano che Filippo temeva fosse solo agli inizi. Il servizio era finito. Filippo spense la tv e si accese un'altra sigaretta. Adesso aveva voglia di caffè. Preparò e mise sul fuoco la moka. Sul piano della cucina vide il cellulare. Il numero era nell'elenco delle ultime chiamate.

"Franco? Sono Filippo. Disturbo?".

Secondo giorno
Capitolo 11

La sua seconda, terrificante, vita era iniziata esattamente vent'anni prima, quando morì per la prima volta. Gli tolsero la persona che più amava e l'amore si spense dentro lui per sempre. Non credeva di riuscire a respirare ancora, mangiare, dormire, urinare, guardare il mondo e le persone intorno. Ma quella che chiamiamo vita aveva continuato sadicamente a nutrirlo di giorni e notti ammucchiate sulle spalle, nel lento e inesorabile processo di invecchiamento. Banale esercizio di stile, mediocre e per nulla creativo, che l'evoluzione pretende di elevare a somma manifestazione di esistenza. Libertà! La libertà di essere condannati a un'esistenza di dolore non era forse la più grande illusione di futura rivincita che il cervello avesse mai prodotto? Gli spasmi di dolore lo avevano annientato mantenendolo cosciente, nell'attimo in cui, credendosi morto, si era scoperto vivo in un'altra dimensione, quella delle tenebre più oscure, dove l'aria che si respira è odio allo stato puro.

Nella sua seconda vita tutto venne capovolto: la morte ammucchiò sulle sue spalle i momenti vuoti del trascorrere del tempo, fin da quando gli era penetrata dentro come lava di veleno viscoso, nero come la pece. Ogni cellula del suo corpo ne era intrisa e da essa traeva nutrimento prezioso per vivere una non-vita con un unico scopo dichiarato: uccidere per fare giustizia! Avrebbe fatto giustizia, la sua giustizia! Aveva appena cominciato e il godimento per l'opera avviata e tanto attesa lo aveva all'inizio quasi tramortito. Scoprì l'esistenza di sensazioni intense che non aveva mai provato, forse persino nella sua prima vita, quella dove Lei era viva e giocava con il futuro al suo fianco. Sensazioni di potenza, invincibilità, soddisfazione interiore per ciò che compiva, certezza assoluta di fare la cosa giusta. Nel suo corpo, prima freddo e inerme, iniziò a circolare un balsamo inatteso che irrorava i tessuti stendendosi come un mantello protettivo.

La prima vittima era stata un successo. Non che gli fregasse della fama; era ben altra la sua fame. Si era preparato a lungo, tecnicamente e psicologicamente. Il momento era giunto dopo interminabili anni di paziente attesa. Una settimana di sospensione nel limbo aveva regalato al mondo un'incertezza piena di positive aspettative sulla sorte di Anna Reggiani. La doccia fredda era arrivata nel momento più opportuno. Tutto era stato calcolato ma quel tempo di attesa non sarebbe stato più concesso. La pietà non albergava nel suo territorio nero. La prossima vittima sarebbe scomparsa e morta nel giro di poche ore. Aveva imparato e acquisito padronanza della macchina della morte, il tempo giocava a suo favore. Non avrebbe regalato ai cacciatori alcun secondo prezioso, nessuna traccia utile. Non avrebbe mai fatto la preda, lui era il predatore feroce e determinato.

Nessun ostacolo, nessun impedimento, una ragazza docile e mansueta, imbottita di droga. Una cagna che si era divertito ad ammaestrare persino nel momento in cui se la chiavava, riversa sul pavimento freddo del suo nido nascosto nel buio, là dove la morte si muove con passo sicuro, perché è di casa. L'aveva insultata, umiliata, picchiata. Lei si era fatta fare di tutto pur di avere la sua piccola paradisiaca dose di anfetamine. Poi era arrivata la morte e la ragazza aveva smesso di giocare con la sua misera vita. Il cuore cedette e il corpo venne ripulito, lavato, preparato per il supremo atto finale: l'amputazione delle mani. Così dovevano andare le cose, perché la giustizia aveva deciso che quella era la strada da percorrere, il sentiero da seguire per inoltrarsi nella foresta delle anime nere. Lui ora non aveva paura di percorrere quel sentiero, non temeva di inoltrarsi tra gli alberi dal tronco nero e dalle foglie immobili, grandi come mani di gigante. Doveva seguire il sentiero per arrivare nel posto dove giaceva immobile il corpo martoriato e umiliato della sua amata, innocente e pura. Avrebbe fatto giustizia. Per Lei. Nessuno poteva fermarlo. Rideva di gusto al pensiero di come era riuscito a studiare e a costruirsi un'onorata carriera, della sua intelligenza leonina e della sua crudele aggressività. Sapeva anche falsificare e il piacere di ingannare gli procurava brividi di orgasmo mentale.

Della sua vera identità nessuno sapeva. Ma qual era la sua identità? Non sempre riusciva a trovare una risposta a quella domanda e allora, all'improvviso, la malinconia lo prendeva per mano trascinandolo sulle sponde del lago della depressione. Nuvole basse e nere vegliavano come avvoltoi su acque scure, lisce come olio. Non sapeva dov'era e a volte gli sembrava di vagare in una specie di nebbia, a cavallo tra una dimensione e l'altra. Poi, la depressione lasciava spazio alla serenità e alla pace interiore. Allora si alzava e tornava nel mondo. Camminava e riaffioravano i bei ricordi, quelli della prima vita. Le serate in famiglia, il Natale con i regali sotto l'albero, i sorrisi e gli abbracci di Lei, le vacanze al mare, i gelati al cioccolato. Si vedeva bambino al suo fianco, bambina come lui, innocente e pura, pronta a spiccare il volo. Era stato felice, come lo si può essere godendo di ogni singolo momento che scivola giù dalla schiena appesantita della sopravvivenza e si libera a terra come acqua benedetta che annuncia la vera vita nella sua limpida semplicità.

In una radura in mezzo al bosco nero c'era il corpo esanime di quella bambina diventata donna. Era riverso in una posizione innaturale che incuteva terrore. I lupi a due zampe le avevano divorato l'anima strappandola dalle carni violate. In mezzo alla gambe affiorava un buco nero che pareva l'antro degli orrori, l'apertura nauseabonda di una caverna infernale. Da lì erano passati i lupi sguainando membri come lance bagnate del fuoco degli inferi. Sparsero seme infetto che germogliò fiori che divoravano anime. Le sue mani erano staccate, recise, pezzi di carne ingrigita che lentamente si dissolvevano nel nulla dell'eternità atroce attraverso il terreno infetto. Si avvicinò a quel corpo, si inginocchiò a piangere lacrime che sapevano di sangue stanco di scorrere in vene inaridite. Il pianto lungo e desolato era il pianto di dolore della solitudine priva d'amore.

L'opera richiedeva concentrazione. Niente poteva essere lasciato al caso. Tutto era stato pianificato fin nei minimi dettagli e la forza della giustizia aveva ormai ingranaggi ben oliati. Dunque, che le formiche che camminavano veloci con le loro ridicole zampette di bipedi lobotomizzati continuassero pure a raccogliere le spore velenose della loro inutile esistenza; che la città respirasse senza traumi immersa nel suo sonno pigro e satollo; che il mondo girasse l'eterno girotondo delle universali e sconosciute leggi del divenire. L'uomo che si muoveva nell'ombra aveva un posto d'onore anche là, in superficie, dove splendeva artificiosa la luce del giorno e il buio non incuteva paura. Si muoveva, respirava, parlava e lavorava bipede in mezzo ai bipedi, uno di loro. Inconsapevoli lo guardavano con ridanciana indifferenza, nessun sospetto lambiva le loro frivole certezze. Eppure lui era pronto a mutar sembianze, a indossare la maschera dal sorriso languido e pericoloso, a trasformarsi in una creatura diversa e in tutto e per tutto pienamente umana.

Secondo/Terzo giorno
Capitolo 12

Il commissario Crespi non si era trattenuto. Per l'ennesima volta. Aveva sputato rabbia e Filippo si era reso conto che era solo una parte di quella che gli montava dentro giorno dopo giorno. Era stato convincente, molto convincente. Il giornalista infilò di nuovo le scarpe e uscì di casa che mezzanotte era già passata. Doveva fare qualcosa e decise di andare a ficcare il naso tra gli amici di Anna Reggiani, in uno dei locali a chiusura ritardata frequentati dalla ragazza. Non foss'altro per solidarietà verso il commissario, costretto non solo a seguire la pista di un assassino che pareva un fantasma ma anche, ed era forse peggio, a sorbirsi i rimproveri di superiori aizzati come cani da guardia dai potentati locali, allarmati per quello che succedeva sotto i loro piedi pantofolati.

Il fermo dell'ex fidanzato di Anna Reggiani, Matteo Borsa, aveva suscitato un polverone. Il ventiquattrenne di buone speranze altri non era che il figlio del vicesindaco, nonché direttore della filiale monzese numero uno della Banca Commerciale Lombarda. Figurarsi se il cocco di cotanto papà poteva essere arrestato per pericolo di fuga e inquinamento delle prove in un caso di omicidio. Quello che in effetti era successo dopo la confessione shock. Il vicesindaco aveva già chiamato i superiori di Crespi, a Monza e persino a Milano; questi avevano recepito il messaggio e composto il numero del commissariato di Monza. E giù rimproveri mischiati a retoriche assicurazioni fiduciarie, accuse più o meno velate di leggerezza procedurale annacquate da false attestazioni di consenso, con un contorno di "cazzo" e "minchia" e un finale con precise e dettagliate raccomandazioni a "far di tutto per rimettere, al più presto, in libertà" il delicato fanciullo. L'unico che aveva difeso a spada tratta Crespi era stato ancora una volta il questore Liverani. Crespi seppe con maggior sicurezza su quali persone poteva davvero contare.

Manco a dirlo, Crespi al telefono aveva sparato nell'etere una tale sfilza di "vaffanculo" consecutivi che Filippo aveva trovato seria difficoltà a proferir parola. Alla fine, dopo l'ennesimo "hai ragione, sono con te, hai tutta la mia solidarietà", si era deciso a dare una mano. Senza comunicarglielo, per evitare che il commissario avesse in carico anche il pensiero di quello che il giornalista poteva combinare per metterlo nei casini. Filippo lo aveva capito: Crespi, anche se non lo avrebbe mai ammesso, un po' incazzato lo era anche con i giornalisti, che mettevano benzina sul fuoco con la mania di cercar il pelo nell'uovo.

Simona Vaccari aveva scoperto che Anna Reggiani frequentava assiduamente un pub di Seregno, ubicato nel centro storico, in piena area pedonale. Si chiamava City Boom e appena Filippo ci mise piede, dopo aver parcheggiato la Polo a quasi un chilometro di distanza, si pentì di non essersi portato dietro la sua razione quotidiana di "Moment Act".

La musica era assordante anche per tipi con le orecchie bioniche e un bouquet di odori impossibili da identificare lo assalì con la dichiarata volontà di provocare feroce disgusto. Un numero imprecisato di giovani si ammassava alla rinfusa intorno a un bancone pieno di bicchieri vuoti con ghiaccio morente all'interno, altri ballavano senza stile mossi da un qualche imperativo categorico, altri ancora ciondolavano nell'interspazio al centro del locale o seduti in pose da kamasutra ortopedico attorno a piccoli tavoli stracolmi anch'essi di bicchieri di tutte le fogge e dimensioni. Dietro il bancone, una credenza vetrata che toccava il soffitto sembrava il fantasmagorico portone d'accesso al tunnel dello shock etilico, con un'orgia di bottiglie dai colori sgargianti che, immobili, guardavano gli avventori con artificiale indifferenza, come al luna park. Due barman sudatissimi con indosso camicie bianche aderenti al petto glabro si muovevano frenetici da un capo all'altro del ristretto spazio a loro disposizione per preparare e versare liquidi e intrugli dalle formule segretissime.

A Filippo piombò addosso una strana sensazione di disagio, quella di trovarsi in un luogo sconosciuto e ostile. Non era stato così solo fino a qualche anno prima, quando frequentare locali come quello era una piacevole consuetudine. Il tempo passava, le consuetudini anche. Lo consolava il constatare che non era lì per divertirsi. C'era un'inchiesta giornalistica da portare avanti e un amico commissario cui andava tolta qualche castagna dal fuoco. Il pub era frequentato da ventenni boriosi, ben vestiti, abituati a maneggiare denaro non loro. Coetanei della povera Anna. Filippo si avvicinò al bancone e dopo dieci minuti uno dei due barman decise di dargli retta servendogli dell'acqua tonica con sguardo indagatore. Filippo bevve tentando di sublimare il rumore assordante che ingabbiava l'aria in uno spazio che risucchiava la voce umana come un enorme buco nero. Dopo essersi girato furtivamente con il bicchiere in mano, si mise a camminare attraverso gruppi più o meno numerosi di persone intente a far di tutto con la scusa di parlare. Alla fine si imbatté in cinque persone sedute intorno a un tavolino rigato da rivoletti di liquidi ormai caldi. Si presentò, spiegando il motivo della sua presenza, ovvero la ricerca di informazioni attendibili sulla vita e le abitudini di Anna Reggiani. Chiese loro se conoscessero la ragazza, se erano al corrente di quello che le era successo, la fine che aveva fatto, chi frequentasse. Inizialmente, i ragazzi lo guardarono incuriositi, non sapendo che dire. Forse non avevano capito nulla di quello che gli era stato chiesto per via del rumore che usciva come lava incandescente da quattro altoparlanti appesi al soffitto.

Filippo rimase in silenzio e fece finta di niente, sorseggiando acqua tonica come fosse gin. Dopo qualche minuto, una bionda alta e dagli occhi annacquati gli disse qualcosa di vagamente comprensibile: da quando era successo il brutto fatto di Monza, non riusciva più a dormire la notte; aveva una paura folle, persino di recarsi al "City Boom". Il giornalista le chiese perché e la giovane disse, motu proprio, che Anna era una di loro, frequentava quel locale con il suo ragazzo, non aveva mai fatto male a nessuno, e via dicendo. Aveva fatto centro. La bionda, che nel frattempo era stata agguantata ai fianchi da un esuberante sbarbato che trasudava alcol, preferì dare al maschio la parola. Filippo venne a sapere che il City Boom non era l'unico locale in cui Anna Reggiani amava divertirsi e che nel gruppo di riferimento, di cui i cinque interlocutori facevano parte, c'era una ventina di persone. A questo punto altri ragazzi si intrufolarono nel discorso, il ghiaccio si era sciolto.

La sera prima che sparisse, Anna era lì: c'era una festa di compleanno e la torta della nonna da tagliare. Pan di spagna, panna montata e naturalmente vino. Un sacco di gente, una pacchia. La serata poi continua altrove. Meta: Milano. Scopo: ballare. Mezzanotte o giù di lì: i giovani montano in macchina e si dirigono a sud. A questo punto tutto diviene evanescente. Gli amici di Anna si scoprirono smemorati. Nessuno ricordava con esattezza ciò che era avvenuto dentro la discoteca. Nel locale il cervello smette di funzionare, il corpo si muove come un automa. Confusione, musica assordante, alcool, droga. Anna viene risucchiata in un vortice di melensa indifferenza, in una realtà parallela monodimensionale. E quando la serata volge in modo definitivo al termine, gli amici la ritrovano abbracciata a Matteo Borsa, il fidanzato.

"E dopo? Anna è tornata a casa oppure si è fermata da qualche altra parte?"

"Era con Matteo", rispose prontamente una mora con un ciuffo color azzurro puffo. "Forse si sono allontanati per stare da soli. Non l'ho più vista".

E poi? Possibile che l'ultima persona che abbia avuto a che fare con Anna sia stato il suo ex fidanzato?

"Non avete però la certezza assoluta che sia andata via con Matteo".

"In effetti, no", precisò dubbioso un energumeno tatuato che puzzava di alcool e sudore.

"Forse Anna si è fermata a parlare con qualcuno che ha conosciuto in discoteca o che conosceva già".

"Anna conosceva un sacco di gente", farfugliò un'altra mora con jeans attillati e un anello infilato nel labbro superiore.

Mentre parlava alzò il bicchiere per bere un sorso di birra. Filippo osservò il liquido rossastro che scivolava lungo il bordo interno di vetro verso la bocca della ragazza.

Un'idea cominciò a frullare nella testa di Filippo. Suggerita da Marco Aliprandi già durante l'incontro all'obitorio. L'idea che Anna frequentasse un giro pericoloso, qualcosa di più grande di lei che forse la faceva sentire adulta e indipendente. Qualcosa che aveva a che fare con il sesso e con la droga. Qualcosa di cui quei ragazzi potevano essere a conoscenza, di cui forse anche loro facevano parte.

Un suono acido ruppe la concentrazione. I rumori del locale piombarono addosso a Filippo come un pugno nello stomaco. Si voltò e vide due ragazzi e una ragazza che cercavano di rialzarsi da terra. Un tavolino si era rovesciato e c'erano pezzi di vetro sparsi per il pavimento. Liquidi colavano dai bordi del tavolo e si univano alle piccole pozzanghere formatesi a terra. I tre giovani erano visibilmente ubriachi. A mala pena riuscirono a rimettersi in piedi, aiutati da altre persone. Tre minuti dopo tutto tornò normale. Normale per gli standard del locale, ovviamente. Filippo riuscì con fatica erculea a concentrarsi. Si mise in bocca un Moment. Non aveva nessuna certezza che l'idea fosse una pista da seguire ma visto lo sballo che c'era lì dentro aveva serie probabilità di averci visto giusto. Continuò il gioco in mezzo a rincoglioniti che forse piangevano

Anna in silenzio ma lì sembravano versare lacrime di coccodrillo e parole di una retorica grottesca. Giocò d'astuzia e tenne il bicchiere in mano. Era come avere un passaporto. Una rossa alta più di lui gli passò di fianco strusciandogli addosso due tette formato gigante.

Poi, uno dei ragazzi del gruppo dei cinque, che fino a quel momento non aveva detto una parola, si alzò e gli si avvicinò puntando la bocca al suo orecchio sinistro. Sperò di esserselo lavato accuratamente. Pareva volesse fargli un esame da otorino. Filippo si accorse che nel condotto uditivo entravano alcune parole disgiunte una dall'altra, lanciate come un mazzo di freccette verso il bersaglio appeso al muro. Poi finalmente fu in grado di ricavare tre frasi di senso compiuto.

"Se vuoi possiamo parlare. Ma non qui. Andiamo da qualche altra parte".

Il giornalista annuì più per educazione che per autentico convincimento. Lui e il giovane si avviarono all'uscita e a ogni passo Filippo lo ringraziò mentalmente per avergli finalmente dato l'occasione di uscire da quel tunnel infernale. Fuori pareva di essere in una camera stagna o in cima a una vetta delle Alpi nel cuore della notte invernale. Non sentiva nulla, tutto era ovattato, non c'era alcun rumore tranne un ronzio fastidioso dentro le orecchie. A Filippo venne quasi da piangere mentre con tutto il cuore lanciava benedizioni al silenzio e alla sua esistenza.

"C'è un bar più avanti", gli disse il ragazzo senza nemmeno presentarsi.

"Un altro?", ribatté il giornalista tradendo la netta indisponibilità a un altro giro all'inferno.

Il ragazzo capì e si mise a ridere. Poi accese una sigaretta e gliene offrì una.

"Facciamo due passi, ti va?".

L'idea non lo entusiasmava, ma accettò. Almeno avrebbe avuto il tempo di ristabilire l'equilibrio uditivo.

"Il bar di cui ti parlavo", proseguì sorridendo il giovane, "è tranquillo, non c'è musica. E il caffè è davvero buono".

Vada per il bar. Svoltarono l'angolo e si diressero verso una piccola insegna luminosa. Entrarono in un locale che aveva tutta l'aria di essere un circolo per anziani insonni. Si sedettero e ordinarono due caffè.

"Facciamo in fretta, però. Non ho molto tempo. A proposito, mi chiamo Michele Pastrengo".

"Piacere, Filippo Corti".

Il ragazzo allungò la mano e Filippo gliela strinse con sincera contentezza. Finalmente gli aveva detto come si chiamava.

Arrivarono i caffè.

"I tuoi amici non mi hanno fornito particolari importanti o interessanti".

Michele lo fissò.

"Se non ho capito male sei un giornalista, vero?".

Annuì.

"E allora mi devi promettere che non mi metterai in mezzo, per nessun motivo".

Filippo promise.

"Però, ti avverto: i tuoi amici ci hanno visti uscire insieme. Non ci metteranno molto a collegare ciò che scriverò sul mio giornale a te".
Il giovane si guardò in giro nervosamente. Che non ci avesse pensato?
"Di loro mi posso fidare. Non devi preoccuparti. Tu pensa a far bene il tuo lavoro".
Lo incalzò.
"Quello che voglio rivelarti è una cosa segreta, una cosa che riguarda tutti noi. Non saranno certo contenti di sapere che te l'ho detto, ma non possono farci niente. Sanno che amavo Anna e che farei di tutto per scoprire la verità sul bastardo che l'ha uccisa".
Dunque era l'amore il suo lasciapassare adrenalinico.
"Capisco".
"No, non puoi capire!".
"Posso almeno ringraziarti? Capisco che per te non deve essere facile".
Michele sorrise mentre con la mano destra si stropicciò gli occhi già umidi.
"Anna era fidanzata, ma io le facevo il filo lo stesso. Ne ero follemente innamorato. Quando ci ha proposto di entrare nel giro, io non ci ho pensato due volte, ho subito accettato".
Istintivamente fu Filippo a guardarsi in giro. Nel bar non c'era nessuno, a parte loro. L'idea tornò a frullargli vorticosamente in testa. Era eccitato, la strada poteva essere quella giusta.
"Che giro?".
"Festini. Roba forte. Grandi festini dove si scopa e ci si fa liberamente. Ero contento di andarci, ho anche avuto l'occasione di fare l'amore con Anna. L'unica occasione. Fuori da quel posto non sarebbe mai venuta a letto con me. Invece lì, tutto è permesso. È incredibile, lo so. Ma non la scopavo mica solo io. No, per niente. Si facevano soprattutto orge, quindi addio intimità".
"Eravate in tanti?".
"Tanti? Sì, tanti. Gente che conta, piena di soldi, di tutte le età, uomini e donne".
"Dove?".
Michele scosse lentamente la testa.
"Non posso dirtelo. Non adesso almeno".
Filippo provò a replicare, ma il ragazzo fu irremovibile. Forse era solo questione di fiducia. Di tempo. Come dargli torto? Si conoscevano da neanche mezz'ora. Sarebbe potuto essere chiunque, anche l'assassino.
"Va bene, Michele. Senza un'informazione precisa su dove e quando si svolgono questi festini non posso imbastire un granché di articolo. Comunque, ti ringrazio molto per quello che mi hai detto. Ci dovrò lavorare parecchio ma la pista è buona".
"I festini ci sono ancora. I miei amici, quelli con cui parlavi prima, ci vanno ancora. Io invece ho preferito darci un taglio. Dopo la morte di Anna, mi è passata la voglia".
"Perché mi dici tutto questo? Che senso ha correre dei rischi? Immagino che i festini si svolgano in gran segreto, non tanto per il sesso ma per la droga".
Il ragazzo rispose solo alla prima domanda.
"Voglio che chi ha ucciso Anna sia catturato e punito. Ti basta? Penso che per trovarlo

occorra proprio andare a ficcare il naso nel torbido, dove Anna era più esposta".
Filippo sentì prepotente la voglia di dissuaderlo ma rinunciò a quella mossa protetti-va. Negli occhi del ragazzo vide il cinismo freddo della determinazione. E lui, egoisti-camente, aveva bisogno di informazioni preziose. Se non avesse parlato con lui, lo avrebbe fatto con un collega, alla prima buona occasione.
"Matteo Borsa ha confessato, l'hai saputo?"
Michele sbuffò.
"Borsa è uno stupido".
"Può anche darsi che il tuo giudizio sia condizionato dalla gelosia".
"Ma fammi il piacere...", disse il ragazzo agitando le mani.
"Se proprio vuoi saperlo", continuò Filippo, "non credo che Matteo Borsa sia l'assassi-no di Anna. Quella confessione non ha molto credibilità".
Michele annuì.
"Sono d'accordo. Meglio però non parlare di Matteo Borsa".
Il tempo era scaduto. Le tazzine vuote del caffè si stavano raffreddando con fisica len-tezza. Si alzarono per andarsene. Offrì Filippo. Era il minimo che potesse fare per di-mostrare a Michele la sua gratitudine. Mentre gli passò davanti per uscire dal bar, guardò il ragazzo e gli fece tenerezza. Intuì di avere di fronte una persona intelligente e sensibile: la vita doveva offrirgli poche occasioni di dimostrarlo, soprattutto a se stes-so. Si scambiarono i numeri di cellulare e si salutarono all'incrocio con la via del City Boom. Erano le tre e Filippo aveva un gran sonno. Ebbe la tentazione di suggerire a Michele di imitarlo e di andare a casa a farsi una bella dormita, ma nuovamente rinun-ciò quando, alzando la mano e augurandogli la buona notte, il ragazzo si avviò deciso verso il pub.

Terzo giorno
Capitolo 13

Il Sole strappò una pausa più lunga all'inverno. Il cielo azzurro e l'aria tiepida annunciarono scherzosi la primavera ancora lontana. C'era elettricità invisibile nel cumulo di ossigeno che ospitava tutti all'interno della bolla materna. L'edicola di via Borgazzi era gremita di gente. Quando gli si avvicinò, Filippo si accorse che diverse persone acquistavano convinte l'ultimo numero della Gazzetta. Era evidente che il caso Anna Reggiani non sarebbe stato dimenticato tanto presto. I nuovi sviluppi dell'inchiesta erano ghiotte occasioni per solleticare la curiosità intelligente o la morbosità borderline, quella che non ha peli sulla lingua e va discinta e disinvolta come una puttana per le impervie strade della mente sociale. Il giornalista imboccò a piedi corso Milano. Aveva in programma un nuovo appuntamento a pranzo con Marco Aliprandi. Prima però avrebbe fatto un salto in redazione per parlare con i collaboratori, renderli partecipi di ciò che aveva appreso la notte prima, al City Boom di Seregno. La pista dei festini a base di droga e sesso poteva ovviamente rivelarsi un buco nell'acqua, ma non era detto. Michele Pastrengo sembrava una persona in gamba, non certo uno stupido in cerca di un diversivo. Poteva anche darsi che quella pista fosse utile indirettamente, consentendo di arrivare da un'altra parte, quella decisiva. Doveva parlarne anche al commissario... Al più presto...

Largo Mazzini era come sempre congestionato dal traffico. La fontana all'inizio di via Italia lanciava in aria zampilli di acqua gelata. A Filippo venne voglia di un caffè e di un bicchiere di acqua fredda. Associazioni di idee che muovevano desideri. La mente stimolava il corpo in attesa di esserne a sua volta stimolata. Passò una ragazza con una minigonna nera sopra collant color pelle. Filippo la guardò e la fantasia mosse l'adrenalina del desiderio sessuale. Quando avrebbe rivisto Lucia? Quella sera? O domani? Che imbarazzante insicurezza: un nuovo appuntamento erotico che non lo privava della libertà di sentirsi svincolato dagli obblighi relazionali. Via Italia si presentò come un lastricato di materialismo primitivo. Negozi e bar facevano a gara per contendersi il consumatore di turno. In mezzo a tanta carnale esuberanza, la facciata capolavoro della Chiesa di Santa Maria in Strada era come un'oasi per spiriti solitari in cerca di sollievo spirituale. Il caffè gli lasciò l'amaro in bocca e un certo appetito.
Arrivò in piazza Trento e Trieste e si accorse di avere elaborato in parte il timore del pericolo. Si augurò con innocente semplicità che presto chi aveva ucciso Anna Reggiani fosse arrestato e punito. Intanto, occorreva che ciascuno facesse la propria parte, che i concittadini della vittima almeno si chiedessero il perché di un atto così efferato. Parlare, comunicare, coinvolgere. Era questa la rete di sicurezza entro cui muovere i passi alla ricerca del o dei colpevoli.

In redazione trovò sia Rodolfo Sala che Simona Vaccari. I tre della cronaca nera erano nel loro rifugio. Pronti ai posti di combattimento.

"Buongiorno Filippo. Sempre più barba lunga?", disse Simona rivolgendogli uno sguardo indagatore. Filippo si toccò le mascelle e si rese conto che era da troppi giorni che non fornicava con il rasoio.

"Stai bene, però...", ammise lei con provocante sincerità.

"Ehm... Credo che durerà. Quando non mi rado per qualche giorno oltre il limite fissato significa che qualcosa mi arrovella nel cervello".

"Quindi?".

"Quindi sono vicino a una pensata strategica. Cui seguirà l'igienica ripulitura dei peli superflui".

Intervenne Rodolfo.

"Significa che sei vicino alla soluzione del mistero?".

"Prima di tutto, vorrei sapere se ieri sera avete guardato l'ultima edizione del telegiornale regionale".

I due redattori si guardarono interrogandosi per via telepatica.

"No", risposero in coro.

"Matteo Borsa ha confessato di essere l'assassino dell'ex fidanzata".

Simona e Rodolfo gli puntarono addosso due occhi roventi.

"Hanno intervistato Crespi che si è intelligentemente tenuto sul vago. Per farla breve: le dichiarazioni devono essere vagliate e così via".

"Che ne pensi?", domandò Simona senza togliergli gli occhi di dosso.

"Se fosse vero saremmo a buon punto, no?".

"Ma...?".

Filippo sorrise.

"Ma non ci credo".

"A cosa non credi?", chiese Rodolfo con in mano una matita che passava nervosamente di dita in dita.

"Al fatto che Matteo Borsa sia l'assassino di Anna".

Simona spostò lo sguardo a sinistra prima di formulare la domanda successiva.

"Lo avevi già detto, se non ricordo male. Ne sei ancora così sicuro?".

"Abbastanza".

"E chi ti dice che non possa essere Borsa la mente superdotata che ha concepito il delitto?".

"Già...", mugugnò Rodolfo stirandosi contro la spalliera della poltroncina.

"La morte di Anna Reggiani è parte di un disegno criminale più ampio, orchestrato nei minimi particolari e nello stesso tempo la punta di un iceberg. Il grosso è ancora sommerso dalle acque".

Simona puntò i gomiti sulla scrivania.

"Vuoi dire che a questo omicidio ne seguiranno altri?".

Filippo annuì sedendosi con stanca teatralità. Rodolfo si agitò sulla sedia. Sembrava un tarantolato con evidenti incapacità di contenimento.

"Voglio dire che non penso che Matteo Borsa, un ex fidanzato magari con la testa annebbiata o anche un recondito istinto omicida, possa aver architettato una cosa del genere solo perché a un certo punto gli è venuto un'irresistibile impulso omicida. Qui ci troviamo di fronte a una mente fredda e calcolatrice, abile e intelligente. Un'intelligenza che viene solo dall'esperienza, quella che un ragazzo di ventiquattro anni non può avere per ovvie ragioni".

Simona si alzò in piedi appoggiando i glutei alla scrivania.

"Va bene. Ammettiamo pure che tu abbia ragione. Cosa sta facendo la Polizia allora?".

"Il suo lavoro".

Mentre lo diceva pensò al fatto che il lavoro per Crespi si era ormai trasformato in un tormento.

"Valutare tutte le ipotesi possibili e analizzare tutti i sospetti. Quello che, giornalisticamente parlando, dobbiamo fare noi".

Rodolfo posò la matita e iniziò a digitare sulla tastiera del pc.

"Ricavate più informazioni possibili su Matteo Borsa e la sua famiglia. Vi ricordo che il padre, Cesare Borsa, è il direttore della filiale di piazza Carducci della Banca Commerciale Lombarda nonché il vicesindaco della nostra amata città. Voglio anche informazioni sugli interrogatori, la confessione, le mosse future delle forze dell'ordine. Ah, mandate qualcuno dei collaboratori esterni dai Carabinieri. La prospettiva è a trecentosessanta gradi".

Rodolfo annuì caricato e Simona fece la stessa cosa dopo una frazione di secondo. Filippo sospirò, cercando le parole giuste per riassumere il tour serale al City Boom di Seregno. La cosa migliore era andare dritto al sodo.

"Ieri sera sono stato a Seregno, al City Boom".

Simona lo guardò orgogliosa. Era stata lei a fornirgli l'indirizzo del pub.

"In effetti, da quello che ho potuto constatare, quel locale infernale dove regna incontrastato il rumore è uno dei più frequentati della zona, escludendo naturalmente Milano. Ho fatto un tentativo. Sono andato alla ricerca di informazioni su Anna Reggiani sperando di rintracciare qualche suo conoscente".

"Quindi?".

Di nuovo quell'avverbio. A volte le ripetizioni lo innervosivano.

"Quindi l'ho trovato. Sono venuto a conoscenza di un particolare interessante, rivelatomi da un ex spasimante della ragazza. Un ragazzo. Tal Michele Pastrengo. Anna partecipava regolarmente a dei festini a luci rosse a base di sesso e droga. In un luogo segreto di cui Michele non mi ha voluto dire nulla. A dire il vero non mi ha detto neanche quando si terrebbero questi incontri clandestini".

Rodolfo, tanto per cambiare, era perplesso.

"Scusa, ma che razza di informazione è?".

Se l'era chiesto anche lui eppure continuava a crederci.

"Come? Abbiamo in mano fenomeni di puro libertinaggio in stile brianzolo e tu mi chiedi che razza di informazione sia? A parte gli scherzi, Michele mi ha promesso maggiori dettagli in seguito. Il ragazzo si muove con i piedi di piombo e posso capirlo.

Molti suoi amici sono ancora del giro".

"Che intendi fare allora?", chiese Simona.

"Ho intenzione di recarmi sul posto e curiosare".

Rodolfo smanettava nervosamente sulla tastiera, come se non gliene fregasse nulla di quello che il suo capo aveva appena detto. Simona invece lo fissava come se avesse espresso l'intenzione di iscriversi a qualche movimento ereticale.

"Mi sembra la trama di 'Eyes Wide Shut'. Ma allora c'è davvero gente che si diverte in quel modo?".

"Oh, puoi starne certa. Gente danarosa, potente e viziosa".

"E credi che l'assassino di Anna possa essere uno dei depravati dei festini?".

"Può darsi. Per accusare qualcuno però ci servono prove concrete. E non è detto che non riesca a trovarne proprio lì".

"Sei sicuro di quello che hai intenzione di fare?".

Rodolfo lo osservò come se dovesse buttarsi da un ponte da un momento all'altro. Bell'incoraggiamento.

"Ci andrò nella massima sicurezza. Magari propongo al commissario Crespi di fornirmi degli agenti di copertura".

Scherzava ovviamente. Crespi non avrebbe mai partecipato a una simile impresa.

"A proposito: hai già parlato con Crespi di questa tua idea?", domandò dubbiosa Simona.

"No. Appena esco di qui lo faccio".

Fuori dalla finestra, la luce del sole alto lambiva la piazza. L'astro si era alzato da est superando lo sbarramento dei tetti.

"Cosa speri di trovare nel luogo dei festini?".

"Non ne ho idea. È per questo che ci vado".

Simona si voltò e raggiunse la macchina distributrice di bevande, posizionata vicino al corridoio. Rodolfo rimase seduto guardando in una direzione imprecisata.

"Potrebbe essere pericoloso, Filippo. Quando sarai dentro, non avrai l'appoggio di nessuno. E credo che la gente che frequenta quel posto non sia tanto tenera con chi disturba il suo divertimento".

In effetti, Filippo nutriva seri dubbi sulla sua capacità di fare l'Indiana Jones dei festini. Non era mai stato un intrepido, preferiva ragionare sulle cose che voleva o doveva fare, muoversi sempre nella massima tranquillità e senza rischi. Eppure, qualcosa gli diceva che quella dei festini poteva essere la pista giusta. Sentiva di potersi fidare del ragazzo che gliel'aveva indicata. Decise di parlarne al più presto con Crespi. Una chiacchierata con il prode e coraggioso commissario poteva essergli d'aiuto e d'incoraggiamento. Intanto, vide Simona che ritornava al tavolo reggendo con le mani due bicchierini di plastica.

"Pensi di poterti fidare di quel ragazzo che hai incontrato al pub?", chiese la collaboratrice mentre posizionava i bicchierini sulle scrivanie di Filippo e Rodolfo.

"Come hai detto che si chiama?".

"Michele. Michele Pastrengo".

Filippo bevve un sorso di liquido nero.

"Sì, credo di potermi fidare".

Simona e Rodolfo si guardarono in cerca di un appiglio per farlo desistere dalle sue pericolose intenzioni. Fu la ragazza a sferrare l'attacco.

"Va bene. Ma non hai la certezza assoluta che ti abbia detto la verità. In fondo, se fosse così facile abbordare i festini non ci sarebbe quell'aura di mistero che di solito avvolge simili cose. Credi davvero che i responsabili di quegli incontri permettano a chiunque di parteciparvi? Con sesso e soprattutto droga di mezzo?".

"Hai ragione. Hai perfettamente ragione. Ma non abbiamo neanche la certezza matematica che si tratti di una balla. Tanto vale tentare, non ho nulla da perdere sul fronte dell'inchiesta".

"Mentre al contrario hai tutto da perdere per la tua sicurezza".

Anche Rodolfo faceva la sua parte.

"Prima di buttarti nella tua mission impossible dovresti passare dal direttore. Mi sembra giusto fargli sapere a quali rischi sta andando incontro un giornalista regolarmente assunto e pagato dall'editore".

Adesso non capiva a quale gioco i due collaboratori stavano giocando. Filippo non aveva mai inquadrato i rapporti con i collaboratori redazionali in modo rigorosamente gerarchico, ma quella loro arrogante criticità nei suoi confronti, espressa peraltro con modi assai poco moderati, lo mandò in bestia. E poi non sopportava il disfattismo. Lo considerava dannoso dal punto di vista professionale. E fastidioso dal punto di vista umano. Poteva tollerare la paura perché un giornalista, come qualsiasi altro essere umano, non ne era immune. Ma non accettava che la paura di una persona fosse d'ostacolo all'azione di un'altra.

"Sono d'accordo con Rodolfo, Filippo. Parla prima con Paolo Licastro. Sono sicura che ti appoggerà".

Inaspettatamente, Simona cambiò opinione.

"A ben vedere, però, la pista non è proprio da scartare. Vale la pena metterci il naso".

Rodolfo proruppe in uno dei suoi celebri attacchi di ansia.

"Sei d'accordo con lui dunque?!".

"Sì".

"Perché allora non ti aggreghi alla missione?".

Simona arricciò le labbra in un sogghigno.

"Potrebbe essere un'idea. Che ne dici Filippo? Veniamo con te?".

"Veniamo?", chiese Rodolfo a bocca aperta.

"Certo. È giusto che entrambi ci diamo da fare per proteggere la sicurezza del nostro spavaldo caporedattore".

Risolini, battutine e chi ne ha più ne metta. Intanto, l'incazzatura di Filippo non era per niente passata.

"Neanche per sogno. Ci andrò accompagnato da Michele. La mia decisione è insindacabile. Sono io il capo qui dentro e forse è bene ogni tanto ribadire il concetto".

Non era una battuta, Simona e Rodolfo lo capirono al volo.

"Mentre io sarò impegnato a battere la pista dei festini, voi cercate nuove informazioni e notizie. Non dimenticate che domani mattina il giornale deve uscire".

Compiti a casa di punizione e una bella nota. Simona abbassò la testa mentre Rodolfo fissò lo schermo del pc. Filippo aveva voglia di fumare e non vedeva l'ora di essere fuori, in mezzo alla strada.

"C'è la vicenda della tentata violenza carnale alla ragazza di Usmate", lo informò pochi secondi dopo Simona. "La stanno seguendo Brioschi e Rovelli. Magari le si può dare più spazio e usarla come collegamento con l'omicidio Reggiani".

"Ottimo, sì. Un po' azzardato ma perché privarci del privilegio di fare dei collegamenti? Dobbiamo scavare nel torbido e tirare in superficie più merda possibile. Del caso di Usmate il commissario mi ha fatto solo un veloce accenno. Del resto, la sua attenzione è al momento puntata altrove. Lo chiamerò per saperne di più e poi metterò in guardia Brioschi e Rovelli".

Era ora di andare. Lo aspettava il Direttore, la chiamata a Franco e il pranzo con Marco. Alla fine decise di scendere a patti con la richiesta di Simona e Rodolfo. Che Licastro fosse informato. Salutò la truppa e dopo essersi preparato un altro caffè raggiunse a passo spedito l'ufficio del Direttore. Licastro era seduto dietro la scrivania davanti al suo notebook. Quando vide Filippo, sorrise invitandolo subito ad accomodarsi. Non lo biasimava. La parte di lui votata all'amministrazione contabile stava vivendo giorni di intensa euforia: le vendite del quotidiano erano aumentate del venticinque per cento e il merito andava al buon lavoro che stavano svolgendo i redattori della nera.

"Hai bisogno?", esordì Licastro continuando a fissare il piccolo schermo del portatile.

"Volevo parlarti a proposito di una mia idea".

"Spero a proposito della povera Anna Reggiani".

"Sì, a proposito di quel caso".

"Ti ascolto".

Chiuse il notebook con fare deciso.

Mentre Filippo riassumeva ciò che era venuto a sapere e come intendeva sfruttare le informazioni ottenute, Paolo concentrò sempre più la sua attenzione su di lui. Come non aveva previsto Rodolfo, che evidentemente non era dotato della rara capacità di interpretare le personalità altrui, Filippo percepì da parte del Direttore un dubbioso ma crescente interesse per ciò che gli stava proponendo.

"Filippo, è un'ottima idea. Ma non posso non metterti in guardia dai possibili rischi di una simile impresa".

"Lo so. Ne ho appena parlato con i miei collaboratori che mi hanno detto la stessa cosa".

"Ma tu non hai intenzione di tirarti indietro...".

"Assolutamente. Paolo, potrebbe essere la pista giusta".

Il direttore si alzò e dandogli le spalle si mise davanti alla finestra a osservare Piazza Trento e Trieste dall'alto.

"Istintivamente, ti direi di andare avanti ma razionalmente non posso che avere dei seri dubbi. Seri e forti dubbi".

"Sono consapevole dei rischi ma so per certo che il mio informatore, Michele Pastrengo, mi aiuterà fornendomi una valida copertura".

Licastro sospirò e l'aria calda fuoriuscita dalla bocca tracciò un disegno irreale sul vetro della finestra.

"Non è questo il punto".

Si voltò.

"Il rischio calcolato non esclude del tutto il rischio. Se dovessero sospettare qualcosa o addirittura scoprirti non avresti molte possibilità di venirne fuori con una scusa qualsiasi".

"Hai ragione. Ma non credi che valga la pena tentare? E una mia responsabilità e sai benissimo che andrò diritto per la mia strada, con o senza il tuo assenso".

Licastro rise sentendosi dentro la stessa amarezza che aveva già provato in passato, quando le sue preoccupazioni di padre non erano riuscite a imporsi sulla cocciutaggine del suo unico figlio.

"E allora vai Filippo. Sono certo che te le caverai. Non possiamo lasciarci sfuggire l'occasione di imboccare la strada giusta per mettere il pepe al culo a quel maledetto assassino".

"Ho intenzione di entrare in quel luogo di nascosto, nel giorno di chiusura. Può bastare?"

"No", rispose Licastro.

"Senza contare che abbiamo pagine in prevedibile aumento da riempire e una tiratura da trend setter da sostenere", aggiunse Filippo con una punta di innocente malizia.

Paolo Licastro si lasciò sfuggire una smorfia.

"Allora siamo d'accordo, direttore".

Filippo si alzò avviandosi alla porta.

"Tienimi costantemente informato. E stai attento. Presumo ti ci vorrà qualche giorno per avere le coordinate giuste a proposito di quei festini e trovare il modo di intrufolarti dentro".

"Confido in Michele. Spero mi sia veramente d'aiuto. Anche se non è più un habitué del simpatico simposio".

Terzo giorno
Capitolo 14

"Non ne stiamo ricavando nulla".

Crespi era su di giri da tre giorni e Filippo rifletté sull'eventualità che facesse giustificato abuso di qualche intruglio psicosomatico per resistere a tutta quella pressione. Parlava da almeno venti minuti e lui aveva le orecchie che sembravano due tagliate ai ferri. L'argomento della conversazione verteva sullo sperma ritrovato tra le gambe viziose di Anna Reggiani. C'è sperma e sperma, amico.

"Hai capito? Quelli della Scientifica non hanno trovato uno straccio di collegamento con persone schedate, maniaci sotto sorveglianza, psicopatici di ogni risma. I campioni che Marco Aliprandi ha spedito ai laboratori della Scientifica potevano anche restare dov'erano. Lo sperma c'è ma i legittimi proprietari sono sconosciuti. Perché abbiamo a che fare con più soggetti, due per la precisione. Non riesco proprio ad accettare la tua ipotesi del serial killer isolato. A parte il fatto che non sappiamo se si tratta di un serial killer, visto che è stato commesso un solo omicidio, l'evidenza dei fatti induce a seguire la pista di più assassini. Hai capito?".

Aveva capito, aveva capito.

"Forse bisogna insistere su familiari e parenti".

Crespi ammutolì e, dall'altro capo dell'oceano magnetico, Filippo si chiese se stesse meditando sulle sue parole o alzando gli occhi al cielo prima di lanciare insulti.

"Sicuro. È quello che stiamo facendo. Non solo i Reggiani ma anche il ramo materno della famiglia. Non mi stupirei che gli assassini venissero fuori da lì. Con quello che si sente oggi a proposito delle belle e perfette famigliole italiane".

L'ironia spaccò la monotonia delle fantasie recondite, inondando di realtà una telefonata che stava trascendendo verso metafisiche criminologiche inconcludenti.

"Non pensi sia il caso di indagare anche su questi presunti festini a base di sesso e droga? L'ambiente mi sembra quello giusto".

Questa volta il commissario rispose con prontezza.

"Hai ragione. Prima però devo scoprire di che cazzo si tratta. Non mi hai detto niente di certo, Filippo. Dove, come e quando si svolgono questi incontri erotici. Il perché l'ho invece capito da solo".

"Il mio informatore mi ha promesso informazioni più dettagliate. Per il momento accontentati della preziosa imbeccata. Quando ne saprò di più, ti contatterò. E ovviamente conto sulla medesima disponibilità da parte tua nel caso fossi tu a mettere mano su quei preziosissimi dati".

Per il momento Filippo preferì non dire nulla a proposito della sua intenzione di intrufolarsi nel luogo misterioso. Terminata la telefonata, il giornalista fece prendere aria alle orecchie e si incamminò verso il piccolo bar di Piazza dell'Arengario, all'inizio di via Carlo Alberto. L'appuntamento con Marco Aliprandi era fissato per le tredici. Mancava poco più di un'ora e Corti decise di gironzolare in centro, naturalmente dopo una salutare pausa caffè. Netta era l'impressione che Franco Crespi lo avrebbe presto richiamato per riferirgli qualcosa di importante. Dopo il caffè ritornò sui suoi passi e si diresse verso via Italia, in cerca della libreria che frequentava assiduamente. I libri erano lì che aspettavano, messaggeri di senso in attesa di essere ascoltati. Ne acquistò due, un thriller e un testo di storia sull'Antico Egitto. Sarebbero andati anche loro ad arricchire la libreria privata e dopo essere stati letti avrebbero fatto bella mostra di sé in attesa che un altro lettore si interessasse a loro o che lo stesso Filippo, a distanza di tempo, ne sentisse in lontananza di nuovo il soave richiamo.

In strada c'erano persone che camminavano veloci, altre più lentamente. Tutte erano comunque in movimento. Non avevano tempo da perdere, non avevano tempo pur vivendo ben immersi nel tempo. Né per gironzolare senza pensieri e obiettivi né per fermarsi a osservare con innocente e felice distacco chi gli passava accanto.

Chissà in quanti di loro si sarebbe fatto largo, per pochi secondi, il ricordo della tragica fine di Anna Reggiani. Erano passati solo tre giorni eppure i cittadini di Monza non sembravano intenzionati a rallentare il passo, foss'anche per un brevissimo lasso temporale in cui riflettere su ciò che era successo e porsi delle domande. Passato l'attimo fuggente dell'orrore, chiuso il sipario dello spettacolo di piazza, ognuno tornava a farsi i cavoli suoi, come se vivesse in un guscio trasparente e camminasse in mezzo ad altri individui sedati dentro gusci trasparenti. Poteva trattarsi però di semplice apparenza. La realtà forse era completamente diversa e la paura, abile e scaltra, gestiva a suo piacere il divenire dei fenomeni e si nascondeva tra le pieghe del quotidiano con cinica determinazione, infiltrandosi nel flusso magmatico dell'inconscio collettivo come un veleno difficile da estirpare.

In piazza Carducci un vigile urbano litigava con un automobilista incazzato, mentre una mamma attraversava la strada spingendo un passeggino e un bambino placidamente indifferente. All'improvviso, Filippo vide uscire Domenico Reggiani dal bar all'angolo con via Cortelonga. Il padre di Anna era in compagnia di una persona, apparentemente un coetaneo, che però Filippo non riconobbe. Fermi in mezzo al marciapiede, i due parlavano in modo concitato. Il più rabbioso era Reggiani che gesticolava con foga isterica. Anche l'altro sputava parole di fuoco ma con maggior autocontrollo. Filippo li osservò da lontano, stando bene attento a non farsi vedere.

I due si avviarono in direzione di piazza Trento e Trieste, fermandosi a tappe irregolari quando il tono della conversazione si faceva più frenetico. Intorno a loro gli abitanti della città erano presenze assenti. Chi del resto conosceva così bene Domenico Reggiani da identificarlo al primo colpo e soprattutto chi poteva comprendere l'affanno di un dialogo surreale e collegarlo alla tragica scomparsa di una giovane donna? A chi interessava se non al reporter curioso, sempre a caccia di notizie scottanti? Ogni tanto Reggiani sputava a terra con non celata cattiveria. Un fiume in piena che tracimava e portava con sé chissà quanti e quali rifiuti verbali. Il secondo uomo si accese una sigaretta e la fumò con meccanica avarizia.

Svoltarono alla seconda a destra, puntando a via Manzoni. Ora Domenico Reggiani parlava al cellulare. Ancora in modo rabbioso. L'amico invece tirava boccate nervose. Quando la telefonata terminò, i due ripresero a camminare a passo veloce. Sembravano più calmi solo perché parlavano meno. Calma apparente, si vedeva. All'angolo con via Manzoni montarono su una BMW 540 nera. Al volante si sistemò Domenico Reggiani. L'auto si infilò velocemente nel traffico della via allontanandosi verso nord.

Sul display del cellulare di Filippo comparve nome e numero di Franco Crespi.

"Filippo? Hai ancora qualche minuto?".

"Certo".

"Ho letto la Gazzetta. In un articolo un tuo collega ipotizza che Matteo Borsa sappia più di quel che vuol far credere. A cosa vi riferite? Voglio solo sapere se c'è qualcosa di utile per le indagini. Qualcosa che ancora non so a proposito dei segreti dell'ex fidanzato di Anna Reggiani".

"Non più di quello che già sai, Franco. L'articolo parla di ipotesi, le stesse che circolano da voi in commissariato dopo che il ragazzo ha confessato di essere l'assassino di Anna".

"Fino a ieri".

"Spiegati meglio".

"Matteo Borsa ha di nuovo parlato. Ci ha detto qualcosa di criptico su cui vale la pena riflettere. A questo punto non posso che dirtelo".

"Sei tu che mi hai chiamato".

Attimi di esitazione. Una volante della Polizia sfrecciò lungo via Manzoni a velocità spropositata, senza sirene.

"Da quello che ha raccontato abbiamo dedotto che anche Borsa frequentava il giro strano di festini. Non abbiamo invece elementi per dire se li frequenta ancora. Ha fatto riferimento a fantomatici impegni sociali, suoi e di Anna, e abbiamo pensato si tratti di roba forte, sesso e droga per intenderci. Non è che il tuo informatore ti ha parlato di Borsa come frequentatore dei festini?".

Filippo si accese una Philip Morris.

"No, nessun accenno. Di Matteo Borsa il mio informatore non ha una buona opinione. Il ragazzo era innamorato di Anna, non credo che il fidanzato gli fosse particolarmente simpatico. Comunque, penso anch'io che Borsa frequentasse i festini. Ed è probabile che lo faccia ancora".

"Ma come è successo a te con il tuo informatore, non ci ha voluto dire di più, nessun dettaglio, né quando né dove avvengono gli incontri, cui dovrebbero partecipare parecchie persone. È evidente che i due hanno paura. E non posso dargli torto".

"Va bene, Franco. Queste sono cose di cui sono già al corrente, come ben sai".

Un sospiro.

"Lascia perdere le battute. La cosa interessante è che Anna Reggiani a quanto pare non era affatto contenta di partecipare ai festini. Matteo Borsa dice che era come costretta a frequentare determinate persone coinvolte in quei misteriosi 'impegni sociali'".

"Costretta da chi?".

"Il ragazzo non lo sa".

"Semplice intuito o comunicazione extrasensoriale tra amanti?".

Una risata.

"Entrambe le cose, credo. Borsa però è poco credibile, quindi voglio vederci chiaro. Può anche darsi che il misterioso oppressore di Anna Reggiani sia anche il suo assassino. Ovviamente il discorso vale anche al plurale".

Ipotesi nuova, seducente. I festini acquistavano punti secondo dopo secondo. Un luogo misterioso, perverso, elegante e peccaminoso, libertino ed estremo. Un posto pericoloso da frequentare anche e soprattutto se si hanno vent'anni e si è belle.

"Mi piacerebbe andare a ficcarci il naso".

"Dove? Nel luogo dei festini? Te lo sconsiglio. È meglio che lasci fare a noi. L'ambiente potrebbe essere poco ospitale per gli estranei".

"Non posso. Deontologia professionale. Ho un'inchiesta da portare avanti".

Di nuovo una bella risata piena. Da quanto tempo non sentiva Crespi ridere?

"È troppo pericoloso andarci da solo. Lo vuoi capire o no? Tu non ti muovere. Filippo, non sto scherzando. Da quanto ci ha fatto capire quello stronzetto di Borsa, e da ciò che mi hai riferito tu, l'ipotetico giro dei festini gode di alte protezioni. Dobbiamo muoverci con i piedi di piombo".

"Hai detto muoverci?".

"Sì, muoverci. Non sono solo io che devo fare i conti con i piani alti".

Filippo sorrise e nello stesso tempo sentì montargli dentro la paura di fare il passo più lungo della gamba. Non sarebbe stata la prima volta.

"C'è un'altra cosa che ti dovevo dire già da prima", continuò Crespi. "Non ti farà piacere".

"Spara".

"È fresca fresca. Ho saputo di una querela contro te e il tuo giornale da parte di Domenico Reggiani".

Le informazioni viaggiano più veloci quando gli interessati non ne sanno nulla.

"Non ne sono al corrente, Franco. Ma non mi stupisco che tu l'abbia saputo prima di me".

"Vi accusa di aver rovinato l'immagine della figlia e della famiglia".

"Stronzate. Lo sa benissimo".

"Sulla tua correttezza professionale metterei la mano sul fuoco. La denuncia non sortirà alcun effetto, ma forse il problema va ben oltre".

"Vorresti dire che il signor Reggiani è così potente da ostacolarci nello svolgimento del nostro lavoro?".

"È possibile. Quante palle ha il tuo direttore?".

"Non è di primo pelo. E non è uno che si lascia facilmente intimidire".

"Potrebbe essere una cosa buona o brutta. Dipende da che angolazione la si guarda".

"Cioè?".

"Se tira troppo la corda potrebbero costringere a prendere posizione il tuo editore".

"Anche lui non scherza".

"Anche uno come Reggiani non scherza. Potrebbe muovere le acque fino al punto di inondarvi di merda".

"Dal punto di vista economico il ricatto non so se riuscirebbe. L'editore ha abbastanza le spalle coperte da sostenere il mancato appoggio di qualche sponsor amico del nostro bravo pater familias".

Pater familias. Uno come Reggiani non si meritava certo tanta eleganza linguistica.

"Comunque, tieni gli occhi e le orecchie bene aperti".

Filippo raccontò al commissario che, maledette coincidenze, aveva appena visto per strada Reggiani in compagnia di una persona sconosciuta. Forse l'avvocato che gli preparava le querele e gli svuotava il vaso da notte. Crespi registrò il fatto e lo archiviò. Lo stesso fece Filippo subito dopo aver chiuso l'argomento.

"Hai qualcosa in più da dirmi a proposito dello stupro di Usmate?".

"Che centra la ragazza di Usmate con i festini dei pervertiti?".

"Apparentemente nulla. Faccio il giornalista, ho da riempire un quotidiano".

"La ragazza è ancora sotto choc. Non siamo riusciti a sapere nulla di consistente a parte il fatto che si ricorda che gli aggressori erano due. Nient'altro però, niente età presunta, nessun dettaglio su corporatura o voce, ammesso che i violentatori si siano messi a parlare mentre abusavano di lei. È stata fortunata a riuscire a scappare".

"Grazie delle informazioni. Due miei colleghi, Brioschi e Rovelli, ti chiameranno, più tardi in giornata, per avere qualche dichiarazione".

"Sì, li conosco. Rompicoglioni come te".

Chiusa la seconda telefonata della giornata con il commissario, Filippo ne avviò un'altra con la redazione. Dopo aver riferito sia le ultime informazioni sulla deposizione di Matteo Borsa sia quelle sulla ragazza di Usmate, dopo aver dato incarico a Simona di contattare immediatamente Brioschi e Rovelli per effettuare l'intervista telefonica con Crespi, non gli restò che avviarsi al ristorante per il pranzo con Marco Aliprandi. Mancavano cinque minuti all'una ed era straordinariamente puntuale.

Terzo giorno
Capitolo 15

Poteva raggiungere comodamente la sua meta a piedi, ma non avrebbe mai rinunciato alla sua automobile. Nera, grossa, aggressiva. Gli dava un senso di potenza che trovava irresistibile. Come una droga cattiva perversamente efficace. Con le donne poi, quelle che si lasciavano abbagliare dai fasti apparenti della superficialità, la BMW nera era un biglietto da visita ineguagliabile. Qualcuna l'aveva anche scopata direttamente nell'ampia zona passeggeri, approfittando del comfort dei sedili e dello spazio a disposizione per infilare gambe e braccia tra le pieghe delle posizioni.
Pioveva. Una pioggerella insipida fatta di gocce talmente piccole da risultare invisibili. Al volante della berlina tedesca, Domenico Reggiani respirava con calma, assaporando la tranquillità di quel breve tragitto su quattro ruote. Il cuore aveva rallentato i battiti dopo la foga rabbiosa che aveva avuto in strada, al fianco di Cesare Borsa, l'amico - o come preferiva definirlo - il conoscente che ora sedeva al suo fianco a bordo della BMW.
Era stata una fortuna incontrare il direttore della filiale della Banca Commerciale Lombarda fuori dal caffè di piazza Carducci. Borsa era una persona fidata, di quelle pronte a darsi da fare per assecondare i desideri dei clienti più importanti della banca. Come Domenico Reggiani, amministratore delegato della Multitech nonché grande investitore. In quel momento però erano altri gli input mentali su cui Reggiani intendeva fare leva, per usare al meglio il bancario.

Matteo Borsa, figlio di Cesare, era stato arrestato e infilato nel carcere di Monza. Reggiani aveva mosso i fili giusti, riuscendo a far svuotare a Borsa la sacca di rabbia repressa mista a dolore che gravava sulla sua anima di genitore. In strada, lo aveva sentito bestemmiare contro la mala sorte, difendere a spada tratta il figlio, che giurava essere innocente. Reggiani soprattutto aveva indirizzato la rabbia dell'uomo verso il bersaglio che a lui interessava, i mezzi di informazioni e in particolare la Gazzetta. Non c'era solo di mezzo la tragica morte di Anna. Come padre non poteva rinunciare a difendere l'immagine della figlia e della famiglia da quello che riteneva una totale mancanza di rispetto da parte dei media. C'era però anche dell'altro. Attaccare i giornalisti per Domenico Reggiani voleva dire difendere la riservatezza delle sue attività imprenditoriali, persino la segretezza delle sue operazioni commerciali e soprattutto dei suoi rischiosi e segretissimi investimenti finanziari. Doveva far di tutto perché della sua famiglia si parlasse il meno possibile, che la Polizia indagasse e trovasse l'assassino di Anna senza troppi clamori e all'insaputa dell'opinione pubblica e fuori portata da orecchie indiscrete e potenzialmente pericolose.

Seduto sul comodo sedile passeggeri della BMW, Cesare Borsa annuiva all'indirizzo del guidatore. Era soggiogato da Reggiani, lo era sempre stato. Fin dalla prima volta che lo conobbe nel suo ufficio alla direzione della filiale monzese della Banca Commerciale Lombarda. L'arroganza e i modi spicci dell'imprenditore non gli dispiacevano, li giustificava al punto da desiderarli per sé, lui che nella vita si era fatto strada solo grazie al fatto che il padre politico aveva buoni agganci nel mondo bancario. Quando il suo vecchio era morto, la carriera all'interno della Banca Commerciale Lombarda era già avviata e consolidata. Con poche abili mosse, qualche sgambetto ben assestato e la straordinaria capacità di rimanere nell'ombra sfruttando lavoro e meriti altrui, Cesare Borsa era riuscito a scalare la vetta del potere fino a diventare direttore di una delle più importanti filiali della banca. Un posto ambito anche se periferico: da lì si dovevano pianificare le successive mosse, che per Borsa significavano innanzitutto la conquista del posto di direttore della prima filiale di Milano e in rapida successione dei ruoli dirigenziali regionale e nazionale.

A cinquantasei anni poteva ancora permettersi di vedere il futuro con razionale chiarezza. Ora però c'era un grosso problema che incombeva come una spada di Damocle sulla sua testa. Dopo quella maledetta confessione, suo figlio Matteo era ufficialmente indagato per l'omicidio di Anna Reggiani ed era in carcere, sottoposto a chissà quali condizionamenti fisici e psicologici. Era un bravo ragazzo Matteo, studioso e responsabile. Di sicuro c'era stato un errore, un gravissimo e imperdonabile errore, oppure un madornale equivoco: Matteo era stato il fidanzato della vittima, logico che gli inquirenti avessero concentrato le loro attenzioni su di lui. Era stata la confessione di colpevolezza ad aggravare la situazione del figlio.

Borsa non riusciva a capire perché Matteo avesse accusato se stesso della tragica morte della fidanzata. Dando per scontata l'innocenza del figlio, impazziva all'idea di non trovare un senso logico al comportamento del figlio. Che fosse stato costretto a rilasciare quelle dichiarazioni? Non riusciva a digerire il fatto che lo avessero arrestato e lo tenessero chiuso in una cella dopo un fermo di tre giorni. Su quali elementi gli inquirenti si stavano basando? Possibile che non capissero che Matteo non poteva aver fatto del male ad Anna? Aveva amato quella ragazza, probabilmente in cuor suo l'amava ancora. Ne era certo. Aveva confessato di essere lui l'assassino. Ma era difficile da credere. Molto difficile. Il ragazzo doveva essere spaventato, incapace di controllare razionalmente la sua emotività. Madre e padre non avevano ancora ottenuto il permesso di vederlo. E le telefonate erano vietate in via Sanquirico. Sentendo l'odio scaturire come un fiume bollente dalla bocca di Domenico Reggiani, percependo che una parte di quell'odio alimentava la solidarietà dell'imprenditore verso la sorte di Matteo, Cesare Borsa si era lasciato trascinare e aveva acconsentito ad accompagnare Reggiani dal procuratore capo della repubblica Carlo Cattaneo.

Reggiani parcheggiò la BMW nello spazio riservato ai dipendenti del Tribunale di Monza, sorridendo beato: l'eventuale multa sarebbe stata cancellata al momento opportuno. Entrarono in tribunale dall'ingresso principale, di fronte a piazza Garibaldi. A poche decine di metri, la statua marmorea del Generale fissava indifferente un orizzonte immaginario. Salirono al primo piano e bussarono alla porta di un ufficio non identificato. Una voce li invitò a entrare. Seduto dietro un tavolo scuro c'era Carlo Cattaneo, impegnato nella lettura di alcuni documenti. Il magistrato alzò lo sguardo sopra gli occhiali. Non sorrise e non disse nulla, limitandosi a fare cenno ai due ospiti di sedersi. Reggiani e Borsa presero posto di fronte al procuratore capo. Senza perdere tempo, prima ancora che Cattaneo desse il via alle danze, Reggiani parlò tralasciando qualsiasi preambolo.

"Dottor Cattaneo, sono venuto all'appuntamento con Cesare Borsa, che lei già conosce. È il padre di Matteo, il giovane che ancora oggi, senza uno straccio di prova concreta, viene tenuto in carcere".

A quelle parole Cattaneo rimase imperturbabile. Conosceva Reggiani e i suoi atteggiamenti arroganti.

"Signor Reggiani – disse infine – come lei ben sa, e come sono certo sappia anche il dottor Borsa, la custodia cautelare rientra nelle normali procedure relative all'accertamento di un reato. Le prove di cui parla non centrano nulla. Il signor Matteo è in carcere come indagato dell'omicidio di Anna Reggiani al fine di prevenire una possibile fuga o un inquinamento delle prove. Prove che stiamo pazientemente cercando. Nessuno ha ancora condannato Matteo, nonostante il ragazzo abbia confessato di essere l'autore dell'efferato omicidio".

Reggiani sbuffò ammorbidendo i toni. Era evidente che non poteva competere con Cattaneo sul fronte dei tecnicismi legali. Un motivo in più per confermare e se possibile aumentare l'antipatia profonda che provava per il magistrato, sempre pronto a dimostrare la sua integerrima fedeltà alla legge.

"Mi scusi, signor procuratore. Evidentemente mi sono espresso male. Deve perdonare questo mio atteggiamento. In questi giorni di lutto e dolore vivo in un perenne stato confusionale. Io intendevo solo mettere in evidenza lo stato delle cose, anche per solidarietà con l'amico Cesare che, come potrà constatare lei stesso, è molto provato dalle circostanze".

Come rispondendo a un preciso comando, Cesare Borsa guardò il pavimento con una smorfia di contrizione dipinta in faccia. Cattaneo annuì forzatamente, spostando lievemente la testa a destra.

"Matteo è un ragazzo sensibile", mormorò Borsa, "Quella confessione...".

"Ha chiesto di potermi vedere", lo interruppe Cattaneo rivolgendosi a Domenico Reggiani. "Sono qui. Di che cosa voleva parlarmi così urgentemente?".

Dal tono secco e perentorio, Reggiani capì che il procuratore capo non gradiva affatto quell'incontro. Non si fece però impressionare. Gli piacevano le sfide perché gli permettevano di perdere il controllo più facilmente. Adorava perdere il controllo.

"Mi sono rivolto a lei non solo per perorare la causa di Matteo Borsa, che ovviamente spero venga rilasciato al più presto. Insieme al mio avvocato stiamo studiando tutte le possibili contromosse legali contro l'ignobile campagna di diffamazione pubblica che si sta compiendo ai danni della mia povera figliola e della mia famiglia".

Cattaneo tolse gli occhiali e li appoggiò sul tavolo.

"Di quale campagna di diffamazione pubblica sta parlando, signor Reggiani?". L'imprenditore appoggiò la schiena alla sedia e accavallò le gambe mostrandosi molto sicuro di sé.

"Anna è su tutti i giornali, le televisioni, i siti internet. Io e mia moglie non ne possiamo più. Vogliamo fermare questo stillicidio, Anna non merita di essere vista da tutti nelle orribili condizioni in cui è stata trovata".

"Capisco le sue preoccupazioni. Tuttavia...".

"Non vorrà dire che..."

"Tuttavia – insistette Cattaneo – non posso certo biasimare i giornalisti per fare il loro lavoro. C'è libertà di stampa in Italia e il diritto di cronaca è riconosciuto".

L'ironia del magistrato fece infuriare Reggiani che guardò Borsa in cerca di condivisione.

"Qui non è in discussione la libertà di stampa, dottor Cattaneo, quanto piuttosto la licenza di offendere e calpestare i diritti individuali di Anna, miei e della mia famiglia".

Il magistrato rifletté sul fatto che probabilmente alla povera Anna, ovunque fosse o non fosse, di quei diritti adesso non importava granché. Però capiva il ragionamento del padre e nella sua carriera aveva spesso preso le difese di coloro che reclamavano il pieno rispetto della dignità delle vittime, anche di quelle indifferenti al mondo perché morte e sepolte.

"Signor Reggiani, se intravede azioni lesive della dignità di Anna e della sua famiglia può benissimo utilizzare gli strumenti legali a sua disposizione. Io non posso fare nulla". Reggiani lo fissò.

"È quello che sto facendo dottor Cattaneo. Ho già querelato la Gazzetta e il caporedattore delle pagine di cronaca nera, Filippo Corti. Un'ulteriore querela credo sarà presentata dall'amico Cesare per quanto riguarda suo figlio".

Guardò il suo vicino sorridendogli.

"Mi sbaglio?".

Borsa allargò gli occhi stupito, poi iniziò ad annuire come un automa.

"Certamente... Domenico... Penso sia la scelta giusta anche per tutelare mio figlio Matteo, ingiustamente incarcerato".

Cattaneo fu sul punto di interrompere quell'inutile perdita di tempo, cacciando educatamente fuori dalle scatole i due interlocutori. Reggiani invece non era affatto intenzionato a chiudere la discussione.

"È evidente che la carica che ricopre non le permette di agire al di fuori della sfera di competenza. Non si preoccupi, ho un valido avvocato al mio fianco. Quello che sono venuto a chiederle è di agire proprio nell'ambito della sua competenza".

"Cosa vorrebbe che facessi di preciso?", chiese stancamente e con una punta di ironia Cattaneo. Come se gli adempimenti obbligatori di un magistrato potessero essere condizionati dalla volontà altrui.

"Lei è il titolare delle indagini sulla morte di mia figlia. A lei rispondono gli inquirenti, in primis il commissario Franco Crespi che, mi perdoni se lo dico, mi sembra faccia molto di testa sua".

Cattaneo ripensò alla riunione tenutasi nella sala giunta del Comune, alle parole del rappresentante degli industriali brianzoli, Salvatore Gennaro, così felicemente in sintonia con quelle del suo sodale Reggiani.

"Il commissario Crespi svolge il suo lavoro in modo impeccabile e gode di tutta la mia fiducia", replicò Cattaneo, visibilmente infastidito. "Se ho ben capito quello che sta cercando di dirmi, lei vorrebbe mettere il bavaglio a noi così come pretende di fare con la stampa? Si rende conto di quello che mi sta chiedendo?".

Reggiani si alzò avvicinandosi al tavolo. Era imponente nel suo metro e ottanta di altezza. Almeno dieci centimetri in più del magistrato.

"Le sto chiedendo di prestare la massima attenzione alle informazioni che circolano e soprattutto a quelle che potrebbero uscire da questo e da altri palazzi senza alcuna autorizzazione. Non sto certo a ricordarle tutti i casi di fuoriuscita di informazioni delicate su indagati. Come Matteo Borsa. Voglio solo evitare che la morte di Anna Reggiani continui a essere un evento mediatico. Desidero una maggiore riservatezza nello svolgimento delle indagini, tutto qui".

Si sedette di nuovo espirando aria dalle narici.

"Nessuna informazione che non sia preventivamente autorizzata viene rilasciata all'esterno. Capirà che non è possibile tacere su tutto. L'opinione pubblica ha il diritto di sapere quello che succede. Anche noi teniamo conferenze stampa, signor Reggiani. Non possiamo non farlo".

Reggiani sbuffò di nuovo invitando con lo sguardo Cesare Borsa a intervenire. Il bancario si raddrizzò sulla sedia e con evidente difficoltà si apprestò a dire la sua.

"Dottor Cattaneo, l'amico Domenico e io comprendiamo perfettamente quelli che sono i suoi compiti e ciò che le è permesso o non permesso fare. La nostra è una semplice richiesta, da liberi cittadini e da padri. Lo facciamo per Anna e Matteo, anche se da punti di vista diversi".

Il procuratore decise che valeva la pena fingere di assecondare quelle inutili richieste. Un forte mal di testa accompagnò la sensazione che Reggiani non si sarebbe limitato a quella chiacchierata informale, che le sue conoscenze politiche lo avrebbero aiutato ben oltre il lecito e al di fuori dei normali canali riservati ai normali cittadini. Un'immagine invase il quadro visivo di Cattaneo: un vampiro grondante sangue su sfondo nero. Si era informato, conosceva il passato poco limpido dell'imprenditore.

Congedò i due interlocutori assicurandoli che avrebbe fatto il possibile per tutelare la riservatezza delle informazioni. Rimasto solo, strinse la testa tra le mani chiudendo gli occhi e cercando di pensare ad altro. Non ci riuscì. Paure mischiate a barlumi di lucida razionalità si dimenarono impazziti all'interno della mente. A intervalli regolari si univa al cinico balletto il vampiro in preda a uno spasmodico vomito ematico.

Terzo giorno
Capitolo 16

"Almeno si mangia bene".

Così si era espresso al telefono Marco Aliprandi dopo aver proposto a Filippo il ristorante di fronte al Cinema Teodolinda, in via Cortelonga.

"Il personale non è molto simpatico" era stata la frase precedente.

Marco l'aveva buttata via senza nessuna inflessione consolatoria, unicamente come propedeutico contro-bilanciamento al successivo commento positivo sulla qualità della cucina. Non si può avere tutto dalla vita e forse il bello sta proprio in questo. Alle tredici in punto Filippo piantonava l'ingresso del ristorante. Via Cortelonga, negli anni trasformata in isola pedonale con tanto di rifacimento finto elegante della pavimentazione, era una strada meteo-dipendente: se c'era il sole, brillava come un angolo di mondo su cui ti ritenevi fortunato a camminare; se pioveva, spediva la mente dentro le immagini in bianco e nero di un malinconico film realista. Il tratto di strada univa due snodi viari cruciali di Monza, via Manzoni a ovest e Piazza Trento e Trieste a est. Pieno centro. All'una e cinque minuti Filippo intravide in lontananza la sagoma di Marco che giungeva percorrendo la vicina piazza Carducci. Era vestito in modo casual ma volutamente elegante, giaccone sportivo, maglioncino color crema sopra una camicia bianca, pantaloni kaki e scarpe sportive con le suole simili a silenziose pantofole da salotto. Brillante nel vestirsi e brillante nei suoi atteggiamenti sociali: Marco Aliprandi aveva il successo in tasca ma non lo ostentava, preferendo essere se stesso in modo contenuto e umile, addirittura in alcuni momenti riservato, come aveva potuto constatare Filippo.

I due si salutarono con sincera allegria ed entrarono nel locale, non molto affollato malgrado l'ora di pranzo. Una cameriera con la camicetta rosa scollata – sembrava diventata una consuetudine – li accompagnò a un tavolo vicino a un grande finestrone coperto da una brutta tenda gialla. Fuori si intravedevano a tratti i corpi frettolosi delle persone che a piedi camminavano concentrati. Il tempo era variabile, via Cortelonga pareva in tilt con il confuso programma di simbiosi temporale.

"Hai prenotato?", chiese Filippo al suo ospite, incuriosito dal fatto che gli avevano assegnato il tavolo con straordinaria velocità.

"Sì, ovvio", rispose allegramente Marco. "Altrimenti non avremmo trovato posto. Pare che qui ci siano più clienti a mezzogiorno che alla sera".

A dire il vero non sembrava proprio, ma Filippo non disse nulla cullandosi nell'illusione masochista che forse la realtà che vedeva non era la stessa che vedevano gli altri.

"Ci vieni spesso?", domandò mentre con curiosità apriva il menu, appena due fogli striminziti di carta plastificata, di forma rettangolare e con il font di una grandezza esagerata.

"Sì, qualche volta mi piace venirci anche in pausa pranzo. A quanto pare per te è invece la prima volta".

"In effetti, è la prima. Nonostante lavori a cento metri da qui".

"Non ci sei mai venuto neanche per una pizza con la tua fidanzata?".

In genere a lui e Lucia non piaceva cenare in città preferendo mete più decentrate. Ma non riuscì a formulare la frase perché la sua attenzione si focalizzò magneticamente sul termine "fidanzata".

Possibile che fosse solo lui a non voler accettare la realtà?

"In genere, io e Lucia preferiamo non cenare a Monza", improvvisò con sicurezza ingannatrice, da attore consumato. "Ci piace girare per la Brianza in cerca di posti tranquilli, fuori dai contesti urbani".

"Ottima scelta".

Marco aprì il menu mentre una coppia di anziani prese posto al tavolo accanto. Dopo pochi secondi arrivò la cameriera di prima con in mano penna e taccuino. Marco fu il primo a ordinare.

"Risotto alla monzese e tagliata con funghi, poco cotta. Contorno di patate al forno".

La ragazza annuì fintamente soddisfatta.

"Per me, penne all'arrabbiata, filetto al pepe verde, ben cotto. E contorno di patate al forno".

"Da bere?".

Filippo e Marco si guardarono.

"Che ne dici di una bottiglia di rosso?", azzardò Filippo.

"Va benissimo. Cosa proponi?".

"Inferno della Valtellina".

Marco acconsentì, tradendo una genuina espressione da non esperto.

"E acqua. Per me gassata".

"Hai fatto centro di nuovo, caro Filippo".

"Una bottiglia. Grazie".

La cameriera si allontanò verso le cucine con in mano penna, taccuino e i due menu che fuoriuscivano da sotto il gomito come pezzi di cartone. Dietro di loro l'anziano tossì rumorosamente. Marco lo guardò con la curiosità del medico sempre in servizio. La porta di ingresso del ristorante si apriva e chiudeva continuamente. Persone uscivano, altre entravano. A quanto pareva, Marco aveva ragione: il posto era frequentato.

"Abbiamo tutti e due evitato le patatine fritte. Sai che tentazione...".

Marcò fissò l'amico con aria incredula.

"Non mi dire che anche tu hai il complesso del medico nelle vicinanze?".

Marco raccontò con prosa ridanciana che parecchie persone, in situazioni di vita quotidiana, temono di essere giudicate male o rimproverate da un medico se fanno scelte alimentari non proprio salutari, come per esempio ordinare un bel piatto di patatine fritte da condire con ketchup o maionese. Per evitare di essere additati come colpevoli di malasanità, o peggio di essere giudicati male, cambiano idea e rinunciano ai loro piaceri. Secondo Marco, la scelta migliore per quei nevrotici era rifuggire ogni genere e tipologia di steakhouse e passare le giornate a condividere il tempo con le loro ossessioni.

"No, assolutamente, non è il mio caso. Sono a dieta, tutto qui... Preferisco non trasgredire e mangiare patate al forno".

"Non ho mai creduto alle diete".

"Detto da un medico suona strano".

"Non parlo da medico, ma da normale mortale cui il cibo non ha mai fatto paura. Non ricordo in casa mai una sola volta in cui sia circolata la parola dieta".

Arrivarono i primi. Dai piatti si levarono stuzzicanti vapori di cottura che immediatamente stimolarono l'appetito dei due commensali. Le penne all'arrabbiata spiccavano oltre il bordo del piatto. Marco aveva già iniziato ad addentare il suo risotto.

"Come va l'inchiesta?", chiese con apparente indifferenza.

"Abbastanza in alto mare, come tutte le inchieste serie".

"Hai risposto da poliziotto".

Filippo sorrise.

"Beh, in fondo, anche un giornalista di cronaca nera è un cacciatore di colpevoli".

Le penne scivolavano in bocca con una facilità che aveva del sublime. Filippo le sentì sciogliersi in bocca liberando aromi e sapori che sapevano di pienezza della vita. Vita, non morte.

"Quello che posso dirti, Marco, probabilmente lo sai già. È tutto scritto sui giornali. È di dominio pubblico".

Marco fece un cenno con la testa invitandolo a proseguire.

"La Polizia ha arrestato Matteo Borsa, l'ex fidanzato di Anna Reggiani. Il ragazzo si è autoproclamato colpevole ma per il resto non è molto collaborativo. Quello che gli investigatori sono riusciti a dedurre dai discorsi enigmatici di Borsa, è che Anna era una ragazza come tante altre, abituata però a una libertà sessuale oltre certi limiti. Pare che fosse, probabilmente in compagnia del fidanzato, assidua frequentatrice di un misterioso luogo di ritrovo per disinibiti amanti dei festini a luci rosse. Proprio come avevi ipotizzato tu".

Marco si versò mezzo bicchiere di rosso.

"Se non puoi rivelarmi dettagli importanti, non mi offendo. Capisco benissimo".

"Assolutamente, no. Domani tutto verrà pubblicato sulla Gazzetta ma posso anticiparti il succo del discorso. Penso di potermi fidare", aggiunse Filippo con sguardo sornione mentre assaggiava l'Inferno.

"Matteo Borsa ha confermato ciò che ho già scoperto attraverso un'altra fonte: Anna Reggiani frequentava festini a base di droga e sesso che si tengono in un luogo segreto che ancora non conosco. È coinvolta gente altolocata. Inoltre, Borsa ha dichiarato che Anna non amava quel che faceva, i festini intendo. A quanto pare era costretta ad andarci, chissà da chi. Cosa peraltro assai dubbia visto che l'autopsia ha evidenziato un rapporto sessuale consenziente e tracce di sperma nell'ano e nella vagina. Come ho detto, sembra che Anna fosse avvezza a una certa libertà sessuale".

Squillò il cellulare di Marco che rispose dopo aver ingurgitato a forza una forchettata di giallo alla monzese. La conversazione durò meno di un minuto.

"Era Barbara Longhi. È tornata. Mi ha confermato che domani rientrerà in servizio.

Grazie a Dio non sarò più solo nel regno del silenzio tombale".

Rise mentre addentava un'altra forchettata di risotto.

"Avrò certamente bisogno del suo aiuto e della sua esperienza per resistere a quella che ritengo una vera e propria aggressione professionale".

Filippo lo guardò sorpreso.

"Purtroppo, ho dei problemi con quelli del laboratorio di analisi della Scientifica, a Milano".

"Che genere di problemi?".

Marco posò la forchetta e fissò Filippo dritto negli occhi.

"Nella vagina e nell'ano di Anna Reggiani ho trovato tracce di sperma. Quelli della Scientifica hanno scoperto che appartengono a due individui diversi. Io mi sono limitato a fare il lavoro sporco, ovvero estrarre il materiale organico dal corpo della ragazza, analizzarlo e stabilire che si tratta di sperma".

"Quindi?".

"Quindi, quegli stronzi arroganti dicono che ho commesso qualche errore nell'estrazione e conservazione del materiale organico. Per loro è impossibile che ci siano due diverse tracce di sperma. Forse credono che mi sia messo a giocare al piccolo chimico, aggiungendo e togliendo sostanze qua e là".

"Ti hanno detto questo?".

"No, ma sono così stupidi che l'hanno sicuramente pensato. Sai qual è la verità? Che non sono riusciti a cavare nulla dall'analisi del Dna. Non hanno identificato nessuno e con tutte le pressioni che subiscono, posso anche capire che trovino legittimo sfogarsi sparando merda su qualcun altro. Per loro sarebbe tutto più semplice se invece di due campioni differenti di sperma si lavorasse su una sola traccia. Cinquanta per cento in meno di casini".

La cameriera ricomparse muovendosi tra i tavoli e spandendo dietro di sé un profumo indefinibile. Filippo si versò altro vino. Ne sentiva fortemente il bisogno. La cameriera li raggiunse e portò via i piatti fondi.

"Dunque, la tua ipotesi è che Anna sia stata assidua frequentatrice di ambienti dove gira droga e si fa del sesso selvaggio?".

"Sì, è la mia ipotesi", confermò deciso Filippo. "Il difficile è dimostrarlo".

"Ed è lì che vorresti andare a cercare l'assassino?".

"Non sono io che devo cercare l'assassino. Io faccio il giornalista, non il poliziotto".

Arrivarono i secondi. La cameriera posò i piatti sul tavolo e una leggera scia di profumo dolciastro misto a sudore accompagnò l'azione.

"Certo che un Filippo Corti commissario di Polizia potrei anche vedercelo", scherzò Marco.

Risero di cuore. Come vecchi amici. Filippo aveva voglia di carne. Il filetto al pepe verde scottava come lava vulcanica, ben cotto come piaceva a lui.

"A proposito di commissari... A che punto è Franco Crespi? Hai qualche notizia?".

"Niente di più di quello che ho scritto sulla Gazzetta. Sta lavorando sodo, anche se non mancano i fuori programma".

"Intendi dire la violenza sessuale di Usmate?".

"Proprio quella. Accidenti, non pensavo fossi così attento all'attualità".

"Sono sempre stato un avido lettore di giornali. Per fortuna la ragazza è riuscita a evitare l'aggressione".

"Già. È stata fortunata".

Improvvisamente, Marco si rabbuiò. Come una nuvola che compare inaspettata in un cielo azzurro e vuoto. Smise di armeggiare con coltello e forchetta e posò lo sguardo oltre il finestrone, in quel punto indefinito che solo la mente va a cercare quando ha voglia di perdersi in un'altra dimensione.

"C'è qualcosa che non va?"

"Stavo pensando alla ragazza di Usmate e alla povera Anna Reggiani. Chissà cos'avranno provato mentre quei maiali... Poverette.... La violenza in genere e quella sessuale in particolare sono crimini orribili. Fosse per me i violentatori li fucilerei all'istante. Nessuno ha il diritto di distruggere l'interiorità fisica e spirituale di una persona libera".

Filippo ripensò alla chiacchierata sulla pena di morte che aveva avuto con Lucia. In quell'occasione, avevano parlato anche del dolore della perdita, del ricordo perenne di una persona amata, di punizione per reati inconcepibili. Tutto era collegato, tutto percorreva i gangli che si estendono all'infinito tra la vita e la morte.

"Che mi dici della carne?, chiese Marco ancora una volta all'improvviso. Il suo viso era tornato a illuminarsi.

"È buona? Avevo ragione a proposito della cucina di questo postaccio?".

"La carne è ottima. Così come le patate".

Nel silenzio terminarono i secondi e svuotarono la bottiglia di Inferno. Poi, Marco venne distratto da due persone che erano appena entrate nel ristorante: un uomo in là con gli anni e una donna giovane e molto bella, sui vent'anni. I due si sorridevano e l'uomo aveva occhi solo per lei. Marco li osservò con insistenza, non distogliendo gli occhi neppure quando Filippo portò avanti la conversazione. La ragazza vestiva in modo vistosamente elegante: un tailleur color nocciola con una camicetta bianca dall'ampio colletto svolazzante. Alta e magra, sembrava un'indossatrice. O una prostituta d'alto borgo con cliente al seguito... Anche l'anziano era vestito in modo impeccabile, con completo giacca e cravatta dal taglio sartoriale.

"Li conosci?", chiese Filippo per ritrovare il contatto.

"Come?", gli domandò Marco cadendo dalle nuvole.

"I due che sono appena entrati. Li stai guardando da parecchio tempo".

Marco tornò a sorridere e tutto sembrò rientrare.

"L'uomo anziano... Sì. È venuto in obitorio ieri nel tardo pomeriggio per farmi una scenata. Si chiama Pietro Brambilla, è un imprenditore e il presidente della Monzatex. Mi ha buttato addosso la sua merda accusandomi di essere un incapace e di aver condotto male l'autopsia di Anna Reggiani. Prima di uscire mi ha minacciato di querelarmi se non avessi rifatto l'autopsia da capo. Ovviamente con il risultato che lui desidera. La ragazza invece non so chi sia".

"E tu che gli hai detto?".

"Che l'autopsia viene condotta scientificamente e i risultati non possono essere programmati a priori. Gli ho anche spiegato che queste cose si imparano alle elementari durante l'ora di scienze".

Filippo scoppiò a ridere complimentandosi con Marco per la geniale operazione di demolizione dell'arroganza ignorante del potere. Gesticolò come in preda all'alcol, una sensazione bellissima.

"Marco, quell'uomo è senza dubbio un amico di vecchia data di Domenico Reggiani. Ti assicuro che hanno molto in comune".

"Non è un buon segno. Chissà cosa avranno in mente".

"Reggiani ha sporto querela contro me e il giornale. Ci accusa di aver diffamato la figlia e la famiglia".

Marco allargò le braccia.

"Non ti preoccupare. Sono accuse prive di fondamento. Abbiamo cose più importante da fare e pensare noi due".

Marco fece l'occhiolino e Filippo capì immediatamente. Spinse in un angolo del cervello le brutte sensazioni che il ricordo della querela aveva generato.

"Ad esempio, perché non pensare alla bella ragazza che fa la badante geriatrica? Non mi dire che non ha attirato le attenzioni di un dongiovanni come te".

"Dongiovanni?".

"Beh, ti conosco da pochi giorni e ho già visto due diverse donne circolarti intorno".

Marco si lasciò andare a una breve risata compiaciuta.

"Ti ringrazio del tuo apprezzamento, Filippo. In realtà, non è così come sembra. Mi piacciono le donne, è vero, ho relazioni mordi e fuggi che si susseguono a un ritmo piacevolmente sostenuto, ma non è che tutte caschino ai miei piedi".

"Va bene. Non insisto perché vedo che, in fondo in fondo, quello che ti ho detto non ti dispiace. Del resto non dispiacerebbe neanche a me".

"Perché il condizionale?".

"Perché come ben sai io sono un tipo da relazione stabile. Che magari non dura in eterno ma non è certo mordi e fuggi".

"Guarda che in passato ho avuto anch'io le mie belle storie d'amore da fidanzato felice e innamorato. Mi sembra di avertelo già detto".

Filippo ordinò al volo due caffè a un cameriere sudaticcio che gli passò accanto sorreggendo una pila di piatti sporchi. I caffè arrivarono quasi subito, portati con solerzia da un altro cameriere sudato. Caldi, bollenti.

"Che ne dici di un'uscita a quattro?", propose Marco.

Filippo accettò con piacere mentre si alzavano per andare a pagare il conto. Che divisero a metà come due amici di lunga data. Aveva voglia di uscire, l'aria del ristorante era ormai troppo viziata.

"Lucia ne sarà entusiasta. È da un po' che non organizziamo serate di gruppo".

"Benissimo. Al momento non saprei quando, ma appena ho sotto mano l'agenda ti chiamo per metterci d'accordo".

"Scommetto che hai anche un'agenda con i nomi delle candidate".

"Naturalmente", rispose Marco divertito. "Pensavo di invitare Martina".

"Martina? Io mi ricordo di Sonia".

"No, Sonia no. In questo momento tra noi le cose non vanno troppo bene".

"E chi sarebbe Martina?"

"La cameriera del bar di Piazza Trento. Ricordi?".

Certo che si ricordava. In via Cortelonga era tutto un susseguirsi di riflessi brillanti. Il sole si era aperto un grande varco tra le nuvole e sprizzava raggi contro tutto e tutti. Insieme, Filippo e Marco camminarono con leggerezza verso Piazza Trento e Trieste. La giornata era ancora lunga.

Quarto giorno
Capitolo 17

La ragazza entrò passando dalla porta di ferro battuto e si immerse in un lago di luce rossa lugubre e pastosa. Un energumeno vestito di nero sostava immobile a guardia dell'ingresso a quello che a tutti gli effetti pareva l'antro di chissà quale inferno per il corpo e la mente. Una discoteca. Il buttafuori reggeva una cartellina con la lista degli accreditati. Era da poco passata la mezzanotte e l'uomo vestito in modo elegante si avvicinò alla porta esibendo un sorriso falso. Disse all'energumeno il suo nome, questi fece un rapido controllo e con un lievissimo cenno d'assenso aprì la porta con ferma gentilezza. Dentro l'aria puzzava di macchinari surriscaldati. Il corridoio stretto e lungo conduceva direttamente alla sala centrale della discoteca. Un disco di marmo fungeva da pedana, a quell'ora deserta. Solo pochi giovani se ne stavano in piedi o stravaccati su enormi poltrone nere che circondavano la pedana a trecentosessanta gradi. Il soffitto traboccava di luce stanca e ovattata, gettata qua e là senza un piano preciso da proiettori fissati a delle robuste traverse d'acciaio. L'uomo ordinò una birra e si sedette su una delle poltrone, isolato dagli altri ma con la visuale perfetta sulla persona che gli interessava, la giovane donna che era entrata pochi minuti prima di lui e per la quale aveva accettato di introdursi in quel locale che già odiava. La donna che avrebbe corteggiato, conquistato e ucciso.

La musica di sottofondo, un ambient lento e melenso, partoriva l'attesa, il finto silenzio prima della tempesta. Mezz'ora dopo il locale prese a riempirsi a una velocità sorprendente. Ingurgitò uomini e donne vestiti nei modi più vari, come un grasso commensale che si rimpinza di bocconcini con avidità animale. All'improvviso, la musica ambient venne interrotta e sostituita da una scarica di note psicotiche che diedero inizio alla festa vera e propria. L'uomo rimase seduto a fissare la ragazza che si era avvicinata alla pedana in compagnia di una coetanea e di un ragazzo dai capelli fosforescenti. I tre ballavano e ridevano, ridevano e ballavano, come stupide oche intorpidite e indifferenti alla sorte.

Trascorse poco più di un'ora prima che la giovane donna gettasse una prima fugace occhiata all'uomo seduto in poltrona che la fissava con sguardo penetrante. Era bello, non giovanissimo, straordinariamente adulto e maschio, elegante nel suo completo blu scuro e camicia color antracite. Muovendosi con falsa indifferenza tradì immediatamente l'intenzione di avvicinarsi. L'uomo sorrise nel vederla percorrere a piccoli passi lo spazio di pedana che li separava, fingendo di continuare a ballare e mostrandosi interessata unicamente a quell'insulso gioco di braccia e gambe scoordinate e totalmente asservite ai decibel impazziti. Quando scese dalla pedana, a pochi centimetri dall'uomo, era sudata e due pomi rossi le erano comparsi sul viso dai lineamenti aggraziati. I lunghi capelli neri le scendevano indisciplinati lungo le spalle. Era alta, bella, avvolta in un paio di leggings scuri che terminavano in un minigonna succinta. Sopra indossava una camicetta bianca aperta, da cui si intravedevano due seni prosperosi e invitanti. L'uomo ebbe un'erezione e quando si accorse di essere pronto, decise che il momento era arrivato. Si alzò e le fece una domanda. Iniziarono a parlare e a ridere. La ragazza ci stava. Lui la invitò a bere e l'accompagnò al bar dove ordinarono due cuba libre con poco ghiaccio. In mezzo al rumore e agli spintoni della massa, era difficile mantenere il controllo della situazione ma l'uomo era freddo e determinato. Non perdette mai di vista la giovane donna, la tenne avvinghiata a sé con le armi di una seduzione raffinata e sottile, cinica e crudele come quella di un serpente pronto a schizzare vorace sulla preda.

Alle tre uscirono all'aria aperta. La notte era gelida e umida. L'uomo respirò a pieni polmoni l'ossigeno fresco e si ricaricò di energia. Tutto stava andando secondo i piani ma c'era ancora molto lavoro da compiere. Si girò a guardare la puttana che si stringeva dentro una giacchetta leggera dal collo di pelo. Il Suv era parcheggiato a poche centinaia di metri, in un viottolo laterale dove regnava un silenzio irreale. La ragazza seguì l'uomo senza chiedersi se stesse facendo la cosa giusta. Non era la prima volta che rimediava una scopata da uno sconosciuto, ma ogni volta aveva il dubbio angosciante che lo sconosciuto di turno potesse farle del male. Durava poco quel dubbio, lo spazio di pochi secondi. Poi subentrava un piacevole stato di incoscienza, cui si abbandonava senza rimpianti. Era fatta così, con il rischio che le scorreva tra le vene come sangue malato iniettatole da un vampiro. E poi se l'era sempre cavata, tornando a casa contenta come una Pasqua per una chiavata rimediata a tempo di record. In cielo brillavano stelle di fredda luminosità lontana. La luna piena guardava la Terra con narcisistica rivalsa. Quello era il suo momento per dominare il cielo. Era il suo turno e intendeva giocarsi il tempo e lo spazio a disposizione come meglio credeva.

I due salirono a bordo del Suv lasciandosi avvolgere da un profumo che la giovane donna non seppe riconoscere. L'auto era pulita e tutto era al posto giusto. Buon segno. Si allontanarono dalla discoteca percorrendo strade grandi e piccole. L'uomo le raccontò qualcosa della sua vita e le chiese di parlare di sé. Le parole uscirono di bocca con magica semplicità, tutto era tranquillo e rilassato. La ragazza non si accorse di addormentarsi, raggomitolandosi come una gatta sul comodo sedile in pelle. L'uomo infilò le mani nella tasca della giacca e strinse con rassicurante benevolenza la boccetta di sonnifero in polvere. Era stato facile come quando aveva addormentato la prima puttana. La dose la stabiliva meccanicamente e quando, al bar della discoteca, aveva versato i grammi di polvere nel cuba libre sapeva esattamente che era la dose giusta. Avrebbe dormito per più di un'ora. Dopo aver parcheggiato in un luogo diverso, rientrò nella discoteca per crearsi l'alibi perfetto. L'energumeno lo salutò alzando la mano destra. Dentro la discoteca fece di tutto per farsi notare, assicurandosi che i due amici della ragazza lo vedessero tranquillo e solo. Uscì poco più di mezz'ora dopo.

Poi, il Suv si inoltrò nell'alta Brianza, attraversando paesi addormentati e raggelati. Quando giunsero al grande piazzale ricoperto di ghiaia, la ragazza face qualche movimento convulso. Era il segnale che mancava poco al risveglio. L'uomo scese dall'auto e si avvicinò al grande edificio che anneriva la visuale e copriva la luna con un mantello di nero assoluto. Aprì una piccola porta ricavata in fondo a destra lungo l'alta facciata di cemento e accese una luce che si proiettò debole all'esterno. Poi aprì una seconda porta. Tornato all'auto, prese in braccio la ragazza e la portò dentro. L'appartamento era illuminato a giorno e arredato con volontà spartana. Niente souvenir e nessuna concessione al frivolo, solo l'essenziale. Un piccolo soggiorno con cucina a vista, un bagno e una camera da letto con adiacente una porta chiusa che immetteva in un'altra stanza, misteriosa. Nessuna finestra, solo invisibili diffusori d'aria. La ragazza venne distesa sul letto matrimoniale a godersi gli ultimi minuti del suo ultimo sonno senza sogni. Quando si svegliò, l'uomo sedeva in vestaglia a bordo letto. Nelle mani reggeva due bicchieri riempiti di vino bianco e sorrideva come un demone tentatore. La ragazza sbadigliò e si guardò intorno stranita. Chiese dove fosse e l'uomo la rassicurò dicendole la verità: si era addormentata nel tragitto fino a casa sua e ora era distesa in un comodo letto matrimoniale. Non era quello che cercava? La ragazza sorrise e i dubbi scemarono via veloci come erano venuti. Non fece più domande. Neppure su quello strano appartamento senza finestre, ubicato chissà dove. Né su quella porta chiusa che proteggeva qualcosa che percepiva come pieno di angosciante mistero. La piacevole incoscienza prese di nuovo il sopravvento.

Bevvero e fecero l'amore senza delicatezza. L'uomo la penetrò con violenza e la ragazza emise gemiti di piacere che per la prima volta nella sua giovane vita seppe di poter condividere con il dolore acuto. Cazzo, che scopata! Domani l'avrebbe raccontato ad Ada e avrebbe fatto un figurone. Le fiondate anali le fecero ancora più male ma non le importava. Stava godendo e gli orgasmi si susseguirono a ritmo forsennato. Intanto lui parlava, sussurrandole alle orecchie parole sporche e rabbiose. Quando venne, fuori e lontano dal corpo della ragazza, l'uomo rilasciò un grido che giungeva da chissà quali profondità della sua anima sofferente. La ragazza lo guardò sorpresa, non riuscendo a capire perché si fosse staccato proprio sul più bello. Aveva il preservativo: che problemi c'erano?

Dopo, lui non disse più nulla. Il doloroso ricordo gli ottenebrò la vista e gli occhi si tinsero di nero. Rivide la donna in onore della quale si era trasformato in giustiziere, a terra, violata e annientata da demoni con sembianze umane. Ritornò in sé prima che la puttana se ne potesse accorgere. Si tolse il profilattico e lo gettò a terra. La ragazza, nuda e sudata, si distese sotto le lenzuola respirando affannosamente e lanciandosi in entusiastici commenti sulle prestazioni appena ricevute. Non c'era nulla da chiedere e nessuna spiegazione da dare. Stava per morire, la sgualdrina.... La giustizia avrebbe ancora una volta trionfato. L'uomo le propose del vino e la giovane donna accettò subito: non era più in grado di rifiutargli alcunché. L'uomo si rimise la vestaglia e si diresse in soggiorno. Quando tornò in camera da letto, reggeva due calici di rosso rubino. La ragazza bevve con avidità il fresco liquido e l'uomo l'accompagnò in quell'ultimo tratto di strada. Perse coscienza in meno di un minuto, liberandosi del bicchiere che cadde a terra e si frantumò.

L'uomo aprì la porta della stanza accanto, prese il corpo e lo distese su un tavolo di freddo metallo grigio. Il locale era surreale, simile a un ambulatorio medico, pieno di mobili di un bianco slavato, grandi lavandini e strumenti da chirurgo. Prima le iniettò nel braccio una dose letale di anfetamine e una di metadone, poi facendo pressione con un cilindro flessibile di gomma inserì due dosi di una sostanza viscosa nella vagina e nell'ano. Controllò il battito cardiaco della vittima. La morte bussò alla porta tre minuti dopo. Il doloroso ricordò tornò a far sentire la sua morsa. L'uomo si mise a piangere e cadde in ginocchio. Non c'era nulla che potesse fare per riportare le cose com'erano un tempo, non c'era nulla che potesse liberarlo dal dolore della perdita. Nutrendosi d'odio, si rialzò per completare la missione. Amputò entrambi le mani della ragazza, raccogliendone il sangue che sgorgava viscido e lento dagli arti mutilati. Fissò quel sangue pensando alla vita e alla morte, al destino spietato che ride sguaiato di fronte ai deboli e si inchina leccando la merda sotto le scarpe dei potenti. Un'ora dopo terminò l'opera di distruzione. L'ultima parte che rimaneva della notte avrebbe dissolto nel nulla quel sangue, recidendo per sempre il legame biologico che aveva con il corpo della puttana. La seconda della lista.

Quarto giorno
Capitolo 18

Alle nove arrivò come un fulmine a ciel sereno la telefonata di Franco Crespi. Era stato rinvenuto un secondo cadavere. Sotto le arcate del Ponte dei Leoni, in pieno centro storico. Una ragazza nuda, con le mani mozzate. Crespi ridacchiò con voluta isteria mentre descriveva a Filippo le facce di colleghi e superiori.
"È stato come veder crollare un grattacielo di banali illusioni, il loro ingenuo desiderio che il caso Reggiani fosse un episodio isolato frutto della mente malata di qualche pazzo maniaco che prima o poi sarebbe stato individuato e arrestato, ponendo fine alla storia e lasciando campo aperto solo al ricordo e alla memoria. Niente di tutto questo".
Filippo comprese la sua agitazione e assecondò lo sfogo.
"Forse hai ragione tu, Filippo. Inizio a sentire anch'io puzza di serial killer. È evidente che la seconda ragazza uccisa complica le cose, mischia le carte creando altra confusione, aumenta la tensione e il senso di impotenza".
Serial killer. Si stava rivelando la chiave per iniziare veramente a comprendere che cosa stesse succedendo.

A piedi Filippo percorse via Vittorio Emanuele II e raggiunse il Ponte dei Leoni, uno dei luoghi simboli di Monza, un passaggio sul fiume Lambro in corrispondenza del più vecchio Ponte d'Arena, di epoca romana. Lo si poteva vedere, quest'ultimo, riposare come una mummia di pietra, coperta da un vetro trasparente con tetto a forma di piramide allungata. Austeri e regali, i leoni in marmo di Carrara posizionati ai quattro angoli del ponte, continuavano con legittima indifferenza a fissare il loro orizzonte, incapaci di provare emozioni e compatire le umane tragiche sorti di una povera ragazza uccisa e mutilata. Sotto il ponte, su una striscia di terra non lambita dalle acque stanche e scure del Lambro, giaceva una sagoma indefinita coperta da una cerata grigia. Un collega collaboratore aveva preceduto Filippo per le foto di rito. Gli raccontò di averla vista nuda e di aver vomitato.
Il sole emanava una debole luce ingannatrice. In realtà, la città era immersa in una bolla di gelida aria viscosa che faceva respirare male e toglieva le briglie al cervello che sfuggiva al controllo, generando pensieri incoerenti prodotti da sinapsi ubriache. Filippo restò per qualche minuto immobile, lo sguardo fisso sulla faccia sgraziata della ragazza, l'unica parte del corpo che emergeva dalla cerata. Ben in evidenza, come in un primo piano cromatico, la folta chioma di capelli corvini si era espansa sotto forma di strisce sparse che leccavano perverse la terra indurita dal freddo. Sul ponte, i curiosi guardavano ma non vedevano, tenendosi a distanza come se sotto le arcate dominate dai leoni ci fosse una vittima della peste nera. Crespi invece camminava avanti e indietro elettrizzato, ogni tanto telefonava sbraitando ordini che in parte evaporavano verso il cielo lasciando brutti ricordi scolpiti nella mente degli incolpevoli uditori.

Appena vide Filippo, il commissario gli si avvicinò passando accanto a un gruppetto di persone tra cui si distinguevano il questore Matteo Liverani e il procuratore capo Carlo Cattaneo.

"Marta Brambilla, diciotto anni. È stata vista da un anziano mattiniero quasi per caso, nascosta com'è dal ponte. La ragazza assassinata è nuda e con entrambe le mani mozzate. Mani che nessuno ha ritrovato. In comune con Anna c'è quasi tutto: cambia la scenografia di contorno, ma il copione è lo stesso".

Crespi aveva il viso stanco, gli occhi attoniti che a tratti fissavano la sagoma di quell'incredibile nuova vittima. Due agenti dialogavano con l'anziano che aveva visto per primo il cadavere. Filippo immaginò lo stress dell'uomo, abituato a ben altri ritmi giornalieri. O forse, quello era dopotutto un utile diversivo a giornate dominate dalla noia. Qualcosa di cui parlare a lungo, ingannando la triste quotidianità e rubando la scena al tempo che si era fatto inesorabile.

"La ragazza è la nipote di Pietro Brambilla, notissimo industriale del tessile e presidente della Monzatex. Lo conosci?".

Filippo sgranò gli occhi.

"Di nome, certo. L'ho anche visto ieri al ristorante. Era in compagnia proprio della nipote. L'ho finalmente riconosciuta", precisò indicando con l'indice il punto in cui si trovava il cadavere. "Marco Aliprandi mi ha detto che Brambilla è stato da lui in obitorio e gli ha fatto una scenata".

"Una scenata? E per cosa?", chiese Crespi sorpreso.

"A proposito di come è stata condotta l'autopsia su Anna Reggiani".

"E cosa centra Pietro Brambilla con Anna Reggiani?"

"Sai come sono questi imprenditori potenti e baciati dal successo... Sentono sempre l'impellente necessità di darsi da fare per gli altri membri della loro società".

Crespi ridacchiò lasciando correre libera la battuta ironica di Filippo.

"Non è un fatto casuale, vero?", domandò poi il giornalista.

"Cosa?"

"Che la seconda vittima, come la prima, sia imparentata con un uomo importante, anche in questo caso un imprenditore".

Crespi gli puntò addosso un'occhiata che pareva un revolver.

"Intendi dire che il serial killer, o supporto tale, sta colpendo i rampolli delle famiglie della Monza bene?".

"Non pensare a cose strane, Franco. Non credo sia un nostalgico della lotta di classe. Penso unicamente che dietro questi omicidi ci sia qualcosa che va ben oltre le vittime. Sono tutte giovani donne ma non basta. Ci deve essere qualcosa di più. E quella dei loro parenti potrebbe essere una pista da approfondire".

I genitori di Marta Brambilla arrivarono a piedi scortati da un poliziotto che li proteggeva con benevola pazienza. Si stringevano braccia nelle braccia, la madre piangendo senza preoccuparsi di contenere il dolore, il marito con il viso pallido e scuro di chi ha incontrato la morte e si è dimenticato di offrirle da bere. Finalmente, Filippo vide dolore, dolore vero, genuino. Crespi corse loro incontro e li accompagnò con insolita delicatezza lungo il piccolo tratto sterrato che in ripida discesa permetteva, pur con estrema difficoltà, di avvicinarsi al cadavere. Come cazzo aveva fatto l'assassino a calarsi sotto il ponte e posizionarci sotto il cadavere? C'era una staccionata in ferro che chiudeva il passaggio tra l'argine e il fiume. Il Lambro tra l'altro era ingrossato per le continue piogge degli ultimi giorni, era alto il rischio che il corpo della ragazza potesse essere trascinato via dall'acqua puzzolente. Ma al maledetto era andata bene: la stretta striscia di terra su cui era stato adagiato il corpo della ragazza aveva retto all'avanzata della corrente.

L'ambulanza sostò con due ruote sul marciapiede proprio davanti la teca che proteggeva e isolava i resti del ponte romano. Due paramedici aspettarono il segnale per andare a prendere il cadavere e trasportalo all'obitorio. Non era ancora il momento, Marco Aliprandi non aveva ancora finito di fare il suo lavoro. Filippo lo osservò mentre armeggiava con gli strumenti del mestiere, estraendoli uno a uno dalla borsa. Indossava guanti bianchi e una mascherina. Chissà se la fredda scientificità dell'operato del patologo metteva a disagio i genitori di Marta Brambilla. Erano fermi a pochi centimetri dalla figlia, incapaci di fare o dire qualunque cosa. La madre continuava a piangere e lo strazio che fuoriusciva da quell'anima in pena bucò la cortina di silenzio in cui tutti si muovevano. Tutti tranne Crespi che, indifferente a quel pianto, aveva ripreso a camminare avanti e indietro sul ponte con il cellulare incollato all'orecchio. Ogni volta che chiudeva una conversazione, si avvicinava a Filippo.

"Mi colpisce il fatto che ci sia questa sorta di ritualità delle mani mozzate e del corpo nudo. Per il resto niente di particolare da segnalare: nessun segno evidente di violenza sul corpo, proprio come con Anna Reggiani. Il patologo stabilirà se ci sia stata o meno violenza sessuale o un rapporto sessuale consenziente come nell'altro caso".

Il patologo, certo. Appena terminò il suo lavoro, Marco Aliprandi risalì verso il ponte accorgendosi subito della presenza di Filippo. Meno di un minuto dopo, Crespi era di nuovo incollato al cellulare. Marco aveva il volto tirato e non era di buon umore.

"Posso parlarti? Possibilmente senza che Crespi ci ascolti".

"Certo".

Si allontanarono di qualche metro.

"Sono ufficialmente entrato nel registro degli indagati".

Filippo lo guardò incredulo.

"Ma che stai dicendo?".

"La ragazza, Marta Brambilla, ieri sera era al Palace, una discoteca in zona Stadio nuovo. Un posto normale, cui si accede però solo se il tuo nome è sulla lista".

"E tu che c'entri?".

"C'ero anch'io. Al Palace, ieri sera. Da solo".

"Cosa ti ha detto Crespi?".

Marco si guardò intorno e parlò solo dopo essersi assicurato che il commissario fosse sufficientemente lontano. Non così tanto però da non sentire a intervalli regolari le sue parolacce urlate al cellulare.

"Marta era in discoteca con l'amica del cuore e un ragazzo. Ada Consoli, l'amica, è stata messa sotto torchio in commissariato. Me lo ha detto Crespi. Dagli identikit ricavati dalle informazioni fornite dalla ragazza, emergerebbe tra gli altri il volto di uno che mi assomiglia. Quando dalle liste degli invitati la Polizia ha spulciato i nomi dei presenti alla serata e ha scoperto che c'ero anch'io, Crespi ha fatto due più due e appena sono arrivato ha iniziato a interrogarmi come se fossi io l'assassino di quella povera ragazza. È stato molto spiacevole e spero che l'autorevole commissario abbia il pudore di venirmi a chiedere scusa una volta che l'equivoco sarà chiarito".

"L'hai conosciuta?".

"Sì. Ricordo di aver scambiato con Marta solo qualche battuta. Mi conosci: mi piace corteggiare le donne. E Marta è, o meglio era, una bella donna. Ho già spiegato tutto a Crespi che però sembra non credere al mio racconto".

Filippo invece ci credeva. Non solo perché dava grande credito al beneficio del dubbio, ma soprattutto perché sentiva di potersi fidare dell'amico.

"La cosa più importante per te ora è stare calmo. Franco non è una persona che prende decisioni avventate".

Marco girò la testa e sghignazzò.

"Lo credi davvero?".

"Per come lo conosco, sì".

"Ho solo scambiato qualche battuta, Filippo, questione di pochi minuti, poi mi sono allontanato e non l'ho più vista. Ho anche provato a cercarla per tutta la discoteca ma la ragazza era sparita. È evidente che se ne è andata abbastanza presto".

Con la coda dell'occhio, Filippo vide il commissario avvicinarsi quasi correndo. Sorrideva e Filippo intuì che c'erano buone notizie in vista per Marco Aliprandi. Che invece sembrava non aver avuto la stessa intuizione e cercava di dileguarsi salutando l'amico in tutta fretta.

"Dottor Aliprandi, aspetti!".

Marco si fermò e fissò il commissario con due occhi infuocati.

"Ho ricevuto ora alcune informazioni che la riguardano. Se ha un minuto...".

Il medico allentò la morsa e annuì.

"Ad Ada Consoli, l'amica della vittima, è tornata improvvisamente la memoria. Ha appena confermato di aver parlato con Marta Brambilla pochi secondi prima che questa uscisse dal locale. Marta le avrebbe detto di aver conosciuto un uomo e di voler allontanarsi con lui. Ada non lo ha visto perché in quel momento Marta era sola".

"Non capisco dove vuole arrivare commissario".

"Dottore, Ada ha anche confermato di averla vista dopo che Marta era uscita dal locale. Questo dovrebbe escluderla da ulteriori indagini, per il momento. Non è quindi necessario che venga subito in commissariato come le avevo chiesto prima. Rimanga comunque a disposizione".

Marco sorrise con un velo di amarezza steso in faccia. Rimanere a disposizione. Nessuna ulteriore indagine, per il momento. Come stare tranquilli? Giusto per sgombrare il campo da ulteriori preoccupazioni, Filippo decise di intervenire. Aveva anche bisogno di ulteriori informazioni.

"E l'identikit?".

"L'identikit potrebbe indicarci l'uomo misterioso o qualsiasi altra persona, compreso il Dottor Aliprandi, che ha comunque confessato di aver parlato con Marta per qualche minuto".

"Fortunatamente parlare non è ancora un reato", disse il patologo con voluta ironia.

"Certamente. La ringrazio comunque dottor Aliprandi e spero vorrà continuare a collaborare con noi nel caso avessimo ancora bisogno di lei".

"Lo faccio già commissario. Sa dove trovarmi".

I due si strinsero la mano e Crespi si allontanò per raggiungere il gruppetto di agenti che circondava questore e procuratore capo. Filippo lo vide parlare con i due rappresentanti istituzionali.

"Grazie per il tuo appoggio, Filippo. Sei un amico. Per quanto riguarda i dettagli sul cadavere, ti aspetto in obitorio verso il tardo pomeriggio".

"Mi puoi dire già qualcosa?".

Marco agitò la mano destra a ventaglio indicando che per i dettagli completi il giornalista doveva aspettare la fine dell'autopsia.

"Ho notato la presenza di sostanze nella vagina e nell'ano della ragazza. Quasi certamente si tratta ancora una volta di sperma. Non posso dirti altro, a parte quello che è evidente a tutti quelli che hanno visto il cadavere. Come nel caso di Anna Reggiani le hanno amputato entrambe le mani e il lavoro è stato fatto sufficientemente bene".

"Sospetti di violenza sessuale?".

Marco trattenne un sospiro spazientito per l'insistenza di Filippo ma continuò a mostrarsi gentile.

"Me lo dirà l'autopsia. Lo sperma, se di sperma si tratta, è presente sia nella vagina che nell'ano. Come con Anna Reggiani".

Marco sorrise e se andò a piedi lungo via Vittorio Emanuele II. Aveva un passo leggero. Filippo pensò che se l'ipotesi dell'assassino seriale era quella giusta, avevano a che fare con un personaggio davvero singolare. Che forse non uccideva neanche per sesso, malgrado le evidenze.

"Ho già avvertito il professor Bruschi, lo psichiatra – lo interruppe Franco, che nel frattempo lo aveva di nuovo raggiunto emanando intorno a sé una scia di sudore acre – Spero che dal colloquio che ho fissato per questo pomeriggio possano emergere elementi utili alle indagini. Senza dubbio il fatto che l'assassino non abbia nessuna remora a uccidere con queste modalità non promette nulla di buono. Non ti nascondo che siamo abbastanza in difficoltà".

Filippo si tenne dentro l'egoistica considerazione che, almeno per quanto riguardava la ricerca di notizie, con il nuovo ritrovamento e la ormai più che plausibile pista del serial killer, al giornale avevano parecchio materiale con cui riempire le pagine di cronaca nera.

"Hai per caso parlato con qualche altro parente, oltre ai genitori?", chiese mentre osservava i due paramedici che sistemavano il cadavere dentro l'ambulanza.

"Non ancora. La mia squadra è già super impegnata nel torchiare gli amici della vittima e tutte le persone che ieri sera erano in discoteca. Ci manca solo il buttafuori. Non riusciamo a trovarlo".

L'ambulanza schizzò via a sirene spente, con a bordo un carico di morte, il cadavere di Marta Brambilla, e di dolore, quello dei genitori della ragazza che la stavano accompagnando in obitorio. Franco si accese una sigaretta.

"Ti lascio immaginare come sia diventata ancora più complicata la mia situazione. Marta Brambilla è nipote di uno degli industriali più importanti della Brianza. Mi hanno detto che il nonno è in terapia intensiva al San Gerardo. Saputo della morte dell'adorata nipote, che tra l'altro era beneficiaria testamentaria dell'azienda di famiglia, ha avuto un infarto, che a 70 anni non deve essere una cosa piacevole. Era molto affezionato a Marta, la considerava come una figlia anche per il fatto che ne aveva sempre desiderata una che facesse compagnia ai due figli maschi".

I genitori della ragazza erano meno noti: il padre Riccardo era il secondogenito di Pietro, la madre Rosaria, originaria di Reggio Calabria, era un ex dipendente dell'azienda di famiglia. I Brambilla possedevano un capannone nuovo di zecca a Monza, tra San Rocco e San Fruttuoso; prima erano dislocati a est della città, sullo stradone che portava a Concorezzo.

Prima di andarsene, Filippo chiese a Franco notizie fresche su Matteo Borsa. L'arresto doveva essere revocato? Crespi rispose vagamente di sì ma si vedeva che la cosa non gli andava giù.

"Sembra non sia lui l'assassino", mormorò a bassa voce lasciando in sospeso un purtroppo che non si poteva permettere di pronunciare. Neanche con l'amico giornalista.

L'ex fidanzato di Anna Reggiani gli stava sui coglioni, forse solo per una questione di pelle. Crespi era un uomo che non amava le frivolezze degli esseri umani spavaldi e strafottenti, preferendo avere a che fare con la schiettezza di uno stronzo che con il narcisismo imbecille di un adolescente viziato. Filippo non approfondì il discorso. Dopo aver salutato il commissario e averlo invitato per una camomilla rilassante nel primo pomeriggio, si incamminò verso la redazione, caricandosi al massimo per fare il punto sull'edizione dell'indomani della Gazzetta.

Quarto giorno
Capitolo 19

L'ex fidanzato di Anna Reggiani venne rilasciato pur rimanendo indagato. Il ritrovamento del cadavere di Marta Brambilla sotto il Ponte dei Leoni gli era stato cinicamente propizio per la scarcerazione ma non lo escludeva automaticamente da un eventuale coinvolgimento diretto o indiretto negli omicidi. Che ormai pochissimi tra gli inquirenti si azzardavano a considerare slegati uno dall'altro. Crespi fece il riassunto dei fatti mentre era seduto insieme a Filippo Corti attorno a uno dei tavolini all'aperto del bar ubicato nella piazzetta che sbucava da via Lambro, a poche decine di metri dal Ponte dei Leoni. Era stato il commissario a scegliere quel bar, quasi fosse attratto magneticamente dal luogo dove era stata trovata Marta Brambilla. Corti non aveva neanche fatto in tempo a raggiungere la redazione che Crespi lo aveva chiamato sul cellulare invitandolo ad anticipare la pausa caffè quotidiana.
"Ho bisogno di parlare con qualcuno di cui mi fido. Mi dispiace per il dottor Aliprandi. Immagino che siete amici. Averlo interrogato non depone umanamente a mio favore, lo so. Ma non sono uno stupido, Filippo. Nel mio lavoro non posso escludere a priori nulla che valga anche un briciolo d'attenzione. Sono contento però di averlo escluso dalle indagini".
"Per il momento", mormorò Filippo.
"Eh dai, suvvia... Sono le formalità e sai benissimo che in Italia la burocrazia non scherza". Attorno al Ponte non c'erano più né poliziotti né autorità, le persone che passeggiavano avanti e indietro erano atomi isolati che si muovevano all'interno di un organismo senza vita.
"Ricapitolando", proseguì Crespi più rilassato. "Le due ragazze sono state trovate entrambe nude e con le mani amputate. Nessun evidente segno esterno di violenza. Non ho ancora in mano i risultati dell'autopsia ma non dubito che dentro il corpo di Marta Brambilla ci sia non solo sperma ma anche la stessa merda trovata in quello di Anna Reggiani".
"Passerò più tardi all'obitorio, se ti interessa".
"Non ce ne bisogno, Aliprandi è tenuto a inviarmi i risultati non appena sono pronti. Mentre parlerà con te io probabilmente avrò già letto tutta quanta l'analisi autoptica".
"Quindi la tua ipotesi rimane quella che dietro i due omicidi ci sia la mano di due o più persone".
Il commissario annuì sorseggiando il caffè.
"Nell'elenco figura o non Matteo Borsa?".
"Lasciamo perdere va...", stoicizzò con falsa benevolenza Crespi. "Penso piuttosto a un gruppo di assassini seriali, che magari si danno il cambio... Prima colpisce uno, poi l'altro, oppure tutti insieme appassionatamente. A parte le battute... Quel che è certo è che si tratta di uno o più serial killer. Ormai non ci sono più dubbi, almeno quasi".

Filippo capì che il poliziotto stava pensando al modo più efficace di sintetizzare e fargli comprendere il suo ragionamento. Dal canto suo, Crespi era consapevole dello scetticismo di Filippo ed era evidente che per mettere insieme tasselli credibili doveva sforzarsi di tener conto anche di quello che di sensato andava dicendo il giornalista. Che propendeva per l'ipotesi del serial killer isolato. Un unicum criminologico. In ogni caso, le similitudini erano evidenti: le vittime erano due giovanissime ragazze poco più che adolescenti, i cadaveri erano stati trovati nudi, le mani mozzate. Poi c'erano i dettagli di contorno, solo all'apparenza insignificanti: i luoghi dei due ritrovamenti, in pieno centro storico e presso edifici o luoghi simbolo della città. Senza contare il fatto che le ragazze appartenevano a famiglie potenti e facoltose.

"Non ho alcuna certezza, Filippo. E probabilmente la mia ipotesi è destinata a finire nel cesso. Il fatto è che ho il fiato sul collo e tendo a ragionare velocemente e male. Magistrati, politici, giudici, tutti sembrano improvvisamente presi dal panico. Capisco che trovare due ragazze uccise in quel modo non sia cosa di tutti i giorni, ma quanta cazzo di gente muore ogni giorno? Me lo dici? A me sembra che tutto sto interessamento abbia un vizio di fondo e cioè che le due vittime siano imparentate con gente che conta. E che quindi abbiano diritto a un supplemento di indagini e legittimino la rottura di coglioni che sto subendo io".

"Spiegami su cosa si basa la tua ipotesi di più assassini? Sinceramente non riesco a considerarla credibile".

Crespi ordinò una birra chiamando il cameriere come se si trovasse in un bistrot parigino.

"Chi ha ucciso Marta Brambilla forse intendeva semplicemente emulare il collega che ha firmato il primo delitto. In fondo, basta leggere i giornali per apprendere tutti i particolari sulla tragica fine di Anna Reggiani".

Era un complimento al lavoro svolto dai giornalisti della Gazzetta? O una critica non troppo velata? La debole pista di Crespi sembrava finire nel vicolo cieco in fondo al quale si trovava Matteo Borsa. Il ragazzo firma il primo delitto, un pazzo lo imita e fa fuori Marta Brambilla. Matteo Borsa era stato però scarcerato nella convinzione che se anche avesse ucciso la fidanzata, non avrebbe potuto uccidere Marta Brambilla e dato che tra i due omicidi erano più gli elementi di collegamento che quelli di differenziazione, l'avvocato difensore l'aveva fatta facile nel sostenere la non pericolosità del suo assistito e la probabilità che non fosse stato lui neppure a uccidere l'ex fidanzata.

"Ho anche fortemente pensato a una sorta di impegnativo e ragionato lavoro di gruppo", continuò Crespi. "Due o tre pazzi che lavorano insieme per mettere a segno queste belle imprese e poi farsi una sega credendosi tanto bravi e imprendibili".

"Messa in questo modo, sembra solo uno stupido gioco...".

"No, parlo seriamente", si difese Crespi. "Anche se oggi non c'è da stupirsi più di niente".

"Se fosse plausibile l'ipotesi dell'emulazione, gli assassini delle due ragazze non potrebbero essere degli emeriti sconosciuti che solo il destino ha fatto incontrare sulla strada della morte?".

"Certo. Anche", rispose con sintesi estrema il commissario.

Il cameriere portò la birra e Filippo ne approfittò per ordinare acqua tonica con ghiaccio. Gli era venuta sete mentre tentava di dissociare la mente dalla realtà che lo circondava. I pensieri iniziarono a vagare liberi tra immagini bucoliche di prati verdi e cieli azzurri mentre davanti agli occhi scorreva inesorabile la scia di lutti e macabri eventi. Era il nero che dominava la città e scorreva via come il Lambro tra le vie e i vicoli del centro storico. Il cielo sereno e i raggi dell'astro non sembravano lambire la tetra superficie dove risuonava come lugubre musica una nenia di pazzia e disperazione. Filippo guardava tutto da un'altra dimensione, quella della ragione irrazionale che osserva attonita il propagarsi inesorabile del morbo della follia razionale.

"Senza contare che non abbiamo ancora trovato il buttafuori che ieri sera lavorava all'ingresso della discoteca. Sappiamo solo che si chiama Giacomo Raponi e che vive solo in un bilocale a San Biagio. Chissà dove cazzo è finito".

"Quando dici così significa che pensi al peggio".

"In realtà, non so proprio cosa pensare, Filippo. Se intendi dire che mi aspetto di trovarlo sgozzato da qualche parte, puoi giurarci che non ne sarei per niente sorpreso. In fondo, potrebbe essere stato un testimone assai scomodo. Stando alla porta deve aver visto per forza con chi Marta Brambilla è uscita dal locale".

Filippo si accese una sigaretta mentre con Crespi al fianco risaliva con lentezza esasperata via Vittorio Emanuele II. Dopo aver attraversato piazza Roma i due raggiunsero piazza Trento e Trieste. Una lunga fila di bancarelle costeggiava da un lato il gigantesco monumento ai caduti di tutte le guerre. La gente che si spingeva davanti ai banchi per vedere e toccare la merce esposta, era come un esercito di sonnambuli in movimento per inerzia. Era irrispettoso pensare che il serial killer potesse trovarsi tra loro? Uno, due, cento, mille assassini non faceva alcuna differenza quando il risultato era sempre e comunque di inaudita gravità. Tuttavia, Corti continuava a pensare che l'assassino fosse uno. Unico e originale. Isolato e apparentemente imprendibile. Un serial killer che si aggirava per la città a piede libero, pronto a sferrare un nuovo attacco, a uccidere giovani donne, a lasciare tracce complicate. Un serial killer molto intelligente, capace di premeditare le sue azioni con metodica determinazione, trascinato dall'ossessione psicotica di rituali dal simbolismo misterioso. Due mani mozzate e sperma e droga in corpo, la nudità svelata nella sua cruda corporeità di carni morte e senza più erotici richiami.

Qual era il fine di tutto questo? Quale disegno albergava nella mente di chi aveva pianificato quell'orrore? Il serial killer conosceva le sue vittime oppure erano state scelte a caso, nel mucchio assordante delle giovani generazioni? Anna Reggiani e Marta Brambilla avevano incontrato il loro destino al termine di una strada breve, durata il tempo di arrivare a vent'anni. La parola "destino" non aveva mai convinto del tutto Filippo. Rimandava a questioni metafisiche che da tempo aveva deciso di non affrontare, cullandosi nella quiete inoffensiva di un agnosticismo di filosofico lignaggio. Ma anche la parola "caso" non sembrava del tutto appropriata per concepire una seppur

minima e civile rassegnazione di fronte alla morte di due ragazze nel pieno della loro giovinezza.
Chi aveva voluto umiliarle mozzandogli le mani, le aveva anche sacralizzate all'interno di un universo inverso, dominato dall'istintualità distruttrice, consegnandole a una perenne memoria di sangue. Era stata la morte a regalare loro il sogno illusorio della longevità che la vita gli aveva crudelmente negato. Un paradosso che non lasciava scampo anche al più ortodosso dei credenti o al più ferreo degli scettici.

Il giornalista fumò la seconda sigaretta sostando sotto i portici che cingevano il palazzone. Anche il commissario fumava concentrato la sua Camel puzzolente. Vicino, le voci dei bambini che giocavano rincorrendo una palla erano richiami a una purezza che pareva perduta per sempre. Erano le uniche, concrete e benedette tracce di un mondo positivo che urlava la forza della Vita, sempre e comunque. Corti sorrise internamente ascoltando quelle voci che emanavano gioia e, spenta l'ennesima Philip Morris della giornata ancora lunga, si accinse a salire in redazione. Salutò il commissario e nel darsi la mano i due si raccomandarono a vicenda di preservare la reciproca fiducia. Ciascuno percorreva la sua strada ma l'amicizia che ormai li legava sembrava testardamente prescindere da ogni possibile divergenza. Vedendolo andar via, Filippo constatò di essere fortunato a non invidiare il commissario. Il lavoro del poliziotto non era per niente facile e le sigarette di sicuro non bastavano a calmare del tutto i nervi.
Entrò nel palazzone e salì in ascensore, rimpiangendo di aver bevuto solo un'innocente acqua tonica. Avrebbe potuto ingurgitare qualcosa di più inebriante, una fiammata liquida di energia utile per sgombrare la mente da inutili zavorre. C'era molto lavoro da fare per l'edizione del giorno dopo della Gazzetta. La prima pagina era ancora tutta loro e Filippo era certo che lo sarebbero state anche le successive quattro o cinque del quotidiano. Più tardi c'era in programma la consueta visita al dipartimento di anatomopatologia, per osservare da vicino il corpo esanime di Marta Brambilla. A quel punto non sarebbe servito ragionare di "destino" o di "caso". Solo la realtà avrebbe occupato la scena della percezione. Nel tempo di un istante, Filippo si percepì incapace di affrontare il serial killer. Non era ancora pronto. Non aveva armi con sé, solo un taccuino e un computer. Quando uscì dall'ascensore, il giornalista seppe immediatamente cosa avrebbe fatto appena messo piede in redazione: cercare e trovare nome e numero di telefono di un bravo psichiatra. Era a lui che si doveva rivolgere per affrontare il mondo alla rovescia senza rimanervi intrappolato.

Quarto giorno
Capitolo 20

Matteo Borsa respirò aria fresca compiacendosi di essere vivo e libero. All'inizio non ci aveva creduto. Il poliziotto venuto a tirarlo fuori dalla cella del carcere di via Sanquirico sorrideva come un ebete. Sembrava uno scherzo di qualche stronzo che voleva divertirsi alle sue spalle. Poi, quando si completò il passaggio burocratico dalla condizione di detenuto a quello di cittadino libero, anche se ancora ufficialmente indagato, il giovane sbuffò aria cercando di non dare nell'occhio. Cercò di mostrarsi duro e inflessibile, tranquillo e sicuro di sé, senza tradire una qualsiasi debolezza caratteriale o comportamentale. Adesso che era seduto al volante della Porsche Panamera, la piacevole sensazione di aver ripreso in mano la propria vita lo caricò di energia e potenza. Aveva confessato per convenienza. O tatticismo, dando pieno credito all'opinione elevata che aveva di sé e delle sue abilità di stratega. Aveva rischiato e gli era andata bene. Nonostante il carcere. Quando la situazione stava diventando insostenibile, con gli interrogatori degli sbirri sempre più serrati e la strategia del sospetto che ormai lambiva territori che in nessun modo dovevano essere scoperti, aveva deciso di tagliare la testa al toro e sviare l'assillante martellamento della Polizia. Aveva confessato il falso ed era finito dentro. Stop agli interrogatori. In attesa che qualcosa accadesse, confidando persino nell'assassino di Anna Reggiani. Se fosse tornato a colpire, aveva pensato, lui sarebbe stato scarcerato e i riflettori si sarebbero spenti. E così era successo. Con grande soddisfazione del suo insaziabile ego.

Parcheggiò nel cortile antistante la palestra, stando ben attento ad attirare gli sguardi delle ragazze ferme a chiacchierare. Varcata la soglia, si accorse immediatamente della presenza di Fulvio Becci, impegnato con i pesi. Matteo si avvicinò all'amico richiamando la sua attenzione. Becci lo guardò sorpreso. Non era contento di rivederlo? I due si salutarono con formalismo esasperato che colpì immediatamente Borsa. Era successo qualcosa, ne era certo. Possibile che nei tre giorni in cui era sparito dalla circolazione, fosse accaduto qualcosa di grave?
"Quando ti hanno rilasciato?", chiese Fulvio riprendendo l'esercizio.
Nel tono della sua voce c'era commiserazione mista a rabbia contenuta. Matteo sbottò.
"Mi spieghi che cazzo significa questo atteggiamento?".
Becci si fermò allungando le braccia verso il basso. Non aveva voglia di parlare e la musica assordante che gli altoparlanti sputavano fuori non agevolava certo il dialogo.
"Che vuoi dire?".
Matteo sbuffò spostando la testa di lato.
"Sono stato in prigione, ok? Sono appena uscito, vengo qui e neanche un po' di solidarietà. Siamo o non siamo amici?".
Becci sorrise assecondando la sfuriata.

"Hai ragione, ma...".

"Ma che cosa?".

Fulvio si avvicinò all'amico e parlò in un sussurro.

"Il tuo arresto... È stato...come dire... Devi pensare ai rischi che stiamo correndo. La Polizia ci è alle costole, molti di noi sono già stati torchiati a dovere e la prossima volta potrebbe essere quella buona in cui viene ficcato il naso dove non si dovrebbe".

Matteo fissò negli occhi l'amico annuendo in modo impercettibile. Malgrado la rabbia lo stesse facendo impazzire, doveva per forza di cose mantenere il controllo. Era o non era lui il capo? Becci in fondo aveva ragione: il suo arresto aveva rotto il meraviglioso equilibrio che reggeva il gruppo di spacciatori che da due anni faceva profitti a più zeri sulla piazza di Monza e Brianza. Ma lui aveva previsto tutto e tutto era sotto controllo.

"Non succederà niente di preoccupante", disse in tono rassicurante, cercando di capire fino a dove si era spinto l'amico nell'alimentare la paranoia collettiva.

"Sono stato scarcerato".

Fulvio Becci emise un grugnito.

"Non sei però fuori del tutto dalle indagini".

Matteo provò il forte impulso di prenderlo a pugni. Non sopportava quel fare baldanzoso e arrogante in uno che era sempre stato un servile gregario sempre pronto a eseguire gli ordini del capo, specialmente quelli stupidi e dettati dai capricci del momento.

"Non essere così formale, Becci".

Il suo sguardo era adesso una smorfia di disprezzo.

"Dì agli altri che è tutto sotto controllo. Tranquillizza i fornitori e ricorda a tutti che quello che ha investito più soldi in questo affare sono io. Quindi, niente scherzi, altrimenti finite nella merda quanto me".

Fulvio deglutì annuendo.

"Ho bisogno di un po' di roba, giusto per riprendere confidenza con l'andazzo".

Becci annuì e invitò l'amico a seguirlo fin dentro lo spogliatoio maschile. Non c'era nessuno. Il ragazzo trafficò con la borsa e tirò fuori una piccola busta di plastica marrone ben sigillata. Nel prenderla in mano, Matteo Borsa sorrise compiaciuto, constatandone la consistenza.

"Cerca di rigare dritto, Becci. Io un paracadute ce l'ho mentre tu vivi grazie alla mia generosità. Ricordatelo quando la prossima volta avrai la tentazione di interpretare il ruolo di quello che decide".

Fulvio non disse nulla, limitandosi a rimanere dritto e impalato come uno stoccafisso.

"Questa cosa non mi è piaciuta e non sono disposto a lasciar correre. Ti credevo un amico, Becci. Avevo fatto affidamento su di te, sono venuto qui per trovare te. E invece mi sento trattare come un pezzente alle prime armi. Stammi bene".

Matteo uscì dallo spogliatoio camminando a passo lento, marcando il territorio con la sua presenza fisica, assecondando il piacere che gli derivava dall'avere di nuovo tutto sotto controllo e soprattutto con la consapevolezza di aver seminato paura nella mente di quello che continuava a considerare un sottoposto di cui abusare a piacimento.

Alle tredici in punto Franco Crespi entrò nella sede della Procura. Era tranquillo, sapeva che il procuratore capo Carlo Cattaneo era dalla sua parte. Il brevissimo colloquio, a meno di imprevedibili sorprese dell'ultimo momento, si sarebbe risolto in una pacifica attività di routine con un ordinario scambio di informazioni. Cattaneo lo aspettava nel suo ufficio. Entrando, il commissario annusò l'odore acre di una pianta che troneggiava alta e austera a ridosso della finestra. Seduto dietro la voluminosa scrivania, il procuratore capo gli sorrise e lo invitò a sedersi. Chiuse la cartelletta che aveva aperto e la posò in cima a una pila di documenti.
"Grazie della puntualità, Crespi. Veniamo subito al dunque".
Il commissario accavallò le gambe sentendo tirare il leggero tessuto dei pantaloni. Non c'era nervosismo nell'aria, solo tensione dovuta al momento che tutti stavano vivendo.
"Attualmente", esordì Crespi con piglio deciso, "stiamo seguendo la pista di uno o più assassini seriali, anche se, lo ammetto, l'ipotesi dell'omicida isolato non è campata in aria. Ho infatti forti dubbi a proposito del secondo assassinio, quello di Marta Brambilla. Non è facile ricondurlo a un'azione emulativa: troppi i dettagli specifici che rimandano al primo omicidio, quello di Anna Reggiani. Proprio le caratteristiche che accomunano le due vittime e l'evidente ripetitività delle violenze impartite alle ragazze mi fa propendere per un unico assassino, intelligente e determinato a portare avanti il suo folle disegno".

Carlo Cattaneo seguiva il discorso con attenzione, riservandosi il momento più opportuno per fare domande.
"In secondo luogo", proseguì Crespi, "non credo che Matteo Borsa sia direttamente coinvolto negli omicidi. Il secondo cadavere lo scagiona e in ogni caso ritengo che battere su quella pista non ci porterebbe da nessuna parte, a meno che non si vogliano approfondire alcuni dettagli di contorno della vita privata di Anna Reggiani. In ogni caso, abbiamo dovuto rilasciarlo".
L'aveva detto tradendo un certo rammarico: in cuor suo, Crespi credeva che il ragazzo non fosse del tutto estraneo all'omicidio di Anna Reggiani. Anche se non lo considerava capace di un ruolo di primo piano. Se Filippo aveva ragione, se dietro gli omicidi si nascondeva una mente lucida e capace, non era certo quella di Matteo Borsa. Tuttavia, faticava ad accettare l'idea di lasciar perdere il rampollo di buona famiglia. Lo stava trattenendo fisicamente anche se solo dal punto di vista virtuale. La realpolitik delle indagini e l'arte diplomatica di barcamenarsi con furbizia all'interno dei meccanismi del potere istituzionale, lo avevano costretto a mollare il colpo.
"A quali conclusioni certe siete arrivati?", chiese Cattaneo approfittando del prolungato silenzio.
"In realtà ancora a nulla signor procuratore".
Il magistrato sbatté le palpebre sorpreso.
"Ci sono ancora troppi elementi per poter selezionare una credibile pista da seguire", precisò sollecito il commissario. "Ma non dubiti: le prossime ore saranno decisive per fare un concreto passo avanti".

110

Cattaneo si alzò voltando le spalle e fissando un punto impreciso fuori dalla grande finestra che arrivava a lambire l'alto soffitto.
"Non possiamo permetterci errori, Franco".
Il tono confidenziale fu accolto con sollievo da Crespi.
"Lo so".
"Mi hai parlato di fantomatici festini...".
Il commissario sorrise annuendo non visto.
"Spero che il tuo informatore sia affidabile".
"Più che affidabile, Carlo. Te lo assicuro. A breve dovrebbe fornirmi le indicazioni sul luogo dove si svolgerebbero questi incontri di sesso e droga".
"Non siamo in grado di arrivarci da soli?", domandò stizzito il procuratore capo, tornando a sedersi.
"Ci sto provando".
Cattaneo si accese una sigaretta e invitò Crespi a fare altrettanto. Era proibito fumare nei luoghi pubblici chiusi ma il magistrato aveva sempre trasgredito la legge quando era da solo o si trovava in compagnia di altri fumatori.
"Non credo che Domenico Reggiani si fermerà alla querela contro la Gazzetta e il giornalista Filippo Corti. Non sono preoccupato, ben inteso. Credo però che l'imprenditore debba essere costantemente controllato".
Crespi rifletté su cosa potesse significare quella richiesta. Era d'accordo ma non afferrava quale dovesse essere il suo ruolo.
"Cosa intendi per controllato?".
"Tu e i tuoi uomini avete già iniziato a interrogare i familiari delle vittime. E avete interrogato Reggiani almeno una volta. Voglio che nella massima riservatezza indaghiate di più su di lui, il suo passato, la sua attività attuale. In un caso di omicidio i familiari sono i tra i primi indiziati, quindi non ci sarebbe nulla di strano. Qui però serve un surplus di indagini. Non lo dico perché quell'uomo mi sta oggettivamente antipatico: le due vittime appartenevano a famiglie in vista, è evidente che c'è un legame con l'attività dei membri di queste famiglie, politica o economica che sia. Quello che voglio scoprire è se ci sono elementi che leghino gli omicidi a qualche attività poco chiara o poco conosciuta".
"Le due facce della stessa medaglia", argomentò Crespi scuotendo la cenere dentro un enorme posacenere di vetro.
"Esattamente. Indagini a tutto tondo, non solo su Reggiani ma soprattutto su di lui".
"Massima riservatezza".
"Sì. Non posso permettermi di affossare il tuo e il mio lavoro perché qualche notabile si mette di traverso impedendo il naturale svolgimento delle indagini".
Spensero la sigaretta nello stesso momento.
"Il mio informatore", precisò Crespi infilandosi il cappotto, "vorrebbe entrare nel luogo dove si tengono i festini".
"Potrebbe essere un reato", spiegò Cattaneo aprendo di nuovo la cartelletta.
"Gliel'ho detto ma non c'è niente da fare. Insiste".

Il procuratore capo sorrise sornione.
"Se è a fin di bene, potremmo anche concedergli un attenuante".
Crespi capì al volo dove il magistrato voleva arrivare. Sorrise di rimando avviandosi alla porta. In strada, un rumore assordante di clacson inferociti attirò immediatamente l'attenzione del poliziotto. Un ciclista era a terra, sdraiato accanto a una bicicletta con il cerchione anteriore piegato. Un brivido corse lungo la schiena di Crespi mentre da lontano percepiva il dolore dell'uomo ferito e la rabbia degli automobilisti frettolosi. Corse verso il punto dell'incidente con il cellulare appoggiato all'orecchio.

Quarto giorno
Capitolo 21

Giunto in redazione, Filippo fu immediatamente colpito dalle facce indagatrici dei colleghi. Quel genere di facce che non sopportava, quelle di chi giudica, il più delle volte senza conoscere nulla di cui ciancia, di chi ti guarda per compatirti. Si sentiva però intoccabile, il lavoro che stava svolgendo era ottimo e il suo narcisismo era alle stelle. I dubbi c'erano, ridotti però a minoranza cerebrale. Fregandosene e con il mento all'insù si diresse con passo volutamente deciso e strafottente verso la sua scrivania. Era invidia quella che percepiva nell'aria? Tra le facce c'erano anche quelle di Rodolfo Sala e Simona Vaccari, di cui si fidava ma che quel giorno preferì guardare in modo distaccato, dall'esterno, come un extraterrestre che si gode in orbita la pochezza dell'umanità ridotta a un formicaio puzzolente. Con finto pudore i due lo invitarono con occhi lacrimosi a raggiungerli in fretta. All'angolo della zona cronaca nera era seduto Giacomo Mariani, un collaboratore che sì e no capitava in redazione non più di cinque volte all'anno. Che fosse davvero successo qualcosa di eclatante e, stupido che era, non se ne era ancora accorto? Non fece in tempo a formulare una vaga ipotesi ragionevole che Simona aprì bocca. Era agitata e confusa e Filippo non capì per quale motivo.
"È passato Domenico Reggiani. Ha parlato con Licastro. È appena uscito, l'hai visto?".
Corti cadde dal pero. La querela! Se n'era quasi dimenticato. Legittimamente, visti gli ultimi accadimenti. La prima cosa che pensò e che avrebbe voluto esprimere a voce alta era che non gliene fregava niente. Non era vero, però. Assumendo un atteggiamento più pragmatico, caricò di preoccupazione la sua espressione di sorpresa. La iena non andava sottovalutata. Senza dire una parola, raggiunse l'ingresso e uscì dall'ufficio chiudendosi la porta alle spalle. L'ascensore era ancora al piano, lo prese al volo per scendere fino a terra nel tentativo di raggiungere il padre di Anna Reggiani. Che era di certo sceso a piedi, altrimenti lo avrebbe incrociato.

In piazza Trento e Trieste gli riuscì difficile scorgere l'uomo che stava inseguendo. Si mosse senza una direzione precisa, girando la testa a destra e a sinistra nel tentativo di scorgere una faccia cattiva che aveva già conosciuto e che suo malgrado era stato costretto a memorizzare. Per cinque minuti vagò nel vuoto. Quando stava per rinunciare alla possibilità di incontrare il suo accusatore, si accorse che Reggiani era nel vicolo che collegava la piazza con via Italia. Camminava con passo nervoso, tradendo la parte più evidente della sua indole aggressiva: la voglia di mordere. Filippo confessò a se stesso di avere un certo timore. Non tanto per la querela, che confidava non avrebbe prodotto alcun effetto significativo contro la sua persona e il giornale, quanto di Reggiani fisicamente. Aveva paura che quell'uomo gli mettesse le mani addosso. Sarebbe stato capacissimo, con tutto il fuoco che gli frullava il cervello e l'adrenalina che gli circolava nelle vene come veleno. Lasciandosi andare con indifferenza calcolata, Filippo si avvicinò a Reggiani metro dopo metro e quando gli fu accanto lo chiamò per nome. L'imprenditore si voltò, sorpreso. Passarono cinque secondi senza che l'uomo sapesse cosa fare o cosa dire. Quando finalmente parlò, aveva ripreso pieno controllo di sé.

"Corti. Non posso dire di avere il piacere di incontrarla".

"Vorrei sapere perché è venuto in redazione".

"Sono stato al giornale sì, ho lasciato un messaggio per lei e ho parlato con il direttore. Avrei voluto incontrare anche l'editore ma non l'ho visto. Contatterò il dottor Magri il più presto possibile. Ho parlato anche con una sua collega, Simona Vaccari, una giornalista in gamba, che sa fare il suo dovere. Non le ha detto niente?".

Filippo decise che la strategia migliore fosse mentire. Le bugie a volte danno sicurezza perché giocare con la falsità libera la mente dalle congetture.

"Ah era per questo dunque. Non si preoccupi, mi hanno riferito tutto".

Reggiani sembrò credergli e mostrò una sincera sorpresa. Forse si aspettava che Filippo lo implorasse di ritirare la querela. Niente di più lontano dalle reali intenzioni del giornalista.

"Non faccia lo spavaldo con me, Corti. Ho spiegato al dottor Licastro che intendo mantenere la querela e andare fino in fondo, con lei e con quella specie di giornale per cui lavora".

Filippo immaginò che Licastro gli avesse tenuto testa ma non sapeva niente di quello che si erano detti. L'incertezza è il più delle volte dannosa.

"Il direttore mi ha riferito tutto", mentì di nuovo Filippo.

"E non è preoccupato?".

"Perché dovrei?".

"Ho parlato chiaro al direttore: non tollererò da qui in avanti una qualsiasi altra intromissione nella sfera privata e pubblica mia e della mia famiglia. Licastro mi ha assicurato che presterà la massima attenzione a ciò che verrà pubblicato. Non le basta come avvertimento?".

Reggiani non sparava balle, non avrebbe avuto alcun vantaggio. Ma Filippo sapeva con certezza assoluta che quello che l'imprenditore aveva appena detto voleva dire tutto e niente. Parole a vuoto. Licastro era abbastanza intelligente e si muoveva bene come diplomatico. In pratica, non sarebbe cambiato nulla. Filippo avrebbe continuato a scrivere ciò che era giusto scrivere.

"Signor Reggiani, vorrei invitarla a prendere in considerazione l'idea di abbassare i toni di un'inutile polemica".

A sentirlo parlare così, gli occhi dell'altro lanciarono invisibili fiamme di odio puro. Reggiani fissò Filippo come se volesse bruciarlo lì sulla piazza, in una pira innalzata in onore dell'ordine sociale. Quando riprese a parlare, un sorriso da incantatore di folle ingenue gli si era disegnato sulle labbra allungate.

"Posso tranquillamente ripeterglielo, Corti. La querela contro di lei e il giornale sta facendo il suo corso, non ho nessuna intenzione di ritirarla. Anzi, l'ho estesa anche alla persona del direttore e dell'editore Magri, nella speranza che la cosa si ritorca contro di lei danneggiandola professionalmente e personalmente".

Una piccola striscia di bava gli scendeva lungo il mento. Inquietante. Sembrava di avere davanti un sacerdote voodoo intento a lanciare una fattura.

"Inoltre, ho convinto Cesare Borsa a fare altrettanto. Ora le querele sono due, Corti. È inaudito come avete trattato suo figlio Matteo!".

"Signor Reggiani, non siamo stati noi giornalisti a trattenere Matteo Borsa per tre giorni. Se deve protestare con qualcuno, il padre dovrebbe rivolgersi alla magistratura. È lì che hanno deciso per l'arresto del ragazzo. E comunque, Matteo adesso è libero".

Reggiani annuì guardandolo ancora con occhi di sfida.

"Ma è ancora indagato!".

"Certo. È la prassi, che tra l'altro non abbiamo deciso noi giornalisti".

Reggiani rise. Una risata strana, soffocata, come quella di chi ha la presunzione di essere nel giusto e di poter schiacciare chiunque ritenga non degno della sua considerazione.

"Intanto voi giornalisti lo avete sbattuto in prima pagina, dipingendolo come un mostro, senza alcun rispetto, proprio come avete fatto con la mia povera Anna".

Filippo non si fidava. Non c'era alcuna emozione paterna in quelle parole, nessuna commozione dettata dalla legittima protesta di un padre addolorato che cerca di trovare una giustificazione all'immane angoscia di aver perso la figlia cercando colpevoli dove non ce ne sono. C'era solo rabbia e odio. Ed egoismo sfrontato.

"Noi facciamo il nostro lavoro, Reggiani. Né più né meno. E non serve scomodare il mio direttore, l'editore o qualche mio collega, che tra l'altro non ha alcuna responsabilità su ciò che viene firmato dal sottoscritto".

L'uomo non mollò. Era un osso duro e non per etica personale.

"Stia pur certo che andrò fino in fondo. La rovinerò, Corti. Non creda che non sia capace di farlo".

Filippo non riuscì a provare una sana e consistente paura, a tutto tondo. Era anzi contento, visto che sapeva di poter contare su direttore ed editore, che alla prima notizia della querela gli avevano dimostrato tutto il loro appoggio, assicurandogli il sostegno dell'avvocato del giornale e la copertura economica della difesa. Ora li sentiva più vicini, compagni querelati di sventura con i quali dividere e condividere il peso di una minaccia. Mal comune, mezzo gaudio.

"Arrivederci, Reggiani. Le auguro buona giornata".

Filippo si voltò spavaldamente e si allontanò. Non sentì più la voce dell'imprenditore ma immaginò che lo stesse guardando mentre se ne andava. Non si lasciò intimidire. Se ancora c'era da combattere per la libertà di stampa, occorreva non abbassare la guardia e fare il proprio dovere. Con l'adrenalina che gli scorreva nelle vene come balsamo rigenerante, il giornalista riprese a braccetto la realtà. Afferrò il cellulare e chiamò la redazione.

"Direttore? Sono Corti".

"Filippo, mi hanno detto che sei uscito da qui come un matto. Che ti è successo?".

Licastro aveva il tono di sempre. Rassicurante e deciso.

"Ho cercato Reggiani e gli ho chiesto di ritirare la querela".

Lo sentì ridere di gusto.

"Non ce n'era bisogno. Ho già spiegato io a Domenico Reggiani che la Gazzetta non è una rivista di gossip per casalinghe annoiate ma un giornale serio. Della sua querela non mi importa nulla, tanto vinceremo. Non devi preoccuparti, Filippo. Tu e il tuo staff state facendo un ottimo lavoro e se posso metterla sul pragmatico, le vendite vanno così bene che non ho tempo di pensare agli sproloqui di quell'uomo".

Filippo non aveva mai avuto seri dubbi a proposito dello stile comportamentale di Licastro, ma sentirsi rassicurato fu una bella sensazione.

"Reggiani mi ha detto che tu gli avresti promesso maggiore attenzione sul pubblicato".

Altra risata.

"E che potevo dirgli? L'ho fatto per togliermelo dai piedi, sapendo che in ogni caso non avrebbe ritirato la querela. Quell'uomo sprizza odio e rabbia da tutti i pori. La morte della figlia è un pretesto per andare in giro a fare il cane rabbioso".

Filippo concordò con l'analisi.

"Mi ha anche detto di aver esteso la querela a te e a Magri e di aver coinvolto nella sua tremenda vendetta anche Cesare Borsa, il padre di Matteo, l'ex fidanzato della figlia".

"Ne sono al corrente. Magri e io concordiamo su tutto. Quindi andiamo avanti. In quanto a Cesare Borsa, mi dispiace che dia credito a Reggiani. Ma dopotutto sono affari suoi".

"Va bene. Ti ringrazio. Per tutto".

"Non sali?".

"Non subito. Do alcune dritte a Simona e Rodolfo e poi vado all'obitorio".

"A proposito di Simona. Reggiani è andato da lei e ha cercato di tirarla dalla sua parte sparlando di te e del tuo lavoro. C'erano anche Rodolfo e Mariani, che hanno preferito non dire nulla. Prova a parlarle. Mi è sembrata un po' angosciata quando mi ha raccontato quello che le è successo".

"Lo faccio subito".

Il centralino gli passò Simona. La collega rispose con un tono di voce che era un sussurro allarmato.

"Simona? Sono Filippo".

"Dimmi".

"Ho saputo che Reggiani ti ha parlato. Volevo solo dirti che non devi assolutamente preoccuparti e che io ho piena fiducia in te".

La giovane iniziò a singhiozzare cercando di soffocare le lacrime.

"Grazie, lo so. È stato così difficile. Reggiani continuava a parlare della sua povera figlia, di come tu l'avevi descritta... 'Una puttana drogata', così ha detto... Io non sapevo più cosa pensare. Temevo di credergli, avevo paura di rovinare il rapporto con te, di perdere il lavoro...".

"Non ci pensare più. È tutto sistemato. Il giornale è unito contro la querela di Reggiani e Licastro mi ha dato piena fiducia e ha apprezzato ancora una volta il lavoro che stiamo facendo. Siamo una squadra, Simona. Non dimenticarlo mai".

Adesso piangeva di gioia, libera di farlo vedere a tutti. Forse le facce che prima Filippo aveva creduto nemiche erano in realtà i volti coscienti di individui liberi e alleati. Non c'era più alcun giudizio sommario nei suoi confronti. Non c'era mai stato. Si era sbagliato. Tornavano a essere una redazione, ognuno impegnato a far bene il proprio difficile lavoro. Simona si era calmata.

"Volevo anche dirti che Reggiani mi ha proposto di lasciare la Gazzetta offrendomi in cambio un nuovo posto di lavoro. Un avanzamento di carriera, lo ha definito".

Filippo rise di gusto.

"C'era da immaginarlo. Quell'uomo non bada a spese quando si tratta di alzare la posta. Sulla tua carriera sei ovviamente libera di decidere autonomamente. Quello che avevo da dirti te l'ho detto".

"Va bene. Grazie ancora, Filippo. Non vieni in redazione?".

"No, preferisco andare subito all'obitorio prima che si faccia troppo tardi".

"E le pagine di domani?".

"Guarda il numero di quattro giorni fa. C'è stato un nuovo cadavere, dobbiamo rifare le stesse cose aggiungendo i dettagli sui possibili collegamenti tra la prima e la seconda vittima. Dì a Mariani di correre alla Polizia e ricavare più informazioni possibili. Tu e Rodolfo passate al setaccio la vita di Marta Brambilla e della sua famiglia. Io scriverò il pezzo portante più tardi, dopo che avrò sentito il patologo. Un'ultima cosa: le foto devono essere all'altezza della gravità del fatto. Dobbiamo andare in prima, quindi dateci dentro. A dopo".

L'adrenalina gli scorreva ancora dentro ma la percepì mischiata all'angoscia di doversi confrontare con forze minacciose e incombenti. Non c'era solo il serial killer cui dare la caccia; c'erano i parenti delle vittime che rallentavano la corsa. La seconda telefonata fu per l'editore. Reggiani non sapeva che l'ufficio di Camillo Magri era ubicato in un'altra zona di Monza, in viale Libertà, alla periferia est della città. Chissà se in redazione gliel'avevano detto mentre biascicava parole di vendetta suprema nei confronti di Filippo Corti. Chissà se nel novero degli accusatori del giornalista, Reggiani aveva pensato di includere in via preventiva anche qualche parente di Marta Brambilla, la vittima numero due. Di certo sapeva che l'indomani la Gazzetta sarebbe uscita con grossi titoloni in prima pagina...

Magri non era in sede. Filippo lasciò un messaggio chiedendo di essere richiamato appena possibile. Scese nel parcheggio sotterraneo per ritirare la macchina. Prima di scomparire alla vista, il cielo gli rimandò di sé un'immagine eloquente: nuvole di bambagia grigia si stavano accumulando a nord. Il tempo non prometteva niente di buono, ma erano le persone in carne e ossa quelle veramente inaffidabili.

Quarto giorno
Capitolo 22

Mentre Filippo era in macchina per raggiungere il dipartimento di anatomopatologia, lo contattò al cellulare Michele Pastrengo. Il ragazzo aveva una voce eccitata.
"È per questa sera", disse con sintesi troppo estrema. Filippo fece mente locale più in fretta che poté.
"Il luogo dei festini sarà deserto. Sei ancora intenzionato a entrare a curiosare oppure hai deciso che è meglio rinunciare e cagarsi tranquillamente nelle mutande?".
Non aveva dubbi. Nonostante la paura.
"Dove andiamo?".
Michele fece un leggero grugnito.
"Non al telefono. Stasera. Incontriamoci più tardi per fissare luogo e ora di ritrovo. Mi faccio vivo io".
La telefonata si chiuse lasciando sospesa per aria una forte dose di riservatezza, forse eccessiva ma comunque giustificata. Quando Filippo parcheggiò davanti al dipartimento, dal cielo caddero le prime gocce di una pioggia fredda e cattiva. Il tempo era disinvolto in quei giorni, cambiava con estrema velocità come un lunatico in cerca di attenzioni narcisistiche. Il cielo grigio era una campana di vetro opaca. In ogni caso, più invitante del freddo mortale che il giornalista avrebbe incontrato non appena varcata la soglia delle sale per autopsie.

Venne ad aprire Barbara Longhi, tornata dopo la breve assenza a occupare il posto al fianco di Marco Aliprandi. Era bella, forse come Filippo non l'aveva mai vista prima. Indossava jeans e un elegante maglioncino sotto il camice verde aperto. I lunghi capelli biondi erano raccolti in uno chignon sbarazzino da cui svolazzavano libere ciocche che transitavano davanti agli occhi come piccole braccia ribelli. Avvolta nel suo camice, Barbara non nascondeva le sue forme armoniose, fatte di linee e curve di una geometria seducente. La mente di Filippo divagò e si accorse di non volerla fermare. Si fece beffe del senso di colpa nei confronti della fidanzata ufficiosa. Barbara gli sorrise, sorpresa dal suo silenzio.
"Non pensavo che pochi giorni di lontananza avrebbero avuto questo effetto su di te, Filippo. Sappi che Marco è stato molto più sbrigativo nel salutarmi".
Un punto a suo favore nel nome del romanticismo d'altri tempi.
"Carissima Barbara, finalmente sei tornata. Alla Gazzetta temevamo per il futuro della medicina legale a Monza. Sai, Marco Aliprandi è un bravo medico ma sembra non avere nessuna vocazione per la responsabilità amministrativa".
La dottoressa rise.
"Infatti, è da stamattina che sono sommersa dalle scartoffie che il dottor Aliprandi non si è degnato di prendere in considerazione".

Marco non c'era, impegnato all'esterno come relatore a una lezione alla facoltà di Medicina dell'Ospedale.

"Strano, mi aveva dato appuntamento lui stesso qui in dipartimento".

"È stata una cosa improvvisa. Il professor Verderami, titolare della cattedra di anatomia, si è dovuto assentare per un impegno familiare e ha chiesto a Marco di sostituirlo. Sono buoni amici".

Non era una bella notizia. C'era da chiudere il giornale e a Filippo servivano assolutamente le ultime informazioni scaturite dall'esame autoptico. Barbara percepì la sua preoccupazione.

"Non temere. Sapendo che saresti venuto, Marco ha lasciato a me il compito di ragguagliarti sui risultati dell'autopsia che ha svolto sul corpo di Marta Brambilla".

Filippo sorrise compiaciuto.

"Ottimo. Non avrei avuto il tempo di inventarmi qualcosa di credibile per chiudere le pagine di cronaca nera".

Mentre pronunciava quelle parole, ripensò a quelle velenose di Domenico Reggiani, alle sue accuse infondate di aver diffamato figlia e famiglia. Inventarsi una notizia? Non solo non ne avrebbe avuto il tempo. Gli mancava la fantasia perversa che la natura concede in dono alle anime illuse. Rimuginando, al fianco di Barbara percorse buona parte del corridoio che portava alle celle frigorifere. Filippo si chiese dove la dottoressa Longhi trovasse il coraggio di starsene là dentro tutta sola.

Entrarono in una delle sale per le autopsie. Barbara posò la mano destra sul maniglione di una cella a muro. Vicina a quella che ancora ospitava il cadavere di Anna Reggiani. Filippo notò l'anello che luccicava all'indice della mano destra di Barbara: rifletteva le fredde luci al neon appese al soffitto.

"Ha fatto tutto Marco. Io avevo altro di cui occuparmi. Non ci è voluto molto però: nel giro di un'ora aveva già finito. Non ci sono grosse differenze rispetto al caso di Anna Reggiani".

Barbara estrasse dalla cella il lungo piano di metallo che accoglieva le spoglie mortali di Marta Brambilla. Il corpo della ragazza, ancora bella nonostante il colore grigio che la faceva sembrare un extraterrestre, trasmetteva vibrazioni dolorose. Una prolungata fitta allo stomaco segnalò a Filippo che non stava reagendo con il dovuto cinismo allo spettacolo che si svolgeva davanti ai suoi occhi. Il giornalista infilò una mano sotto il maglione e l'appoggiò fredda sul ventre caldo. Una sensazione piacevole lo riportò momentaneamente in vita. Desiderò chiudersi come un feto in una tana ermetica piena di calore. E rimanere così per un lungo periodo, cullato da un sonno pacificatore senza sogni. Le mani di Marta erano scomparse, finite chissà dove in una dimensione che non era reale. Barbara si allontanò per andare a prendere una cartelletta posata sul tavolo. Tornando indietro iniziò a relazionare sull'autopsia.

"Come ben sai, posso darti solo informazioni generali, quelle che sono autorizzata a fornire alla stampa. Marta Brambilla aveva diciotto anni. È morta per un arresto cardiaco provocato da un overdose di anfetamine, proprio come Anna Reggiani. Nel corpo sono state trovate anche tracce di metadone che fanno ipotizzare a un utilizzo continuato di sostanze stupefacenti ma anche all'avvio di un processo di contrasto della tossicodipendenza. Il dissanguamento provocato dall'amputazione di entrambe le mani non ha accelerato il decesso, essendo intervenuto dopo la morte. Come nel caso Anna, possiamo far risalire il decesso a non più di ventiquattr'ore. Non ci sono tracce di violenza sessuale ma un rapporto sessuale è stato consumato: nella vagina e nell'ano Marco ha trovato residui di sperma che appartengono a una singola persona".

Filippo deglutì figurandosi mentalmente un rompicapo da esaurimento nervoso.

"Certo sai che con Anna Reggiani i residui di sperma sono risultati appartenere ad almeno due persone".

"Ho letto tutta la documentazione", precisò la dottoressa.

"Come spieghi questa differenza?".

"Non lo sappiamo. Evidentemente, Anna Reggiani prima di morire ha avuto rapporti con più uomini, non è detto tutti insieme ma di sicuro a distanza ravvicinata uno dall'altro. Marta più semplicemente si è accontentata di uno".

La fenomenologia degli eventi dava ragione all'ipotesi di un serial killer isolato, ma come era possibile scartare del tutto l'idea che ci fossero due o più psicopatici che scorazzavano liberi per la città inseminando e ammazzando giovani donne apparentemente innocenti?

"Dovrei scandalizzarmi ma credimi, Barbara: la prima cosa che mi lascia esterrefatto è che in tutti e due i casi non ci sia stata violenza sessuale. Quindi, i rapporti erano consenzienti. A letto con l'assassino: potrebbe essere la moda trendy del momento e io non ne sapevo nulla".

"Sul consenso ho anch'io pochi dubbi. Guarda il corpo della ragazza: nessun livido, nessun segno di violenza esterna".

Una statua di cera, gli venne da pensare.

"Ci hanno querelato", disse all'improvviso Filippo.

Barbara lo guardò sorpresa.

"Chi?".

"Il padre di Anna Reggiani, Domenico. Un uomo che definire arrogante è un eufemismo. Sostiene che abbiamo usato sua figlia per creare il mostro da sbattere in prima pagina. Nel Ventunesimo secolo c'è purtroppo ancora chi non ha capito il senso e la funzione della stampa. E non è tutto: Reggiani mi ha riferito che pure Cesare Borsa, padre di Matteo, ha deciso di denunciare me e il giornale".

Barbara chiuse la cartelletta e l'appoggiò sul piano di metallo a pochi centimetri dai piedi di Marta Brambilla.

"Mi dispiace, Filippo. Hai tutta la mia solidarietà. Vedrai che non gli daranno ragione. Borsa vuole evidentemente vendicare il figlio arrestato e poi rilasciato e Reggiani è disperato. Almeno potete comprendere il loro stato d'animo".

Ci aveva provato con Reggiani, eccome. Ma se di vero dolore si trattava, l'imprenditore faceva di tutto per distogliere l'attenzione dalla verità.

"L'ho conosciuto di persona Reggiani, ci ho parlato e l'ho guardato negli occhi. Non è un uomo disperato per la perdita della figlia, è una persona che sta usando la morte della figlia per sfogare odio, rabbia e aggressività che gli covano dentro".

"È un giudizio duro il tuo".

"Lo so, ma se lo conoscessi probabilmente mi daresti ragione. Credo che una ragazza come Anna non si meritasse un padre del genere, qualsiasi cosa lei abbia fatto".

Barbara mise le mani in tasca e osservò un punto lontano.

"Di fronte a una tragedia come quella che è capitata a queste due ragazze, tutto si sposta su un piano tragico, anche le assurdità di un padre che sembra mosso dall'odio piuttosto che dall'amore per la figlia".

Filippo provò a non dare retta a quelle argomentazioni filosofiche. Lo avrebbe fatto finché quella maledetta querela non avesse smesso di pendergli sul collo come una spada di Damocle.

"Posso capire e giustificare la vendetta: l'amore in fondo esige di essere vendicato quando viene offeso e strappato. Ma non comprendo e non giustifico l'odio fine a se stesso, la rabbia sputata contro di noi, che stiamo facendo il nostro lavoro e abbiamo pubblicato foto e notizie cercando di rispettare al massimo la vittima".

Adesso aveva caldo e la fitta allo stomaco si era trasformata in un mal di testa da tensione. Barbara Longhi invece aveva le guance rosse.

"Il tempo potrà chiarire tutto. Intanto, non ti preoccupare. Credo che il diritto di cronaca sia stato esercitato nei modi giusti. Tra l'altro, Marco mi ha fatto leggere la cronaca di questi giorni e devo essere sincera: complimenti alla Gazzetta e al redattore della cronaca nera Filippo Corti per il taglio obiettivo e non sensazionalistico che è stato utilizzato per descrivere gli avvenimenti".

Evviva la sincerità!

"Grazie. Apprezzo le tue parole. A questo punto, non voglio continuare ad annoiarti con le mie sferzanti paranoie. Posso solo dirti che l'ipotesi più probabile, alla quale anche gli inquirenti sembra si stiano allineando, è quella di uno o più serial killer. Con una ormai quasi certa propensione per il singolo individuo in azione. Da parte mia, sono giorni che sostengo l'ipotesi del serial killer isolato. Nonostante i residui di sperma trovati nel corpo di Anna Reggiani facciano pensare a qualcosa di diverso".

"Anna può essere stata con un altro uomo e averci fatto sesso prima di incontrare il suo assassino".

Credibile. Avrebbe potuto fare la detective la bella dottoressa. Mentre si augurava che almeno Crespi, che era del mestiere, arrivasse presto a una soluzione del caso per vie naturali, cioè senza l'imbeccata di un passante qualsiasi appassionato di gialli, una suoneria di uccellini in concerto sinfonico interruppe dialogo e pensieri. Barbara Longhi si allontanò per rispondere al cellulare. La conversazione durò pochi secondi.

"Scusami, un'amica. Dove eravamo rimasti?".

"Al sesso sfrenato di queste ragazze moderne. L'hai detto tu stessa: sono moltissimi gli elementi che accomunano i due omicidi. Per quanto riguarda il movente, l'assenza di violenza sessuale lascia aperte molte ipotesi, anche le più assurde. Mentre sorseggiavo un caffè mi è persino venuto in mente l'omicidio rituale oppure l'omicidio senza movente, giusto per il piacere di farlo. È tutto molto complicato e molto pericoloso. Ti confesso che a volte ho paura".

"E chi non l'avrebbe? La mia raccomandazione è quella di stare attento. Te lo dico da amica e non da mamma".

"Per fortuna. Mia madre si preoccuperebbe delle possibili cazzate che posso combinare. Come quella dei festini".

Barbara cambiò espressione e avvicinandosi appoggiò l'anca sul piano di metallo.

"Festini? Quali festini?".

Le parole gli erano scivolate fuori dalla bocca impulsivamente. Quando il dubbio di aver rivelato un segreto gli attanagliò il respiro, era ormai troppo tardi. Filippo preferì allora giustificare la sua stupida imprudenza con la razionalità consolatoria: di Barbara Longhi si poteva, e doveva, fidarsi.

"Questa sera sono in missione segreta. Ho indagato in giro e ho scoperto che Anna Reggiani non era proprio una santarella, come il padre si sforza di sostenere. Frequentava un giro di festini a base di droga e sesso dove pare siano coinvolti parecchi notabili brianzoli. Ci andava e forse ci va ancora Matteo Borsa".

"E dove si terrebbero questi festini?".

"Lo saprò stasera stessa".

Barbara indugiò pensierosa.

"Questo spiegherebbe l'assenza di violenza sessuale ai danni di Anna Reggiani. A meno che la ragazza non fosse costretta con la forza a parteciparvi".

"Sembra che lo fosse invece. Spero di scoprire qualcosa di più andandoci personalmente. Certo, è un posto che Anna frequentava abitualmente. Forse è lì che ha incontrato il suo assassino".

Improvvisamente, gli occhi di Filippo percepirono un movimento nel corridoio. Veloce. Velocissimo. Il giornalista si avvicinò a Barbara come per proteggerla.

"È forse entrato qualcuno? Mi è sembrato di scorgere un movimento nel corridoio".

Barbara lo guardò sorpresa e senza aggiungere altro andò verso l'ingresso della sala. Con prudenza mise la testa fuori, spaziando lo sguardo a destra e a sinistra lungo il corridoio.

"Non vedo nessuno. Aspetta".

In una frazione di secondo la dottoressa era sparita. Preoccupato, Filippo le andò dietro con il timore che potesse accaderle qualcosa di brutto. Giunto in corridoio, la vide entrare nell'altra sala per le autopsie, quella più lontana dall'ingresso. Nessun rumore. Barbara accese le luci al neon e percorse il locale in lungo e in largo sbirciando negli angoli più nascosti, dietro armadi, credenze e tavoli. Poi si girò verso Filippo cercando di dare una spiegazione logica a ciò che il giornalista credeva di aver visto. Che si fosse immaginato tutto?

Fermo sulla porta, Filippo istintivamente si voltò verso il corridoio. Dal laboratorio di fronte uscì un uomo con il volto nascosto dal cappuccio di una felpa. Il misterioso intruso corse come un fulmine verso l'uscita. Filippo gli intimò di fermarsi senza ottenere nulla. Lo inseguì, con Barbara alle calcagna. Svoltato l'angolo e imboccato l'ultimo tratto di corridoio verso la porta, il giornalista si accorse che l'uomo era scomparso alla vista. La porta d'ingresso dell'obitorio era spalancata, fuori pioveva a dirotto e la luce dei pochi lampioni dello spiazzo antistante non gli permisero di vedere alcunché. Uscito all'aperto, constatò che non c'era nessuno e l'unico rumore era quello della pioggia battente e dei rami dei pini che ondeggiavano al vento. Quando lo raggiunse, Barbara aveva il fiatone e gli occhi spalancati iniettati di sangue.

"La porta!", disse in preda all'angoscia.

Filippo non capì.

"La porta d'ingresso. Era chiusa, ne sono sicura. Dopo che sei arrivato tu, appena siamo entrati, ho chiuso a chiave. Lo faccio sempre, per abitudine".

Filippo comprese dove la dottoressa voleva arrivare. Fu lei stessa a sostanziare i suoi interrogativi.

"Come ha fatto a entrare?".

Quarto/Quinto giorno
Capitolo 23

Quella in programma non era una serata ordinaria. Sebbene l'eroe improvvisato fosse quanto di più lontano si potesse immaginare da un vero eroe. L'adrenalina iniziò a scorrergli tra le vene come sciroppo denso e infuocato. Un'ora prima della partenza da casa, Filippo era tutto un fermento. Il cervello gli inviava allarmi off su tutto il fronte dell'analisi razionale. Paura, coraggio, orgoglio e reticenza convivevano in una lotta disequilibrata e a tratti disperatamente inconcludente. Alle ventidue e quarantacinque il giornalista uscì finalmente all'aperto e la prima boccata d'ossigeno gli rinvigorì i tessuti cotti. In macchina non pensò a nulla, dirigendosi come un automa all'imbocco della Statale 36 per proseguire in direzione nord fino allo svincolo di Verano. Sulla lunga rampa che affiancava la Statale vide un crossover bianco che si pavoneggiava nella sua metallica sfacciataggine con le quattro luci d'emergenza azionate. Era il trattore d'assalto di Michele Pastrengo. Seduto al posto di guida, Il giovanotto aveva lo sguardo fisso su un tablet che sembrava una tavolozza dei colori animata da forze magiche. Michele sorrise quando il giornalista lo salutò invitandolo a scendere.
"Ben arrivato!", esordì con stampato in faccia un sorriso di genuina circostanza.
"Puntuale, come puoi constatare".
"Sei pronto per l'incursione a Villa Cusani?".
Filippo era ancora incredulo. Come era possibile che festini a luce rosse con contorno di droga si svolgessero all'interno di un edificio storico così in vista e conosciuto nella cittadina di Verano?
"Alle domande risponderò più tardi", tagliò corto Michele. "Adesso muoviamoci".
La strada dello svincolo si inoltrava nel buio della campagna intorno al paese. Seduto al fianco di Michele, Filippo preferì non riferire subito quello che era successo al dipartimento di anatomopatologia quel pomeriggio. L'incappucciato era una faccenda troppo delicata, di cui il giornalista non aveva parlato nemmeno con i colleghi del giornale. Con Lucia invece si era confidato e non aveva escluso neppure la voce paternalista e protettiva del commissario Crespi. Filippo aveva cercato l'abbraccio psicologico di qualcuno di cui sentiva di potersi fidare non perché più forte ma perché comprendeva e accettava almeno in parte le sue debolezze.
Barbara Longhi gli era sembrata tranquilla, quasi rilassata. L'incappucciato non sembrava crearle particolari problemi di sopravvivenza con i ricordi del reale. La telefonata che aveva avuto con lei prima di uscire di casa, si era risolta in un excursus piacevolissimo sulle qualità culinarie di un nuovo ristorante che avevano appena aperto a Meda. I due si erano accordati per una cena insieme. L'indomani sera. A Lucia non aveva detto nulla, ovviamente; e probabilmente non gli sarebbe servito inventare una scusa plausibile. A cosa si stava preparando nei confronti della dottoressa non lo sapeva. In fondo, si trattava di un semplice appuntamento serale, di una cena tra amici. A

Barbara, Filippo aveva invece rivelato quello che stava per fare con l'amico Michele: entrare di nascosto nel covo dei festini. L'aveva detto alla dottoressa ed era stato zitto con la fidanzata. Il percorso a ostacoli verso la selezione naturale delle consistenze relazionali era ormai pienamente a regime.

Michele aveva ventidue anni ed era un giovane intelligente e sensibile. Quando l'aveva conosciuto all'interno del pub di Seregno, Filippo era arrivato alla conclusione che il ragazzo fosse nel posto sbagliato nel momento sbagliato, in mezzo a coetanei senza uno scopo apparente nella vita se non quello di sballarsi e fare cazzate.

Spasimava per Anna Reggiani, Michele. Innamorato perso di una ragazza che probabilmente non sarebbe mai stata la sua compagna ideale. Era lì per Anna quella sera, per ricordarne la memoria, per cercare vendetta o forse per dimostrare al mondo che a quella ragazza lui ci teneva veramente, non come quel fighetto di Matteo Borsa, l'ex fidanzato ufficiale. Di Marta Brambilla invece non sapeva nulla. Mai vista e conosciuta. Neppure ai festini. Lo rivelò con ingenua franchezza, mentre, a bordo del Nissan Qashqai, si avvicinavano alla stazione di Verano. Anche se Michele non poteva escludere a priori che la seconda vittima del serial killer fosse un'assidua frequentatrice del baccanale di Villa Cusani, non ricordava di averla mai vista. Va bene. Questione risolta. Filippo non era lì per risolvere il caso definitivamente; gli bastava avere qualche verità parziale da mettere sul piatto. Da quello che Michele gli riferì, alla villa si riunivano parecchie persone e capitava comunque spesso di vedere facce nuove oltre agli habitué. Ma di Marta Brambilla - "cazzo mi dispiace, davvero Filippo" - buio totale.

Il crossover raggiunse il centro storico di Verano Briana, dal quale poi i due si allontanarono inoltrandosi in strette stradine fino al viale antistante Villa Cusani. Non faticarono a trovare parcheggio in una delle viuzze laterali. Filippo non voleva dare troppo nell'occhio: entrare in un edificio storico senza autorizzazione e in un orario non canonico esponeva a dei notevoli rischi. Era lapalissiano ma bisognava comunque farselo entrare in testa a forza di mantra ossessivi.

Scesero dall'auto e li assalì il freddo pungente della notte di gennaio. Sia Filippo che Michele avevano una torcia. Il cielo era tornato sereno e in lontananza, come piccole luci sull'orizzonte del mare notturno, gli tenevano compagnia le stelle silenziose.
"Sei ancora convinto di volerlo fare?".
Michele lo interrogò mentre tirava con voracità forti e brevi boccate da una sigaretta che si consumava a velocità supersonica.
"Naturalmente".
Il ragazzo aveva gli occhi iniettati di adrenalina. Mentre la dose di eccitante naturale di Filippo sembrava al momento essere svanita nel nulla. Il giornalista non sapeva se fidarsi di un uomo che in nome dell'amore o della sua mancanza, dimostrava di essere disposto a fare qualsiasi cosa purché irrazionale. Ma erano lì e Filippo aveva bisogno di qualcuno che lo introducesse all'interno della villa. Gli incutevano timore i grandi spazi, di giorno e soprattutto di notte. Era una creatura da bilocale: se lo ripeté mentalmente mentre sentiva l'ansia e la paura mordergli le interiora. In silenzio contemplaro-

no l'armonia architettonica dell'edificio risalente nel suo nucleo originario al Diciassettesimo secolo.

"Come pensi di procedere?", domandò Michele.

"Vuoi dire da che parte intendo entrare? Confidavo nel fatto che lo sapessi tu".

Michele lo fissò con espressione stupita.

"Io sono sempre entrato dalla porta principale. Ma non scavalcherei la cancellata se fossi in te. Forse siamo fortunati e riusciamo a trovare un piccolo e ben nascosto ingresso laterale".

Michele si avviò deciso verso sinistra. Filippo lo seguì faticando quasi a stare al passo: con la fretta di entrare che aveva, era probabile che il giovane sarebbe riuscito a trovare un buco in tempi rapidi. Più sensato confidare nel fatto che, essendoci già stato, Michele potesse conoscere della villa molto di più di quel che lasciava intendere.

"Com'è possibile che l'amministrazione comunale non sappia nulla di quanto avviene all'interno di questa villa? Nessuno è mai venuto a fare un controllo o a chiedere informazioni?".

Michele gettò a terra il mozzicone che rimbalzò fino a superare il marciapiede per posarsi sull'asfalto umidiccio.

"È gente potente, Filippo. Ricca e potente. Ricca, potente e perversa. Del gruppo che si fa chiamare per copertura Associazione culturale Il Cammino fanno parte anche politici e amministratori pubblici, anche di Verano, oltre che molti imprenditori, gente ricca ma anche molti giovani in cerca di esperienze estreme, alcuni tra l'altro pagati profumatamente. Hanno i loro agganci e sanno come evitare che qualcuno infili il naso dove non deve. Pensa che una volta ho visto anche due suore. E ricordo anche un prete, un pezzo grosso che scopava tutto quello che gli capitava a tiro, di sesso maschile, femminile o indefinito. E mi hanno detto che non è stato e non è l'unico membro della categoria a frequentare il gruppo".

Sorrise di nuovo e gesticolò con le mani quasi stesse tenendo una conferenza sull'articolata casistica dei peccati carnali di matrice umanoide. All'improvviso, a duecento metri dalla cancellata in ferro, lungo l'alto muro che delimitava l'area esterna di pertinenza della villa, videro una piccola breccia nata dal cedimento di un mattone marcio. Le torce illuminarono un percorso innaturale in mezzo all'erba incolta e a una quantità indefinita di piccoli e grandi sassi. Qua e là spuntavano alberi e grossi cespugli. Dopo essersi assicurati che non ci fosse nessuno in strada, allargarono il buco sfondando con i piedi altri mattoni e si infilarono dentro con le torce puntate a terra. Raggiunsero velocemente la fiancata esterna della villa.

"Dovremmo essere sul lato est".

Michele guardò in su seguendo il fascio di luce.

"Perché non proseguiamo un altro po' e vediamo cosa ci riserva il destino?".

Michele s'incamminò senza rispondere.

"La domanda giusta sarebbe: perché non hai le chiavi del portone, Michele? Non sei riuscito a fartene una copia?".

Il ragazzo si voltò storpiando le labbra in un sorrisetto ironico.

"Davvero pensi che tutti possano accedere facilmente alla villa? Già entrare nel gruppo è difficile, figurati nel luogo dove tutto accade. Le chiavi del portone le ha solo il grande capo e due o tre fedelissimi. Gli altri arrivano sempre quando le luci sono già accese e la tavola imbandita".

Dopo una cinquantina di metri, svoltarono l'angolo e videro un cancelletto arrugginito. Le torce fecero luce sui primi metri di un corridoio buio che si inoltrava nei sotterranei della villa. Al cancelletto era fissata una catena talmente fragile che tirando in due riuscirono a rompere abbastanza facilmente. Una volta entrati, Filippo memorizzò il cancelletto come punto di riferimento per la via di fuga. Augurandosi di rivederlo quanto prima.

"Non è quel che si dice la porta d'ingresso principale. Quel cancelletto era talmente arrugginito che viene da pensare che l'ultimo ad averlo usato sia stato il primo proprietario della villa".

Il corridoio buio si inoltrava per una decina di metri nelle viscere dell'edificio. C'era puzza di terra umida e di pietra marcia. Arrivarono in una piccola stanza contenente arredi ormai consunti, coperti con lenzuola ingiallite. L'umidità e il freddo penetrarono nelle ossa e malgrado indossassero guanti e giacca a vento, i due tremavano vistosamente. Il pavimento a mosaico della stanza ingannava sulla reale destinazione d'uso del locale, ma non c'era tempo di fare ipotesi architettoniche. Dalle informazioni che Filippo aveva raccolto, diversi pavimenti interni della villa erano a mosaico.

"Che mi dici di questa sala? Ci sei mai stato?".

"No, mai", rispose Michele, gli occhi che carambolavano stupiti a destra e sinistra.

"La villa è molto grande e non viene utilizzata tutta. I festini si svolgono prevalentemente negli ambienti al secondo piano".

"Perché prevalentemente?".

Michele espirò una nuvola di anidride carbonica.

"Ci si ritrova tutti di sopra perché è lì che inizia la serata. È però permesso circolare liberamente per la villa, così se qualcuno vuole una maggiore intimità può anche allontanarsi dagli altri e girovagare liberamente".

Un'eco improvvisa attirò la loro attenzione. Un brivido freddo corse lungo la schiena di Filippo. Dai piani superiori giunse l'ovattato richiamo di un cigolio inaspettato. Aprirono la porta e uscirono in un altro corridoio lungo e stretto che sul fondo sfociava in uno spazio più ampio e rischiarato.

"Laggiù c'è il grande atrio d'ingresso, lo riconosco".

Michele, rassicurato, invitò Filippo a seguirlo a passo svelto. Il giornalista desiderò essere altrove. Aveva ricominciato a piovere e l'acqua scendeva a dirotto con un rumore violento che penetrava le pareti diffondendosi tutt'intorno.

"Per salire al secondo piano dobbiamo raggiungere l'atrio?", chiese Filippo puntando con avidità il fascio di luce della torcia in quella direzione.

"Sì. Non c'è altro modo".

Quando raggiunsero il grande atrio, si accorsero che era immerso in una intensa luce giallognola. Era quella proveniente dai lampioni della strada che filtrava attraverso le grandi vetrate del portone. A destra, una scalinata di gradoni di pietra saliva ai piani superiori. Il cigolio si era ammutolito, o forse la sua vibrazione sonora era coperta dalla pioggia scrosciante, non pericolosa ma non meno inquietante. Salirono al secondo piano e si trovarono in un secondo atrio del tutto simile a quello del piano terra. Quattro colonne erano posizionate nel mezzo a formare un quadrato dai lati invisibili. A destra e a sinistra si perdeva un corridoio lungo almeno trenta metri.

"Ci siamo", disse Michele mentre con la torcia Filippo illuminava l'ambiente a casaccio.

"Ci sono porte dappertutto, una dozzina su un lato e altrettante dall'altra parte. Le stanze sono tutte arredate: divani, poltrone, mobili, quadri, oggetti, librerie. Tutta roba d'antiquariato. In ogni stanza si scopa e si sniffa. Le serate prevedono una cena nella sala più grande, dove si trova un tavolo con almeno cinquanta posti a sedere. In quella sala si tiene solitamente una mega orgia".

Il ragazzo stava indicando la porta che dava accesso al salone, proprio di fronte alle colonne. Filippo si avvicinò per aprire la porta quando ne sentirono un'altra sbattere violentemente. Il rumore proveniva dal primo piano. I due incursori si guardarono spaventati.

"Il vento", mormorò Michele cercando di sembrare convincente. "Si è alzato un forte vento, me n'ero già accorto".

Iniziarono la perlustrazione entrando finalmente nella sala da pranzo degli orgiasti. Non accesero le luci, limitandosi a fare una panoramica della stanza con le torce, due fari che incrociavano i loro fasci sulla distesa infinita del silenzio. La tavolata era ricoperta da una tovaglia ricamata con niente sopra. Tutto era in attesa del successivo appuntamento. Niente di interessante da annotare. Filippo si avvicinò alla finestra per dare un'occhiata alla situazione meteorologica. La pioggia continuava a sferzare con aggressività ma gli alberi erano immobili, fermi e intenti a bere ettolitri di acqua piovana. Dove cavolo era il vento? Per niente rassicurato, decise che muoversi fosse il miglior modo per non pensare. Non era il momento di intavolare discussioni. Filippo si accorse che sulla parete destra del salone c'era una porta che probabilmente dava accesso alla stanza attigua. Approfittando della scorciatoia si diresse da quella parte.

"È un bagno", sentì dire da Michele, già in procinto di uscire dalla via principale. Di certo, nel giro dei festini, il cesso aveva un'importanza che andava ben oltre la sua funzione primaria. Chissà cosa ne combinavano là dentro, tra water di porcellana, lavandini in stile imperiale, vasche che sembravano alcove e pavimenti freddi su cui rotolarsi in preda alle smanie caloriche del sesso.

"Do un'occhiata", precisò Filippo.

Michele rise senza trattenersi. Il bagno era piuttosto grande e profumava di niente, come un fiore essiccato. Un normale bagno, senza particolari pretese, neppure dal punto di vista dell'arredamento. A terra Filippo non scorse nulla degno di nota, le pareti erano pulite e nella vasca non c'erano tracce di liquidi organici e no. Quando aprì la porta per tornare in corridoio, vide che Michele stava per entrare in una stanza affacciata sul corridoio di destra. Lo raggiunse.

"Forse potremmo accorciare il tour se mi dicessi quali stanze Anna frequentava di più".

"Filippo, tutti vanno dove vogliono. Non sempre avevo Anna sott'occhio e quindi non saprei dirti dove andasse di preciso. Avevo anch'io un bel da fare".

Lo disse con malcelata indifferenza, quella che tradisce l'orgoglio del maschio scopatore. Filippo glielo concesse perché non era nella villa per indagare sulle profondità umorali dell'homo sapiens. Michele spiegò che la stanza che aveva puntato era un altro dei luoghi deputati alle orge. L'arredamento induceva a pensarlo: abbondavano divani, poltrone e tappeti. C'era spazio per qualsivoglia esercizio del Kamasutra. Filippo però non trovò nulla di insolito o fuori posto. Si concentrò nella ricerca di oggetti, qualcosa di particolare che gli fornisse una pista da seguire.

La stanza di fronte era la copia dell'altra e così la successiva in sequenza. Improvvisamente, gli occhi dei due furono attratti da un bagliore proveniente dal corridoio. Una luce intermittente filtrò da sotto la porta d'ingresso che per fortuna non avevano ancora aperto. C'era qualcuno. Michele spense subito la torcia. Imitato subito da Filippo. I due restarono immobili fino a quando il bagliore scomparve. Filippo non sapeva che fare, terrorizzato all'idea di rimanere bloccato dalla paura senza riuscire a combinare qualcosa di utile. Brividi freddi gli rizzarono i peli su tutto il corpo. Riaccese la torcia per non impazzire al buio. Michele fece lo stesso ed entrambi puntarono il fascio sulle pareti. La stanza aveva una seconda porta comunicante e anche se l'idea di uscire in corridoio li spaventava a morte, non riuscirono a decidersi ad andare da quella parte. Michele sgranò gli occhi. Filippo si avvicinò alla porta che dava sul corridoio per carpire qualsiasi rumore potesse indicargli la presenza di anime vive. Silenzio assoluto, spezzato dal rumore della pioggia. Decise di rischiare nel momento in cui si accorse che il bagliore era ricomparso sotto la porta comunicante con la stanza attigua, che ancora non avevano attraversato. Michele si mosse lentamente verso Filippo.

"Stanno entrando", gli disse bisbigliando. "Guarda".

Senza aggiungere altro, all'unisono aggredirono la porta d'ingresso della stanza e uscirono in corridoio. Ritornati nell'atrio con la sola guida degli occhi abituatisi al buio, si lasciarono accogliere dell'altra metà del corridoio, quella di sinistra. C'erano ancora stanze da vedere da quella parte, ma non avevano tempo da perdere. Se fossero stati scoperti da un guardiano o da chissà chi, non avrebbero potuto giustificare in alcun modo la loro presenza all'interno della villa. Passando sotto il colonnato dell'atrio, Filippo si accorse che c'erano impronte bagnate a terra accanto a quelle lasciate dal terriccio asciutto sotto le loro scarpe. Le impronte bagnate non erano certo le loro, dal momento che quando erano arrivati alla villa non pioveva ancora. Altre due persone stavano compiendo lo stesso tour notturno. E non si trattava di turisti.

Filippo si tolse le scarpe e invitò Michele a fare altrettanto. Poi entrambi penetrarono silenziosamente nella prima stanza più vicina. Tenendo socchiusa la porta quel tanto che bastava per avere la visuale del corridoio, aspettarono e sperarono che il piano funzionasse. Dopo qualche minuto, due persone comparvero nel corridoio e si diressero a passo veloce verso l'atrio. Filippo non riuscì a vederle con chiarezza, tratti scuri scarabocchiati su un foglio nero. Era però sicuro che fossero in due. Gli sconosciuti si fermarono e puntarono le torce a terra illuminando il pavimento coperto di impronte. Filippo sperò con tutto il cuore che l'intuizione di togliere le scarpe li avesse tratti in inganno. Nessuna nuova impronta da seguire, fine della corsa. Dopo essersi scambiati qualche parola indecifrabile, i due decisero di salire al terzo piano. Filippo e Michele ripresero fiato. Non avevano tempo da perdere. Gli sconosciuti sapevano che c'era qualcun altro nella villa e lo stavano cercando come predatori affamati.

"Un uomo e una donna", disse Filippo rivolgendosi al suo compagno di avventure.
"Come hai fatto a capirlo?", gli domandò ammirato Michele.
"Li ho sentiti parlare, qualche secondo fa".
"E chi sono?".
"Questo purtroppo non lo so".
Si infilarono le scarpe e si divisero le stanze da visionare. Filippo optò per quelle dal lato delle scale. Nella prima, la stessa in cui si erano rifugiati, abbandonati su una poltrona di velluto rosso rovinato dal tempo, trovò un reggiseno e un paio di slip neri. Nella seconda, dopo essere passato da un altro bagno, la sua attenzione venne attirata da un riflesso bianco che faceva capolino da sotto una credenza con specchio. Il giornalista illuminò meglio e si accorse che si trattava delle pagine bianche di un taccuino dalla copertina nera. Lo raccolse e lo sfogliò con avidità, illuminando i fogli con la torcia. Forse la missione a Villa Cusani non era stata un rischio inutile. Quello che aveva tra le mani poteva rivelarsi un indizio importantissimo. Non c'era però tempo di soffermarsi su quelle pagine piene di annotazioni. Un'ultima panoramica della stanza e qualche focus di luce rasente pavimento tennero occupato Filippo prima che decidesse di uscire in corridoio. In una frazione di secondo si accorse però di non essere solo. E che la presenza non era Michele. Istintivamente, percepì un movimento d'aria e un frusciare dietro di sé. Si avvicinò alla porta ma non fece in tempo a toccare la maniglia. Una massa gli si scaraventò addosso facendolo rotolare a terra. Un uomo si posò sopra di lui, con le mani infilate nelle tasche della sua giacca a vento, nei pantaloni, persino nelle mutande. Filippo intuì con sorprendente lucidità quello che il misterioso aggressore stava cercando. Non riuscì però a trovare nulla. Cadendo, Filippo aveva prontamente lanciato il taccuino che era andato a infilarsi nel posto dove era stato trovato, sotto la credenza.
La torcia si era spenta e non c'era illuminazione. L'aggressore si mosse nel buio con evidente difficoltà ma con la precisa intenzione di non farsi vedere in faccia. Poi si alzò e uscì velocemente dalla stanza. Filippo si rimise in piedi e nel farlo urtò la torcia. La prese in mano ma non l'accese per evitare di segnalare la sua presenza. Chi l'aveva aggredito? Uscì in corridoio e vide l'aggressore imboccare la scalinata in discesa mangiandosi i gradoni di pietra a due a due. Nel chiarore che penetrava dalla grande finestra posta a metà tra i due piani, notò che indossava una felpa con cappuccio. Chi era colui che per la seconda volta quel giorno si era manifestato e rapidamente dileguato? Rinunciò all'inseguimento. Nel frattempo Michele lo aveva raggiunto.

"Che è successo?! Stai bene?".

Il fiatone gli spezzava i polmoni ma aveva voglia di parlare.

"C'era un terzo estraneo qui stasera. Uno che conosco. Indossa una felpa con cappuccio e oggi pomeriggio si è fatto vedere anche al dipartimento di anatomopatologia. Purtroppo non sono riuscito a vederlo in faccia quindi non so chi sia".

"Sei sicuro che non si tratta di uno di quei due che ci stanno dando la caccia?".

Filippo smise di respirare.

"Sicurissimo".

Michele sospirò appoggiandosi al muro.

"E cosa voleva?".

"Un taccuino".

"Un taccuino?".

"Era sotto la credenza all'interno della seconda stanza a sinistra".

Quando lo disse si accorse che il taccuino era ancora là dove l'aveva lasciato. Filippo corse a perdifiato verso la stanza. Entrò e lo recuperò. Quando uscì andando incontro a Michele, le due persone al terzo piano stavano per scendere. Di corsa scesero la scalinata, imboccarono il corridoio a sinistra e si infilarono in quello che conduceva alla stanza del mosaico. L'incappucciato era entrato e uscito da lì, proprio come avevano fatto loro. Impronte bagnate rigavano il pavimento. Evidentemente li aveva seguiti fin dall'inizio. Non pioveva più. Filippo era sudatissimo e il pensiero di potersi ammalare lo riportò alla realtà. Si scoprì adorante la notte del cielo di nuovo stellato, l'erba bagnata, i rumori lievi che giungevano dalla strada. Ripercorsero i metri dell'andata fino alla breccia nel muro perimetrale. Uscirono su una via deserta e malinconica. Dell'uomo con il cappuccio nessuna traccia. Mentre Filippo parlava con Michele dei suoi sospetti e delle tante inquietudini che gli invadevano la mente, l'adrenalina e la paura iniziarono ad allentare i loro perversi effetti, nati da una collaborazione diabolica. Mentre camminavano per raggiungere il crossover, passarono davanti alla maestosa cancellata di Villa Cusani: voltata la testa verso l'ingresso, oltre l'ampio spazio del cortile interno, Filippo notò che i vetri smerigliati delle vetrate del portone riflettevano i bagliori di artificiali luci interne. Due persone li avevano cercati, un'altra aveva raddoppiato la sua sfida. Il giornalista non sapeva chi fossero tutte quelle persone ma temeva che da quel momento in poi non avrebbe potuto fare a meno di scoprirlo. Infilò le mani in tasca e strinse forte il taccuino, il piccolo premio che si era guadagnato.

Quinto giorno
Capitolo 24

Il sole era spuntato dietro le ultime nuvole piovose della notte e l'aria frizzante e pulita dell'inverno aiutava chi desiderava essere in pace con se stesso e il mondo. Malgrado tutto. In parte, Filippo Corti lo era. Nonostante l'avventura della sera prima non fosse stata esente da pericoli e da una buona dose di paura ramificatasi nel subconscio, il giornalista sapeva di avere in mano qualcosa di importante. E forse di decisivo. Il taccuino trovato in una delle stanze di Villa Cusani sembrava firmato: due lettere, una A e una R maiuscole erano riportate a penna su una delle pagine. Non era azzardato pensare ad Anna Reggiani. Facile riferirsi alla prima vittima del serial killer, troppo facile illudersi di aver finalmente trovato la pista giusta. Non c'erano solo quelle lettere. Le pagine del taccuino erano piene di nomi di donne e uomini, corredati da numeri di telefono e indirizzi e-mail, e poi annotazioni apparentemente slegate una dell'altra. La scrittura era evidentemente femminile, e, senza essere un grafologo baciato dalla fortuna, Filippo si permise di ipotizzare che la mano che aveva vergato quella cianfrusaglia di parole e numeri appartenesse a una giovane donna.
Pensava e ripensava a tutto questo mentre, intorno alle dieci, cazzeggiava con flemmatica determinazione seduto su una panchina, a due passi da piazza Trento e Trieste. Era reduce da una veloce chiacchierata con il dottor Francesco Iatta, psichiatra del San Gerardo di Monza. In attesa di riferire al commissario, si godeva l'attesa godendosi i rari vantaggi dell'ozio.

L'appuntamento era fissato per le undici e trenta, in viale Romagna. Era con Crespi che Filippo condivideva il calvario di un'inchiesta che si faceva di giorno in giorno più pesante e complessa. Al commissario avrebbe riferito i risultati dell'incursione a Villa Cusani in compagnia di Michele Pastrengo. All'improvviso, ebbe voglia di gridare e soffocando lo sfogo per via orale si accontentò di saturare il cervello con parole di fuoco: "Sfido chiunque a misurarsi con un serial killer inquietante", aveva detto lapidario lo psichiatra del San Gerardo. E se lo dicevano gli specialisti, c'era da crederci. Due morti accertate, un incappucciato che non sembrava ben intenzionato, un taccuino con incise due lettere di troppo facile interpretazione, una villa dei misteri da visitare in notturna. Nell'elenco dei frequentatori del rifugium peccatorum doveva anche inserire i due simpaticoni che la sera prima avevano cercato i due improvvisati intrusi? E se fossero stati due semplici guardiani? O chi altri?

Parcheggiata l'auto in una delle vie limitrofe a viale Romagna, Filippo si incamminò verso il commissariato. Da lontano vide Crespi fermo davanti al cancellone. Il commissario aveva la testa piegata in avanti, probabilmente nell'atto di leggere il display del cellulare. Non appena lo vide, Crespi gli andò incontro a passo spedito.

"Stavo per inviarti un sms", disse mettendo in tasca il cellulare.

Aveva fretta ed era come al solito agitato. Filippo lo guardò con occhi rilassati mentre trafficava con l'accendino e una sigaretta tra i denti.

"Non sono in ritardo. Non avevamo detto alle undici e trenta?".

Il commissario increspò le labbra e assottigliò gli occhi.

"Sì, certo. Undici e trenta. Hai ragione. Comunque, non importa. Come stai? Ho alcune cose importanti da dirti".

Si avviarono a piedi lungo viale Romagna, uno di fianco all'altro.

"Scusa se non ti ricevo in ufficio ma credo sia meglio per entrambi non dare troppo nell'occhio. Siamo in una fase delicata dell'indagine e un passo falso costerebbe caro".

Filippo sorrise esprimendo tutto il suo sarcastico compiacimento.

"Sono tra gli indiziati?", chiese con palese ironia. "Oppure anche voi della Polizia avete deciso di querelarmi?".

Crespi lo osservò con l'aria di un padre che sta parlando a un figlio che ha appena commesso una cazzata.

"Piantala di fare la vittima. È una tua prerogativa caratteriale o lo fai per convenienza?".

"Nessuna delle due. Diciamo che si tratta di condizionamento ambientale. Sai, la gente che frequento mi inquieta...".

Anche il commissario si era nel frattempo acceso una sigaretta che morì a una velocità fuori dall'ordinario.

"La verità è molto più semplice. Come commissario sono sempre sulle corde. Devo stare attento a chi frequento, specialmente in un momento di tensione come questo. Avere come confidente un giornalista, anche se in incognita, può essere considerata un'imprudenza di troppo. Ovviamente se mi scoprono".

"Confidente e amico?".

"Amico e confidente".

Giunsero nei pressi dell'incrocio con via Liguria e un profumo intenso di arance si sparse nell'aria.

"Ho parlato con uno psichiatra dell'Università Statale di Milano. Tutto sembra far pensare a un serial killer. Avevi ragione tu, Filippo. Non che consideri l'opinione del professor Anastasi come fosse la Bibbia, però si tratta di un luminare della criminologia. Credo di dovergli dare almeno un po' di credito".

Filippo mugugnò.

"Invece a me di credito neanche a parlarne. Bell'amico del cazzo che mi ritrovo".

Crespi parve non reggere la portata leggera della battuta pesante.

"Ancora fai la vittima. Cazzo... A volte sei così egocentrico che in confronto a te un narcisista permaloso è un simpatico compagno di avventure".

Filippo non aggiunse altro. Attraversarono l'incrocio.

"Anastasi mi ha parlato diffusamente di assassini seriali, mi ha illustrato le tipologie che solitamente vengono utilizzate per identificarli. Alla fine della tirata ho iniziato a fare una sintesi mentale. Potrebbe darsi che ci troviamo di fronte a un pazzo che va avanti per una sorta di missione personale, con perversa premeditazione, per scopi che ritiene più che validi. Oppure un fanatico che ammazza per rispettare dettami religiosi o perché crede che Dio o chissà chi gli abbia conferito un ruolo da giustiziere".

Porca troia...

"E il professore che ne pensa? Da che parte pende il suo prezioso e illuminante giudizio?".

"Da nessuna. Cosa cazzo poteva dirmi di certo se neppure noi che sguazziamo in questa merda tutto il giorno sappiamo dove sbattere la testa? Secondo me, e qui parlo a titolo personale senza tirare in ballo il luminare, la chiave di tutto potrebbe essere il fatto che non c'è stata violenza sessuale. Le due ragazze uccise hanno acconsentito al rapporto sessuale. Quindi il sesso è come dire un elemento di contorno, la cornice che circonda il quadro".

"Quale quadro?".

"L'amputazione degli arti superiori".

Filippo si fermò per riprendere fiato.

"Quindi, potremmo avere a che fare con una sorta di psicopatico che non cerca il piacere fine a se stesso ma risponde ad altre urgenze interiori nell'uccidere le sue vittime?".

"Esatto. Ma forse non del tutto".

Crespi indicò con la mano destra una villetta poco distante.

"Lì abita Pietro Brambilla, il nonno di Marta. Ha avuto un infarto dopo aver saputo della brutta fine della nipote. Lo hanno salvato per un pelo ma non è in pericolo di vita. Ora è in rianimazione al San Gerardo".

Le conseguenze del male. Una catena che sembra perdersi all'infinito, dentro una dimensione nera.

"E questo cosa centra con le indagini?".

Prima di rispondere, Franco Crespi si accese un'altra sigaretta. Sembrava voler dare solennità a ciò che stava per dire.

"C'entra, Filippo. C'entra".

Prima sbuffata.

"Pietro Brambilla era molto affezionato alla nipotina. Pensava a lei come erede legittima dell'azienda di famiglia".

Seconda sbuffata.

"Prova a immaginare cosa può significare tutto questo".

Lo immaginava, certo. Il commissario continuò.

"C'è forse qualcuno che potrebbe aver tramato per far fuori la ragazza vista come rivale alla scalata al potere? E che rivale... Marta era una studentessa modello, designata per un futuro di studi economici e successivamente di dirigente di alto livello dell'azienda di famiglia, la Monzatex. Non roba da poco: si parla di milioni di euro di fatturato con tessuti esportati in tutto il mondo. Per raggiungere il suo obiettivo, il nostro assassino si costruisce la falsa pista del serial killer. Nessuna missione da compiere, nessun fanatismo. Solo del semplice, banale, opportunismo".

Terza sbuffata.

"Ottima ipotesi", argomentò Filippo. "Ma al serial killer che ruolo diamo? L'esecutore materiale prezzolato ingaggiato dalla serpe in famiglia o la serpe stessa?".
La quarta sbuffata venne accompagnata da un sorriso.
"Sapevo che mi avresti fatto questa domanda. E ti rispondo che non lo so. E se l'omicida di Marta Brambilla avesse approfittato della presenza di un assassino di prima classe in città per orchestrare il suo piano, cioè ammazzare la giovane erede, e far ricadere sul primo la colpa?".
Filippo lo sguardo di sbieco.
"A quel punto però non parleremmo di un serial killer ma di due normali assassini. A meno che uno dei due non ci cimenti in un nuovo omicidio, il terzo della serie".
Sembrava la trama di un romanzo giallo dal finale scontato. O forse la realtà era talmente assurda da aver perso completamente il senso della sua naturale bellezza per affidarsi a quella, perenne, della fantasia romanzata? Se l'ipotesi del commissario era vera, in che razza di famiglia aveva vissuto la povera Marta? La mente di Filippo iniziò a cavalcare raffigurandosi un mondo di pupazzi impazziti. Gli occhi intanto fissavano nel vuoto delle persone che circolavano intorno.
"Pensi che la mia ipotesi sia troppo fantasiosa?", chiese apprensivo Crespi.
"Come sai, credo che ci troviamo di fronte a un serial killer. Uno solo, isolato e determinato. Che agisce per un motivo ben preciso e non credo abbia a che fare con questioni di natura economica".
Il commissario sembrò deluso. Non era riuscito a conquistare l'applauso di Filippo.
"Non posso certo scartare qualsiasi altra ipotesi plausibile. Tra l'altro, lo psichiatra con cui ho parlato mi ha messo altra confusione in testa".
"Lascia perdere. Anch'io ho parlato con uno psichiatra ma mi rifiuto di riferirti quello che mi ha detto prima di averti offerto un buon caffè. C'è qui un bar che lo fa veramente bene".
Il locale era in fondo a via Romagna. Bevuto il caffè e usciti di nuovo in strada, Crespi e Filippo ripresero a confabulare come due appassionate pettegole.
"Il dottor Iatta ha detto sostanzialmente le stesse cose che ti ha riferito il professorone di Milano. Non ha usato termini suggestivi ma il discorso è lo stesso. C'è però una cosa che forse non sai e che mi ha detto solo alla fine della nostra chiacchierata. Una ventina d'anni fa, a Lentate sul Seveso, venne ritrovata una ragazza violentata e uccisa. Aveva le mani mozzate ed era nuda, proprio come Anna Reggiani e Marta Brambilla. L'unica differenza è che la poveretta era stata anche violentata sessualmente, nel senso che non era stata accondiscendente, ed è probabile che sia stata uccisa proprio per occultare le prove dell'abuso subito. Purtroppo, Iatta non mi ha saputo dare altre informazioni. Ho già iniziato a fare delle ricerche per scoprire almeno il nome della vittima. Finora senza esito. Il caso venne archiviato, i colpevoli non furono mai trovati".
Adesso era Crespi che fissava il vuoto riempito di nulla.
"Potrebbe centrare qualcosa o forse niente. Anche in questo caso, le possibili interpretazioni si sprecano".

"E c'è dell'altro. Ho chiesto a Iatta se può trattarsi di una sorta di rituale compiuto dal serial killer per chissà quali motivi: le mani mozzate sono un particolare degno di nota. Lo psichiatra mi ha detto che molti serial killer mutilano il corpo delle loro vittime, quindi non ci sarebbe apparentemente nulla di strano. Magari il nostro psicopatico è un feticista con dei gusti molto discutibili. Quel che ha colpito di più Iatta è la totale mancanza di violenza sessuale, anche in considerazione del fatto che Anna e Marta sono state trovate nude. Secondo lui, l'assassino potrebbe evitare appositamente di violentarle. Per uno scopo premeditato".

"In che senso?".

"Può darsi che eviti di violentarle per far risaltare la sua diversità di comportamento. Come se volesse sottolineare che rispetto ad altri, lui non commette simili barbarie".

"Una sorta di auto-assoluzione...", precisò Crespi con ironia malcelata.

"Non proprio. Il serial killer potrebbe credersi il giustiziere che vendica il torto subito da un'altra persona, probabilmente a lui legata. Una persona che, diciamo, è stata vittima di violenza sessuale ed è stata uccisa".

"Come la ragazza di Lentate".

Tornarono indietro, verso il commissariato.

"È una traccia suggestiva, Filippo. Ma come si giustifica il fatto che le due vittime siano due ragazze poco più che adolescenti? Voglio dire: se una persona si vendica colpisce chi ritiene colpevole. È difficile ipotizzare che quelle due ragazze si siano rese colpevoli di un reato tanto grave, commesso per di più vent'anni fa quando non erano neanche nate".

"Come hai detto tu, non si butta via nessuna ipotesi plausibile".

Franco Crespi aveva la faccia avvilita. Con la testa piegata verso il basso, osservava il suo piede destro che faceva a pezzi il mozzicone della sigaretta.

"Prima che tu vada, Franco, devo darti una cosa importante".

Filippo aveva parlato di getto, senza troppo preoccuparsi di quello che il commissario avrebbe potuto pensare. In mano teneva il taccuino trovato a Villa Cusani.

"È un taccuino. L'ho trovato ieri sera, a Verano, in una delle stanze al secondo piano di Villa Cusani. C'è un centinaio di nomi e cognomi, numeri telefonici, indirizzi mail. Forse il serial killer è tra questi".

Lapidario e sintetico.

"Come hai fatto a entrare nella villa?".

"Ti avevo parlato della mia intenzione di scoprire qualcosa a proposito dei festini dove pare partecipasse Anna Reggiani. Ebbene ho saputo qual è il luogo di ritrovo. Villa Cusani, nel centro di Verano Brianza. Ci sono andato in compagnia dell'amico che mi ha parlato dei festini, di notte. Il festino non c'era ma in compenso ho trovato il taccuino".

"Senza alcun permesso, violando una proprietà comunale... Ci sono gli estremi per una denuncia, lo sai vero?".

Lo aveva detto senza troppa convinzione. Giusto per svolgere fino in fondo il suo ruolo.

"Quello che c'è qui dentro potrebbe dare una svolta alle indagini, non credi? Penso che

in cambio potresti anche chiudere un occhio. Non ho commesso nessuna infrazione e non ho rubato o danneggiato nulla. A parte un lucchetto arrugginito. Nel taccuino sono riportate due lettere, A e R, e devo sforzarmi parecchio per non attribuire quelle iniziali ad Anna Reggiani".
Franco Crespi prese l'agendina e iniziò a sfogliarla.
"Che altro hai da dirmi a proposito della tua avventura notturna?".
"Iniziamo da qualche ora prima. Come sai, ieri mattina ero al dipartimento di anatomopatologia e stavo parlando con l'unico medico legale presente, la dottoressa Barbara Longhi. Improvvisamente, in corridoio, un uomo con felpa e cappuccio in testa è sgusciato da una delle stanze ed è scappato via. Ebbene, lo stesso uomo l'ho incontrato di nuovo ieri notte, all'interno della villa. Non solo lui. Quando io e il mio amico siamo entrati a Villa Cusani ci siamo accorti che due persone erano sulle nostre tracce. Ci hanno cercato senza trovarci".
Crespi era pensieroso.
"Prima di andarci, hai parlato con qualcuno della tua intenzione di entrare di nascosto nella villa?".
"Oltre a te, ne ho parlato ai due redattori della nera, al mio direttore e a Barbara Longhi. Ma la dottoressa non centra nulla. Ho ascoltato le voci dei due inseguitori e non ho riconosciuto la sua. Almeno mi pare".
"Già. Può anche darsi che tu abbia sentito male".
Filippo sgranò gli occhi sorpreso.
"Pensi che Barbara c'entri qualcosa?".
"Non penso nulla. Comunque, ti farò assegnare il prima possibile un agente di scorta in borghese che ti segua con discrezione. Quanto al taccuino, inizierò subito a indagare. È una prova importante e ti ringrazio di avermela data. Non fare altre cazzate, però. Lascia fare a noi il lavoro sporco, irruzioni in proprietà altrui comprese".

Pur non essendo del tutto favorevole all'idea di una scorta che lo avrebbe fatto sentire un sorvegliato a vista in regime di libertà provvisoria, Filippo fu costretto dalle circostanze ad accettare la proposta del commissario. Dopo essersi salutati, Crespi e Filippo si separarono prendendo due strade diametralmente opposte. Un centinaio di metri dopo, Filippo si voltò per guardare in direzione del commissariato. Crespi era sparito. Filippo si sentì per la prima volta solo e indifeso. Maledettamente solo e indifeso. Alla faccia dell'agente di scorta.

Quinto giorno
Capitolo 25

Non fu difficile entrare in possesso di quell'informazione. L'avvocato Osvaldo Ferranti sapeva muoversi con particolare efficienza diplomatica nei meandri del potere, nei gangli vitali della piovra politico-affaristica che allungava i suoi tentacoli su tutto il territorio. Non poteva essere diversamente: il commissario Franco Crespi lavorava in équipe e dentro l'équipe c'era chi faceva avidamente il doppio gioco. Per denaro, per disperazione o per qualsiasi altro motivo, poco importava. Il risultato era comunque garantito. Qualcuno aveva ritrovato un misterioso taccuino a Villa Cusani. La notte prima, per la precisione. Qualcuno si era introdotto nella villa patrizia e non era stato fermato. Ferranti conosceva il nome di quel "qualcuno": Filippo Corti, il giornalista che aveva fatto tanto incazzare l'odiato Domenico Reggiani. Solo per questo avrebbe anche potuto perdonarlo, lasciando perdere ogni possibile rappresaglia.
Reggiani era uno dei suoi nemici più forti e uno dei destinatari del complotto che Ferranti e i suoi amici avevano ordito per far fuori uomini d'affari e politici divenuti scomodi ostacoli al consolidamento del business. Era grato alla persona che gli aveva rivelato l'identikit del cercatore d'oro, anche se per ottenere quella preziosa informazione aveva dovuto usare le maniere forti, arrivando al ricatto. A volte bastava pronunciare le parole "fine della carriera" per smuovere le montagne della volontà umana. Purtroppo, i due associati, mandati in villa per fermare il giornalista, che tra l'altro era accompagnato da un'altra persona di cui, al momento, non si conosceva il nome, non erano riusciti a fermarlo.
"Poco importa", si disse Ferranti sorridendo mentre saliva i gradini della scalinata del palazzo comunale. "Corti è comunque sotto controllo".

Al primo piano, Osvaldo Ferranti entrò in un locale pieno di faldoni impolverati. L'ufficio era ufficialmente chiuso e il personale assente. Seduto al tavolo c'era il consigliere comunale Tommaso Amicone, tarchiato e sudaticcio, vestito come sempre in modo trasandato, nettamente in contrasto con il completo sartoriale che avvolgeva il fisico asciutto e slanciato dell'elegante avvocato. Ferranti represse a fatica, e per l'ennesima volta, un rigurgito di disgusto: non sopportava le persone che non avevano cura di sé, trovava vomitevole l'odore di sudore emanato dagli abiti usati e consunti. Amicone puzzava e Ferranti decise di rimanere in piedi e a debita distanza. Si tolse il cappotto e lo appese all'attaccapanni. Il consigliere comunale, che conosceva l'ormai celebre pruderie dell'avvocato, non protestò. Venne subito al dunque.
"Non capisco tutta questa fretta, Osvaldo. Ero impegnato e ho dovuto liquidare in malo modo una persona. Che succede?".
Senza dubbio una puttana, pensò incattivito Ferranti. Il consigliere era noto per le sue particolari abitudini sessuali.

138

"Non c'è bisogno di scaldarsi, Amicone. Quello che sto per dirti è della massima urgenza e ti riguarda molto da vicino".

Il consigliere fece una smorfia cercando di simulare indifferenza. L'avvocato sorrise e agitò le braccia.

"Non intendevo...".

Ferranti lo interruppe.

"Non me ne frega un cazzo di cosa intendevi!".

Una pioggia di saliva infuocata schizzò violenta dalla bocca storpiata dell'avvocato, invaso dall'ira e dal fastidio di dover misurarsi con quell'imbecille.

"Ieri notte sono entrati a Villa Cusani".

Amicone si alzò e girando intorno al tavolo si avvicinò a Ferranti, che impulsivamente indietreggiò. Il consigliere aveva lo sguardo spaventato e sudava copiosamente. L'avvocato gettò benzina sul fuoco.

"Non è tutto. L'intruso, accompagnato da una o più persone, ha trovato qualcosa sotto la credenza nella stanza delle udienze".

"Cosa?", chiese timidamente il consigliere temendo il peggio.

"Un taccuino".

Ferranti fece una pausa d'effetto, valutando con cura le conseguenze che le sue parole stavano facendo sulla psiche inquieta del povero consigliere.

"Ma che razza?..."

"Un taccuino di cui nessuno conosce l'esistenza. O mi sbaglio?".

Amicone tornò a sedersi camminando al rallentatore.

"Io non ne ho mai sentito parlare".

Ferranti guardò fuori dalla finestra. Sotto, nel cortile, erano parcheggiate alcune auto.

"Indagheremo, Tommaso. Indagheremo. Intanto, ho bisogno del tuo aiuto".

Il consigliere sorrise, sollevato dal tono improvvisamente benevolente dell'avvocato. Osò fare una domanda decisiva.

"Chi è l'intruso? Conosciamo la sua identità?".

Ferranti sbuffò spazientito.

"Certo. Filippo Corti. Caporedattore della cronaca nera della Gazzetta".

Il consigliere non commentò e si limitò ad annuire.

Ferranti si sedette e spostò la sedia avvicinandola malvolentieri al tavolo. Prima di parlare, appoggiò i gomiti sul piano di lavoro.

"Il taccuino è nelle mani della Polizia. All'interno ci sono nomi, numeri di telefono e indirizzi mail. Tutte informazioni riservate, come puoi facilmente immaginare. Non so chi li abbia scritti e non so chi sia il proprietario dell'agendina. Nomi, numeri e indirizzi potrebbero però essere i nostri, di tutti noi frequentatori dei festini intendo. Perciò, l'intera Associazione Il Cammino è in pericolo".

Tommaso Amicone si passò una mano sul viso sudato e fissò lo sguardo in un punto vuoto. Non aveva il coraggio di guardare in faccia il suo interlocutore.

"Devi impedire che l'indagine del commissario Crespi arrivi fino a noi. Saremo interrogati ma non hanno prove di cosa realmente succeda là dentro. Questo è un vantaggio per noi. Deve emergere che Il Cammino è un'Associazione a scopo filantropico, frequentata da persone importanti e generose, che una volta al mese si ritrovano per una cena a scopo benefico".

"E il giornalista?".

Ferranti sgranò gli occhi furenti.

"Anche lui non ha alcuna prova. È evidente che ha avuto l'imbeccata da qualcuno che frequenta il nostro giro, ma non ti preoccupare. La situazione è sotto controllo".

L'avvocato si alzò in piedi e assunse un'aria ancora più minacciosa.

"Usa i tuoi contatti nelle forze dell'ordine! È il tuo compito, solo quello! Cerca di non deludere me e gli altri membri del direttivo".

"Non posso espormi più di tanto".

Ferranti rise sprezzante.

"Finora ti sei mosso con discrezione, mi pare. Hai sempre fatto il massimo per tenere segrete le nostre attività ludiche. Non pensi di poter continuare così?".

Amicone sorrise forzatamente.

"Sì, certo... Io...".

"Avanti, Tommaso. Non deluderci. Qui c'è in gioco molto più di un miserevole posto da consigliere comunale dell'opposizione".

Amicone, che iniziava a intuire la portata di quello che era successo, assentì muovendo la testa in modo meccanico.

"Non è tutto".

Ferranti si sedette di nuovo. Un ghigno gli si disegnò in volto. Amicone tornò ad avere paura.

"Il nostro informatore alla Polizia mi ha detto che nel taccuino sono riportate due lettere, A e R. Crespi ipotizza che si tratti delle iniziali di Anna Reggiani. Ci pensi? Abbiamo in mano l'occasione preziosa per assestare un colpo mortale a Domenico Reggiani".

Il consigliere lo fissò incredulo.

"Non capisco".

Ferranti si arrabbiò di nuovo.

"Ma oggi che ti succede? Oltre ai coglioni, la puttana di turno ti ha spremuto anche il cervello?".

Offeso, Amicone tentò di protestare ma rinunciò prima ancora di aprire bocca.

"Sulla Gazzetta verrà ovviamente pubblicata la notizia del ritrovamento del taccuino, anche se, per nostra fortuna, non verrà fatto cenno a Villa Cusani ma a un luogo qualsiasi, dal momento che Corti si è introdotto all'interno senza autorizzazione e quindi in modo illegale. Si parlerà ancora una volta dei festini e dei suoi partecipanti, ma in modo generico e fuorviante, come è già successo, dal momento che non ci sono prove della loro esistenza. Ma si parlerà anche delle due lettere e dell'ipotesi che siano le iniziali di quella sgualdrina di Anna Reggiani".

Amicone ridacchiò, assaporando un passaggio mentale di immagini erotiche con protagonista la giovane ragazza mutilata e uccisa. Non ricordava le volte che se l'era fatta, erano tante.

140

"Presto il padre saprà del taccuino. Quando la notizia verrà pubblicata, a quel punto entriamo in gioco noi. O meglio, tu".

Il consigliere appoggiò il dito indice sul petto.

"Reggiani non sa che la figlia era una delle troie più assidue dei festini. Ti presenterai alla Polizia difendendo il buon nome dell'Associazione e nel contempo accennando a un'eventuale accusa contro Anna".

"Che genere di accusa?".

"Furto. Racconterai che Anna era regolarmente iscritta all'Associazione e che teneva annotati i nomi e i riferimenti di tutti i soci, visto che si era offerta per il ruolo vacante di segreteria del presidente, cioè del sottoscritto. A quel punto il collegamento con il diario dovrebbe garantire un minimo di copertura sui festini. L'accusa di furto è conseguente: in virtù della sua funzione all'interno dell'organizzazione, Anna aveva accesso non solo al fondo cassa ma anche al denaro raccolto per la beneficenza. Di cui si è appropriata al momento opportuno. Dirai che il direttivo dell'Associazione non ha finora sporto denuncia per evitare guai più seri alla ragazza, ma ora, dal momento che è tristemente morta, non ha senso nascondere quanto successo. Soprattutto dirai che per il momento l'Associazione ha deciso di tenere in sospeso la decisione se e quando inoltrare formale accusa nei confronti di Anna Reggiani".

Amicone tenne a lungo la bocca aperta, visibilmente ammirato dal piano del presidente. Un rivolo di saliva gli scese a bagnare il mento.

"E dopo?".

Ferranti rise di nuovo.

"La seconda parte non ti riguarda personalmente ma è bene che tu la conosca. Abbiamo deciso di ricattare Domenico Reggiani".

"Ricattare?".

"Sì. Gli diremo che abbiamo le prove che le diverse centinaia di migliaia di euro trafugati dalla figlia erano destinati a finanziare il suo progetto di costruzione del termovalorizzatore di Varedo. Reggiani ci tiene molto, soprattutto in previsione dei lucrosi guadagni che deriveranno dalla compravendita di rifiuti industriali altamente tossici e illegali che molti imprenditori non sanno dove sbattere e che invece lui intende raccogliere, impacchettare e spedire in qualche martoriato Stato africano. Finora Reggiani ha investito parecchio denaro, principalmente per oliare la macchina dell'amministrazione pubblica e ottenere i permessi necessari".

"E allora cosa deciderà di fare?".

"Dovrà rinunciare al progetto del termovalorizzatore, altrimenti tutte le informazioni riservate relative ad Anna la ladra verranno comunicate agli inquirenti, oltre che alla stampa. Ti immagini la reazione di Reggiani alla prospettiva che i magistrati arrivino a mettere il naso dove lui non vuole? Soprattutto se gli si parla di stampa. La odia e l'accusa di aver sputtanato la figlia, uccisa dallo psicopatico ancora a piede libero".

"A proposito: chi pensi sia l'autore degli omicidi? Ne sai qualcosa?".

Osvaldo Ferranti fece spallucce. Il cambio improvviso di discorso lo aveva spiazzato per qualche secondo.

"Nulla. E detto tra noi, non me ne frega un cazzo".

Il consigliere riportò il discorso sui binari.

"Cosa vuoi ottenere con questa mossa contro Reggiani?".

L'avvocato tornò a sporgersi sopra il tavolo. Aveva gli occhi iniettati di sangue.

"Il termovalorizzatore è una buona idea, ma solo se siamo noi a concretizzarla".

Amicone sorrise e strizzò gli occhi divenuti improvvisamente umidicci.

"Abbiamo anche noi un bel progetto in caldo, ma Reggiani ha pensato bene di fare il furbo. Si è messo in testa di costruire la centrale a Varedo quando noi avevamo già opzionato il terreno a pochi chilometri di distanza, nell'area comunale di Paderno Dugnano. Due termovalorizzatori così vicini non è proprio una mossa intelligente e quei fottuti bastardi del consiglio comunale di Paderno hanno pensato bene di congelare il nostro progetto in attesa degli sviluppi di quello di Varedo. Se la cosa non va in porto, rischiamo di perdere parecchi soldi. Domenico Reggiani va fermato, a tutti i costi!".

Riaggiustandosi il colletto dell'elegante camicia azzurra, Ferranti si alzò con la chiara intenzione di andarsene. Prese il cappotto e lo tenne ripiegato intorno al braccio. Aveva detto tutto quello che c'era da dire. Non gli interessava sprecare tempo in convenevoli con uno come Amicone. Anche il consigliere si alzò, allungando la mano sudata per salutarlo. Ferranti gliela strinse più mollemente e velocemente che poté.

"Conta pure su di me, Osvaldo".

"Certo. Ti auguro una buona giornata Tommaso".

L'avvocato uscì dalla stanza e infilò il corridoio deserto. Scese le scale e si diresse all'uscita. Passando davanti alla guardiola salutò con falsa sollecitudine l'agente di turno prima di afferrare il maniglione dell'enorme porta che immetteva su Piazza Trento e Trieste. Un alito di vento freddo sferzò la piazza in lungo e in largo. Ferranti strinse il colletto del cappotto e si avviò a piedi in direzione di Piazza Roma.

Quinto/Sesto giorno
Capitolo 26

Il poliziotto in borghese era giù in strada. Camminava avanti e indietro con metodica tranquillità. Anche Filippo si sentiva tranquillo: se per via di quella presenza o per altro motivo, era comunque difficile da stabilire. I dubbi sulla bontà di una scelta che Crespi gli aveva praticamente imposto, si stavano lentamente sciogliendo sotto il calore invisibile del senso di protezione. L'ultima mezz'ora l'aveva passata al telefono con Marco Aliprandi. Trenta minuti di sfogo, nella totale inconsapevolezza se il livello di amicizia con il patologo giustificasse o meno un simile sproloquio di paure, incertezze, resoconti dell'ultima ora. Ma tant'è, ne aveva approfittato, non soffermandosi a dare credito ai ragionamenti astrusi. L'amicizia è amicizia. Punto e a capo. Tra gli argomenti al centro della conversazione l'appuntamento serale ormai imminente con la bella collega di Marco, la dottoressa Barbara Longhi. Una volta appurato che il medico legale non era interessato a Barbara – prima regola: non portarsi a letto la donna di un amico – Filippo si era lanciato in un'odissea da psicanalizzato che lo aveva lasciato al tappeto. Dubbi, dubbi, fortissimamente dubbi. Dubbi costruiti intorno a un senso di colpa pesante come un macigno.
"Non ho mai tradito una fidanzata in vita mia!", aveva urlato al telefono.
L'interlocutore si era fatto una risatina prima di elargirgli una delle sua massime da Casanova oltranzista.
"Lascia stare il senso di colpa. È un trucco che con le donne non funziona".
A Filippo bruciava che una parte di sé ritenesse una vigliaccata bell'e buona compiuta ai danni di Lucia l'uscire con un'altra donna.
"È ovvio che non stiamo uscendo da amici", aveva sproloquiato in pieno delirio vittimista. "Non posso trovare giustificazione che non sia la verità: Barbara mi arrapa e ci esco perché spero di portarmela a letto".
La verità non faceva tanto male ma il bruciore non voleva saperne di andarsene.
"Lucia è la tua fidanzata ufficiale, ma in cuor tuo non mi sembri molto convinto", aveva insistito Marco, ormai entrato nella parte del confessore sincero.
"Lo è ma è come se non lo fosse", aveva risposto Filippo sputando sul display del cellulare. Alla fine gettò la spugna, lasciandosi trascinare dall'istinto e rimanendovi avvolto in un candido flusso di piacere estatico. Come quando ci si tuffa dal trampolino: non c'è più tempo per pensare se sia giusto o no, il cervello non ha la forza di farlo. Domina il corpo e la forza di gravità che agisce su di esso con potenza estrema. Non resta che assecondarla per non finire pazzi e a pezzi.

Al volante della Polo l'adrenalina scorreva a fiumi. Filippo non si era neppure posto il problema se il poliziotto della scorta lo stesse seguendo. L'aria era carica di umidità. E le strade bagnate, ricoperte da uno strato di pioggia che sembrava carta velina. Non

pioveva più ma in cielo dominavano le nuvole grigie. Aveva fatto tutto lei: giorno dell'appuntamento, ora e luogo di ritrovo, ristorante. Chissà se a letto l'affascinante dottoressa Longhi è altrettanto decisionista. Attraversò il primo incrocio su corso Milano diretto verso il centro. Un sorriso malinconico gli comparve in volto.
Non mi sono mai piaciute le donne dominanti. Potrei tornare indietro ma vale la pena rischiare. In ogni caso il tradimento è già mezzo compiuto.

Percorsa via Azzone Visconti e arrivato all'incrocio con via Lecco, Filippo sentì il desiderio sessuale farsi più impellente. Una leggera pressione ai genitali, piacevole e invitante... Da via Lecco, svoltò alla prima traversa a destra. In fondo alla via scorse in lontananza una figura avvolta in un cappotto nero con ai piedi due scarpe nere da sera con tacco alto. Era Barbara Longhi. Ironia della sorte e beffa del destino: abitava a poca distanza da Lucia Zanata. Poche centinaia di metri in linea d'aria e di terra. Un ginocchio spuntava da sotto il cappotto con maliziosa timidezza, velato da calze trasparenti. La pressione ai genitali si fece più impudente e i pensieri erotici iniziarono a danzare vorticosamente nella mente di Filippo.
Si concentrò sul solito trucco che funzionò ancora: la mente si svuotò improvvisamente di tutto il contenuto di cui si era riempita in quei giorni: le ragazze uccise, i loro corpi martoriati, il serial killer, l'uomo incappucciato, la villa dei festini, il taccuino con le lettere A e R, il padre di Anna Reggiani, il nonno di Marta Brambilla infartuato.
Una coppia di giovanissimi camminava dall'altro lato della strada, le braccia intrecciate e le teste convergenti. Nell'aria iniziò a circolare un sapore umido che si bloccava in gola. Filippo non aveva fame ma avrebbe mangiato lo stesso, pregustando il vero piatto della serata che con tutta probabilità gli sarebbe stato servito in appartamento, non sapeva ancora se il suo o quello della dottoressa. Barbara salì in macchina sorridendo come un'adolescente al primo appuntamento. Filippo notò le cosce prima ancora di ricambiare il sorriso guardandola in faccia. Sotto il cappotto la dottoressa indossava un provocante completo nero pece, perfettamente intonato sia alle scarpe che al biondo naturale dei folti e lunghi capelli, lasciati liberi di agitarsi a ogni momento della testa. Il nero va su tutto.
"Sei puntuale", disse la donna dopo aver salutato il giornalista. "Potrei essere scambiata per una del passato, ma la puntualità è una delle cose che più apprezzo in un uomo".
Filippo sperò che pari fanatica attenzione non la riservasse al suo abbigliamento. Non era particolarmente elegante. O meglio: era vestito in modo elegantemente casual. Indossava un soprabito sopra una giacca sportiva a quadretti fini, una camicia rosa chiarissima e un paio di jeans. Ai piedi scarponcini marroni a suola rinforzata. Sforzandosi di convincere se stesso che anche il casual aveva un suo perché, il viaggio proseguì accompagnato per gran parte da chiacchere futili.
Nessuno dei due sembrava intenzionato a introdurre nella conversazione argomenti riguardanti il lavoro. Entrambi sentirono il bisogno di preservare quella serata come un momento che apparteneva a un'altra dimensione esistenziale, lontana dalle bruttu-

re della realtà quotidiana e immersa in un paradisiaco mondo dai colori e profumi estivi. Non sarebbe durata a lungo, la vita era tanto poco generosa quanto avida di disagi e grigiori.

Il ristorante era a Meda, quindici chilometri a nord-ovest di Monza. Per arrivarci Filippo imboccò la Valassina. Il ricordo si fece impellente. Verano Brianza, Villa Cusani. Lo avvampò il desiderio di confrontarsi con Barbara su quello che era successo nel covo dei festini. La dottoressa aveva saputo delle sue intenzioni. Tuttavia non gli aveva ancora domandato nulla. Che fosse stata lei a fare la spia, permettendo poi a due misteriose persone di dargli la caccia lungo i piani dell'edificio? Rifiutò categoricamente di prendere in considerazione l'ipotesi. Che interesse poteva avere Barbara a danneggiarlo? Non disse nulla. Con Lucia sarebbe stato diverso ma Lucia era lontana quella sera, molto lontana.

Barbara aveva prenotato in un locale abbastanza conosciuto, antistante la piazza del municipio. Il ristorante era caldo e accogliente come una sauna. Deliziosi e pregnanti vapori profumati drogavano l'aria e lo spazio ridotto sapeva di persone pigiate. Si sedettero a un tavolino lungo il corridoio stretto che conduceva alla cucina. Barbara era euforica, forse troppo. Guardava Filippo con occhi sensuali e il suo corpo gridava lussuria. Gli uomini si illudono del piacere della conquista, in realtà è la donna ad aver già deciso tutte le possibilità. E in una frazione di secondo, Filippo ebbe la certezza che Barbara avesse già pianificato con cura le tappe della serata. Un'erezione improvvisa e fulminea lo condusse definitivamente lontano da ogni preoccupazione, da ogni logica chiarificatrice. Un'ultima immagine di Lucia percorse come una meteora la superficie annebbiata del suo invisibile orizzonte mentale, scomparendo poi nel vuoto.
Il menu era invitante e Filippo improvvisamente si ritrovò a fare i conti con un appetito vorace. Cucina italiana, multiregionale per giunta.
"Spero ti piaccia", stava dicendo Barbara. "Io ci sono venuta altre volte, con amici. Si mangia bene e trovi piatti di tutte le regioni italiane".
"Vedo. Io opto per un menu a base di carne. Con questo freddo ho bisogno di calorie. Per l'antipasto scelgo qualcosa di toscano: crostino di stracchino e salsiccia".
"Ottima scelta", rispose lei con gastronomico entusiasmo.
Il suo volto emanava una luce potente, intensa. Filippo ne fu soggiogato.
"Io invece torno a casa con un bel piatto di sciuriddi".
"E cosa sarebbero?".
Rise.
"Frittelle di fiori di zucca. È di origine calabrese, come una parte di me del resto".
"Non sapevo che fossi nata in Calabria".
"Non ci sono nata, infatti. Mio padre è calabrese, di Lamezia Terme".
"Longhi non mi sembra un cognome meridionale".
"È il cognome di mia madre, originaria di Pavia. Da maggiorenne ho preferito adottare quello. Non ho un buon rapporto con mio padre. Non gli ho mai perdonato di aver ab-

bandonato me e mamma per un'altra donna. Mi sono in parte vendicata. Comunque, amo la Calabria, vi ho trascorso momenti indimenticabili".

Un cameriere giovane e dall'aria sveglia giunse a prendere le prime ordinazioni. Per accompagnare le pietanze, Filippo e Barbara scelsero di comune accordo un Nero d'Avola alleggerito da acqua frizzante.

"Lo sai che per preparare i crostini è perfetto lo stracchino di Sorano, un borgo medievale dell'entroterra maremmano? Spero che qui ce l'abbiano. Il ristorante è accogliente ma mi sembra piccolo. Non so di quali dimensioni sia la dispensa".

Barbara rimase piacevolmente sorpresa dalla competenza culinaria del giornalista.

"A dir la verità, sì, lo so. Non lo dico da presuntuosa. È che amo cucinare e mi diletto a scoprire i segreti della tradizione gastronomica italiana".

Arrivarono gli antipasti. Barbara rise di nuovo mentre con la mano prendeva un crostino dal piatto di Filippo. Assaggiarono e decretarono che Sorano o no, quei crostini valeva la pena mangiarli in fretta. Quando ordinarono i primi, metà del rosso era già volata via. Le ultime inibizioni cedettero come foglie d'autunno. Prenotarono entrambi un piatto dell'Emilia-Romagna, particolarmente indicato per il clima invernale: anolini in brodo. Filippo ascoltò rapito il racconto di Barbara sul metodo usato per fare il ripieno degli anolini.

"Da quanto tempo ci conosciamo io e te?".

"Credo non più di cinque anni. Ricordo la prima volta che ci incontrammo nel tuo allegro ufficio. Eri da poco arrivata a Monza".

"Sì, sono cinque anni! Hai ragione. E in tutto questo tempo non ci siamo mai conosciuti veramente. Intendo dire che solo questa sera ti ho detto che mio padre è calabrese e mia madre lombarda".

Il cameriere accorse solerte per ritirare i piatti vuoti e prendere le successive ordinazioni. Per secondo Barbara scelse un piatto molisano, dal nome lungo e difficile da ricordare: Pampanella di San Martino in Pensilis. Alla base carne di maiale. Il cameriere, affascinato dalla bellezza della commensale tanto quanto dalla sua evidente competenza in materia di cibo, chiese arrossendo se il piatto lo si preferiva servito caldo o freddo.

"Caldo, sicuramente", rispose con risaputa prontezza Barbara, strappando al giovanotto un sorriso di ammirazione.

Filippo ordinò un brasato al Barolo, rifugiandosi nella sonnacchiosa tranquillità della terra piemontese. Per contorno la scelta era obbligata: polenta, abbondante e fumante. Barbara optò invece per dei lombardissimi fagiolini alla panna.

"Vuoi sapere qualcosa in più di me? Ebbene, sono nato a Monza e lì ho sempre vissuto. Mio padre era impiegato amministrativo di un'azienda farmaceutica. Mia madre è sempre stata una brava casalinga, un po' troppo invadente per i miei gusti ma in compenso sempre presente nel momento del bisogno. Mio padre è morto dieci anni fa. Se ne è andato in pochissimi giorni, quasi non me ne sono reso conto. Di lui mi rimane un ricordo bellissimo".

"Io invece non ho avuto degli ottimi rapporti con i miei. O almeno non sempre".
Lo sguardo fisso sul piatto.

146

"Ti va di parlarmene?".

"L'ho fatto centinaia di volte. E non so più se crederci o no. Di mio padre ti ho già accennato: ci ha abbandonati quando io ero ancora piccola. Mia madre combatté la depressione attaccandosi a me che ero figlia unica. Mi riempiva di affetto e nel frattempo mi soffocava, arrivando persino a impedirmi di uscire con i ragazzi. Dovevo fare le cose di nascosto. Alla fine, rimase delusa: non avevo ancora vent'anni ed ero una ragazza piuttosto emancipata, che non si faceva problemi a portarsi a letto chi le suscitava interesse".

Filippo sorrise, sorpreso dal linguaggio sciolto della dottoressa. Niente inibizioni, mentali o fisiche che fossero.

"Quando mia madre è morta, ho sentito un vuoto dentro. Non tanto per la mancanza della persona in sé, quanto per l'assenza di riconciliazione con quella persona, con mia madre. A volte ci penso ancora molto intensamente, e mi sento anche in colpa per non averle dato l'ennesima chance".

Sbuffò.

"Al diavolo i sensi di colpa: nonostante i diversi anni che ho passato a farmi martoriare il cervello da una psicanalista, sono qui ancora a parlarne".

La bottiglia di vino era vuota. Proprio quando a Barbara un po' di nettare rosso avrebbe fatto un gran bene. Era straordinariamente lucida, come se il vino bevuto avesse completamente e velocemente svanito il suo effetto. Per dolce ordinarono una pastiera, consapevoli entrambi che probabilmente per la ricca torta napoletana non ci sarebbe stato posto all'interno di stomaci già molto provati. Invece, la fetta andò giù senza troppi problemi e dopo il caffè Filippo pagò un conto tutto sommato accettabile. Ora il suo corpo fremeva in ogni nervo e muscolo. Per due volte si era dovuto alzare da tavola per andare al cesso e svuotare la vescica, impazzita dalle ripetute erezioni. Poi quando Barbara lo invitò senza tanti preamboli a casa sua, temette di non riuscire a controllarsi. Mentre camminavano lungo le vie buie di Meda per raggiungere la macchina, gli venne voglia di abbracciare Barbara e di ficcarle la lingua in bocca. Il freddo era pungente e il cielo, di nuovo tornato sereno, era cosparso di stelle che sembravano luccicanti puntini di ghiaccio lontani anni luce.

Durante il viaggio di ritorno, Barbara iniziò a fare domande sull'inchiesta giornalistica che Filippo stava meticolosamente portando avanti nonostante le difficoltà del percorso. Quali sarebbero state le prossime mosse? Cosa aveva fatto fino a quel momento? Filippo non provò alcun fastidio. Tutto era concesso: c'era spazio anche per parlare di lavoro. Nulla avrebbe scalfito quel momento magico. Rispose a tutte le domande svelando il significato di nulla. La curiosità di Barbara era insistente e contemporaneamente attutita.

"Ma sei sicuro che la pista sia quella del serial killer?", gli domandò quasi sconcertata. "Ammetto che l'ipotesi sia particolarmente affascinante, ma potrebbe essere stato chiunque e non è detto che i due episodi siano collegati".

"In effetti, un pazzo potrebbe aver letto delle modalità in cui è stato ritrovato il cada-

vere della prima vittima per poi procedere a una semplice emulazione. Ma non credo che le cose siano andate in questo modo".
Alla fine Barbara volle sapere se Filippo c'era stato, alla villa. Lui raccontò tutto perché sentì che non aveva più nulla da temere. Non disse però nulla del misterioso uomo incappucciato, che già aveva intimorito Barbara al dipartimento di anatomopatologia, e nessuna parola venne spesa a proposito dei due che avevano seguito lui e Michele al secondo piano con l'evidente intenzione di scoprirli e metterli spalle al muro.

Si fermarono sotto casa di Barbara che mancavano cinque minuti alla mezzanotte. L'appartamento al secondo piano era ordinato e ben arredato. Appena dentro, lo colpì l'enorme quantità di lampade multicolori che spuntavano un po' dovunque. Tutto l'appartamento era in realtà un mondo colorato. Barbara aveva scelto un arredamento naïf: divano e poltrone arancioni, credenza blu, mobiletti color panna. La camera da letto era un trionfo di stile provenzale, con la lavanda che inondava il bianco del letto. L'insieme gli risultò piacevole e si lasciò cullare dalla sensazione di calore. Sedettero sul comodo divano del soggiorno e ripresero a parlare, scambiandosi opinioni sul lavoro e la carriera, sugli amici, sul rapporto uomo e donna. Barbara non chiese nulla a proposito di eventuali fidanzati o fidanzate, di eventuali relazioni più o meno stabili. Poi, alla fine, confessò che lei non era tipa da relazioni stabili. Lo disse con malcelata disinvoltura, quasi volesse mettere in guardia Filippo da possibili erronee valutazioni sul senso del loro stare insieme quella sera. Il sesso arrivò con spontaneità, partì lentamente per tramutarsi in un accoppiamento furioso. Filippo spogliò Barbara sul divano, alzandole le gambe in verticale e sfilandole i collant fino a rivelare due gambe sode e invitanti. Le mutandine rosse scivolarono via tra mugolii di assenso che nel suo cervello risuonarono come un canto di liberazione. Quando iniziò a leccare le grandi labbra, capì che poteva chiedere di più a se stesso. Anche perdonarsi per non essere stato fedele. Barbara accolse il membro in bocca sorridendo e serrando gli occhi. Filippo provò dolore per l'ennesima erezione la cui enorme portata non ricordava da tempo. Poi la penetrò, ansimando di piacere e lasciando che lei godesse per prima, con i seni sodi che ballavano leggermente e il profumo della pelle che dalle cosce saliva fino alla narici per poi perdersi nell'incoscienza e nell'oblio dell'Io. Quando venne, Filippo si trattenne dal gridare. Cosa che invece fece con disinvolto ardore la sua compagna.
Cosa sarebbe successo l'indomani? Avrebbero iniziato a frequentarsi con la loro originalità oppure tutto sarebbe proseguito nella normalità di un rapporto freddo e professionale? In fondo, l'aveva detto: lei non era per le relazioni stabili. E lui? Non era forse fidanzato e con una relazione teoricamente stabile nascosta tra le pieghe della realtà? Si stava innamorando di una donna pericolosa per la sua salute sentimentale? Filippo cacciò via le domande e con esse i pensieri. L'orgasmo non aveva ancora smesso di emanare i suoi dolci effluvi. Poi si sdraiò accanto a Barbara che sembrava dormire, in pace e appagata. Fuori, la strada immersa nella notte era una striscia di nero che percorreva il silenzio.

Sesto giorno
Capitolo 27

A e R non sembravano delle iniziali. In realtà, non si sapeva assolutamente cosa fossero ma era sorta dal nulla l'ipotesi sconcertante che non indicassero né il nome né il cognome di Anna Reggiani. Semplicemente due lettere buttate lì a caso. Il commissario Franco Crespi colava delusione dalla voce che usciva impastata dal cellulare.

"C'è però qualcuno nel mio team che insiste sull'ipotesi delle iniziali di Anna Reggiani. Cosa che ho visto avete messo in evidenza anche voi sulla Gazzetta. Abbiamo però fatto vedere il taccuino ai genitori della ragazza, che hanno detto categoricamente che non apparteneva alla figlia. Non basta, dirai tu. E infatti abbiamo chiesto il parere di un grafologo e l'esperto ha riscontrato, grazie al confronto con altri scritti di Anna, che non ci sono elementi validi per dire che si tratta della stessa mano. Una donna, certo, ma non Anna. Potrebbero esserci delle sorprese, naturalmente, ma siamo ormai quasi certi che il taccuino non appartenesse alla ragazza. A e R non vogliono dire un cazzo di niente, almeno per il momento. È inutile che ti fossilizzi su quel cazzo di taccuino, Filippo. Capisco che per te rappresenti il giusto riconoscimento alla tua grande impresa illegale, ma come pista per scovare il boia vale tanto quanto le altre".

"E dei nomi scritti che mi dici?".

"Quello è un altro discorso. I nomi, i numeri di telefono e gli indirizzi mail appartengono con tutta probabilità agli habitué dei festini. Uomini e donne con la passione per la trasgressione di gruppo".

Risatina ironica.

"Quindi?".

"Quindi cosa?".

Filippo gli stava quasi urlato addosso.

"Hai paura che faccia del gossip su qualche potente intoccabile?".

Crespi sbuffò impaziente.

"No, non è per questo. È che devo mantenere la massima riservatezza. Il taccuino è ovviamente materia d'indagine, lo sai benissimo. Non ho in mano nessuna prova concreta dell'esistenza di quelle dannate orge. Non posso certo presentare come prove le parole del tuo informatore. Quei nomi potrebbero benissimo appartenere ai soci dell'Associazione Il Cammino che affitta legalmente Villa Cusani per la tradizionale cena mensile a scopo benefico".

"Ah", sospirò deluso Filippo.

"In quanto ai potenti, stai pur certo che ormai non mi fanno quasi più paura. Nei giorni scorsi mi hanno talmente rotto i coglioni che se ho la possibilità di mettere le mani anche solo su uno di loro non me la lascio sfuggire. Anche solo per sfogarmi!".

Filippo avrebbe voluto ribadire che era stato lui a trovare quel fottuto taccuino. Che Michele Pastrengo era affidabile e credibile. E che i papaveri con l'ossessione del co-

mando se ne facevano beffe della legge e quindi avrebbero potuto metterlo in culo al prode gendarme in men che non si dica. Avrebbe voluto, e potuto, ma decise di lasciar perdere. Già troppi pensieri gli turbinavano per la testa quella mattina inquieta e non aveva certo voglia di litigare al telefono con Crespi. Meglio farlo vis-à-vis. La nottata con Barbara Longhi iniziava a pesare sulla coscienza. Non sapeva come comportarsi con Lucia. L'avvocato l'avrebbe sicuramente chiamato, magari per fissare un appuntamento per una cenetta romantica. Il commissario gli diede involontariamente un grosso aiuto a proposito di un altro grande cruccio di Filippo: risalire al nome delle ragazza violentata e ritrovata cadavere a Lentate sul Seveso, vent'anni prima.
"Sono riuscito a scoprire qualcosa in più su quella povera ragazza".
Filippo, che stava camminando lungo il corto corridoio della redazione, in quel momento deserto, si arrestò di colpo.
"La ragazza si chiamava Lisa Brivio. Aveva vent'anni esatti, compiuti qualche giorno prima di morire. Abitava con i genitori e un fratello più grande a Bellusco e frequentava il primo anno di Giurisprudenza alla Statale di Milano. Tutto è successo una sera d'estate: venne ritrovata completamente nuda in un bosco di Lentate sul Seveso, a poche centinaia di metri dalla statale per Como. Violenza sessuale e amputazione di entrambe le mani".
Le similitudini con la morte di Anna Reggiani e Marta Brambilla erano evidenti. E allora? Significava che il serial killer aveva già colpito vent'anni prima? O c'era qualcosa di più complesso che legava i fatti di Monza con la tragedia di Lentate?
"La famiglia Brivio ne uscì sconvolta", aggiunse Crespi. "Il fratello di Lisa e i genitori se ne andarono da Bellusco trasferendosi a Milano. Non ci sono informazioni precise a riguardo ma credo non sarà difficile reperirle. Il loro dolore venne amplificato dal fatto che il colpevole o i colpevoli non furono mai trovati".
L'assassino o gli assassini che avevano brutalmente ammazzato Lisa Brivio erano ancora in attività. Possibile?
"Grazie delle informazioni, Franco. Sono preziosissime. Ne terrò conto se decidessi di insistere su quella traccia".
L'aveva detto mettendoci più freddezza possibile. Il commissario sospirò e subito dopo ordinò un caffè dall'interfono dell'ufficio. Poi il tono della sua voce si indurì leggermente.
"Non voglio ripetermi, ma stai attento. Non fare cazzate, Filippo. Come va con la scorta? Ti è simpatico il ragazzo?".
Nel frattempo, Filippo era tornato nel salone e si era avvicinato alla finestra per riflettere. Non poteva vedere quel che succedeva sotto i portici, dove molto probabilmente l'agente in borghese camminava avanti e indietro come un rabdomante in cerca di tesori sepolti. Vedeva solo la grande piazza con le mattonelle bianche e rosa. Diverse persone ci camminavano sopra, dirette chissà dove.
"Tutto bene, grazie. In effetti, mi sento più sicuro. Ieri notte però l'agente non si è fatto vedere".
Risata compiaciuta.

"C'era, c'era. Ti ha seguito fino al ristorante di Meda e poi ha sostato sotto casa della tua fidanzata fino a quando non sei uscito per andare a casa tua. Cioè questa mattina presto. Sa essere molto discreto. Come me del resto".

"Non è la mia fidanzata", ribadì Filippo irritato.

"Sono affari tuoi", glissò il commissario.

Merda. Confinato in redazione per il resto della mattinata e le prime ore del pomeriggio, Filippo meditò a lungo. Parlò anche con i colleghi, permettendosi di complimentarsi per l'ottimo e preciso lavoro svolto. La Gazzetta aveva di nuovo aumentato le vendite e i giornalisti della nera stavano facendo la figura degli eroi. I sospetti sul taccuino siglato "A" e "R" si erano meritati la prima pagina e Filippo si aspettava che Domenico Reggiani facesse fuoco e fiamme da un momento all'altro. L'indomani invece sarebbe stata pubblicata la notizia secondo la quale la Polizia non riteneva plausibile che il taccuino fosse di Anna Reggiani, anche se quella pista non veniva abbandonata del tutto.

Sceso nel garage e recuperata la Polo, Corti uscì da Monza dirigendosi a nord. Imboccò la statale per Bergamo diretto a Bellusco. Voleva indagare più a fondo sulla triste vicenda di Lisa Brivio. Era chiaro che lo scopo dell'omicidio della povera ventenne fosse la violenza sessuale: c'era dell'altro? Perché amputare le mani della vittima? Il serial killer di Anna Reggiani e Marta Brambilla non aveva violentato le due ragazze; ma gli aveva amputato le mani. Perché? Non era neppure da escludere che l'assassino, lo stesso che aveva colpito due decenni prima, avesse deciso di non violentare le giovani monzesi ma di continuare comunque a mutilarle. Perché il piacere della mutilazione superava di gran lunga quello sessuale? Probabilmente non sarebbe bastata una laurea in Psichiatria o un master in Criminologia per dare, a quel punto delle indagini, una risposta sensata alle domande sospese.

Il centro storico di Bellusco era immerso nella nebbia. Una foschia pesante e inquietante copriva i tetti delle case e il campanile della chiesa parrocchiale. Un paese fantasma, con chissà quali mostri in agguato dietro l'angolo. La location ideale per un horror alla Stephen King. A Filippo venne in mente "Jerusalem's Lot", senza dubbio uno dei racconti più sorprendenti, magnifici e paurosi dello scrittore americano. Dell'agente di scorta neanche l'ombra. Iniziò a sospettare di essere semplicemente uno che non si accorgeva di nulla. Se c'era non si faceva notare. Un vero professionista. E, giusto per chiudere il cerchio, Filippo non aveva la più pallida idea di cosa cercare. Entrò in un piccolo bar affacciato sulla piazza centrale, di fronte alla chiesa che, vista da vicino, sembrava fin troppo imponente. Il titolare del bar non sapeva nulla della famiglia Brivio.

"Sono arrivato in paese da pochi mesi", disse invitando il giornalista con gestualità esplicita a farsi i cavoli suoi. In compenso, il caffè era ottimo. Di nuovo in strada, Filippo vide in lontananza un prete che scopava la gradinata di accesso alla chiesa. Si avvicinò. L'anziano sacerdote era alto e robusto, con un viso rotondo dall'espressione bonaria. Fecero le presentazioni e Filippo spiegò il motivo della sua visita a Bellusco.

"Anche qui a Bellusco non si fa altro che parlare dei terribili fatti di Monza", disse Don Francesco Collegna, il parroco.

Gli si illuminarono gli occhi. Una comunità emotivamente coinvolta, quella di Bellusco, una memoria collettiva che ricordava la famiglia Brivio e la terribile morte della povera Lisa. A Monza le cose erano diverse? Filippo era pronto a scommettere che la maggior parte dei cittadini monzesi non passasse le sue giornate a cuocersi l'anima nell'angosciante pensiero della sorte delle due ragazze, uccise e mutilate. Poteva anche sbagliarsi, ma la sensazione di freddo che aveva sentito il giorno del ritrovamento di Anna Reggiani all'Arengario non se ne era ancora andata. E non si trattava di un freddo fisico quanto piuttosto di un freddo psichico e spirituale che sembrava aver congelato l'anima della città impedendole di esplodere in un moto di rabbia collettiva contro qualcosa rigorosamente al di fuori di ogni connotato di civiltà. E se si sbagliava? Se la paura, vinta ogni resistenza razionale, si fosse annidata e nascosta nell'intimo pensare dei monzesi?

"Lei conosceva la famiglia di Lisa Brivio?".

Il parroco gettò lo sguardo verso il cielo plumbeo.

"Certamente. E anche molto bene. I Brivio arrivavano qui da Besana Brianza. Si dimostrarono particolarmente attivi nella comunità parrocchiale. La morte di Lisa sconvolse tutti qui a Bellusco, credenti e non".

Ricominciò a scopare la gradinata come per allontanare via da sé i demoni dei brutti pensieri. Quando riprese a parlare, il suo viso era una maschera annichilita dalla tristezza.

"Di certo saprà che la ragazza è stata ritrovata a Lentate sul Seveso, a parecchi chilometri da qui. Chi l'ha uccisa ha pensato anche di sradicarla dalla sua terra e dalla sua famiglia. Un oltraggio che acuisce il senso di orrore e di insensatezza per quello che è stato fatto a una ragazza che non meritava una fine come quella".

Una lieve brezza iniziò a soffiare dalle Prealpi a nord. Altra pioggia in arrivo. Il parroco assunse un'espressione rabbiosa che gli scolpì il viso come solchi nel marmo. Il desiderio di vendetta impotente, che evidentemente non aveva ancora abbandonato l'anziano sacerdote dopo tanti anni, emerse per l'ennesima volta dal profondo. Era una lotta serrata con la razionalità che impediva al sacerdote di cogliere il frutto della vendetta e dell'odio repressi più di una volta per tener fede alla sua missione, ma che con prepotenza e cinica naturalezza approfittavano di ogni buona occasione per venire a galla e tormentare la coscienza.

"Cosa successe dopo che Lisa fu trovata cadavere? Come reagì la sua famiglia?".

Il prete parve non aver sentito la domanda. Ci mise qualche secondo a rispondere.

"Si allontanarono da tutto e tutti. Poi se ne andarono. Via da qui, per sempre. Hanno scelto di abitare a Milano, lontano da questa terra che, pur se bella, ha dentro un'anima nera. Di loro non ho saputo più niente. Scomparsi nel nulla".

Due ragazzini correvano per la piazza inseguendosi con le biciclette. Erano sbucati da chissà dove. Le macchine transitavano mute lontano, probabilmente sulla trafficata strada per Trezzo d'Adda.

"Gli inquirenti non sono mai riusciti a trovare il colpevole".

"Esatto. Immagini il dolore della famiglia e di tutti noi. Appresa la notizia dell'archiviazione del caso, Donato Brivio, il padre di Lisa, venne da me e si sfogò. Sembrava un bambino dal tanto che piangeva. 'Non solo Dio ci ha voltato le spalle, anche la giustizia umana non ha alcun interesse per la morte della mia piccola Lisa'. Così disse. Stava perdendo la fede e io mi sentivo così impotente... Mi chiesi che senso avesse fare il prete se non riuscivo a dare un senso al vuoto che stava inghiottendo quell'uomo e la sua famiglia. Alla fine piansi con lui. Quando se ne andò, compresi che sarebbe passato molto tempo prima che Donato Brivio rimettesse piede in una chiesa. È una colpa che mi pesa come un macigno".

Una lacrima rigò il volto di Don Francesco. Filippo notò che si faceva strada sulla guancia rugosa aprendosi varchi tra le pieghe di una pelle stancamente passiva.

"La ringrazio per quello che mi sta dicendo, Don Francesco, e la prego di scusarmi se, involontariamente, l'ho costretta a riaprire vecchie ferite. A volte il mio è un mestiere crudele".

Il sacerdote lo fissò e tornò a sorridere.

"Non si preoccupi, Filippo. Non poteva saperlo o quantomeno non poteva immaginare che il mio dolore fosse ancora tanto vivo. Chieda pure, non abbia timore".

Filippo aveva in serbo altre due domande.

"Chi condusse le indagini?".

"Polizia e Carabinieri, sia quelli di competenza a Bellusco che quelli di Lentate".

"Ha detto prima che la famiglia Brivio si è trasferita a Milano. Non sa in quale zona della città?".

"No", rispose deciso il parroco. "Come le ho detto, di loro non ho saputo assolutamente più nulla. Dopo essersi trasferiti, non hanno più avuto contatti qui a Bellusco, né con me né con altre persone. Ne sono sicuro. Essere il parroco di una piccola comunità ha i suoi vantaggi. In ogni caso, non ho mai voluto e non voglio fare io la prima mossa. Preferisco rispettare il loro desiderio di isolamento. A volte, la solitudine è una medicina, come la preghiera".

Quando, dopo averlo salutato, si incamminò per raggiungere la Polo, parcheggiata poco distante, Filippo sentì sulla pelle lo sguardo graffiante dell'anziano prete: lo osservava allontanarsi, una stringa nera immobile e con la scopa in mano.

Settimo giorno
Capitolo 28

Un vero stronzo. Prima le aveva dato appuntamento a casa sua con la chiara intenzione di farsi una bella chiavata, poi all'ultimo momento aveva inventato una scusa tra le più banali per mollarla in centro e andare chissà dove. C'era di mezzo un'altra donna, ne era sicura. Non era possibile che un ragazzo rinunciasse a del sesso garantito senza la prospettiva di altro sesso in cambio. Sesso migliore, evidentemente... Ma che ne sapeva lui di com'era lei a letto? Povero idiota, non aveva capito cosa si stava perdendo. Sì, perché lei un'altra chance non gliel'avrebbe data. Non dava una seconda chance a nessuno. Faceva parte del gioco, quello di sentirsi belle e irraggiungibili, altezzose e con la puzza sotto il naso da far sbavare tutti i maschi della comitiva. Ora però quello non bastava a consolarla, perché si sentiva uno schifo. Essere rifiutata era qualcosa cui non aveva mai lontanamente pensato. E che non aveva mai provato. Faceva male e la rabbia montava senza controllo fin nei gangli più reconditi del cervello. L'adrenalina che prima scorreva abbondante alla prospettiva di farsi il più fico del gruppo, si era tramutata in veleno di compatimento che scorreva senza pace nelle vene. Si sarebbe vendicata, eccome se lo avrebbe fatto. Quel bastardo fighetto l'avrebbe pagata e lo sputtanamento sarebbe stato colossale.

All'improvviso, però, la ragazza temette che la vittima di quella storia potesse essere solo lei, ridicolizzata davanti agli amici con l'onta del fallimento. Scacciò quel pensiero orribile e iniziò a camminare più in fretta. Faceva freddo. Era tardi. Piazza Carducci era avvolta in un silenzio notturno che nuoceva alla sua mente alterata. Che ore erano? Il display del cellulare indicava che era da poco passata l'una.

Sotto i portici uno strano rumore attrasse la sua attenzione. La giovane si voltò di scatto ma alle sue spalle non notò nulla di insolito. Non vide nessuno, era sola. Ma il rumore lo sentiva ancora e molto più forte di prima. Qualcuno si stava avvicinando, ma da dove? Rimpianse di non aver nessuno al suo fianco. Anche lo stronzo sarebbe stato il benvenuto in quel momento. Svoltato l'angolo con largo XXV Aprile, la ragazza vide una figura vestita di nero che, immobile, la fissava dall'altra parte della strada, all'imbocco di via Cortelonga. Un uomo, di sicuro. Indossava un cappotto nero lungo e in testa aveva un cappello a tesa larga, anch'esso di colore nero. L'uomo alzò la voce per salutarla, chiamandola per nome. Lei rimase sorpresa ma, senza capirne il motivo, si sentì tremendamente attratta. Poteva fidarsi? Era rimasta sola, aveva voglia di compagnia, una voglia matta di parlare con qualcuno, di piacere a qualcuno.

Attraversò la strada e raggiunse l'uomo con il cappotto nero. Stava sorridendo. Era alto e bello, giovane anche se con qualche anno più di lei. Aveva i capelli neri come la pece e quel taglio sembrava fatto apposta per confondere. Chissà com'era in mezzo alle gambe. Con la coda dell'occhio le era sembrato di vedere laggiù un discreto rigonfiamento che prometteva bene. Fu quest'ultima soggettiva constatazione che la convinse a credere che forse la serata sarebbe finita in qualche altro modo. Decise che valeva la pena rischiare e si diede da fare per rimediare a quella che avrebbe raccontato alle sue amiche arrapate come l'avventura sessuale più strana della sua vita.

"Ci conosciamo?", chiese all'uomo mentre con entrambi le mani si toccava i lunghi capelli castani. Faceva sempre così quando voleva impressionare un uomo. Sapeva di avere dei capelli fantastici e aveva un debole per i capelli. Amava toccarli, un gesto che le procurava un'intensa sensazione di piacere.

"Non ci siamo mai incontrati personalmente, ma io so chi sei. Una persona che ti conosce mi ha parlato molto bene di te. E devo ammettere che aveva ragione. Sei molto più bella di quanto mi aspettassi".

La ragazza non si preoccupò di chiedere chi fosse quella meravigliosa persona. Troppo presa da se stessa, assaporò quelle parole come un balsamo rigenerante. Sembrava che la sorte fosse dalla sua parte. La rabbia per quello che le aveva fatto lo stronzo magicamente si dileguò nel nulla; anzi, ora si considerava fortunata per come erano andate le cose, visto che aveva conosciuto il tizio affascinante dal cappotto nero.

"Dai, non esagerare. Mi metti in imbarazzo", disse con malizia forzata.

L'uomo estrasse dalla tasca del cappotto un mazzo di chiavi.

"Mi piacerebbe invitarti a bere qualcosa in un posto carino. Ci tenevo a conoscerti e vorrei approfittare dell'occasione".

La ragazza stava per dire che per lei andava più che bene, ma decise che non doveva farsi vedere così disponibile. Non subito almeno.

"Come facevi a sapere che mi avresti incontrata qui? Chi sei e perché mi hai seguita?".

"Mi chiamo Giorgio. Sì, ho dovuto seguirti. Altrimenti non avrei mai avuto l'occasione di stare solo con te".

Quella sincerità cinica non la spaventava, anzi. La eccitava.

"E come hai fatto a sapere dove mi trovavo prima?".

L'uomo emise un brevissimo verso che sembrava una piccola risata.

"La persona di cui ti dicevo, di cui però non voglio dirti il nome per non farlo sembrare una spia, mi ha spiegato che ti piace frequentare un certo locale, qui in centro, insieme ai tuoi amici. Ci vai quasi tutte le sere".

Un vento freddo attraversò la piazza. Portava con sé presagi di morte. L'uomo sorrise quando se ne accorse. Non aveva alcun senso di colpa. Aveva già ucciso e avrebbe continuato a farlo. La sua era una missione e per questo si sentiva nel giusto.

"Inizia a far freddo", disse tradendo una certa fretta. "Che ne dici se invece di rifugiarci in un locale affollato, ti invitassi da me per un drink? Ho una proposta interessante da farti".

La ragazza lo fissò senza produrre alcun ragionamento logico. Cosa stava facendo? Possibile che accettasse l'invito di uno sconosciuto così velocemente? Il tempo delle caramelle fuori dalla scuola era passato, ma il monito rimaneva valido sempre e comunque. In realtà, non voleva affatto razionalizzare. Il suo impulso la stava guidando così bene che valeva la pena lasciarlo fare.

Accettò l'invito e mentre, al fianco dello sconosciuto, camminava verso un'automobile che avrebbe visto per la prima e unica volta, non si pose alcuna domanda e non si dette alcuna risposta. Il viaggio durò circa venti minuti. L'uomo si diresse a nord, in Brianza. Di lui non sapeva nulla tranne il nome. Erano come due ombre che per una fortuita alchimia di coincidenze si erano incontrate nel mondo dei mortali e avevano deciso di spassarsela usando quello che meglio di qualunque altra cosa definiva un mortale come tale: la carne. Mentre l'elegante auto scivolava lungo strade avvolte dal buio, la ragazza immaginò il groviglio dei corpi che di lì a poco avrebbe colmato il suo presente.

"Prima mi stavi parlando di una proposta. Se si tratta di farlo in modo violento ti dico che la cosa non mi piace".

L'uomo le posò la mano destra sulla coscia racchiusa in leggeri collant.

"Non ti preoccupare. Sono un tipo tranquillo. La mia proposta non riguarda il sesso. Almeno non direttamente. Ti piacerebbe posare nuda per un book fotografico?".

La ragazza allargò gli occhi e stette zitta per qualche secondo, gustandosi parola per parola quello che aveva appena sentito. Non credeva alle sue orecchie. Davvero una serata fortunata!

"Allora?", insisté l'uomo. "Che ne pensi? Io sono un fotografo di moda. Sto cercando nuovi volti e corpi per una campagna pubblicitaria che sto progettando per un grosso cliente. Non ti posso garantire che la tua vita cambierà dall'oggi al domani, ma stai certa che qualche conseguenza ci sarà".

Una girandola di emozioni invase l'orizzonte percettivo della giovane donna. I volti delle amiche invidiose, il successo, i soldi, gli uomini che si sarebbe fatta. Al diavolo studi e università. Era stato il destino a riservarle la possibilità di sfruttare l'incontro con lo sconosciuto. Come poteva rifiutare una simile opportunità?

"Per me va bene. Sono contentissima. Dimmi quello che devo fare".

"Ottimo. Non vedo l'ora di fare i primi scatti. Vedrai, ci divertiremo. Senza contare che avremo tutta la notte anche per il resto...".

Arrivarono in una strada isolata che si inoltrava nel buio di una radura. La ragazza non aveva idea di dove fossero. Presa com'era dalle emozioni che le turbinavano le viscere come una tempesta, non aveva certo prestato attenzione al percorso per giungere fino a lì. L'uomo parcheggiò l'auto in uno spiazzo coperto di ghiaia. Di fronte a loro si estendeva un capannone industriale piuttosto grande, immerso nel buio pesto e dai contorni appena distinguibili.

"Io abito qui", disse l'uomo con studiata innocenza. "Non ti far impressionare dalla struttura. Prima qui c'era una fabbrica. Io ho comprato la struttura e ho ristrutturato l'interno. Fuori è rimasto invece com'era. Mi piaceva e non ho voluto cambiare nulla".

Scesero dall'auto e si avviarono alla porta d'ingresso. Non c'era luce e le stelle in cielo sembravano spettatrici cinicamente indifferenti. Non c'era neppure vento anche se l'aria era pungente. Entrarono in un piccolo vestibolo illuminato da una serie di faretti sul soffitto. La ragazza annusò un profumo di fiori misto a qualcosa di indecifrabile. L'uomo la strinse a sé e la baciò. Fu un bacio lungo e intenso, molto intenso.

Quando si staccò da lei, l'uomo aveva occhi iniettati di sangue. Fu da quel momento che tutto scivolò in un'altra dimensione. La ragazza non ebbe più controllo di nulla. Dentro e fuori il suo essere, la realtà assunse connotati irriconoscibili, terrificanti e stimolanti insieme. Si accorse solo di essere seduta su un divano all'interno di una stanza ben arredata e accogliente. Ce n'erano altre di stanze, ma non riusciva a immaginare come fossero e cosa ci fosse dentro. Quella non era una casa normale, era un luogo di mistica differenza, un mondo nato e sorto da un universo ignoto. Si scoprì nuda e con la testa che le girava vorticosamente. Sul viso sentì calore, emanato da potenti lampade che illuminavano lo spazio ristretto. Non c'erano macchine fotografiche nelle vicinanze. E lui era lì davanti, immobile.

Adesso aveva paura. Improvvisamente, l'istinto di sopravvivenza prese il sopravvento su qualsiasi altro impulso. Paura di morire. Voglia di vivere. Nonostante la vista che progressivamente si annebbiava, la ragazza cercò ostinatamente di far lavorare le sinapsi. Tentò di parlare ma non ne ebbe la forza. Lo sconosciuto invece sembrava sproloquiare in un orgasmo di parole che lo faceva godere più di una copula. Non ricordava di aver fatto sesso, eppure tutto lasciava intendere il contrario. Aveva bevuto, questo lo ricordava benissimo: un drink che sapeva di plastica e frutta congelata. Stava per rifiutarsi ma non ne aveva avuto il coraggio. Era completamente sottomessa a quell'uomo che aveva saputo conquistarla fin nei recessi più profondi della sua anima. Conquistarla, sottometterla e impaurirla. Per lui avrebbe dato tutto, anche la libertà di decidere. Ma ora era solo odio quello che provava per quel bastardo.
"Hai un corpo bellissimo. Peccato doverlo deturpare. Ma sappi che il tuo è un destino tra i più nobili: il tuo sacrificio serve a fare giustizia. Lo capisci? Giustizia!".
Gridava. Il bastardo sputava saliva e dimenava il corpo sotto una doccia di adrenalina.
"Lasciami...andare...Ti prego....".
Le parole uscirono con estrema difficoltà. Aveva sonno e voleva dormire. Lo sconosciuto parlava ma il suono della sua voce arrivava sempre più attutito. La scosse il dolore acuto di un ago che le bucava la pelle del braccio con rapida determinazione. Con occhi appannati, vide che l'uomo le si avvicinava tenendo in mano un oggetto. Posatolo a terra a pochi centimetri dai suoi piedi, con entrambe le mani le allargò le gambe scoprendo un pube attorniato da pochi peli che alla luce delle lampade sembravano cambiare colore di continuo. Con studiata delicatezza, l'uomo infilò nella vagina un cilindro di gomma contenente una sostanza liscia e ruvida insieme. Quell'oggetto... Pelle, sembrava pelle umana. La ragazza percepì un leggero stimolo sensoriale che non poté riconoscere come tale. Gridò con quanto fiato aveva in gola, chiedendosi perché le stesse succedendo una cosa così orribile. L'operazione durò meno di un minuto, fino a quando il liquido caldo fuoriuscì del tutto dal tubo di gomma inondandole l'utero. Poi, lo sconosciuto estrasse il cilindro e lo gettò lontano. La lasciò sola e quando tornò nel locale teneva in mano un'altra siringa. Le praticò una nuova iniezione di un liquido dal colore malato. Nuvole di fiato condensato uscirono dalla bocca del bastardo. Parlava, parlava, parlava senza sosta...
"Dovresti ringraziarmi. Ti sto dando un'opportunità di riscatto. Quando ti troveranno

morta stecchita, sarai una vittima innocente, un'eroina ideale per le preghiere delle anime buone. Non la disgustosa puttanella che passava di cazzo in cazzo pensando di essere la donna di tutti e di nessuno".
Il liquido penetrò nel suo corpo ma lei non lo sentì. Tutto svanì nel giro di pochi secondi. Il mondo distorto divenne nero e la ragazza morì chiudendo i suoi occhi ormai stanchi.

L'uomo alzò il cadavere e lo trascinò nella stanza laboratorio. Dopo averlo posato sul freddo tavolo di metallo, recuperò gli attrezzi che gli servivano per compiere l'operazione per la quale un semplice omicidio di una ragazza qualsiasi, sarebbe stato ricordato a lungo come l'opera di un autentico genio giustiziere. Recise entrambe le mani della ragazza e le immerse nella formaldeide contenuta in un grande vaso di vetro. Occorse del tempo prima che il corpo della ragazza si dissanguasse. L'uomo lo trascorse camminando nervosamente per l'appartamento. Raggiunto il grande salone che occupava la parte rimanente del vecchio e ampio capannone, rimase estasiato a osservare le quattro mani che già pendevano dall'alta traversa del soffitto. Presto alla collezione ne avrebbe aggiunte altre due. La missione procedeva bene. Una sensazione di soddisfazione lo pervase in tutto il corpo. Si sentiva forte come non mai. Forte e invincibile. Nessuno sospettava di lui, nessuno era sulle sue tracce. Con le forze dell'ordine ancora in alto mare, avrebbe avuto tutto il tempo di portare a termine il suo compito. L'unico ostacolo era Filippo Corti. Il giornalista aveva dimostrato di avere buon intuito ma la partita l'avrebbe vinta lui. E in un modo o nell'altro l'avrebbe fermato, se si fosse spinto troppo oltre. Tornò nella stanza laboratorio. Un puzzo di sangue e morte aleggiava nell'aria. L'uomo se ne inebriò e passò all'ultima parte del piano. Chiuse il cadavere della ragazza all'interno di un sacco nero e lo caricò in auto, sfruttando l'ampio bagagliaio del Suv.

Dirigendosi verso sud in direzione di Monza, pensava con straripante arroganza e presunzione che dì lì a poche ore la scoperta del cadavere della puttanella avrebbe suscitato nuovamente una marea di discussioni e riflessioni. Soprattutto, godeva all'idea di aumentare il livello di paura. Amava la paura, con cui aveva imparato a convivere ormai da diversi anni, fin da quando giovanissimo aveva dovuto fare i conti con i mostri. Non quelli che invadono le notti ma quelli che camminano per le strade tutti i giorni, alla luce del giorno. Erano le quattro meno dieci quando raggiunse viale Regina Margherita. I Boschetti Reali erano immersi nel silenzio. Gli alberi dormivano avvolti nel gelo. Parcheggiata l'auto a bordo strada, a poche metri dal sentiero pedonale che si inoltrava all'interno, l'uomo attese qualche minuto il momento più opportuno. Quindi, trasportò il sacco con il cadavere fino allo spazio che ospitava la statua di Garibaldi. Depositò il sacco ai piedi del monumento, aperto, sospirando soddisfatto per ciò che aveva fatto. Poi, indisturbato, tornò sui suoi passi e una volta al volante del Suv si concesse il lusso di pensare a un momento di svago. Voleva bere e lo avrebbe fatto una volta giunto al capannone. Avrebbe dormito qualche ora, dopo essersi assicurato che la sua tana fosse ripulita e messa nuovamente in sicurezza. Quella non era la sua vera casa ma non poteva fare a meno di desiderare di tornarci più spesso che poteva.

Settimo giorno
Capitolo 29

La statua del Generale era ormai un ricordo sbiadito di un mondo lontano. In quella gelida mattina di fine gennaio la pietra artistica sembrava ancora più fredda e distante, indifferente ai moti emozionali che gli umani ai suoi piedi provavano alla vista di un corpo bianco modellato dalla morte. C'era molta gente ai Boschetti Reali. La nuova vittima del serial killer, la terza, aveva fatto detonare l'ennesima bomba di paura, incertezza e rabbia. Livia Ornaghi, ventisei anni, nuda e avvolta in un sacco di plastica nero. Il viso da bambola rotta induceva a pensare che ne dimostrasse almeno una decina in meno. Le braccia ridotte a due monconi erano quelle di un manichino pazzo, le mani mozzate ancora una volta sparite chissà dove.

Da dietro la prima fila di curiosi, Filippo vide Marco Aliprandi inginocchiato a pochi centimetri dal cadavere, che giaceva sul letto di ghiaia indurita ai piedi di Garibaldi. Franco Crespi fumava la quinta o sesta sigaretta della giornata e guardava il cadavere con occhi spenti e rassegnati. Tre agenti trattenevano il dolore spastico dei genitori della ragazza, incapaci di piangere restando immobili. Fremevano per toccare il corpo freddo di Livia, spingevano e imprecavano all'indirizzo delle forze dell'ordine. La furia cieca del dolore era oltre ogni limite comprensibile. Altri due agenti della Scientifica scandagliavano i pochi metri quadrati intorno alla statua, cercavano tracce e raccoglievano campioni muovendo con metodica lentezza la dura ghiaia. L'ambulanza non era ancora arrivata. Crespi si tenne lontano dai coniugi Ornaghi. Filippo lo capì, compiacendosi di quella umana debolezza. Cosa avrebbe potuto dir loro? Quali parole avrebbe potuto usare? Come avrebbe giustificato il suo lavoro che fino a quel momento non aveva prodotto risultati anche se lui e suoi uomini vi ci dedicavano anima e corpo?

"Vuole scappare", pensò Filippo. "Ma deve rimanere inchiodato lì, a prendersi in faccia gli insulti, a pochi centimetri dal cadavere nudo e mutilato di una giovane donna che in vita doveva essere stata molto bella ma che da morta è l'immagine della brutta distruzione".

Crespi si avvicinò. Aveva trovato la scusa giusta per allontanarsi dal fuoco incrociato degli sguardi feroci.

"A volte mi chiedo perché arriviamo sempre tardi".

Lo disse come se stesse parlando a se stesso. Intanto si era alzato di nuovo il vento e il gelo era aumentato.

"Succede sempre così, Franco. E non è colpa né tua né dei tuoi uomini. È semplicemente così che vanno queste cose".

Eccessivamente salomonico. Su viale Regina Margherita una colonna infinita di macchine incazzate si muoveva lentamente e in silenzio. Gli automobilisti scrutavano i Boschetti Reali cercando di carpire i dettagli di quello che era successo. Da lontano proruppe il suono acuto della sirena dell'ambulanza mentre un poliziotto scortava un uomo anziano dalla camminata veloce e lo sguardo allucinato.

"Sai chi è quello?", domandò Crespi facendo segno con la testa.

"No", rispose Filippo.

"È Angelo Sala, il nonno materno di Livia Ornaghi. Avvocato tra i più noti e vezzeggiati, ex sindaco centrista di Merate".

Il commissario si allontanò andando incontro al nuovo arrivato. Filippo lo vide stringere la mano al nonno materno della vittima. Poi, con la velocità di un lampo, l'avvocato accelerò il passo. Crespi non fece nulla per fermarlo, ordinando ai poliziotti che presidiavano il perimetro della statua di lasciarlo passare. L'uomo si fermò appena raggiunto il cadavere. Rimase immobile, gli occhi spalancati. Mamma e papà Ornaghi sbraitarono contro i poliziotti, volevano raggiungere il patriarca che gemeva sulle spoglie della nipote. Gridarono rabbia contro l'ingiusta discriminazione. Crespi, che nel frattempo era tornato sui suoi passi, non prestò loro alcuna attenzione. L'avvocato intanto si era inginocchiato a pochi centimetri dalla testa di Marco Aliprandi, che si scostò come disgustato. Alla fine, il medico si alzò, afferrò la sua borsa e si allontanò seminando falcate. Quando raggiunse Filippo era furente. Lo invitò ad allontanarsi di qualche passo.

"Mi devi aiutare, Filippo. La famiglia Reggiani e la famiglia Brambilla, tramite i loro avvocati, stanno cercando di ottenere il permesso di eseguire nuovamente l'autopsia ad Anna Reggiani e Marta Brambilla. Chiedono nuovi esami autoptici, compiuti ovviamente da un altro medico legale, possibilmente non del nostro dipartimento. È inammissibile! Lo dico non solo dal punto di vista della tutela della mia professionalità ma anche per il semplice fatto che è completamente inutile. Non c'è nulla in più da scoprire".

L'ambulanza accostò al marciapiede del viale; scesero due paramedici che, muniti di lettiga, si diressero in tutta fretta verso la statua di Garibaldi sbuffando e lanciandosi stupidi incitamenti verbali. Livia Ornaghi venne avvolta nel sacco grigio dei morti e posata sulla lettiga. I parenti e i curiosi la guardarono andare via, avvolta in una scia invisibile di morte.

"Cosa vuoi che faccia?".

"Scrivi di questo. Che chiedere nuove autopsie è una cosa inutile, che le analisi sono state condotte con scrupolosità e professionalità. Che non è colpa mia e del mio dipartimento se quello che è emerso dalle autopsie non piace ai familiari delle vittime. Senza contare che la responsabilità delle ulteriori analisi è della Scientifica. Capisco il loro dolore ma non si può falsificare la verità".

La gente se ne stava andando in un silenzio spettrale. Gli Ornaghi, che si erano già ricongiunti nella condivisione del dolore, presero un'altra direzione, quasi volessero inconsciamente sottolineare la loro diversità, dovuta al momento tragico.

"Vedrò cosa posso fare, Marco. Cercherò di aiutarti, tanto sono già finito nel mirino dei Reggiani e un'accusa in più ormai non fa alcuna differenza".

Marco lo ringraziò e si allontanò a passo veloce. Corti invece andò dal Generale. Ai piedi della statua erano rimasti solo i poliziotti. Crespi sembrava più leggero, senza l'assillo di malefiche energie psichiche a ronzargli invisibili intorno alla testa. Stava fumando l'ennesima sigaretta di quella lunga mattinata.

"I signori Ornaghi hanno riferito a uno dei miei che ieri sera la figlia è andata al Gotti, il pub che c'è in fondo a Piazza San Paolo. Ci andava quasi tutte le sere. E di solito tornava tardi. Per questo non si sono preoccupati quando non l'hanno sentita rincasare. Quando invece stamattina non l'hanno vista a letto...".

"Perché gli hai impedito di avvicinarsi al cadavere della figlia?".

"Piccola rappresaglia", rispose Crespi annuendo imbarazzato. "Appena sono arrivati hanno cominciato a lanciare insulti. Non sono uno che lascia perdere. Ho dovuto tenerli lontani perché erano sinceramente ingestibili. Li hai visti anche tu, no? Due ossessi, ecco quello che sono...".

"Cosa faceva nella vita Livia Ornaghi?".

"Studiava. Quarto anno di Economia alla Bocconi. Niente risultati eclatanti ma si impegnava e dava regolarmente gli esami. A memoria, il nome della ragazza non compare nell'elenco del taccuino. Quindi la pista dei festini è in questo caso la meno probabile, ma non è detto". Il taccuino.

"E sugli altri nomi? Hai scoperto qualcosa?".

Il commissario gettò a terra il mozzicone.

"Stiamo indagando. Finora però niente di interessante. Sono nomi di persone, alcuni combaciano con residenti a Monza. Potrebbe anche trattarsi di omonimia. Ti terrò naturalmente informato".

"Ormai è chiaro: sta uccidendo ragazze imparentate con notabili in vista".

Crespi si girò e fissò il giornalista con voluta intensità.

"Le vittime sono tutte figlie o nipoti di personaggi in vista della politica o dell'economia monzese e brianzola. Anna Reggiani figlia di Domenico, imprenditore del settore meccanico e personaggio in vista della Monza che conta; Marta Brambilla, nipote di Pietro, imprenditore tessile, membro di influenti associazioni cattoliche; e adesso Livia Ornaghi, nipote di Angelo Sala, avvocato ed ex sindaco di Merate. Non credo si tratti di coincidenze".

Il commissario sputò e si accese un'altra Camel scuotendo la testa.

"Mi stai suggerendo una pista da seguire?".

Filippo sorrise a denti serrati.

"Ne avevamo già parlato, ricordi? Sei tu il poliziotto. Io faccio il giornalista e se non avessi fantasia sarei fregato".

"Quello che riscontro per certa è la ritualità. Mani mozzate, corpi nudi, rapporti sessuali consenzienti. Al momento è questa la pista che voglio seguire. Non lo faccio perché sono di strette vedute. Se non indirizziamo le indagini da qualche parte rischiamo di uscirne pazzi. Tu non immagini le pressioni cui sono sottoposto, tutti i giorni. Per non parlare degli insulti che mi sono beccato stamattina. Fanculo, cazzo!".

"E cosa ti ha detto Aliprandi?".

"A suo parere, anche Livia Ornaghi è morta per un'overdose, non più di otto-dieci ore fa. Di che cosa lo potrà stabilire solo l'autopsia vera e propria. Il dissanguamento è sopraggiunto dopo l'amputazione delle mani. Dalla prima sommaria analisi, ha avuto un rapporto sessuale con penetrazione vaginale ma non anale. Negli altri due casi c'era invece anche quella".

"La cosa fa differenza?".

"Sì e no. Segna una differenza certo, ma forse di poco conto all'interno della strategia omicida di quel pazzo".

Si incamminarono verso viale Regina Margherita. Dalla strada giungevano i rumori della normalità.

"Visto che la pista sessuale ha comunque una sua ipotetica rilevanza, non credi che valga la pena insistere sui festini? Anche se il nome di Livia Ornaghi non compare nel taccuino, ho la netta sensazione che le orge di Villa Cusani c'entrino eccome".

Una nuvola di fumo si levò in cielo e venne immediatamente inghiottita dall'immensità dello spazio circostante.

"Va bene, te lo concedo. Ma ti invito a non fare niente di imprudente, magari all'insaputa della scorta. A proposito: dov'è Martone?".

Filippo indicò con l'indice un punto indefinito in lontananza, più in su lungo viale Margherita, verso piazza del Re de sass. Il commissario sorrise.

"Tienitelo stretto, Filippo. Per esperienza so che in casi come questi la prudenza non è mai troppa".

"Ti ringrazio per la premura, Franco. Sto svolgendo il mio lavoro e non posso smettere. Ho le bollette da pagare".

Si salutarono. Filippo si mosse in direzione del Re de Sass, dove lo attendeva imperturbabile la Polo blu. Martone gli stava appresso come un cane fedele. Probabilmente aveva parcheggiato in zona anche lui. Poco dopo le sette, mezz'ora dopo che Franco Crespi aveva svegliato Filippo per annunciargli il nuovo macabro ritrovamento.

Settimo giorno
Capitolo 30

Aria pesante in redazione. Gravida di incognite. Il direttore era addirittura seduto alla scrivania di Filippo. Dei collaboratori invece neanche l'ombra; probabilmente Licastro li aveva mandati a prendersi un caffè. Il numero uno non aveva una bella faccia. Era chiaramente arrabbiato ma Filippo comprese all'istante che non ce l'aveva con lui.

"Quel coglione di Reggiani!", esordì appena vide arrivare il giornalista, sputacchiando brandelli sfilacciati di saliva. "Ha brigato come un pazzo per fare pressione sulle banche che hanno rapporti con l'editore. La Gazzetta lo ha evidentemente fatto incazzare per bene. Mi piace avere tanti lettori ma uno come lui è meglio perderlo che trovarlo. Inquietante!".

Filippo non solo aveva appena concluso l'ennesimo viaggio alla scoperta della follia umana, questa volta con meta i Boschetti Reali; aveva anche dovuto ricacciare in fondo al pozzo dell'inconscio il crescente senso di colpa nei confronti di Lucia, la fidanzata ufficiale, dopo che si era scopato la dottoressa Longhi. Non era quindi per niente in vena di sottigliezze verbali.

"Tradotto in parole umane?".

Licastro lo guardò mentre in bocca faceva roteare un bolo di sostanza sconosciuta.

"In parole umane, come dici tu, significa che se vai avanti a fare il giornalista con i contro coglioni rischiamo tutti il licenziamento. Me compreso. L'editore è stato chiaro: Reggiani vuole la tua testa, Magri ha promesso che ti avrebbe ridimensionato. A quel punto la palla è passata a me".

"E secondo te cosa dovrei fare?".

Il direttore si alzò e si avvicinò alla finestra. Guardò fuori senza osservare niente di particolare. Le sue parole trasudarono imbarazzo.

"Fosse per me ti darei carta bianca su tutto, Filippo. Ma non posso. Porca puttana, non posso e la cosa mi manda in bestia. Che cazzo ci sto a fare qui se non posso fare il direttore? Qual è il mio ruolo?".

Pausa.

"Sono costretto a chiederti di ridimensionare il tiro, sperando che tu voglia occuparti d'altro. Speranza vana, lo so. Considerala una richiesta retorica. Vaffanculo a tutti quelli che pensano di poterci comprare. Qui lo posso dire ma la cosa deve rimanere tra noi".

Aveva abbassato la voce. Filippo rifletté per qualche secondo prima di rilanciare.

"Abbiamo in mano qualcosa di grosso e sono venuto giusto per pianificare le prossime mosse".

Licastro si voltò e lo mise a fuoco. La sua bocca non si muoveva, ma gli occhi erano come impazziti.

"Allora non hai capito, Corti?".

"Ho capito benissimo, direttore".

"Cosa vuoi che ti dica allora?".

Sospirò, meditando ancora per qualche secondo.

"Vai avanti. Ma sia ben chiaro: io non ti ho dato alcuna autorizzazione. Perciò se pubblichi qualcosa ti consiglio di far firmare a qualcun altro o di usare uno pseudonimo".

"Stai scherzando vero? È questa la libertà che mi lasci? E le belle parole sul non farsi comprare?".

Licastro abbandonò la sua postazione per piazzarsi in piedi davanti a Filippo, con la faccia a meno di dieci centimetri dal naso del giornalista. Il suo alito odorava di numerosi caffè.

"Ci tengo al mio posto di lavoro, ti basta? Non sono nato per morire da eroe. Quello che posso fare è aiutarti a difendere il tuo di posto. Se poi ti ritrovi con il culo per terra sappi che ci sarà sempre un piatto di minestra alla mia tavola".

Seconda pausa.

"È l'editore a tenere il coltello dalla parte del manico. Fosse per me, me ne andrei per fondare un altro giornale. Ti porterei via da qui, ovviamente. Ma si dà il caso che non ho soldi per fare un simile investimento".

Filippo tirò fuori dal cilindro l'arma segreta.

"Eppure l'editore sa che da quando abbiamo iniziato a seguire con attenzione il caso del serial killer le vendite sono praticamente raddoppiate".

Licastro sbuffò allontanandosi. Poi si girò. Teneva le braccia aperte come un attore consumato alle prese con un monologo di sicuro impatto sulla platea.

"Certo che lo sa. Non è mica scemo. Se ha ceduto è perché in gioco c'è la sua stessa società".

"Non credo che Reggiani sia così potente".

"Invece faresti bene a crederlo. Quel figlio di troia ha mani dappertutto e in città è considerato una persona molto influente".

"Cristo!".

Filippo mollò un calcio alla sedia. Le teste si girarono.

"Quindi cosa faccio? Cestino tutto?".

"No, ma per il momento non pubblicare nulla di particolarmente scottante. Aspettiamo che il cane rabbioso si calmi, ammesso che un tipo merdoso come lui possa calmarsi. Stai sul vago e riferisciti il meno possibile alla figlia. Di cadaveri ce ne sono altri due, puoi sbizzarrirti con loro".

"Non ne sarei così sicuro. Marco Aliprandi, il patologo, mi ha detto che le famiglie Reggiani e Brambilla hanno chiesto di rifare le autopsie, con un altro patologo. Credi davvero che Reggiani stia facendo tutto questo casino senza il concorso della famiglia Brambilla? E anche di Cesare Borsa? Potrebbe anche darsi che con il ritrovamento della terza ragazza, la coalizione si allarghi ai nuovi arrivati, gli Ornaghi".

Licastro nel frattempo era tornato alla finestra.

"Ho promesso all'editore di starti con il fiato sul collo, Filippo. Non so se riuscirò a pararti il culo la prossima volta".

"E lo chiami pararmi il culo impedirmi di fare il mio lavoro?".

"Calmati. Per il momento non c'è altro da fare".

Terza pausa.

"Hai parlato di qualcosa di grosso".

Filippo si sedette, sfinito.

"Ricapitoliamo. Una delle mie fonti, Michele Pastrengo, il ragazzo ex spasimante di Anna Reggiani, mi riferisce del giro dei festini a base di droga e sesso. La location è niente meno che Villa Cusani, uno degli edifici storici di Verano Brianza, ufficialmente affittata a una non meglio precisata associazione filantropica, Il Cammino. Sto parlando di centinaia di persone, tutte del giro alto, ricchi imprenditori, politici, avvocati, professionisti, sacerdoti. Io e Michele entriamo di nascosto a Villa Cusani dove trovo un taccuino con due lettere scritte su una pagina. A e R. Il taccuino è pieno di nomi e cognomi collegati a numeri telefonici e indirizzi mail. L'ho dato a Crespi che sta indagando. Potrebbero essere i soci dell'Associazione ma non è detto. Secondo il commissario, A e R non sembrerebbero le iniziali del nome e del cognome di Anna Reggiani. Io rimango scettico e sostengo che la pista dei festini sia assai promettente. Intanto, il serial killer uccide la terza ragazza, Livia Ornaghi, che a un primo esame non ha nome e cognome riportato sul taccuino. Altre ipotesi... Insomma, c'è abbastanza materiale per quattro pagine di cronaca nera sul numero di domani".

Paolo Licastro prese una delle sedie e si accomodò di fronte a Filippo.

"Quelle quattro pagine farebbero immediatamente perdere il posto anche a me. Ma mi fa incazzare il non poter divulgare queste informazioni".

Quarta pausa e sospiro.

"Che razza di lavoro è diventato il nostro?".

Filippo annuì, compiaciuto di avere ancora un direttore provvisto di una discreta dose di dignità umana e professionale.

"E non è tutto. Spulciando qua e là e facendo le domande giuste alle persone giuste, Crespi ha scoperto che vent'anni fa venne violentata e uccisa una ragazza di Bellusco. Me lo ha riferito per primo il dottor Iatta, psichiatra al San Gerardo. Il corpo della ragazza, Lisa Brivio, fu ritrovato a Lentate sul Seveso".

"E allora?".

"La tecnica è la stessa del nostro serial killer, o almeno ci assomiglia molto. Intendo le mani amputate. In quel caso però ci fu violenza sessuale, mentre nel caso di Anna Reggiani e Marta Brambilla no. E lo stesso vale per Livia Ornaghi".

Licastro si alzò nuovamente. Era inquieto.

"Il commissario si è rivolto ai colleghi di Bellusco e a quelli di Lentate sul Seveso. Nessun colpevole arrestato. Il caso venne archiviato. Io sono andato a Bellusco e ho incontrato un prete, un parroco. Mi ha detto che la famiglia Brivio si trasferì a Milano dopo l'accaduto. Di loro non ha saputo più niente, padre, madre e un fratello di Lisa".

Licastro si lisciò i folti capelli neri che incorniciavano in alto un viso rotondo e chiazzato qua e là di rossori rotondeggianti. Nel frattempo, tastò il taschino della camicia in cerca di una sigaretta. Non poteva fumare in ufficio ma il vizio esigeva il suo tributo di gestualità.

"Intuisco la tua intenzione di recarti a Milano".

Mormorio di assenso.

"Non te lo posso impedire ma sappi che ai fini di quanto verrà pubblicato sul giornale ti dovrai scrupolosamente attenere a quanto abbiamo stabilito. È chiaro?".

Filippo non rispose subito, lasciando intendere che era incazzato ma non stupido.

"Non ti preoccupare, Paolo. A questo punto lo faccio anche per una curiosità personale. Tra l'altro, la vicenda di Lisa Brivio mi ha colpito profondamente. Mi piacerebbe conoscere tutti i particolari".

Il direttore gli sorrise stancamente. Troppo stress.

"Vada per la quattro pagine. Ma stai attento a quello che scrivi e a come lo scrivi. Massima prudenza e scrupoloso resoconto di tutte le ipotesi attendibili".

Trillò il cellulare di Filippo. Paolo Licastro se ne andò salutando con la mano. Lucia. Un velo nero offuscò la vista del caporedattore. Rispose a monosillabi e liquidò il tutto in meno di venti secondi. Poi iniziò a mangiucchiarsi con malsana avidità le unghie delle dita della mano destra.

Settimo giorno
Capitolo 31

Non pioveva da un po' di ore e Filippo lo ritenne di buon auspicio. Desiderava ardentemente che la serata a casa di Barbara Longhi filasse liscia come l'olio. Aveva paura e più aveva paura più la desiderava, come un funambolo in equilibrio sul reale indistinto. Era forte l'attrazione per la dottoressa, qualcosa che non riusciva piacevolmente a controllare e ancora meno a comprendere. La parte razionale si era già attivata, mettendolo in guardia dai possibili risvolti negativi di un innamoramento non corrisposto. Ma non era in grado di ascoltarla. O non voleva farlo. Nel calderone dei pensieri e delle sensazioni disordinate era finita anche la tensione provocata dalla vivida presenza di Lucia, mandando in circolo tonnellate di adrenalina malata. L'avvocato lo aveva richiamato verso le tre del pomeriggio. Con voce calma e rilassata, Filippo le aveva propinato come scusa una cena con un collega a Milano. Una serata di respiro, un patto scellerato per una tregua momentanea con il senso di colpa.

Alle nove le strade erano buie e desolate. I due amanti avevano deciso di comune accordo di cenare tardi perché gli impegni di lavoro di entrambi non permettevano di anticipare l'incontro. Filippo aveva trascorso l'intera giornata in redazione, centellinando ogni singola parola di ogni singolo pezzo che sarebbe stato pubblicato il giorno dopo. Cosa ancora più riprovevole, aveva messo il naso negli scritti dei collaboratori, ben oltre il consentito dalle sue responsabilità di caporedattore. Dopo quello che gli aveva detto Licastro, non voleva correre rischi. Ore redazionali che aveva vissuto in uno stato di tensione e nervosismo al limite dell'ossessione omicida, incattivito e irritato. Ne avrebbe parlato con Barbara? Con Lucia avrebbe potuto farlo ed era una delle cose che più amava della loro relazione. Relazione? C'era ancora una relazione con l'avvocato? Era pronto a crearne una nuova con il patologo? E se fosse bastata una semplice frequentazione e della sana attività sessuale? Non lo sapeva e non voleva saperlo. Non quella sera.

Parcheggiata la Polo, salutò il poliziotto di scorta compiacendosi della sua granitica discrezione e ammirando la sua fibra fisica. Non capiva come riuscisse a rimanere per un notte intera fermo ad aspettare che i suoi comodi fossero pienamente soddisfatti. Filippo si diresse verso il portone della palazzina anni Trenta in cui abitava Barbara. Terzo piano, vista tetti. Una meraviglia di architettura masochista. La voce della dottoressa lo accolse con gioia invitandolo a salire. L'ascensore era occupato e fermo al quarto e ultimo piano. Filippo valutò l'ipotesi di farsi una montagna di gradini, poi decise di aspettare. Non era carino presentarsi a un appuntamento tutto sudato. Impiegò cinque minuti per mettere piede nel bilocale che ricordava arredato con cura e senza eccessi nevrotici di design. Dalla cucina provenivano tentacolari profumi intensi di cibo infornato. Un'erezione istantanea comparve tra le gambe, mettendosi immediatamente in evidenza mentre il giornalista abbracciava con calore Barbara. Si baciarono a lungo e Barbara apprezzò l'ondata di calore che si sprigionava dalla zona pubica di Filippo.

Si sedettero sul divano del soggiorno, lo stesso che li aveva accolti come amanti la sera del loro primo appuntamento. Sul tavolino di cristallo posizionato davanti, troneggiavano gagliardi due grossi calici di vino rosso, affiancati da un piattino ricolmo di pezzetti di focaccia oleosa. Il liquido viscoso brillava sotto la luce neutra delle lampade. Filippo divise l'orizzonte visivo tra gli occhi della donna e le sue gambe, lasciate libere di svelare la loro bellezza da una luccicante minigonna color antracite. Fantasie pornografiche vibrarono con libertina intensità nella testa del giornalista, finalmente svuotata dei suoi contenuti peggiori. Immagini libere e istintive che la ragione non poteva più fermare. Nessuna inibizione. Comparve un'istantanea erotica figlia dell'ansia e dell'adrenalina: fare l'amore a tre, con Barbara e Lucia infuocate, infoiate e totalmente a sua disposizione. Il genere di fantasie che vengono a galla quando si vive sul crinale che separa due mondi giganteschi: le emozioni di dover far parte di entrambi sono di difficile gestione, ci si sente parte di un'immensità universale che fa percepire sé stessi come creature enormemente vive. Confuse ma vive. Barbara lo baciò di nuovo e la sua mano si mosse sicura nel crocevia pubico. Scoparono sul divano. Di nuovo. Filippo si lasciò andare in un modo che non poteva più permettersi con Lucia. L'aria profumata del soggiorno mescolata alla densa e invisibile fragranza del cibo in cottura, si unì agli effluvi dei corpi in calore. La foia aumentò fino alla fioritura gridata degli orgasmi. Dopo, dalla cucina giunse il suono acuto del timer del forno: la cottura era terminata. Nei pochi passi che separavano soggiorno e cucina, iniziarono a circolare energie primordiali e creative, in una sospensione di tempo e spazio che sapeva di antiche regole di trasformazione delle essenze.
Mangiarono e bevvero con avida educazione, parlando di cose futili, spettegolando persino, consapevolmente indifferenti ai drammi che il mondo stava vivendo in quei giorni convulsi e disordinati. Poi il discorso cambiò rotta. Improvvisamente.
"Cosa si sa a proposito della ragazza trovata morta questa mattina?".
Filippo non rispose subito. Preferì riflettere qualche secondo sul fatto che se prima avrebbe fatto volentieri a meno di discutere di certi argomenti con Barbara, adesso lo doveva fare per metterla in guardia e proteggerla.
"È la terza vittima del serial killer".
Lo disse mentre masticava un pezzo di pane dal sapore speziato. Barbara confermò che le preoccupazioni nei suoi confronti erano in fondo giustificate.
"Questa mattina, quando il cadavere è arrivato da noi al dipartimento, ho avuto la piena consapevolezza di ciò che sta succedendo: tre giovani donne sono state brutalmente uccise e mutilate. Quando sono uscita era già buio. Non mi era mai successo, ma ho corso per raggiungere la macchina".
Filippo sospirò. Lo stomaco aveva chiuso i battenti.

"Cerca di stare tranquilla. Me lo prometti?".

Barbara annuì con una dose appena sufficiente di convinzione negli occhi.

"Non credo ci siano pericoli. Se è come penso, il serial killer non sta colpendo a casaccio. Segue un disegno prestabilito e quelle ragazze ne fanno parte".

"Ma nessuno sa quale sia questo dannato disegno", replicò la dottoressa, visibilmente agitata. "Potrebbe prendere di mira le donne in generale. Nessuna di noi è al sicuro!".

Filippo annuì cercando di apparire il più rassicurante possibile.

"Credo che non voglia colpire nel mucchio. Le tre vittime erano tutte ventenni accomunate da una caratteristica precisa: nessuna di loro era completamente autonoma, ciascuna di loro viveva ancora in famiglia. Inoltre, si tratta di ragazze appartenenti a famiglie in vista".

"Quindi, secondo te, le donne più mature e autonome come me sono al sicuro?".

Strano, ma lo aveva detto senza ironia. Se era rimasta offesa lo nascondeva bene.

"Non lo posso escludere al cento per cento, ovviamente, ma credo di sì".

Filippo prese delicatamente nella sua la mano sinistra di Barbara, accarezzandola.

"Comunque, sii prudente".

Barbara sorrise ma senza eccessivo trasporto. Filippo percepì una certa freddezza che lo trascinò in un angoscioso processo deduttivo: oltre a quello che c'era stato fino a quel momento, da quella donna avrebbe ottenuto poco altro. Cambiarono discorso.

"Hai detto di avere in serbo un dolce fantastico. Direi che è venuto il momento di assaggiarlo".

Barbara si alzò e prese dal frigorifero una crostata ricoperta di frutta dai mille colori. Dopo averne tagliate due fette, riprese a fare domande.

"Marco ha avuto difficoltà nell'eseguire l'autopsia", disse la donna mentre forzatamente addentava la sua fetta. "Mi ha detto che l'analisi vaginale è stata particolarmente complicata. È riuscito comunque a estrarre diversi campioni di sperma della vittima. La Scientifica lo ha analizzato: risulta appartenere a un singolo individuo".

"So tutto", confermò Filippo. "Domani usciremo con una serie di articoli e servizi, anche se ho le mani legate e non posso scrivere ciò che vorrei".

"In che senso?", chiese Barbara sorpresa.

"Il direttore mi ha riferito che Domenico Reggiani, il padre di Anna, ha fatto pressione sull'editore per tenermi a freno. Ho già una querela addosso e il rischio che ci siano pesanti ripercussioni economiche sul giornale ha convinto Camillo Magri a cedere. Nonostante le vendite siano aumentate".

"Mi dispiace".

"Anche Marco ha problemi. Mi ha chiesto di aiutarlo. Dice che le famiglie Reggiani e Brambilla hanno chiesto una nuova autopsia e un nuovo medico legale. Teme che se la loro richiesta venisse accettata ci sarebbero ripercussioni sulla sua immagine professionale. Al momento attuale però non credo di poter fare molto per lui".

Barbara si alzò nuovamente con il piatto in mano. Lo infilò nel lavello e tornò a sedersi.

"Non me ne ha parlato".

"Forse pensa che possa essere tu il medico legale incaricato delle nuove analisi".
"È più probabile che nell'eventualità venga designato un altro dipartimento. L'azione legale di solito viene indirizzata non tanto contro il singolo medico ma contro la struttura presso cui lavora. Comunque, Marco ha sempre lavorato bene e continuerà a farlo. Aliprandi è molto scrupoloso e un validissimo collaboratore. Io sono dalla sua parte, naturalmente. Anche nel caso di Livia Ornaghi, ha eseguito un'analisi autoptica impeccabile, riscontrando l'assenza di violenza sessuale e appurando che la causa della morte è imputabile a un arresto cardiaco dovuto a un'overdose di anfetamine. Inoltre, sono state trovate ancora una volta tracce di metadone".
"Tutto come copione. Questa volta hai partecipato all'autopsia?".
"No. Ha fatto tutto Marco, ma sono al corrente di ogni particolare. Il fatto è che io e Marco parliamo molto. Ci confrontiamo apertamente sul lavoro che svolgiamo".
Uno sguardo malizioso comparve sul viso della dottoressa. Filippo represse a fatica un grugnito di disapprovazione.
"Non dirmi che sei geloso".
Rise e Filippo fece lo stesso.
"Certamente. Marco è un bell'uomo e ci sa fare con le donne. Perché non potrebbe tentare anche con te".
"Perché non è solo l'uomo a tentare, c'è anche una donna che deve acconsentire".
"E tu allora?".
"Allora, niente flirt sul lavoro. È la mia regola e la regola di Marco".
Amen. Adesso Filippo aveva sete. Chiese un bicchiere d'acqua, giusto per distogliere l'attenzione e togliere i piedi dal terreno minato. Per fortuna, Barbara non era tipa da lasciarsi andare a un dialogo tra partner fatto di rocambolesche seghe mentali. Lo invitò invece a fare l'amore, questa volta sul lettone. Filippo non se lo fece ripetere due volte. Si spogliarono e si distesero abbracciati sulla fine coperta color lavanda. Tutto in camera da letto tendeva al violetto. Filippo si immerse nel vortice della passione lasciando che i sensi lo guidassero in un turbinio lontano anni luce dalla razionalità. Quella notte dormì da Barbara. Un sonno privo di sogni e preoccupazioni lo catturò completamente. Non le disse nulla del poliziotto di scorta che, vigilando sulla sua sicurezza, finiva inevitabilmente per proteggere anche lei. Un bonus gratuito. Fu l'ultimo pensiero che si concesse prima di addormentarsi con la testa posata sul grembo ancora caldo della dottoressa.

Ottavo giorno
Capitolo 32

A quell'ora del mattino piazza Trento e Trieste era molto affollata. Il mercato settimanale attirava massaie, curiosi e perditempo in una calca furibonda di corpi in caduta libera e menti annebbiate dalla confusione. Fermo davanti al monumento ai Caduti di tutte le Guerre, lo sguardo rivolto al palazzone sede del Comune, Domenico Reggiani parlava animatamente con un coetaneo. Non Cesare Borsa. Un altro. Come al solito, lo sproloquio sembrava quello di una persona mentalmente disturbata e consciamente cattiva. Chissà cosa stava tramando quel diavolaccio di Reggiani... Filippo se lo chiese mentre, un bicchierino di caffè in mano, sbirciava dal finestrone della redazione l'ampia estensione della piazza sottostante. Lo aveva visto per caso e lo aveva immediatamente riconosciuto. Quel maledetto psicopatico di Reggiani. Impossibile non notarlo dopo che avevi avuto la sfortuna di conoscerlo. Il continuo agitarsi delle braccia fameliche da orco, il corpo coinvolto in un altalenante trottolio nevrotico: tutto di quell'uomo era fonte di angoscia. E l'angoscia generava paura. Un pensiero occupò immediatamente l'orizzonte razionale di Filippo: il numero in edicola della Gazzetta. Scorse mentalmente il contenuto delle pagine di cronaca nera, alla ricerca di eventuali passi falsi. Suoi e dei collaboratori. Stava diventando un'ossessione... Maledizione! Non poteva avere paura. Stava facendo il suo lavoro e doveva continuare a farlo.

Alle dieci il quotidiano era praticamente scomparso dalle edicole della città. Esaurito. Che fosse quello il motivo dell'accanimento selvaggio di Reggiani, vomitato addosso al malcapitato interlocutore? Il direttore non aveva neanche aspettato i primi sommari dati di vendita in provincia. Si era precipitato in redazione e aveva ringraziato tutti, in particolare i giornalisti della nera.
"Ottimo lavoro", aveva detto con un sorriso sincero, forzatamente contenuto. Cinque pagine, e non le quattro preventivate, erano state dedicate al ritrovamento del cadavere di Livia Ornaghi e al riassunto delle puntate precedenti. Cinque pagine succulenti, grondanti testo ben scritto, foto rivelatrici e la giusta dose di macabro voyeurismo. Niente fuori dai limiti. Uno spazio considerevole se l'era preso il resoconto dell'avvio degli interrogatori delle persone il cui nome e cognome comparivano sulle pagine del taccuino trovato a Villa Cusani. Nessun ulteriore riferimento ad Anna Reggiani: una piccola concessione al clima censorio instaurato dal cane rabbioso. E un rispettoso adeguamento ai fatti: non c'erano prove certe che le iniziali A e R fossero quelle della prima vittima del serial killer. Apparentemente, non c'erano dunque motivi per incazzarsi, ma Domenico Reggiani era comunque arrabbiato e aggressivo. Il fatto poi che si trovasse sulla piazza antistante il palazzo dove avevano sede direzione e redazione della Gazzetta non deponeva a favore della tesi pacifista. Su sollecitazione di Filippo, anche Paolo Licastro si era messo a osservare il padre di Anna Reggiani. Il direttore

non aveva commentato, limitandosi a sorridere ironicamente. I dati di vendita infondono sempre grande coraggio.

Filippo aveva appuntamento con Franco Crespi al bar della piazza ma fu costretto ad aspettare che Domenico Reggiani e lo sconosciuto interlocutore se ne andassero prima di scendere in piazza. Era stato Licastro a imporgli di rimanere in redazione.

"Meglio che non ti veda. Non buttiamo altra benzina sul fuoco", aveva detto con fare paternalistico. Filippo non lo aveva ringraziato, né a voce né interiormente. Non amava il paternalismo e i suoi figli più o meno legittimi. Era infastidito ma preferì non forzare le cose. Non voleva farsi intimorire dalle prepotenze di Reggiani ma nello stesso tempo era consapevole che non poteva accettare con leggerezza di mettere a rischio il suo lavoro e quello degli altri. Quando entrò nel bar, vide che Crespi si era già fatto un caffè nell'attesa. Il commissario era su di giri e in vena di parlare.

"Ho un sacco di cose da dirti", esordì il poliziotto dopo aver sorseggiato la seconda tazzina di arabica. All'anulare portava un anello troppo grosso per i gusti di Filippo. Era la prima volta che il giornalista lo notava.

"Premessa: la situazione si sta facendo sempre più pesante. Io e i miei uomini continuiamo a ricevere pressioni da parte dei superiori. E anche all'interno della Polizia ci sono contrasti sulle modalità di condurre le indagini. Stamane poi, erano da poco passate le otto, è venuto da me un consigliere comunale dell'opposizione, tal Amicone Tommaso. È venuto per chiarire la posizione dell'Associazione Il Cammino di cui fa parte".

Filippo smise di agitarsi e rimase immobile.

"Cosa ti ha detto?".

Crespi sorrise, compiaciuto di aver attirato l'attenzione del giornalista.

"Mi ha detto che il taccuino che tu hai trovato a Villa Cusani appartiene alla segreteria dell'Associazione e che i dati riportati riguardano i soci".

"Davvero?", chiese Filippo con esagerata ironia.

"Eh sì, mio caro. Amicone mi ha detto chiaramente che quel taccuino è materiale riservato e che ci sono gli estremi per una denuncia".

"Non credo abbia fatto il mio nome ma...".

"...ma è un miracolo che sia riuscito a convincere il consigliere che la Polizia è entrata in possesso del taccuino in modo legale. Non credo abbia abboccato, siamo intesi, ma è troppo furbo per non farcelo credere. Ha usato la sua posizione di vantaggio per giocare la carta successiva".

Filippo temette il peggio.

"Anna Reggiani".

Il giornalista agitò una mano in aria.

"È lei che ha scritto sul taccuino?".

"Peggio", mormorò il commissario. "Stando a quello che ha riferito Amicone, Anna era la segretaria dell'Associazione. Quindi, può anche darsi che sia stata lei a riempire il taccuino e a metterci le sue iniziali. Amicone non lo ha confermato. Inoltre, la ragazza faceva riferimento al presidente, l'avvocato Osvaldo Ferranti". "

Mai sentito", precisò Filippo.

"Naturalmente è uno degli avvocati più in vista di Monza, probabilmente anche uno dei più cari", spiegò con accademico sarcasmo Crespi.

"E tu ci credi?", chiese scettico Filippo. "Intendo al fatto che Anna Reggiani fosse la segretaria della fantomatica associazione filantropica?".

Il commissario non represse uno sghignazzo.

"Assolutamente no. Ma non ho le prove per avvalorare il sospetto che Amicone abbia raccontato un sacco di cazzate".

"Già", convenne Filippo.

"Il vero colpo di scena però è un altro. Amicone sostiene che Anna ha rubato parecchi soldi dalla cassa dell'associazione. Centinaia di migliaia di euro".

Il giornalista roteò la testa.

"Se è una balla, bisogna dare atto al signor Amicone di avere una discreta fantasia".

"È quello che ho pensato io", argomentò Crespi. "Tra l'altro, il consigliere afferma di non aver denunciato prima la ragazza per non metterla nei guai. Ma, dato che ora è tragicamente morta, ha deciso di parlare delle cosa ma di tenere in sospeso per il momento qualsiasi denuncia".

"Un po' contorto come ragionamento".

Crespi sbuffò.

"Ti rendi conto della fatica che devo fare per arrivare a capirci qualcosa? Ora mi toccherà aprire un altro filone di indagini".

Guardò Filippo e gli arpionò il braccio con la mano calda e sudata.

"Cerca di utilizzare con astuzia le informazioni che ti ho appena dato. È materia che scotta. Potrebbero rivelarsi molto pericolose".

Filippo distolse lo sguardo. Una fastidiosa sensazione di straniamento lo demoralizzò.

"Hanno rotto le palle all'editore e quindi al mio direttore. Dobbiamo tenere un basso profilo e soprattutto fare di tutto per evitare di fare nomi a sproposito".

Il commissario sorrise.

"E cosa vuol dire?".

"Che siamo giornalisti ma non dobbiamo fare i giornalisti", rispose Filippo scimmiottando un dialogo amletico. "È una situazione che non riesco a tollerare".

Crespi liberò il braccio dell'amico e gli appoggiò una mano sulla spalla. Filippo temette di subire un altro attacco delle forze paternalistiche. Scoprì invece il potere terapeutico del contatto amichevole e fraterno.

"Non siete gli unici a dovervi misurare con questo genere di cose, assai sgradevoli. Sono stato chiamato questa mattina dal questore che mi ha detto esplicitamente che devo mantenere il massimo riserbo sugli interrogatori che stiamo conducendo sui presunti partecipanti ai festini di Villa Cusani. Conosco il dottor Liverani e so che è dalla mia parte. Ma è nello stesso tempo obbligato a fare molta attenzione. Anche lui è sottoposto a forti pressioni. Capisco il suo richiamo anche se faccio fatica ad accettarlo".

"Forse non lo sai, ma questa mattina la Gazzetta ha dimostrato che a volte il riserbo è un fastidio inutile".

Crespi rise, agguantando una manciata di salatini e ficcandoseli in bocca.

"Certo che lo so. Come tu sai che tutto è partito da una soffiata anonima".

Lo sguardo sornione del commissario sembrò ridare senso alla loro sodale e occulta collaborazione.

"Mi fido della tua professionalità, Filippo. Riesci a immaginare che fine farebbe la mia carriera se si sapesse che ho avuto il taccuino da un giornalista e al quotidiano dove quello stesso giornalista lavora sono state successivamente passate informazioni importanti? Informazioni che ovviamente potrebbero rivelarsi fondamentali per togliere il velo di segretezza sulle viziose abitudini di molti potenti".

Ci godeva il commissario, eccome se ci godeva.

"Senza contare che potrebbe saltare fuori il nome del serial killer", ribatté Corti con sarcasmo.

"Oh, al diavolo il serial killer", precisò infastidito Crespi. "Comunque non ci possono fermare. Staremo attenti a dove mettiamo i piedi ma non possiamo certo interrompere gli interrogatori. Assassino o no, se la storia dei festini è vera c'è da scoperchiare un pentolone pieno di merda illegale. Rientra nel mio lavoro".

Una nuvola passeggera gettò una gigantesca ombra sul marmo chiaro della piazza. I due uscirono come attratti dal misterioso dipanarsi delle condizioni meteorologiche.

Crespi si accese una Camel.

"So che stai seguendo la pista di Lisa Brivio. Io non posso indagare al di fuori del territorio di mia competenza: mi serve un appoggio su Milano. Saresti disponibile?".

Come se già non facesse il poliziotto come secondo lavoro.

"Ci avevo già pensato, Franco. A dire il vero volevo prima andare a Lentate sul Seveso per dare un'occhiata alla documentazione sul ritrovamento del cadavere della ragazza. La tappa successiva sarà Milano, dove a quanto pare la famiglia della ragazza si è trasferita dopo il fattaccio. Ho chiesto a un collega del Corriere di ricercare l'indirizzo della famiglia Brivio. Aspetto che mi chiami".

Si era alzato un vento leggero e freddo. Il cielo era chiazzato qua e là da nuvole multicolori.

"A Lentate non scoprirai granché. Ho già ottenuto il massimo dalle autorità locali. L'omicidio di Lisa Brivio venne presto archiviato".

Filippo alzò il bavero del cappotto e strinse gli occhi.

"Forse è giunto il momento di rimettere le cose in pista, non credi? Lo dobbiamo a quella ragazza e alla sua famiglia. E forse non sarà uno sforzo inutile. Può anche darsi che da lì vengano fuori preziose informazioni sul nostro serial killer".

Crespi annuì fiducioso.

"Io comunque non posso fare di più né a Lentate né a Bellusco. Conto ovviamente su di te".

Quando si salutarono, presero due direzioni opposte, come cospiratori alle prese con i preparativi di una rivolta.

Ottavo giorno
Capitolo 33

La piazza si era trasformata in un'arena per combattimenti all'ultimo sangue. Domenico Reggiani bruciava nel fuoco dell'odio mentre il suo interlocutore, l'avvocato Osvaldo Ferranti, mostrava controllo e senso di spregiudicata superiorità. Le poche persone che, non curanti della battaglia in atto, si avvicinavano distrattamente ai due contendenti, venivano investite da una carica elettrostatica di energia nera. La maggior parte dei passanti si teneva perciò prudentemente alla larga.

"Hai dato un'occhiata alla Gazzetta?", stava dicendo Reggiani, il viso contratto in una smorfia diabolica. "Quelle iniziali non riguardano mia figlia".

Ferranti sorrise spavaldo.

"In verità, caro Domenico, si sta ragionando in termini di ipotesi. Una delle quali è che quelle iniziali siano effettivamente quelle del nome e cognome di Anna. Non vorrai farmi credere che improvvisamente hai deciso di fidarti dell'apparente prudenza di quel quotidiano".

Reggiani emise un breve sospiro.

"Neanche per sogno. Ma in questo momento mi è utile per smontare il tuo infame ricatto. Mia figlia la devi lasciare fuori, hai capito?!".

Ferranti infilò la mano in tasca e prese una mentina contenuta in un minuscolo pacchetto di cartone. Se la mise in bocca facendola scorrere avanti e indietro per il palato.

"Sai qual è il tuo guaio Domenico? Non avere una persona di fiducia nei posti che contano. Sbaglio o non hai nessuno alla Gazzetta?".

Reggiani annuì.

"Ho tentato con una collaboratrice di Corti. Ma niente da fare. La giornalista non ha ceduto e ha mandato in fumo allettanti possibilità di carriera. Peggio per lei".

"Davvero un peccato".

"Vorresti dire che tu hai una persona là dentro?".

Ferrante negò agitando la testa.

"Niente affatto. Abbiamo però le persone giuste in altri ambiti ben più decisivi. E ti assicuro che non vale la pena mettersi contro di noi. Accetta di buon grado la mia proposta: abbandona il progetto del termovalorizzatore di Varedo e tua figlia non sarà accusata di nulla. L'ipotesi che quelle iniziali non siano di Anna avrà la priorità fino a trasformarsi in una certezza. In caso contrario, non solo tua figlia sarà ulteriormente diffamata ma anche tu finirai nella merda".

Aveva usato il termine "diffamata" per dare cinicamente corda all'opinione di Reggiani in merito al trattamento negativo che secondo lui la Gazzetta aveva riservato alla figlia.

"Non sono abituato ad accettare ricatti, Ferranti".

"C'è sempre una prima volta".

Reggiani meditò per qualche secondo, mettendo a fuoco le possibili vie d'uscita. Alla fine decise di bluffare, sperando di avere la meglio. Ne dubitava ma non aveva alternative.

"Non posso tirarmi indietro così sui due piedi. L'affare di Varedo coinvolge altre società e una mia fuoriuscita avrebbe conseguenze spiacevoli anche per voi".

Ferranti lo scrutò attentamente.

"Che genere di conseguenze?".

"Il termovalorizzatore è un progetto che coinvolge più comuni, tranne Paderno Dugnano. Che però non è l'unico comune della zona. Il rischio è che, andando a monte il progetto di Varedo, i comuni decidano che per il momento il termovalorizzatore non sia da fare. Così andrebbe a puttane anche il tuo progetto di Paderno: senza l'avvallo delle altre amministrazioni non avrai mai l'autorizzazione. Nonostante tu abbia ben pagato tutti i consiglieri e gli assessori di Paderno".

Un piccione pigolò a pochi metri di distanza. Ferranti lo osservò assorto.

"E così questa sarebbe la tua difesa".

Reggiani non si mosse, tenendo lo sguardo alto in direzione del suo interlocutore. Lo aveva messo in difficoltà? Ci sperava ma non si faceva illusioni. La serpe giocava pesante e non avrebbe avuto alcuna remora a usare la falsa accusa di furto contro Anna per rovinarlo.

"Non sei aggiornato, mio povero Domenico. Il progetto di Paderno Dugnano giace in un cassetto ma è pronto a spiccare il volo. Proprio come quello stupido piccione".

L'avvocato indicò con la mano l'uccello che si era staccato da terra e si librava in aria con provata maestria.

"Abbiamo già i pareri favorevoli della maggioranza degli aventi diritto al voto del territorio. Un minuto dopo la tua rinuncia e il definitivo tracollo del progetto di Varedo, anche l'amministrazione di Paderno approverà il progetto. Tutto è pronto. L'unico ostacolo da rimuovere sei tu".

Nuvole sparse riempirono il campo visivo di Reggiani, intento a guardare il cielo senza provare alcun sentimento preciso. Si era illuso e ora provava di nuovo paura. Un insieme caotico e confuso di emozioni lo stava strozzando.

"Quale alternativa ho?".

Ferranti rise.

"Ho un'interessante proposta da farti: dopo che avrai abbandonato il progetto e l'immagine della tua povera Anna non verrà ulteriormente vilipesa, potrai rivolgerti a me se desideri allargare il tuo business. Agire in autonomia non è la strategia migliore".

"Che garanzie ho che le indagini sul serial killer abbandonino definitivamente la pista di mia figlia?".

Ferranti girò la testa in un movimento lento e calcolato. Mostrava indifferenza e totale controllo della situazione. Come il gatto con il topo.

"Non ti preoccupare. Tutto andrà secondo i piani. Devi fidarti. Non hai altra scelta".

Era vero. Ferranti era troppo potente e nonostante Reggiani non fosse solo nel reggere l'onere di un'attività imprenditoriale di larga portata, non poteva competere con l'avvocato e il gruppo cui faceva riferimento. Improvvisamente, pensò con rammarico a quello che aveva saputo a proposito di Anna e della sua frequentazione dei festini. Ferranti l'aveva descritta come una volgare sgualdrinella da quattro soldi, anche se non aveva mai usato quel termine. Poteva dire di aver conosciuto veramente sua figlia? Poteva in qualche modo recuperare qualcosa, anche se Anna era morta? L'autopsia aveva anticipato la verità: droga e sesso nella vita di quella ragazza sfortunata. Come aveva potuto non accorgersene? Doveva rimediare. Doveva difendere l'onore di sua figlia, quello della famiglia e di se stesso. Se non poteva permettersi di essere un buon padre, aveva più familiarità con il comportarsi da imprenditore di successo, abituato a vincere anche quando perdeva.

"Va bene, Ferranti. Affare fatto. Niente più termovalorizzatore di Varedo".

Con quello che era rimasto del suo orgoglio aggiunse: "Per quello che riguarda la proposta di collaborare, beh... Preferisco pensarci su. Non credi sia meglio riflettere su qualcosa di così impegnativo?".

Allungò la mano bagnata di sudore e l'avvocato gliela strinse debolmente, reprimendo un moto di disgusto.

"Ti terrò informato, Domenico".

Ferranti si girò e si allontanò senza salutare. Reggiani rimase fermo a guardarlo. Una striscia verticale nera che si muoveva con robotica regolarità. Quando uscì dal suo campo visivo, Reggiani ripensò alle parole dell'avvocato. Bruciavano quelle parole, eccome se bruciavano. In un film mentale rivide tutte le fasi di quel maledetto colloquio. Poi alzò la testa e fissò il palazzone dall'altra parte della piazza. La sede della Gazzetta, Filippo Corti... Smussò le labbra in un ghigno rabbioso e giurò vendetta inneggiando agli dei della distruzione.

Ottavo/Nono giorno
Capitolo 34

Un bagno caldo ristoratore e abiti adatti a farsi notare. A questo aveva pensato con tutte le sue forze sul finire di quella lunga giornata. C'era in programma una festa privata in un locale di Vimercate e malgrado si sentisse a disagio nell'andarci con Lucia, con il peso sulle spalle del senso di colpa che si faceva sempre più opprimente, Filippo aveva alla fine accettato, cogliendo l'occasione di una salutare distrazione. Nel pomeriggio erano arrivate altre notizie preoccupanti. Il commissario Franco Crespi lo aveva chiamato per comunicargli che anche i genitori di Livia Ornaghi, la terza vittima del serial killer, avevano la richiesta di ulteriori indagini sul corpo martoriato della figlia. Il copione era lo stesso: l'autopsia era già stata eseguita ma le autorità giudiziarie avevano disposto lo spostamento del rito funebre e della sepoltura della ragazza, in attesa di valutare attentamente la richiesta. I corpi delle tre ragazze giacevano dunque in celle frigorifere che ne rallentavano sia la decomposizione che il legittimo diritto a chiudere definitivamente la partita con la vita.
"Marco Aliprandi è parecchio incazzato", aveva riferito il commissario. "Non posso biasimarlo, anch'io mi sentirei scavalcato da colleghi di cui ancora non si sa il nome ma la cui presenza aleggia nell'aria".
Nel novero delle brutte notizie andava inscritto anche il fatto che sia i Carabinieri che la Polizia di Lentate sul Seveso avevano negato a Filippo l'accesso agli archivi. Non potendo chiedere l'aiuto di Franco Crespi, il giornalista se ne era tornato a Monza con un nulla di fatto. Il nervosismo era cresciuto al pensiero che anche a Milano poteva finire così. Al momento però doveva rimandare la discesa nel capoluogo: impegni di lavoro gli impedivano di muoversi dalla redazione.

Alle ventuno Filippo parcheggiò sotto casa di Lucia. In preda alla malinconia, il giornalista iniziò a desiderare la sigaretta che non aveva. L'avvocato scese dopo cinque minuti. Quando, entrando in macchina, Lucia rilasciò nell'aria una nube invisibile di profumo, Filippo si lasciò inebriare, ritrovandosi incapace di mettere ordine nello stato delle cose. Il programma prevedeva l'andare a prendere Marco Aliprandi e la sua nuova conquista. Arrivarono a Lissone che mancavano cinque minuti alle ventuno e trenta. Marco li aspettava sotto la tettoia del portone di ingresso del palazzo in cui abitava. Accanto a lui c'era una bionda che reggeva una borsetta di un rosa inverosimile. I due salirono a bordo della Polo, accomodandosi sul divanetto posteriore. La bionda era giovane ma non giovanissima, sorrideva. Filippo la salutò pensando a tutt'altro. Non che la ragazza non lo colpisse, anzi. Si chiamava Marina. Era molto bella e sensuale con la sua gonna lunga fino al ginocchio e la camicetta azzurrina parzialmente coperta da una giacchetta di un grigio tenue. Marco aveva come sempre i capelli arruffati. Anche lui aveva deciso per un abbigliamento elegantemente informale: pantaloni marroni, camicia bianca e giacca sportiva con soprabito. Il medico non sembrava particolarmente arrabbiato per i tumulti riguardanti le autopsie.

"Siamo in ritardo?", chiese Filippo per rompere il ghiaccio.

Marco emise un grugnito di scherno.

"Per questa volta ti perdoniamo ma non pensare di farci l'abitudine".

Filippo fece manovra per uscire dalla stretta strada dove si era infilato.

"Non avrete intenzione di farvi scorrazzare anche la prossima volta, vero? Marina, tu forse non sai che io non ho mai visto l'auto di Marco? Ho come la netta impressione che faccia di tutto per non usarla. È vero che la benzina costa ma così mi sembra davvero esagerato".

Risero tutti.

"Conosco Marco da tempo eppure mi era sfuggito questo particolare", rimarcò Marina.

"Ah, ah", ridacchiò l'interessato abbracciandola.

Intervenne Lucia.

"Stai attenta, Marina. Gli uomini sono molto abili nell'occultare le prove".

Quelle parole, veicolate con un carico di ingenua ironia e senza alcuna apparente cattiveria, fecero ugualmente un certo effetto su Filippo, tornato improvvisamente serio e preoccupato per quello che sarebbe o non sarebbe stato capace di confessare all'avvocato. Il viaggio proseguì fino alla periferia orientale di Vimercate. Filippo parcheggiò l'auto nell'ampio cortile di una cascina ristrutturata e adibita a locale alla moda. Per raggiungerla aveva dovuto usare il buon senso, visto che il navigatore si era perso alle prime deviazioni verso l'aperta campagna. Il cortile era strapieno di veicoli. Dai portici giungevano le note di una musica sparata nell'atmosfera ad alto volume e il rumoreggiare di molte persone indaffarate a non stare ferme.

Appena misero piede nell'ampio salone al piano terra, che ospitava la festa, qualche testa si girò a guardarli. Uomini e donne li misurarono sfornando i pensieri più disparati. Filippo si accorse che Marco conosceva più di un invitato. Vide il medico elargire sorrisi e saluti a destra e a manca. Del resto, l'idea di andare a quella festa era stata proprio di Marco. Logico che conoscesse più di una persona presente. Gli invitati erano per lo più trentenni sovraeccitati o convinti di essere al party di benvenuto di una star di Hollywood. Tutti gesticolavano come in preda a spasmi provocati da una dose eccessiva di stimolanti. Quasi tutti avevano in mano un bicchiere riempito con qualcosa di colorato. Chi non beveva si apprestava a farlo dopo aver raggiunto il bancone del barman, sudato e con le labbra increspate in una smorfia antipatica.

A metà serata Filippo ne aveva già abbastanza di casino e senso di vuoto. Uscì nel cortile per prendere una boccata d'aria e vide Marco Aliprandi che passeggiava lentamente, assorto nei suoi pensieri. Si avvicinò. Il medico stava fumando.

"Non sapevo che...", gli disse Filippo indicando con l'indice la sigaretta.

"Il fumo dici? Non è una cosa abituale. Solo quando sono particolarmente nervoso".

Il giornalista annuì con fare complice, stringendosi nella giacca di lana. In cascina dominava un'umidità pazzesca.

"Ecco i benefici della campagna", confessò a se stesso con lapalissiana ironia.

"Ho un grosso favore da chiederti, Filippo".

"Sono pronto".

"C'entra una donna..."

"Marina?".

"Marina Esposito, per la precisione. Infermiera del reparto di fisiatria del San Gerardo".

Filippo lo guardò con un'espressione di genuina compiacenza.

"Non mi sembra il tuo terreno ideale di caccia".

Marco non rispose alla battuta, perso com'era nei suoi pensieri.

"Non vorrei sbagliarmi, ma penso di stare per innamorarmi di lei".

Filippo rimase impassibile per qualche lungo secondo.

"Una cosa davvero insolita, per te. Capisco che tu abbia dei dubbi".

"Se proprio lo vuoi sapere, mi sono innamorato anch'io diverse volte in tutta la mia vita. Non sarebbe la prima volta".

Non ricordava di averglielo sentito raccontare.

"Mi hai sempre fatto credere di essere un conquistatore freddo e impassibile".

Marco gettò il mozzicone a terra e lo calpestò nervosamente.

"Non è così. Ho sofferto anch'io per amore, come tutti. E mi difendo, come tutti".

"Giusto".

"Il problema è proprio questo. Ho paura che Marina non provi lo stesso sentimento per me. Non vorrei ritrovarmi nella parte del sedotto e abbandonato. Non ci sono abituato. Dovresti chiacchierare un po' con lei per capire quali intenzioni abbia. Ovviamente senza tradire le tue di intenzioni".

La richiesta lo colse di sorpresa. Provò la sensazione netta di dover rifiutare l'incarico. Non gli era mai piaciuto intervenire nelle questioni d'amore altrui. Nello stesso tempo, voleva aiutare Marco e da amico poteva farlo.

"Posso provare, ma non ti garantisco il risultato".

Il medico si era nel frattempo acceso un'altra sigaretta.

"Sapevo che potevo contare su di te. Grazie! Sei un amico. Ti ci vedo nella parte dell'avvocato delle cause d'amore".

"Lasciamo perdere gli avvocati... ".

Marco sorrise afferrando il senso della frase e persino il leggero sospiro che ne era seguito. Quando rientrarono nel salone, la prima persona che Filippo riuscì a inquadrare per intero fu non a caso Lucia. La donna lo squadrò sospettosa ma non chiese nulla. Bevvero l'ennesimo drink mentre attendevano che arrivasse Marina. Chissà dov'era finita. Il salone era piuttosto grande ed era collegato a due corridoi che portavano non si sapeva dove. Cinque minuti dopo la donna comparve scortata da un tipo magro con i radi capelli bagnati di sudore. Marina lo presentò come un collega infermiere del suo stesso reparto. Marco non lo degnò di uno sguardo. Ci vollero quindici minuti perché le circostanze permettessero a Filippo di rimanere a tu per tu con l'ambita femmina. Con finta spavalderia la invitò a uscire nel cortile, l'unico luogo in cui si poteva parlare umanamente. La donna evidentemente non prestò attenzione a quello che avrebbe potuto pensare Lucia. Approfittò subito dell'occasione per accendersi una sigaretta. Filippo ne chiese una condannando la pigrizia che non gli aveva permesso di passare dal tabaccaio.

"Hai notato che Marco non ha degnato di un saluto il mio collega? È un comportamento altezzoso che non mi piace. Molti medici fanno così con noi, purtroppo. Marco è uno di questi".

"Con te è stato diverso".

Marina rise.

"Già. In questo caso, però, l'obiettivo da raggiungere prevede di superare le barriere sociali".

Filippo aspirò fumo riflettendo sul fatto che Marina appariva una donna molto forte e sicura di sé.

"Mi stai dicendo che le attenzioni di Marco ti danno fastidio? Escludendo categoricamente il fatto che tu sia venuta qui con lui per una sorta di sudditanza psicologica, non riesco a immaginare quale sia il motivo del tuo stare con lui se non un legittimo interesse".

Marina Esposito lo guardò con aria interrogativa. Aveva parlato in modo troppo difficile? Provò la non piacevole sensazione di essere stato scoperto a non farsi i fatti suoi.

"Sì, hai ragione. Confermo di avere una certa attrazione per il bel anatomopatologo. Mi fermo qui però. Non mi estorcerai una parola di più".

La donna si avvicinò a un secchio adibito a cestino portarifiuti. Nonostante avesse ancora del tabacco da consumare. Spense la sigaretta sulla pietra che reggeva un grosso vaso riempito di terra nera e si diresse verso la porta scorrevole che dava accesso al salone.

"Cosa ne pensi allora di Marco?".

Filippo lanciò la domanda con la migliore carica di falsa indifferenza che gli fosse mai riuscita. Marina si fermò e voltandosi rimase qualche secondo immobile a fissarlo.

"Non è detto che il legame che abbiamo ora non si rafforzi trasformandosi in qualcosa di bello e duraturo. Mi piacerebbe".

Era sincera? O lo aveva preso in giro con quel fare da attrice da soap opera? Gli si avvicinò.

"Marco non capita spesso in Ospedale, lavora quasi esclusivamente al dipartimento di anatomopatologia. Per quel poco che ho avuto modo di osservarlo al lavoro, mi è sempre sembrato competente e scrupoloso".

Dalla tasca della giacca estrasse il pacchetto di sigarette e se ne accese un'altra.

"Eppure non riesco a togliermi della testa il pensiero che non sia una persona felice. È come se avesse qualcosa dentro che non riesce a esternare per liberarsene. Questo mi angoscia e mi blocca".

Tirava nervosamente.

"Non fraintendere. È che mi piacerebbe aiutarlo. Quando l'ho invitato a parlare liberamente con me, si è rifiutato. Non so nulla di lui, del suo passato e del suo presente. Lo dico a te perché magari hai più occasioni di medi parlare con lui. Non dirgli nulla però di tutto questo. Posso fidarmi?".

"Certo. Marco è fatto così. Ha un atteggiamento estroverso ma sulla sua vita privata mantiene il riserbo. Non credo sia un male".

Marina si rilassò allargando la bocca in un sorriso genuino.

"Perché non ti crei tu stessa le occasioni? Marco mi sembra che stia bene con te. Potresti approfittarne".

Parve crederci.

"Sì, hai ragione. Ci penserò. Al momento mi sta bene così. Di solito con gli uomini sono prudente e valuto tutte le variabili in gioco, comprese le mie intenzioni e quello che mi passa per la testa".

Decisero di rientrare. Lasciata Marina, Filippo cercò Marco fino ad avventurarsi in uno dei corridoi dove scoprì l'esistenza di piccole stanze da cui giungevano voci e rumori attutiti. Qualcuno ne stava approfittando alla ricerca di una maggiore intimità o semplicemente di una parvenza di silenzio. Il medico uscì da quella che sembrava la toilette. Filippo gli riferì le parole di Marina, omettendo quelle che aveva promesso di non rivelare. Era banalmente invischiato in una storia di spionaggio e controspionaggio. Marco ascoltò senza commentare e alla fine si concesse un sorriso. Lo ringraziò invitandolo a bere un Alexander. Mentre, seduti davanti al bancone, sorseggiavano il cocktail, Filippo si chiese se l'amico fosse deluso da quello che Marina aveva detto oppure se dentro di lui credesse nelle effettive possibilità che quella storia aveva di crescere e rafforzarsi. Rimasto solo, Filippo si concesse qualche minuto di sosta. Rimase seduto sullo scomodissimo sgabello, senza focalizzare l'attenzione su qualcosa in particolare. L'alcol stava facendo effetto. Rifletté sul fatto che doveva guidare e decise che non avrebbe più bevuto, approfittando del tempo successivo per smaltire ciò che di liquido bruciava circolando furioso in corpo.

Fu verso fine serata che ebbe la conferma che quella della cascina di Vimercate non fosse la sua festa ideale. Stava spiegando a Lucia quanto fosse stato stupido a fumare ben due sigarette dopo aver deciso risolutamente di smettere, quando dal corridoio sbucò Barbara Longhi accompagnata da un'amica. La dottoressa e Filippo si guardarono sorpresi prima di riuscire ad abbozzare un saluto e un sorriso di circostanza. Barbara superò l'impasse prima di Filippo, lanciandosi in un pericolosissimo gioco cinico al rialzo che lo fece impallidire.

"Filippo, è un piacere rivederti. Quando ieri ci siamo incontrati non ho avuto il tempo di ringraziarti per la bella serata trascorsa insieme".

Il giornalista percepì un tremito in tutto il corpo. Incapace di rispondere a quell'attacco inatteso, sorrise da ebete cercando nel fondo del cervello qualche giustificazione plausibile. Lucia lo fissava con occhi sgranati che non lasciavano dubbi sull'interpretazione delle sue sensazioni. Alla fine le parole giunsero a danno già fatto.

"Barbara, sono io che devo ringraziarti. Le tue informazioni sull'autopsia sono state preziosissime. Forse non vincerò il Premio Pulitzer ma ci andrò sicuramente vicino".

Mentre teneva stretta con la destra la mano sinistra di Lucia, sentì che il legame con l'avvocato si stava lentamente allentando. Lucia si liberò della stretta chiaramente intenzionata a dire la sua. Era a tutti evidente che non c'era cascata ed era evidente che era a quello che mirava quella stronza di Barbara.

"Non sapevo di questo incontro. Mi avevi detto che eri a cena con un collega di Milano", disse l'avvocato fissando prima lui e poi la rivale. L'amica della dottoressa sembrava del tutto indifferente a quanto stava succedendo a pochi centimetri da lei. Continuò a digitare come un'ossessa sulla tastierina di uno smartphone dalla cover verde acceso. Filippo buttò lì la prima cosa che gli venne in mente.

"La dottoressa Longhi è medico al dipartimento di anatomopatologia del San Gerardo. È venuta ieri pomeriggio in redazione per fornirci alcune indicazioni chiave a proposito dell'autopsia compiuta sulla terza ragazza uccisa".

Lucia non sembrava convinta. Barbara rincarò la dose.

"In verità ci siamo visti dopo cena".

"Perfetto! Continui a mentire spudoratamente. Non mi avevi detto che era Marco il medico incaricato delle autopsie?", ribatté acida Lucia.

Barbara gettò altra benzina sul fuoco.

"È vero. Ma Filippo aveva comunque bisogno di informazioni di cui anch'io sono a conoscenza. Così ho accettato volentieri di bere un drink con lui. Non vedo quale sia il problema. È forse proibito?".

Lucia incrociò le braccia assumendo un broncio che non faceva presagire nulla di buono.

"Va bene, Filippo. Mi sembra sia tutto chiaro. Avrei preferito da parte tua un atteggiamento più adulto e un maggior rispetto nei miei confronti".

Stava per mettersi a piangere.

"La balla della cena potevi anche risparmiartela".

Barbara non abbassò la guardia e non concesse spazio alla pietà, nonostante l'aria abbattuta che Filippo stentava a nascondere.

"Anche se non ci siamo presentate, so quasi tutto di te, Lucia. Non mi pare che Filippo sia stato particolarmente crudele. Ha iniziato una nuova storia ma evidentemente temeva di ferirti abbandonandoti senza dire nulla. Stava aspettando il momento più opportuno. Mi dispiace che tu sia venuta a conoscenza della cosa in questa circostanza".

Lucia strinse i pugni.

"Già, ti dispiace? Davvero? E allora perché non te ne sei stata zitta?!".

"Ho voluto aiutare Filippo a porre fine a un'inutile sceneggiata".

Bell'aiuto. A quel punto Lucia se ne andò fulminando con lo sguardo l'ormai ex fidanzato. Percorsi pochi metri in direzione della porta, si voltò per tornare indietro. Rivolse a Filippo la sua attenzione infuocata.

"Me ne vado. Cercherò un passaggio dal primo single che trovo e magari se sarà di mio gradimento lo inviterò su da me per un bicchiere di latte caldo con i biscotti. In quanto a te, sparisci dalla mia vita e non farti più né vedere né sentire. Anzi, sai che ti dico: quando probabilmente ci ritroveremo in tribunale, spero con tutto il cuore che ti facciano a pezzi".

Detto questo, la donna si avviò verso l'uscita. Filippo, tramortito dalla ferocia delle parole di Lucia, decise di non ossessionarsi a riflettere sul fatto che Barbara Longhi avesse parlato di una nuova storia appena iniziata. In mente, gli rimbalzò come una palla da biliardo una delle frasi sputate da Lucia. L'avrebbe rivista in tribunale. Cosa voleva dire? Fu colto da agitazione e preoccupazione. Era stato abbandonato dalla fidanzata ufficiale e orribilmente umiliato dalla fidanzata potenziale. Come se non bastasse, fare riferimento al tribunale lo aveva letteralmente angosciato: sulla sua testa pendeva la querela di Domenico Reggiani con tutti gli annessi e connessi. Che Lucia si riferisse a quello? Ma per quale motivo la sua ormai ex ne era coinvolta? Sorprendentemente, Barbara gli fornì la spiegazione che stava cercando.

"Filippo, lo so che sono stata una stronza ma l'ho fatto per un motivo ben preciso: non tollero ciò che Lucia ti sta facendo alle spalle".

"Cosa stai dicendo? Non capisco".

Barbara sospirò.

"Lucia Zanata è l'avvocato di Domenico Reggiani. L'ho saputo questa mattina da un amico".

Filippo piegò la testa puntando lo sguardo verso il pavimento. Sentì montare dentro una rabbia che non riusciva a esplodere, frenata com'era dal senso di impotenza che bruciava ogni immagine di Lucia. Il senso di colpa sparì nel diluvio di emozioni.

"Grazie dell'informazione, Barbara. So comunque badare a me stesso e il fatto che Lucia sia l'avvocato di Reggiani non mi impedisce di continuare a difendermi e fare il mio lavoro. Senza contare che a breve ne sarei venuto a conoscenza. Ora, se non ti dispiace, devo andare. Buona serata".

Voltate le spalle alla dottoressa, si avviò deciso verso l'uscita. Aveva voglia di una sigaretta. Seduto sul divanetto nei pressi della porta scorrevole a vetri, Marco Aliprandi stava parlando animatamente con un giovane infighettato dai capelli a spazzola. Quando vide il giornalista, il medico gli domandò se stesse bene. Filippo glissò la domanda e comunicò all'amico che stava andando a casa. Marco Aliprandi lo rassicurò: avrebbe trovato un passaggio per sé e Marina.

Tutti hanno un passaggio a disposizione, pensò Filippo mentre si avviava verso la Polo parcheggiata in cortile. Desiderò ardentemente il letto e la totale assenza di pensieri.

Nono giorno
Capitolo 35

La notte non fu consigliera. Filippo dormì poco e male, con brevi momenti di apparente cedimento al sonno. Avviluppato in pensieri e sensazioni contrastanti, attraversò il buio senza illudersi di ritrovare la luce. A dominarlo fu il senso di fragilità e uno sconforto invincibile, il sentirsi vulnerabile di fronte al mondo che sembrava seguire leggi cui non era capace di adeguarsi od opporsi. La paura di perdere Lucia si mischiò al risentimento che provava nei confronti della donna per avergli tenuto nascosto il fatto, grave e inquietante, che fosse l'avvocato di quel bastardo senz'anima di Domenico Reggiani. La rabbia contro Barbara Longhi per l'umiliazione subita, faceva a botte con la forte attrazione che ancora provava per la dottoressa. L'unica debole, lucida, considerazione che riuscì a produrre fu una decisione: si sarebbe dedicato giorno e notte, anima e corpo, al lavoro e all'inchiesta sul serial killer. Non era disposto a concedere nulla né a Lucia né a Barbara. Scartata quindi l'idea di telefonare a Lucia, intestardito nella risolutezza a non chiamare Barbara, si alzò dal letto intorno alle sette. L'adrenalina gli scorreva veloce nelle vene sotto forma di lava incandescente.

Alle otto arrivò la telefonata che avrebbe determinato il corso della giornata. Era Luigi Mascheroni, collega giornalista del settimanale locale online Provincia News. Mascheroni lo invitò a raggiungerlo a Lentate sul Seveso.
"Ho qualcosa di interessante per te", gli disse con voce concitata.
Alle dieci era a Lentate. L'appuntamento era nella piazza antistante la Chiesa di San Vito. Il cielo era nuvoloso ma non sembrava dovesse piovere. Faceva di nuovo freddo e Filippo preferì trascorrere il tempo dell'attesa del collega in un piccolo bar affacciato su via Garibaldi. Dentro il locale c'era un piacevole tepore mischiato a odori di brioches e caffè. Gli avventori erano in prevalenza anziani e donne giovani, mamme in pausa dopo aver accompagnato i figli a scuola o all'asilo. Luigi Mascheroni arrivò pochi minuti dopo. Filippo gli corse incontro e lo invitò a entrare nel bar. Bevvero un caffè veloce e uscirono dal locale per camminare. Luigi, un trentenne magrissimo e non molto alto, era nervoso ma cercava di simulare l'ansia che lo divorava. Nella tasca del corto giubbotto teneva una bottiglietta che a ritmi regolari apriva per bere un goccio d'acqua.
"Dunque, ci ho messo un po' di tempo a spulciare qua e là negli archivi della cronaca locale di diversi giornali. Alla fine ho scovato una persona che potrebbe fornirti informazioni preziose su quanto avvenne vent'anni fa da queste parti".
Filippo, che incredibilmente aveva smesso di pensare alla sua agitata vita privata per concentrarsi con successo sull'inchiesta, approfittò di quel momento di pace interiore per sfruttare al meglio la ritrovata energia mentale.
"L'uomo abita da quarant'anni in via del Vigneto", stava dicendo Mascheroni. "La

stessa in cui è stato ritrovato il corpo di Lisa Brivio, nascosto in mezzo al bosco che si estende al fianco della strada. È una sera di inizio estate quando, dopo una breve passeggiata a piedi, l'uomo scorge da lontano quattro uomini che escono dal bosco e camminano lungo la via fino a un furgone parcheggiato poco lontano".

"E gli inquirenti non ne sapevano nulla?", chiese eccitato Filippo.

"Lo hanno sempre saputo ma a quei quattro nessuno ha mai dato la caccia. Il nostro testimone sospetta che all'epoca gli assassini o presunti tali godessero di qualche appoggio all'interno delle istituzioni. Quindi, dopo aver rilasciato la prima dichiarazione, documentata dalla stampa, sparisce nel nulla. Non solo perché ritiene inutile continuare ma anche perché ha paura. Una fottuta paura che lo spinge ad agire non tenendo conto di tutte le conseguenze".

"Spiegati meglio".

"Quell'uomo ha avuto paura e questo di solito favorisce i ragionamenti e i comportamenti irrazionali. E infatti ha compiuto un'imprudenza: si è confidato con un amico giornalista che vent'anni fa seguiva la cronaca locale. Difficilmente un giornalista mantiene un segreto e, senza fare nomi e cognomi, penna sciolta scrive in un bell'articolo che esiste un testimone del fattaccio, senza fare ovviamente nome e cognome. È da lì che sono risalito all'uomo".

"Come?".

"Beh, ho contattato il giornalista e gli ho chiesto di confidarsi con un collega e rivelare in via del tutto riservata il segreto dei segreti: nome e cognome del testimone. Ho avuto l'informazione senza fatica. In fondo, sono passati vent'anni".

Erano nel frattempo arrivati davanti all'imponente chiesa di San Vito. Un gruppo di ragazzotti riempiva l'aria con il rumore assordante di motorini su di giri.

"Quindi cosa è successo dopo? L'articolo ha smosso le acque e il testimone si è tenuto nell'ombra temendo per la sua incolumità?".

Luigi Mascheroni sorrise.

"Assolutamente no. Non è successo un bel niente perché l'indagine è stata archiviata. Da allora comunque il nostro uomo si è chiuso nel mutismo più assoluto. Fino a oggi".

"Complimenti per essere riuscito a trovarlo. Ma tu hai detto che è disposto a parlare con me. Come sei riuscito a convincerlo?".

"Segreto professionale", confidò lusingato Mascheroni, la bocca aperta a mostrare uno schieramento di denti perfettamente bianchi.

"Siamo arrivati. Ci aspetta qui dentro".

Erano fermi davanti al trecentesco Oratorio di Santo Stefano, il cui ingresso poggiava sulla sinistra della facciata della chiesa. Già una volta Filippo ebbe occasione di vedere la cappella gentilizia e il meraviglioso ciclo di affreschi in essa contenuto, il più lungo dedicato alla vita del Santo protomartire. All'interno dell'edificio c'era molta umidità. L'uomo, un anziano sulla settantina, era seduto su una delle panche di legno disposte nello spazio ridotto dell'unica navata. Quando si voltò, Filippo gli lesse in faccia la paura e lo sforzo per tenerla a bada. Come è possibile convivere con un sentimento tirannico per così tanti anni? Quale recondita energia oscura tiene avvinta la mente umana alle dimensioni del dolore? L'uomo, dai corti capelli bianchi, si alzò e venne loro incontro. Si mostrò da subito cordiale e disponibile, stringendo con calore la mano a entrambi i giornalisti e accogliendo con gratitudine Mascheroni.

"Ho chiesto al suo collega di non rivelarle il mio nome", disse l'uomo rivolgendosi a Filippo.

"Per il resto sono a sua completa disposizione".

Si sedettero tutti e tre su una panca.

"Si chiederà perché ho voluto incontrarla in questo luogo".

Filippo annui con un debole cenno della testa.

"Semplicemente perché qui mi sento al sicuro. E poi perché ne sono da sempre affascinato. L'Oratorio di Santo Stefano venne edificato poco dopo la metà del Quattordicesimo secolo su commissione del conte Stefano Porro, un personaggio molto potente e importante, uomo di fiducia dei fratelli Gian Galeazzo e Bernabò Visconti, signori di Milano, e ambasciatore di questi presso la corte dell'imperatore Carlo IV di Boemia. Si presume che i motivi che hanno spinto il nobile a edificare questa meraviglia siano due: il primo è che voleva avere un posto privilegiato di preghiera. Il secondo è che sentiva l'esigenza di riconciliarsi con Dio per un grave fatto di sangue che aveva colpito il suo casato anni prima. Nel 1252, infatti, due suoi antenati, Pietro e Alberto Porro, avevano pianificato in concorso con un eretico del tempo, un certo Confalonieri di Agliate, di uccidere il predicatore domenicano Pietro da Verona, uno degli inquisitori inviati dal Papa per arginare l'eresia. L'omicidio fu commesso a Seveso".

Una lunga pausa.

"Non è un luogo scelto a caso. Anche noi siamo qui per parlare di un omicidio. Commesso da qualcuno troppo potente per lasciare che la verità venga svelata".

L'anziano indicò con la mano destra le pitture alle pareti della cappella.

"Guardi che meraviglia! Il più importante affresco dell'Oratorio è la Crocefissione di Anovelo da Imbonate, pittore della scuola di Giovanni da Milano che fu discepolo di Giotto. Pensi che gli affreschi di Anovelo richiamano così tanto il pittore fiorentino che in passato si credeva fossero affreschi di quest'ultimo. Gli altri dipinti sono opera di un pittore anonimo chiamato Maestro di Lentate. È rappresentante di una scuola artistica tardo-gotica che prende il nome di gotico internazionale. Ci sono anche tre affreschi 'posteriori', probabilmente commissionati da altri discendenti della famiglia Porro nel secolo successivo".

Filippo rifletté sull'eventualità che l'uomo stesse cercando di perdere tempo, che avesse paura e utilizzasse l'arte come diversivo. Si sarebbe detto impossibile, vista la passione che sottintendeva la sua competenza.

"Ho insegnato storia dell'arte per quarant'anni. Mi deve scusare per questa digressione molto professionale. La verità è che rimpiango tutto quello che c'è stato prima di quella maledetta sera di vent'anni fa. Se non mi fossi trovato in quel posto in un preciso momento, oggi le persone verrebbero da me per parlare del sublime e non per chiedermi cosa ho fatto e cosa ho visto a proposito di quel tragico omicidio".

L'uomo si zittì deglutendo. Fuori i motorini e i loro centauri imberbi si allontanarono lasciando dietro sé brutti echi di suoni distorti. Calò il silenzio e con esso la pace. Era venuto il momento di andare al sodo. Filippo si voltò per controllare che non ci fossero estranei all'ascolto. La porta d'ingresso all'Oratorio, rimasta aperta, lasciava entrare tenui folate di vento freddo.

"Sono un giornalista e userò le informazioni che mi vorrà fornire per l'inchiesta che sto conducendo sulla morte di tre ragazze trovate uccise e mutilate a Monza. Le prometto però che non farò riferimento alla presenza di un testimone di un grave fatto di sangue avvenuto vent'anni fa".

L'uomo non aveva da tempo il lusso di potersi tranquillizzare. Le assicurazioni di Filippo giunsero alle sue orecchie sensibili come inutili orpelli linguistici. La paura lo aveva fortificato e la roccia della sua interiorità sapeva alimentare un fuoco perenne e testardo. Quando ricominciò a parlare le parole gli uscirono di bocca con sorprendente facilità.

"Via del Vigneto, dove abito ormai da parecchio tempo, costeggia per gran parte del suo percorso un bellissimo bosco. La sera del 27 giugno, come di consueto, stavo portando a spasso la mia cagnolina. Faceva caldo, forse troppo per quell'inizio d'estate piovoso, e dal bosco giungevano profumi inebrianti. Mi sentivo in pace con me stesso, l'anno scolastico era appena terminato e mi godevo quel momento di tranquillità nel silenzio più assoluto. Erano da poco passate le undici, quando, a una certa distanza, sentii delle voci provenire dal bosco. Incuriosito mi concentrai ad ascoltare quei rumori quando vidi sbucare, a un centinaio di metri di distanza, quattro uomini adulti. Istintivamente mi nascosi dietro un'auto parcheggiata in strada, cercando di zittire il cane che dava segni di nervosismo".

"È sicuro che si trattava di uomini adulti?".

"Senza alcun dubbio. All'epoca avevo ottima vista e ottimo udito. Per certi versi ce li ho ancora".

Sorrise.

"Sia le voci che il modo di comportarsi e muoversi erano fin troppi chiari. I volti invece non ho avuto la possibilità di vederli con chiarezza".

"Dopo cosa successe?".

"Rimasi acquattato finché non se ne andarono. Salirono su un furgone parcheggiato poco oltre e fatta manovra risalirono la via verso la statale Comasina. A quel punto tornai a casa. Si trattava di quattro persone sbucate dal bosco: cosa c'erano andate a fare non era affar mio. Non potevo certo immaginare che la mattina dopo un mio vicino trovasse il corpo di quella ragazza. Subito pensai ai quattro che avevo visto ma non ebbi il coraggio di andare a riferire tutto alle autorità".

"Perché non lo fece?".

L'uomo sospirò.

"Avevo paura. Quegli uomini non mi avevano visto ma non potevo averne la certezza assoluta. E non mi fido di Polizia e Carabinieri: forse sono paranoico ma non nutro ammirazione per i cosiddetti tutori della legge. Ho come la sensazione che se devono coprire qualcuno lo fanno senza preoccuparsi. A quel punto mi sarei sentito troppo

esposto e l'eventuale anonimato che le forze dell'ordine forse mi avrebbero offerto, non mi avrebbe garantito a sufficienza. Così stetti zitto pur sentendomi male per tutto il lungo periodo in cui si parlò di quella ragazza, Lisa Brivio. Poveretta...".
Lacrime amare rigarono il viso dell'anziano professore. Filippo e Luigi si guardarono imbarazzati.
"Resistetti due mesi combattendo aspramente con la mia coscienza. Alla fine denunciai il fatto alle autorità. Tentarono di rassicurarmi ma non ci riuscirono. Fortunatamente, non ebbi nulla da temere. Fino a quando un giornalista mi tradì divulgando l'esistenza di un testimone, cioè il sottoscritto. Il mio nome non venne pubblicato, è vero. Ma tremavo di paura. Il mondo mi cadde addosso. Vissi i mesi successivi in uno stato di angoscia e terrore. L'indagine intanto scivolava lentamente negli abissi della memoria collettiva".
Una folata spense alcune candele e la porta rumoreggiò intorno ai vecchi cardini di ferro.
"Si starà chiedendo per quale motivo abbia ora deciso di tornare a parlare di quella brutta vicenda. Ebbene, tre anni fa venne da me un uomo a chiedermi informazioni su Lisa Brivio. Probabilmente mi aveva rintracciato nello stesso modo utilizzato dal dottor Mascheroni, trovando l'articolo di giornale che citava la mia testimonianza e risalendo al sottoscritto".
Filippo lo fissò.
"Non so chi era, né quale fosse la sua professione. Era giovane, gentile, mi promise che le informazioni che gli avrei fornito non avrebbero messo a repentaglio la mia sicurezza. Mi fidai di lui perché percepii che era estraneo al sistema di potere che aveva fino ad allora protetto gli autori di quell'orribile massacro".
Guardò in alto, gli occhi di un azzurro intenso velati di lacrime.
"Perché è così sicuro che l'indagine venne insabbiata?", chiese Filippo.
Il professore lo fissò con occhi estremamente vividi.
"Come è possibile che ben quattro uomini, presunti autori di un atto scellerato, sfuggano alla cattura? Se lo chieda dottor Corti. Se lo chieda...".
Filippo non replicò.
"Il giovane di cui le dicevo... Era un uomo solo, come me. Ho pensato a lui di recente, quando ho iniziato a seguire sui giornali la cronaca dei ritrovamenti delle ragazze a Monza. Ho subito collegato quegli omicidi a quello di Lisa Brivio, non solo perché le poverette di Monza hanno subito l'amputazione delle mani, come Lisa. Ho avuto come la netta sensazione che quell'uomo misterioso c'entri qualcosa con quello che sta succedendo a Monza".
"E non ha paura?", chiese Mascheroni sporgendosi in avanti sulla panca.
"Eccome! Ma ormai mi sono abituato. E poi è giusto che faccia ancora la mia parte".
Gli occhi azzurri si accesero di un'energia misteriosa.
"Se il colpevole è quell'uomo misterioso è bene che sia fermato, al più presto! È soprattutto per questo che ho deciso di rispondere all'invito del dottor Mascheroni".
Filippo si alzò e iniziò a camminare avanti e indietro. Le suole di gomma delle scarpe

produssero un suono ovattato.
"Lei dovrebbe coinvolgere anche gli inquirenti di Monza. Io non sono un poliziotto".
Il professore aveva valutato attentamente tutte le conseguenze. Tutte le possibili alternative del pensiero, tutte le intersezioni labirintiche dell'intenzionalità umana.
"Certamente! È chiaro! Questa volta non voglio evitarlo ma stia bene attento: non sarò io a farlo. Ritengo che parlare con un giornalista che segue il caso sia più utile per arrivare a chi di dovere. Posso confermarlo per esperienza personale".
Filippo macinò falcate lungo la navata dell'Oratorio. Ciò che aveva appena sentito era importante ma al momento non riusciva a focalizzarlo e a inserire i nuovi pezzi nella trama del puzzle. Quattro uomini che escono dal bosco, il cadavere di una ragazza violentata e mutilata con l'amputazione di entrambe le mani, un giovane che chiede informazioni su Lisa Brivio, tre ragazze uccise e con le mani amputate, ma non violentate. Pensò velocemente. E mentre fissava il portone di ingresso si accorse che la luce esterna era cambiata. Il cielo si era annerito in attesa di scatenare una pioggia selvaggia. Anche Luigi e il professore si erano alzati. Uscirono in strada proprio quando le prime fredde gocce cadevano prepotenti dal cielo. Il testimone salutò i due giornalisti avviandosi verso la sua auto, parcheggiata in piazza. Filippo e Luigi corsero verso il bar. Mentre sorseggiava l'ennesimo caffè, Filippo realizzò che al professore non aveva fornito alcuna rassicurazione precisa sull'eventualità che le autorità monzesi prendessero in seria considerazione un fatto di sangue avvenuto vent'anni prima. Tutto navigava ancora nel mare magnum delle ipotesi. Neppure su Crespi, che il caso Lisa Brivio lo conosceva, si poteva fare cieco affidamento. E lui? Io non sono un poliziotto, si disse ingoiando le ultime bollenti gocce di liquido nero.

Nono/Decimo giorno
Capitolo 36

Le luci dei lampioni si riflettevano sull'asfalto bagnato. Un colore malato, un misto di giallognolo e arancione, metteva in circolo fluidi e ormoni ingannatori. Lui lo sapeva e mentre a piedi percorreva le poche centinaia di metri che lo separavano dalla meta, teneva sotto controllo la mente, iniettando nel circuito dei neuroni pensieri di azione pura. Non poteva sbagliare. Aveva studiato il piano nei minimi dettagli e doveva avere tutta l'energia necessaria per metterlo completamente in atto. Quella sarebbe stata la sua ultima azione punitiva, la quarta volta che uccideva portando a termine la sua opera vendicatrice. Nessuno poi lo avrebbe più visto in azione e di lui sarebbe rimasto solo il ricordo del dolore e della sofferenza, mentale, fisica e spirituale che si era portato dietro, infettando i familiari delle quattro troie uccise e mutilate.

Era giusto così, non aveva dubbi etici in proposito. La giustizia violenta era l'unica che concepiva come valida: forte, spietata e per questo giusta. L'ingresso alla Sala Civica di Monza era illuminato da un faro posto sopra lo stipite più alto. Via Camperio era come sempre invasa dalle auto parcheggiate a lisca di pesce sul lato opposto a quello dell'edificio che ospitava lo spazio cittadino. Mancavano ancora dieci minuti all'inaugurazione della mostra fotografica ma lui sapeva che la ragazza era già dentro. L'aveva seguita in auto fin da quando aveva lasciato la casa dove abitava con i genitori alla periferia sud di Monza. Sapeva tutto di lei: Valentina Ripamonti, ventidue anni, facoltà di Legge all'Università Statale di Milano, single, figlia unica e prediletta del notaio Giuseppe Ripamonti. Una brava ragazza con una vita normale alle spalle, tanti amici, molti impegni in oratorio, un po' di volontariato. Soprattutto, una famiglia molto unita. Quando aveva scoperto questo particolare, aveva provato ancora più piacere nel progettare l'assassinio.
Sarà il mio capolavoro, si era detto mentre immaginava quello che sarebbe successo dopo. Una famiglia distrutta sarebbe stato il prezzo richiesto per espiare almeno in parte le colpe che quella stessa famiglia teneva nascoste nei meandri inaccessibili del tempo. Il marcio sarebbe venuto a galla e avrebbe tolto l'ipocrita velo perbenista che ammantava di buone intenzioni il nome del notaio Ripamonti.
Si era vestito bene, come faceva sempre per gli appuntamenti con le donne che voleva conquistare, senza preoccuparsi di venire rifiutato. Sapeva di vincere, ogni volta vinceva e anche quella volta la bella Valentina non avrebbe resistito. Dentro la Sala Civica l'umidità si era condensata in un puzzo indistinto che mischiava respiro, sudore e aliti impastati di cibi ingeriti. L'uomo prese posto di fianco alla ragazza, intenta a leggere il volantino della mostra. Si sorprese a guardarle la bianca pelle del viso. Vi scorse la vita che fluiva e sentì su di sé l'enorme responsabilità di dovervi mettere fine. Le immagini postume della ragazza morta erano troppo distanti da quella che di lei aveva in quel mo-

mento. Si concentrò sulla missione da compiere, sull'azione. Osservò lo spazio intorno: alle pareti erano appese diverse fotografie in bianco e nero, schegge urbane di Monza. C'erano una trentina di persone, alcune in piedi, che attendevano l'inaugurazione con malcelata impazienza. Finalmente, apparve un donnone con un microfono in mano. Le parole che seguirono occuparono solo cinque minuti del tempo che l'uomo spese a trovare il momento ideale per approcciare la ragazza. Il pretesto era facile, l'argomento sotto mano. Dieci minuti dopo l'uomo e la ragazza passeggiavano fianco a fianco lungo il perimetro del vasto salone, commentando le fotografie appese. Man mano che procedevano diedero spazio agli ammiccamenti che accompagnano la conquista.

Quando la invitò a cena, la ragazza lo guardò sorridendo a denti stretti. Non doveva lasciarle il tempo di difendersi oltre il consentito. Lei distolse lo sguardo riservando attenzioni visive a una foto che ritraeva piazza Duomo inondata di sole estivo. Non disse nulla. Poi parlò per confermare che avrebbe accettato molto volentieri. Naturalmente, lui sapeva che non aveva cenato; aveva calcolato con esattezza i tempi in cui era rimasta a casa dopo essere rientrata dall'Università. Venti minuti sarebbero bastati per un panino ma era probabile che Valentina li avesse utilizzati per farsi una doccia e cambiarsi. Ebbe la certezza della sua intuizione quando la vide uscire dal palazzo con indosso un vestito diverso, più elegante. Era stato fortunato e non lo disprezzava. Sapeva di rischiare ogni momento in cui diventava vendicatore e avere la fortuna dalla propria parte era un dono prezioso della sorte che nobilitava la sua azione. Era stato fortunato anche adesso che la ragazza aveva accettato il suo invito. Non era però certo di riuscire a vincere così presto tutte le resistenze inibitorie della giovane donna. Temeva che la brava e intelligente ragazza di buona famiglia gli avrebbe dato del filo da torcere. Erano scolpite nella pelle del suo Io la diffidenza e la prudenza, il tenere gli occhi aperti e aprire le gambe solo dopo le necessarie e opportune verifiche sull'entità del conto in banca del partner prescelto. La suprema motivazione alla fine vinse. Adesso non dubitava più del fatto che quella notte Valentina Ripamonti sarebbe stata scopata e uccisa.

Si allontanarono dalla Sala Civica alle ventidue. Le strade erano quasi deserte e l'aria odorava di terra bagnata. A piedi i due si diressero nelle viscere del centro storico di Monza. Le vie brulicavano di luci riflesse nel silenzio della sera invernale. In sottofondo, le acque agitate del Lambro facevano da piacevole accompagnamento al lento camminare di una coppia di teneri amanti in formazione. L'uomo fu invaso da un'erezione potente che lo avrebbe accompagnato per il resto di quella serata fortunata. Non provava fastidio per l'impellente esigenza di svuotare il membro eretto del suo contenuto vitale. Priapo felice, trasse piacere da quello stato sublime per scatenare la mente in esercizi retorici funambolici. Voleva che la ragazza gli cedesse in modo assoluto, anima e corpo, spirito e intelletto, fibra dopo fibra, cellula dopo cellula, atomo dopo atomo. Mangiarono una pizza al grande ristorante di via Spalto Santa Maddalena. Lui che aveva creduto di sedersi al tavolo di una cena raffinata, si lasciò trasportare nel vortice dell'abbuffarsi selvaggio e popolare. Si scoprì affamato e pensò che il cervello avesse fatto confusione e che fosse lo stomaco in erezione. Valentina si ficcò in bocca pezzi di pizza lasciando che gocce di pomodoro caldo scendessero libere ai lati della bocca, inondando il mento ben modellato. Parlarono di tutto e Valentina scoprì che liberarsi dei freni inibitori era di un piacere infinito. Quell'uomo la stava facendo impazzire e voleva lasciarsi sedurre senza alcuna resistenza. Domani lo avrebbe forse dimenticato, di sicuro rimosso: tanto valeva goderselo adesso. Non aveva mai incontrato uomini così.

Finirono in fretta e con l'alcol che ancora circolava nelle vene si diressero all'auto di lui. Lei non fece caso al fatto che aveva lasciato la sua Classe A da qualche parte e che sarebbe poi dovuta tornare indietro a recuperarla. Non c'erano doveri quella sera. Viaggiarono ascoltando della musica metal che ampliava gli spazi della ragione creando immagini di esplosioni celestiali. La strada che conduceva al capannone era buia ma non incuteva paura. La casa dell'uomo era calda e accogliente, con luci soffuse che rendevano l'atmosfera soporifera. Valentina si sdraiò sul divano, scoprendo le gambe lisce che accarezzava con sguardo lascivo. Puttana, maledetta e provocante puttana. L'uomo le si avvicinò e baciò la pelle di quelle gambe, profumate di spezie e sudore. In pochi secondi erano nudi e avvinghiati a letto in un abbraccio vorticoso. Gridarono mentre godevano l'uno dell'altra, penetrandosi fino a piegare i tessuti sotto la spinta di energie incontrollabili. Le grida echeggiarono su muri che da lungo tempo respiravano e sospiravano trame di erotismo malato. Il lattice del profilattico gemette silenzioso e discreto. Valentina chiuse gli occhi quando venne. Riaprendoli, si accorse di mordere la spalla dell'uomo che si muoveva ritmicamente come uno stantuffo impazzito dentro di lei. Lo sentiva vibrare e spingere, vibrare e spingere. Venne ripetutamente prima che lui spezzasse quel ritmo forsennato per liberare la diga che tratteneva il liquido seminale. La ragazza percepì la vagina riempirsi di carne bollente, mentre un fiume di liquido caldo esondava e toccava terra, macchiando il tappeto ai piedi del letto. L'uomo si era tolto il profilattico prima di venire, assaporando la gioia rivelatrice di vedere il proprio sperma addensarsi in percorsi di virile epifania. Lei si chiese il perché ma non trovò la risposta. Il concerto degli orgasmi aveva alternato strumenti maschili e femminili in un'armonia che sapeva di insensata completezza. Stremati si distesero uno fianco all'altra, ansimando e sorridendo, con la voglia impellente di pisciare e bere, riempirsi e svuotarsi come contenitori di acque primordiali. Non dissero nulla e quando finalmente l'uomo si alzò, Valentina notò che aveva uno sguardo sfuggente e freddo. Il pene si era afflosciato con naturale abitudine. La ragazza ebbe per la prima volta paura ma fece di tutto per allontanare i pensieri negativi dalla mente. Non doveva fottersi la serata andando a casa con il brutto finale in tasca. Non poteva reggere la depressione, non voleva aver niente a che fare con il dolore e la malinconia. Cazzo, no. Non quella sera.

L'uomo si recò in cucina o almeno in quella che sembrava una cucina. Ritrovata la lucidità, Valentina si chiese che razza di casa poteva mai essere quella. Non c'erano finestre e l'aria profumava di pulito. Un bilocale o poco più. E cosa c'era nel resto del capannone? L'uomo tornò con due bicchieri in mano. Contenevano un liquido che sbrodolava bollicine.

"Champagne!" gridò lui con enfasi teatrale.

Sorrideva di circostanza e gli occhi erano velati di una serietà che veniva da chissà dove. Valentina bevve senza avere il coraggio di ammettere a se stessa che forse doveva iniziare a preoccuparsi. Il vino era buono e straordinariamente fresco. Si rese conto che l'uomo rimaneva in piedi e non si sedeva accanto a lei per bere, dimostrando indifferenza e insofferenza per la sua presenza. Poi, un'ondata di sonno le invase la mente e la costrinse a serrare lentamente le palpebre. Sognò. Nuda, correva in un bosco nero e minaccioso. In lontananza, udiva grida strazianti di donne. Quando giunse in prossimità di un dirupo, vide onde altissime di un mare nero come la pece che si infrangevano su scogli che avevano volti di vecchi rinsecchiti. Le grida provenivano dalla riva più in basso, oltre il dirupo. Valentina si affacciò tremante e scorse tre donne che venivano picchiate e torturate da quattro uomini incappucciati. Erano anch'esse nude. A un certo punto gli uomini si fermarono e guardarono in alto verso di lei. Anche le tre donne la stavano fissando, immobili e mute. Valentina, in preda a un terrore cieco, indietreggiò di qualche centimetro ma inciampò su un sasso che la scaraventò in avanti fino a farla cadere nel dirupo. Poi più nulla.

Il sedativo fece velocemente effetto. L'uomo si rivestì con tutta calma e trasportò la ragazza nella camera attigua alla stanza da letto. Dopo averle iniettato anfetamine e metadone, aspettò che la morte giungesse senza farsi annunciare. Poi immerse il corpo in una vasca lavandolo con un'altra sostanza speciale. Avrebbe fatto ciò che era necessario per gettare nella confusione gli investigatori e il giornalista che stava ficcando il naso dove non doveva. Introdusse nella vagina e nell'ano sperma umano e quindi procedette con l'amputazione delle mani. Raccolse il sangue che sgorgava lento, portandosi dietro il puzzo inesorabile dell'annientamento. Quando fu pronto a partire, caricato il cadavere in macchina, l'assassino tornò a Monza, seguendo strade che non avevano bisogno di annunciarsi. La notte respirava un silenzio irreale. Le stelle in cielo erano spettatrici assonnate di uno show terrestre noioso. La parte difficile di quella serata indimenticabile sarebbe venuta ora. Aveva deciso di depositare il corpo di Valentina in un punto decisamente complicato da raggiungere.

La Villa Reale non era accessibile a tutti, soprattutto a quell'ora. Non era pensabile accedervi dal Serrone perché l'ingresso di viale Brianza era troppo esposto al traffico stradale. Aveva perciò preventivato di entrare nel cortile della Villa Reale passando dal cancello di via Boccaccio. Parcheggiò il Suv a pochi metri dall'inferriata, confidando nel fatto che la piccola striscia d'asfalto, riparata dagli alberi, non fosse troppo frequentata. Fu ancora una volta fortunato. Lasciata l'auto e il cadavere nascosto nel bagagliaio, si avvicinò alla piccola porta affiancata al cancello e infilò la chiave nella serratura. La chiave giusta, recuperata in gran segreto come già aveva fatto per quella utilizzata all'Arengario. Poi, tornò alla macchina e attese il momento opportuno per trasportare il cadavere. La ragazza pesava poco o così gli sembrava. L'adrenalina gli circolava ancora abbondante nelle vene e l'energia della vendetta nelle sue fasi conclusive si nutriva di un'ansia forsennata che lo spingeva inesorabilmente avanti. Rasentò le mura perimetrali della Villa Reale. Gli alberi respiravano sommessi con il vento che muoveva sinuoso i rami. L'erba stillava gocce di acqua piovana. Raggiunge la scalinata che abbelliva l'ingresso posteriore della dimora reale e si fermò per riprendere fiato. La lunga distesa verde che vedeva davanti era a tratti rischiarata dalla luce di una luna indebolita ma presente.

Non aveva in mente particolari trovate sceniche. Depose la ragazza sui gradini di pietra, la liberò parzialmente dalle grinfie del sacco nero che la conteneva e prima di andarsene si concesse alcuni minuti per osservare il cadavere nudo che spiccava nel buio. Il bianco della pelle morta risaltava nella notte. In mezzo alle gambe si stagliava un buco nero, l'ingresso al tunnel minaccioso di una miniera scavata nelle profondità angoscianti della terra. Sorrise. Sorrise e si incamminò verso il cancello di ferro. Aveva terminato la sua missione e la stanchezza lo agguantò all'improvviso, senza alcun segnale di avvertimento. L'opera di giustizia era stata portata a termine, la forza distruttrice era stata totalmente liberata. Prima di lasciare via Boccaccio, una sola immagine di inaudita bellezza riempì la sua mente satura di morte e sofferenza. Era l'immagine di una ragazza che sorrideva in riva al mare, i capelli mossi dal vento caldo e sensuale. Lacrime di tristezza gli rigarono le guance.

Decimo giorno
Capitolo 37

L'ormai proverbiale telefonata con Franco Crespi era stata concitata soprattutto nell'ultima parte. Filippo ne percepì la carica di tensione come una scossa elettrica che entrava sottopelle e si diramava istantaneamente in tutto il corpo. La voce del commissario non aveva filtri e fluiva liberamente inondando l'etere di magnetismo. Tutto per la verità era successo nello spazio di pochi secondi. Il tono amichevole e colloquiale di un breve preambolo di convenevoli tra amici, si era trasformato in un diluvio di parole piene d'ansia, preoccupazione e rabbia. Il fil rouge dell'apocalisse verbale era un desolante senso di impotenza che Crespi non si preoccupava più di nascondere. Era stato rinvenuto un altro cadavere, sui gradini dell'imponente scalinata posteriore della Villa Reale di Monza. Si dettero appuntamento sul posto. Filippo impiegò mezz'ora per raggiungere il luogo del ritrovamento. C'era un traffico pazzesco quel giorno. La Polizia non lasciava passare nessuno dei molti curiosi che assiepavano il tratto di asfalto antistante l'ingresso pedonale di via Boccaccio. Filippo fu costretto a chiedere l'intervento diretto del commissario per poter passare il cordone di sicurezza. Un poliziotto stronzo gli fece il muso duro e passandogli accanto il giornalista provò l'intenso piacere, codardo ma non per questo meno reale, di mandarlo affanculo con il pensiero.

Raggiunta la scalinata, Filippo notò che anche lì c'erano troppe persone. Era come se tutti stessero ammirando il capolavoro perverso di un criminale che certo non meritava il pubblico delle grandi occasioni. Né più né meno quello che era successo nelle tre occasioni precedenti. La nebbia camminava tranquilla tra gli alberi immobili. L'umidità lasciava attoniti i pensieri. Il cadavere giaceva nella sua brutta nudità sui gradini orientati verso la vellutata distesa verde dei giardini. Una posa da scultura macabra faceva da involontaria cornice alla morte. Le gambe della giovane donna poggiavano su due gradini e il busto riverso terminava la sua corsa lungo due braccia distese languidamente a toccare il bordo finale della scalinata, sul piano rialzato che dava accesso alla Villa. La pelle della giovane dai capelli rossi aveva lo stesso colore dei mostri dei film horror. Chinati sul cadavere, Filippo riconobbe Marco Aliprandi e Barbara Longhi. Dovette fare i conti con un improvviso mal di stomaco. La presenza di Barbara era inaspettata e dal punto di vista strettamente personale apparteneva al regno dell'incomprensibile. Non aveva mai visto i due medici legali lavorare insieme sui luoghi di ritrovamento delle altre vittime e non capiva perché il destino o il caso avesse deciso di cambiare il corso delle cose proprio allora.
Oltre al mal di stomaco, Filippo ipotizzò che ci fossero altre somatizzazioni in corso. La presenza di Barbara Longhi al fianco di Marco Aliprandi poteva essere liberamente interpretata ma c'erano forti probabilità che il patologo non gradisse del tutto la compagnia della bella collega. Filippo ripensò alle parole dell'amico, ai suoi timori di esse-

re messo da parte, di vedere il proprio lavoro sconfessato e la sua professionalità squalificata. Filippo però sospettava che non sarebbe stata Barbara l'eventuale sostituto di Marco. I nemici, quelli veri, sarebbero arrivati da fuori. Il fatto che la dottoressa fosse presente alla Villa Reale era comunque per Marco fonte di angoscia e umiliazione. Filippo lo comprese velocemente. Non era stato l'amico medico a chiedere alla collega di accompagnarlo.

Crespi fece segno a Filippo di avvicinarsi. Il commissario non perse tempo.

"La ragazza si chiamava Valentina Ripamonti, ventidue anni, studentessa alla facoltà di Legge della Statale di Milano. Sto aspettando che Aliprandi e la dottoressa Longhi mi dicano qualcosa in più. Intanto, posso confermarti che i genitori della vittima sono letteralmente impazziti. Il padre della ragazza, Giuseppe Ripamonti, è un famoso notaio di Monza. Era qui un'ora fa e ringrazio Dio di non averlo incontrato. Mi hanno riferito che imprecava come un ossesso contro tutto e tutti, me compreso. La moglie piangeva e urlava accasciata accanto alla figlia. Li hanno portati via a forza e probabilmente adesso sono sotto sedativo in Ospedale. Ne vedremo delle belle".

Filippo ascoltò dando le spalle ai medici legali, ancora impegnati sul cadavere.

"Chi ha trovato il corpo?".

Crespi accese una sigaretta e tossì sputando per terra.

"L'addetto ai giardini". Indicò dietro di sé. "Lo vedi quel cazzo di prato bello rasato e tirato a lucido? C'è qualcuno che si fa un culo così per il risultato".

Il commissario eruttava parole volgari tradendo nervosismo.

"Sai cosa ti dico, Filippo? Non me ne frega un cazzo se il signor Ripamonti andrà dai miei superiori a sparlare male di me e dei miei uomini. Al punto in cui siamo non mi frega più un cazzo di niente. Non sappiamo più dove sbattere la testa. E intanto quello stramaledetto figlio di puttana gioca a fare il grande scenografo".

Non c'era dubbio che i luoghi in cui erano stati ritrovati i cadaveri delle quattro ragazze fossero tutti unici e particolari dal punto di vista della storia monzese. Il serial killer disdegnava le strade e i vicoli di periferia. Gli piacevano le location più prestigiose e artistiche, rivelando una curiosa quanto incomprensibile propensione all'urbanistica d'effetto. L'ultimo spettacolo era stato organizzato niente meno che alla Villa Reale. Filippo alzò la testa e misurò con lo sguardo l'estensione giallognola della reggia piermariniana. Immaginò un uomo deciso e feroce che nel cuore della notte calpestava la ghiaia trascinando con sé il corpo di una ragazza. Non riuscì però a immaginare quali pensieri e sensazioni attraversassero la sua mente: il buio fitto avvolgeva l'identità misteriosa dell'assassino.

"Hanno finito", gridò un poliziotto con il volto arrossato.

Il commissario gettò a terra il mozzicone e si avvicinò ai medici legali che stavano camminando nella sua direzione. Filippo lo seguì, convinto che non aveva senso evitare uno scambio di sguardi con Barbara Longhi. La donna gli sorrise salutandolo con sincero calore. Marco Aliprandi fece lo stesso stringendogli la mano. Filippo stette al gioco delle formalità e finse di non avere sovrastrutture mentali. Il commissario invece tradiva senza ritegno la frenesia di sapere. Fu Aliprandi a parlare per primo.

"Alla ragazza sono state amputate entrambe le mani ma quando è stata portata qui era già completamente dissanguata. La stessa cosa che è successa alle altre tre vittime. Per le cause della morte rimandiamo all'autopsia completa e alle analisi di laboratorio".

"Droga?".

"Potrò stabilirlo solo con l'autopsia. Esternamente non ci sono segni di violenza".

Il commissario si accese un'altra sigaretta e, attraverso i denti serrati in una morsa, si lasciò sfuggire il fragile eco dell'ennesima parolaccia. Intervenne Barbara Longhi.

"Fermo restando che solo l'esame autoptico completo potrà rilevare i dettagli più importanti, posso dire che la ragazza ha quasi certamente avuto un rapporto sessuale prima di morire. E a quanto sembra si tratta di sesso consenziente. Nella vagina e nell'ano c'è una sostanza che sembra sperma e nessun apparente segno di violenza".

Crespi si allontanò scalciando ghiaia e imprecando a voce alta. I poliziotti presenti si voltarono. Ritornato sui suoi passi, si mise a sbraitare.

"Cosa vuol dire, dottoressa? Che anche Valentina Ripamonti si è divertita con il suo assassino prima di essere ammazzata? Così come hanno fatto le altre tre? Mi piacerebbe proprio sapere in cosa consiste il fascino di questo Casanova perverso. E non lo dico per invidia".

Barbara Longhi non si scompose.

"Potrebbe avere avuto un rapporto sessuale con chiunque, non è detto che lo sperma, se di sperma si tratta, sia quello dell'assassino".

"Già. Non è detto. Come negli altri casi, vero? Dottoressa, crede davvero che, con la fortuna che abbiamo, possiamo anche solamente ipotizzare che si tratti di un uomo qualunque e non del nostro genio del crimine?".

"Non saprei, commissario. Io le ho esposto come stanno le cose dopo il primo sommario esame del cadavere".

Crespi voltò la faccia non nascondendo l'espressione di disgusto che gli si era stampata sul viso. Poi si allontanò per telefonare. La sua voce era così alta che sembrava vibrare nell'aria. "Quando potrò passare da voi per i risultati dell'autopsia?".

Per pudore Filippo rivolse la domanda a Marco. In quel momento non riusciva a guardare in faccia Barbara.

"Tra due ore avrò finito".

Barbara guardò Marco. Era stato lui a condurre le autopsie delle prime tre vittime del serial killer, non era molto logico passare di mano a quel punto. Almeno fino a quando qualcuno più in alto non avesse deciso diversamente.

"Ti aspetto al solito posto allegro. Mi occuperò io di tutto. Barbara ha un altro impegno".

La donna fissò un punto lontano nel mare verde dei giardini. Non aggiunse altro. In lontananza, scorse alcune persone in cammino. La nebbia si era lentamente alzata e i raggi solari iniziavano a riscaldare l'aria ancora fredda.

"Va bene. Spero che vengano fuori altri elementi utili alle indagini. Ti confesso che sono abbastanza rassegnato. La morte di Valentina Ripamonti sembra non aggiungere nulla a ciò che già sappiamo ma contribuisce ad aumentare l'incertezza. Stiamo brancolando nel buio più fitto".

Marco Aliprandi emise una specie di sospiro di innocente indifferenza. Arrivò l'ambulanza e si fermò davanti al cancello di via Boccaccio. Due operatori si avvicinarono alla scalinata reggendo una barella. Infilarono il cadavere in un sacco grigio e lo portarono fuori. Aliprandi e Longhi si avviarono in quella direzione, proprio quando l'ambulanza fece manovra e iniziò ad allontanarsi. Filippo si avvicinò al commissario che aveva appena concluso la telefonata.

"Che ne pensi?", gli chiese Crespi a bruciapelo.

Sembrava essersi calmato.

"Marta Brambilla è stata penetrata in ano e vagina da un solo individuo, come Livia Ornaghi che tuttavia aveva sperma solo nella vagina. Anche Anna Reggiani aveva sperma nell'ano e nella vagina ma in quel caso gli individui sono due. Chissà quali sorprese ci riserverà Valentina Ripamonti. In comune c'è il sesso ma non mancano le differenze".

"Hai perfettamente ragione. Se la pista da seguire è quella di maniaci che giocano a complicare le cose alternando penetrazione anale e vaginale, ti giuro che non mi stupirei. Anzi, potrei anche mettermi a fare i salti di gioia per avere qualcosa di certo su cui indagare. Che significano queste scopate? È ciò che l'assassino o gli assassini cercano o sono solo un diversivo?". Crespi sorrise prima di continuare. "Ancora non mi convince del tutto l'ipotesi di un singolo assassino. Lo sperma che appartiene a più individui... È difficile credere che sia un unico pazzo a tirare i fili".

"Certo, potrebbero esserci dei complici", precisò Filippo. "E magari altre possibili e logiche spiegazioni. Io rimango dell'idea che il serial killer sia uno. Molto abile e scaltro, ma uno".

Il commissario non replicò, limitandosi ad aspirare fumo dalla sigaretta.

"E se il serial killer facesse sesso non tanto per divertirsi ma per trarci in inganno?".

Il commissario rifletté attentamente.

"Parli di una falsa pista? Può darsi. Anche se, dopo quello che mi hai raccontato su quanto successo vent'anni fa a Lentate sul Seveso, non riesco a togliermi dalla testa che quel pazzo agisca unicamente per una sua sporca libidine personale".

"A Lentate Lisa Brivio è stata violentata. Nessun sesso consenziente. Inoltre, erano in quattro".

"Questo è quello che ti ha detto il testimone. Prove certe non ne abbiamo", precisò stizzito Crespi.

"Andrò al dipartimento di anatomopatologia più tardi, Franco. Ti chiamo nel pomeriggio per raccontarti".

"Lo sai, vero, che a me invieranno la relazione scritta dell'autopsia, come sempre. Meglio avere le notizie prima possibile. Soprattutto quelle brutte".

Filippo annuì sorridendo. Crespi invece tenne il muso duro, assorbendo come una spugna i malumori che gli sgorgavano dall'inconscio.

"Per quanto riguarda i festini...?".

Filippo intuì che c'era qualcosa nell'aria.

"Come vanno gli interrogatori?".

"Male. Finora nulla di interessante. Tutti negano e vogliono apparire come bravi cittadini impegnati in opere di beneficenza".

Passarono cinque secondi prima che il commissario arrivò al dunque.

"Che ne diresti di andare a curiosare? Se lo hai già fatto una volta perché non riprovarci quando i buontemponi sono all'opera?".

Filippo sgranò gli occhi. In realtà, ci aveva già pensato.

"Nulla di dichiaratamente illegale, visto che Villa Cusani sarà regolarmente aperta al pubblico per la cena di beneficenza mensile. L'unica infrazione che dovrai compiere sarà per così dire di natura amministrativa: fingere di non essere chi sei e raccogliere prove senza usare la macchina fotografica o lo smartphone".

Filippo lo guardò dritto negli occhi.

"Coincidenza vuole che si riuniscano questa sera", rivelò concitato. "Michele Pastrengo mi ha già prenotato un posto in prima fila. Abusivo ovviamente".

Crespi rise di gusto.

"Che figlio di...".

"Avevo già messo in conto di rifare l'impresa, Franco. Aspettavo il momento giusto".

"Senza ovviamente parlarmene", obiettò bonariamente Crespi.

"Mi hai preceduto. Chiamala telepatia se vuoi...".

Crespi rise di nuovo e si accese l'ennesima sigaretta in segno di distensione. Non aveva più fretta, forse quella volta se la sarebbe gustata fino in fondo, lentamente.

"Dobbiamo prenderlo, Filippo. Abusivo o no, devi riuscire a entrare in quella bolgia e cavare qualcosa di utile".

"Non sai più che pesci pigliare, eh?".

"Già. Altrimenti non sarei costretto a chiedere a un giornalista di fare il poliziotto".

Filippo piegò la testa di lato e contrasse la bocca in una smorfia comica.

"È quello che succede da quando io e te collaboriamo".

Crespi sbuffò fumo grigio e tornò improvvisamente serio. Non aveva gradito la battuta.

"Meglio non affrontare la questione sulla natura misteriosa del nostro rapporto di reciproca e proficua convenienza".

Squillò il cellulare e il commissario fece segno che doveva rispondere. Filippo ne approfittò per andarsene. Si salutarono a gesti e Filippo uscì da via Boccaccio. Gruppetti di persone stazionavano intenti a parlare ma la maggior parte dei curiosi si era ormai dileguata.

Decimo giorno
Capitolo 38

Al dipartimento di anatomopatologia non c'era Marco Aliprandi ad attendere Filippo. L'amico aveva avuto un imprevisto e si era allontanato. Al suo posto c'era la sorridente Barbara Longhi che probabilmente si era gustata l'attesa e si era adeguatamente preparata a ricevere il giornalista. Filippo se l'era trovata davanti e non potendo fare marcia indietro decise di non preoccuparsi eccessivamente di ciò che quell'incontro poteva significare, ovviamente al di là dell'aspetto professionale. Anzi, fatti pochi passi lungo il corridoio che portava alle sale mortuarie, facilitato dall'ambiente e dal clima circostante, optò per un comportamento rigorosamente freddo e distaccato ma indubbiamente sincero, facendosi scudo del fatto che era lì per lavoro e nient'altro. Barbara Longhi non tradì alcuna preoccupazione.

"Mi dispiace che non ci sia Marco ma mezz'ora fa l'hanno chiamato per un'autopsia all'Ospedale di Desio. Penso che ne avrà per almeno due ore. Mi ha lasciato tutto l'incartamento sull'autopsia di Valentina Ripamonti. Mi sono preparata e sono pronta a rispondere alle tue domande".

Non era la prima volta. Filippo la fissò senza pensare a nulla in particolare. Non era sorpreso dalla formalità mascherata da cortesia che Barbara gli stava ricambiando, quanto dalla volontà della donna di dominare la situazione. Un comportamento che aveva già notato ma che in quel momento suscitò in lui un furibondo e incontrollato fastidio. Era evidente che c'era dell'imbarazzo ma la dottoressa sembrò non volerlo riconoscere.

"Va benissimo, Barbara. Ti ringrazio", le rispose infilando il piede destro nella prima sala a sinistra. Fu fortunato perché il cadavere di Valentina Ripamonti era già disteso sul tavolo di metallo; c'era anche una cartelletta con alcuni fogli tenuti insieme da un fermaglio. Filippo prese formalmente posto su uno degli sgabelli posizionati in fila indiana a ridosso del lungo e stretto banco appoggiato a una delle pareti.

"Cosa mi puoi dire, allora? Avete scoperto qualcosa in più rispetto a quanto emerso dal primo sommario esame?".

Si accorse di parlare meccanicamente. Barbara sorrise.

"Ti confermo che la ragazza ha avuto un rapporto sessuale poco prima di essere assassinata. Nell'utero e nell'ano abbiamo trovato tracce di sperma appartenenti a due individui. Nessuna violenza, come avevamo giustamente ipotizzato all'inizio. Rapporto sessuale consenziente".

La dottoressa si avvicinò al cadavere guardandolo con l'occhio distaccato dell'esperto.

"Le analisi del sangue hanno evidenziato la presenza di sostanze stupefacenti. Ancora una volta si tratta di anfetamine e ancora una volta si tratta di un'overdose. C'è anche del metadone e questo fa propendere per una certa familiarità con le droghe".

A Filippo si ripresentarono le stesse ossessive domande. Se in tutti e quattro i casi non c'era stata violenza, cosa poteva significare? Che il serial killer e le sue vittime si conoscevano o erano legati da un qualche rapporto? Oppure che le vittime si erano tutte lasciate affascinare da uno sconosciuto? E se il serial killer stesse facendo di tutto per depistare le indagini? E se ci fossero di mezzo altre persone, che ruolo potevano avere? Sperma di due individui nei corpi di Anna Reggiani e Valentina Ripamonti, di uno solo in quelli di Marta Brambilla e Livia Ornaghi. In tutti e quattro i casi, la Scientifica aveva stabilito che si trattava di quattro perfetti sconosciuti. L'identità di quegli individui era un altro estenuante mistero. Se vent'anni prima Lisa Brivio venne violentata e uccisa da quattro maniaci, perché non considerare la presenza di più assassini anche nel caso delle quattro giovani donne uccise e mutilate a Monza? Filippo dovette a malincuore considerare anche quest'ultima ipotesi, facendo a botte con la volontà che gridava a voce alta: il serial killer è uno, uno soltanto.

"A parte le anfetamine, la presenza in tutti e quattro i casi di metadone, può far pensare a un possibile piano di depistaggio".

Barbara rifletté per qualche secondo.

"Secondo te, chi le ha uccise vuole far credere che fossero tutte e quattro drogate anche se non è vero? È possibile?".

La dottoressa Longhi scosse la testa.

"Lo stesso discorso potrebbe valere per le anfetamine. Sono morte per un'overdose, Filippo. Letale anche per chi drogato cronico non lo è".

Filippo annuì coprendosi la bocca con la mano destra.

"Hai ragione. Nulla a questo punto ci vieta di considerare la presenza di anfetamine e metadone con logica conseguenza".

Fu Barbara a terminare il ragionamento.

"Ossia che le quattro vittime erano drogate. Oppure che non lo erano ma qualcuno vuole farci credere ilo contrario".

Filippo respirò disorientato.

"Alla Villa Reale tu e Marco avete accennato alla mancanza di violenza".

"Segni evidenti di violenza non ne abbiamo trovati, né esternamente né internamente", confermò Barbara Longhi.

"E come è morta?", chiese Filippo con malcelato nervosismo. Sapeva già la risposta ma lo aveva chiesto lo stesso. Quel colloquio iniziava a dargli sui nervi.

"Già, la cosa più importante", annuì Barbara, smettendo per un secondo di sorridere.

"È morta non più di dieci ore fa. Come da copione si tratta di arresto cardiaco. Provocato però da uno o più fattori".

"Non capisco", disse Filippo sorpreso.

"Nel sangue sono state rinvenute tracce minime ma letali di cianuro di potassio".

"Vuoi dire che è stata non solo drogata ma anche avvelenata?".

Il giornalista aveva gli occhi lucidi, in attesa di sentire il seguito di quell'imprevedibile racconto. La faccenda si stava ulteriormente complicando.

"Direi di sì", continuò Barbara. "L'arresto cardiaco può essere stato provocato dall'overdose di anfetamine oppure dal cianuro di potassio, probabilmente disciolto in alcol. Il cianuro di potassio, se ingerito in piccole dosi, ha sapore acre e causa rapidamente la morte. L'aria sembra mancare, si ha una sensazione di soffocamento, la respirazione diventa convulsa. La vittima perde velocemente conoscenza, le convulsioni precedono la morte per arresto respiratorio e cardiocircolatorio. Una dose massiccia di cianuro di potassio, ma non è il nostro caso, provoca la morte in otto-dieci secondi. Non possiamo però sapere con certezza se abbiano agito più le anfetamine o il cianuro di potassio. Di certo, il concorso dei due elementi è stato fatale".

Filippo agitò le gambe come in preda alle convulsioni.

"E il dissanguamento?".

"Successivo alla morte e provocato a seguito dell'amputazione di entrambe le mani", rispose con fare molto professionale Barbara Longhi.

"Perché l'assassino avrebbe lasciato tracce così evidenti di cianuro di potassio? È evidente che voleva che lo scoprissimo. Non trovo altri motivi plausibili".

"Sono d'accordo", confermò il medico legale. "Questo mi sembra un perfetto caso di depistaggio. Trattandosi della prima volta che ha utilizzato un veleno per uccidere o contribuire all'uccisione della sua vittima, voleva che la cosa fosse ben evidente".

Un rumore improvviso si propagò nella sala. Filippo e Barbara si guardarono sorpresi. Istintivamente, il giornalista girò la testa in direzione della porta, pensando di vedere nuovamente l'uomo con la felpa. Sembrava però non ci fosse nessuno. Non convinto, si alzò e uscì in corridoio correndo verso l'uscita. Nessun incappucciato in vista. Poi, il rumore tornò a farsi sentire, anche se non si capiva da dove provenisse. Barbara Longhi raggiunse Filippo preoccupata. Quindi, lo invitò a seguirla nell'ufficio riservato alla direzione, l'ultimo a destra. Dal corridoio Filippo vide l'espressione di sorpresa che si era manifestata sul volto della dottoressa, ferma sulla soglia del piccolo locale.

"E tu cosa ci fai qui? Quando sei tornato?".

Filippo raggiunse Barbara. Seduto di fronte alla scrivania, lo schermo del pc acceso, Marco Aliprandi non si voltò per rispondere.

"Sono arrivato in questo momento", disse riducendo a icona l'immagine dello screen saver. Filippo non fece in tempo a capire di cosa si trattasse.

"A Desio ho solo dovuto firmare delle scartoffie, niente più. Prima o poi mi incazzerò con quegli stronzi. Non mi va che ci usino come loro impiegati. Me ne sono andato appena ho potuto e sono tornato qui. Ho del lavoro arretrato e non mi andava di perdere tempo".

Barbara Longhi sembrava ancora perplessa.

"Vi ho sentiti parlare e ho preferito non disturbarvi", aggiunge Aliprandi intuendo la reticenza della collega.

"Non c'era problema", rispose infine la dottoressa, che iniziò a rilassarsi pensando che forse il collega non voleva disturbarli anche per un altro motivo.

"L'autopsia l'hai fatta tu. Sarebbe stato più logico che fossi tu a parlarne con Filippo".

Marco Aliprandi la fissò abbozzando un sorriso empatico.

"Sei in grado benissimo di farlo tu. Anche con un giornalista molto esigente come Filippo".

"Lo considero un complimento, Marco", intervenne il cronista.

"Cosa ne pensi allora?", chiese il medico legale. "Credo che la ricerca del vostro assassino sia ancora piuttosto complicata".

Prima di replicare, Filippo osservò Barbara. La donna lo stava fissando e i suoi occhi trasudavano lussuria. In realtà, era tutto il suo corpo che emanava fluidi invisibili di desiderio. Cosa stava succedendo? Filippo non colse alcuna attinenza con la situazione che tutti e tre stavano vivendo, ma non riuscì a trattenersi. Il corpo agiva in modo autonomo. Finì per trovare eccitante anche il colore verde del camice della patologa. Marco Aliprandi se ne accorse e mostrò sul volto un compiacimento complice. Cosa avrebbe fatto? Se ne sarebbe andato lasciando soli i due amanti a consumare un fugace amplesso ipercalorico in quell'ambiente dominato dalla morte e dall'ipotermia?

"Molto complicata, in effetti", disse Filippo cercando di calmarsi e osservando distratto Barbara che si stava allontanando. La dottoressa tornò verso la sala mortuaria.

"Come va con Barbara?".

Era una domanda cui non avrebbe risposto se gli fosse stata rivolta da una persona qualsiasi. A Marco poteva anche rispondere, perdonandogli il fatto di essere stato testimone involontario anche se consapevole di quell'intima effusione muta che lo aveva nuovamente legato a Barbara Longhi.

"Male. Anche se non sembrerebbe".

"Quella donna vuole che la scopi, Filippo. Io non mi farei troppi scrupoli".

Non era però una questione di scrupoli ma di pertinenze. Filippo poteva perdonarle tutto, ma non sopportava l'atteggiamento predominante di Barbara. Poteva assecondarla sul fatto di manifestare il suo desiderio sessuale in un luogo come quello – in fondo per lei si trattava di un luogo di lavoro quotidiano, cui era abituata, senza contare che la dottoressa aveva già ampiamente dimostrata la sua predisposizione al libertinaggio – ma non voleva concederle il lusso di pensare che con lui tutto fosse scontato. E poi non aveva ancora elaborato del tutto lo scherzetto che gli aveva propinato alla festa di Vimercate.

"Terrò presente il tuo competente consiglio, Marco. Fisserò un appuntamento galante in un luogo più romantico di questo".

Marco Aliprandi rise. Sul desktop ora fluttuavano innocenti immagini di spiagge immacolate, onde alte e montagne circondate da un cielo vigoroso. Il medico legale lo salutò e aspettò che Filippo uscisse per riprendere a digitare sulla tastiera. Filippo tornò nella sala mortuaria. Barbara era seduta su uno degli sgabelli. Stava leggendo. Il cadavere di Valentina Ripamonti era stato risposto nella cella frigorifera.

"Sto controllando la relazione finale da inviare alle autorità".

Non c'era più traccia di lussuria in lei. Il verde del camice si era come sbiadito. Filippo rimase sulla soglia cercando dentro di sé il coraggio di invitarla a bere qualcosa.

"Pensavo che la relazione fosse già stata inviata alle autorità".

"Purtroppo siamo in ritardo", rispose Barbara.

Filippo trovò finalmente il coraggio e la invitò. La dottoressa sorrise, senza tradire altro che gentilezza.

"Con piacere, Filippo".

Non c'era aggressività nel suo sguardo e nessuna audacia erotica.

"Facciamo domani sera?", chiese il giornalista senza indugiare nella disamina degli atteggiamenti della donna.

"Domani sera va bene. Io finisco intorno alle otto. Possiamo fare alle nove".

Lui annuì. Non chiese nessuna spiegazione a proposito della scherzetto di Vimercate. Non pretese scuse. Forse gliele avrebbe chieste in un altro momento. Forse era troppo imbarazzato per farlo subito. Si salutarono mantenendo distanze che parevano stantie nel loro essere fittizie. C'era stato qualcosa che aveva rotto il muro della distanza ma quel qualcosa era troppo confuso per essere subito metabolizzato. Inconsciamente, lo sapevano tutti e due. Quando uscì all'esterno, l'aria fresca investì Filippo come una boccata di ossigeno salutare. Se fosse rimasto là dentro ancora per cinque minuti sarebbe scoppiato. Si chiese come avesse potuto pensare al sesso quando il sesso era stato argomento di riflessione davanti alla ragazza morta. Si chiese che razza di psiche avessero lui e i due medici legali. Dei due scienziati ammirava la capacità di non lasciarsi condizionare dalla morte e di riuscire a provare sensazioni terrene e vive come se fossero in qualsiasi altro luogo. Con se stesso fu meno clemente. Non avrebbe dovuto invitare la donna a una bevuta che preludeva a una nottata di accoppiamento selvaggio. Ma non poteva sottrarsi alla potente forza attrattiva che Barbara Longhi continuava a esercitare su di lui.

Decimo giorno
Capitolo 39

Il commissario era stato categorico. Niente più pausa caffè nei bar del centro. Fiorivano gli stronzi e Franco Crespi era certo che lo stessero tenendo d'occhio anche quando si recava al cesso. Il commissario non si fidava più di nessuno, specie di quelli del suo team, e Filippo pensò che si stesse bevendo il cervello dietro paranoie nevrotiche. Cambiò idea quando il poliziotto gli disse che era meglio anche per lui non farsi vedere troppo in giro. La querela di Reggiani senior e compagnia bella non era stata ritirata e non valeva la pena rischiare di rincarare la dose. Si dettero perciò appuntamento a San Fruttuoso, alla periferia ovest di Monza. Fuori dal campo illuminato dalla luce dei riflettori. Il bar assomigliava a un circolo per pensionati ma Filippo non era sicuro che lo fosse davvero. Anziani ce n'erano, sparsi qua e là nella penombra del piccolo salone assiepato di tavoli, con l'immancabile tovaglia a quadrettoni bianchi e rossi. Nell'aria aleggiavano frasi di saggezza dialettale e una puzza di vino mischiato ad afrori di umanità invecchiata. Franco Crespi sedeva a un tavolo all'angolo, lontano dall'ingresso. Aveva appena finito di bere l'ennesimo caffè. Filippo si accomodò e prima che potesse salutarlo notò che negli occhi del commissario c'era angoscia solidificata. Crespi lo fissò come se avesse una notizia tremenda da comunicargli.
"Non ho potuto dirti molto al telefono, scusami", disse il poliziotto mentre da una tasca interna dell'elegante giacca estraeva il taccuino di Villa Cusani, con i fogli ormai tutti spiegazzati. Filippo lo osservò sfogliare le pagine alla ricerca di quella giusta. Quando la trovò gli si illuminarono gli occhi.
"Adesso capirai perché non potevo dirti nulla. Al telefono intendo".
Un barista di mezza età si diresse verso di loro con il viso imbronciato. Non si capiva se fosse incazzato con loro o avesse le sue gatte da pelare. Era venuto per le ordinazioni. Filippo chiese una coca cola mentre Franco si concesse un altro caffè.
"A queste informazioni ci sono arrivato un po' per caso, un po' per testardaggine", continuò il commissario non prima di essersi assicurato che il barman si fosse allontanato. "Come sai, ho interrogato diverse persone i cui nominativi sono riportati in questo maledetto taccuino".
Filippo ascoltava senza capire dove Crespi volesse arrivare, lo sguardo imbambolato a seguire i movimenti, apparentemente normali, degli avventori di quel bar di periferia. Tutti si muovevano come soverchiati da pesi enormi sulle spalle. Doveva essere per via dell'età oppure della stanchezza che recava con sé qualcosa di metafisicamente malato. Un vecchio si grattava i coglioni e lo faceva come se sorseggiasse un bicchiere d'acqua. Chissà cosa aveva là sotto.
"Anna Reggiani frequentava i festini, fin qui nulla di nuovo".
"Certo".
"Ci andava con l'ex fidanzato, Matteo Borsa".

"Certo".

"C'era anche una sua cara, anzi carissima amica, Valentina Ripamonti".

"Cazzo".

"Ecco, infatti. E preciso che delle quattro ragazze uccise, Valentina Ripamonti e Anna Reggiani sono quelle che in corpo avevano sperma di due individui. Come non collegare questo al fatto che fossero assidue frequentatrici del bordello di lusso?".

"Che esiste e non esiste".

"Maledette prove", mormorò furioso il commissario. "Ma non ti credere: le quattro vittime hanno molto in comune anche se non sembra. L'ho capito andando a rompere le scatole ai loro familiari".

Arrivò il beveraggio e il commissario smise all'istante di parlare. Quando riprese, Filippo si ritrovò ossessivamente concentrato. Il bar e gli anziani erano come spariti dal suo orizzonte dimensionale.

"Anna Reggiani era figlia di Domenico, imprenditore del settore meccanico; Livia Ornaghi la nipote di Angelo Ornaghi, avvocato ed ex sindaco di Merate per la Democrazia Cristiana a fine anni Ottanta; Marta Brambilla era la nipote di Pietro Brambilla, altro industriale facoltoso, ma del settore tessile; infine Valentina Ripamonti, figlia di Giuseppe, notaio tra i più celebri di Monza".

Filippo lo fissò come se davanti agli occhi avesse un alieno.

"Non mi avrai invitato a questo incontro segretissimo per darmi informazioni vecchie?".

Dalla bocca del commissario uscì un gorgoglio proveniente da profondità occulte.

"Secondo te, il fatto di aver scoperto che Valentina Ripamonti scopava allo stesso modo e nello stesso luogo di Anna Reggiani, è cosa da poco? E se ti dicessi che i quattro uomini che ti ho appena elencato sono dei vecchi amiconi abituati a divertirsi insieme? E che la loro amicizia risale ad almeno quarant'anni fa?".

Filippo comprese che sul piatto erano state servite importanti novità. La mente andò in corto circuito. Pensieri scollegati tra loro e al limite del delirio onirico lo invasero gettandolo in uno stato di fastidiosa confusione. Sorseggiò un po' di coca cola e fece uno sforzo sovrumano per riportare l'attenzione sul colloquio in corso.

"Mi stai dicendo che il serial killer non ha scelto le sue vittime a caso? Come ho sempre sostenuto io?".

Crespi annuì.

"Sì, è molto probabile. C'è da chiedersi cosa abbiano mai combinato i quattro per meritarsi una simile punizione. E poi perché non punire loro direttamente invece che colpire persone a loro care e apparentemente innocenti? Se c'è un collegamento non vedo che questo".

I due si intesero all'istante. Fu Filippo a esternare le comuni considerazioni.

"Secondo il mio testimone, erano quattro gli uomini che vide uscire dal bosco di Lentate sul Seveso. A Lisa Brivio sono state mozzate le mani, come alle quattro ragazze di Monza. Azzardiamo un collegamento o lasciamo cadere tutte le possibilità di seguire finalmente una pista decente? La risposta alla tua domanda è: il serial killer ha colpito le ragazze perché erano persone care a quattro specifiche persone; le stesse che hanno violentato, ucciso e mutilato Lisa Brivio, che è stata vendicata con altre mutilazioni. Regge?".

"Tombola!", confermò Crespi con gli occhi illuminati da una luce febbrile.

In una frizione di secondo, il giornalista ebbe la certezza che la fine del maledetto tunnel nel quale vagavano da giorni in preda al panico assoluto fosse a portata di mano. Si lanciò a precipizio.

"Immagina che l'assassino voglia fare davvero del male. Secondo te, è meglio far vivere soffrendo la tua vittima o ucciderla risolvendo la questione con una sofferenza intensa ma breve?".

Crespi sembrò pensarci su ma era tutta una messinscena: aveva capito il ragionamento e ne era affascinato.

"Se non sbaglio – continuò Filippo - la morte delle quattro ragazze, e non sono quattro per caso, ha gettato le rispettive famiglie nell'angoscia".

Il commissario annuì con la testa.

"Esatto. Mi sono informato sullo stato di salute dei quattro uomini. Domenico Reggiani si comporta come un ossesso, Angelo Sala è stato ricoverato per un po' in psichiatria al Policlinico di Monza, Pietro Brambilla è stato salvato per un pelo da un infarto che lo stava uccidendo, Giuseppe Ripamonti ha tentato il suicidio poche ore dopo il ritrovamento del cadavere della figlia e l'hanno fermato in tempo".

"Che bel quadretto. Direi che il serial killer ha centrato il suo obiettivo".

"Certo! È però difficile provare che i quattro autori dell'efferatezza di vent'anni fa siano queste persone. E che persone!".

Chissà come, spuntarono le patatine. Il barman si era avvicinato da dietro senza farsi annunciare. Crespi sgranò gli occhi e lanciò all'imprudente impudente improperi mentali che si materializzarono appena usciti dal cervello. L'uomo però non sembrava aver prestato particolare attenzione alla conversazione. Meglio così. Il commissario iniziò a mangiare di gusto ficcando la mano dentro la scodella sbrecciata che conteneva le chip salatissime.

"Hai subito pensato ai quattro che hanno violentato e ucciso Lisa Brivio?".

Il commissario annuì con la testa. Aveva la bocca piena.

"Ovviamente, dobbiamo escludere a priori l'ipotesi più assurda".

"Quale?", biascicò Crespi sputando briciole gialle.

"Che il serial killer sia uno dei quattro o che ci troviamo di fronte a quattro assassini che sono tornati a colpire. Perché colpire figlie e nipoti e arrivare addirittura a inscenare delle situazioni di dolore inconsolabile? Ricapitolando: si tratta di qualcuno che ha a che fare con Lisa Brivio".

Crespi deglutì un bolo gigantesco prima di parlare.

"Il tuo ragionamento tiene. Eccome se tiene, cazzo! Pensando a Domenico Reggiani non ho dubbi nel credere che di cazzate ne abbia collezionata più d'una. Gli altri tre non li conosco ma ho il presentimento che siano fatti della stessa pasta avariata".

Il commissario si alzò per ordinare un bicchiere d'acqua gassata. Dopo la doccia di sale, la gola gridava dal dolore. Quando tornò al tavolo aveva in mano un bicchiere pieno zeppo di bollicine drogate.

"Te lo ripeto, Filippo: hai perfettamente ragione. Anche se sono obbligato a tenere presente che forse si tratta di una semplice coincidenza e che i quattro siano semplicemente degli amici legati da grande affetto e non da qualche indicibile segreto".

Filippo agitò la mano in un gesto di indifferenza che fece irritare il commissario.

"Cosa vuoi che faccia? Che mi metta ad accusare quattro persone senza uno straccio di prova? Sto già rischiando il culo abbastanza, non voglio certo mettermi contro dei potenti solo per il gusto di divertirmi".

"E allora perché continui a condividere con me informazioni importanti? Solo per il gusto di fare conversazione? So benissimo che ti devi muovere con i piedi di piombo ma non vorrei che il fatto di avere a che fare con quattro potenti rallenti tutto. Non per colpa tua ma del sistema in cui sia io che tu siamo prigionieri immersi fin sopra i capelli".

Crespi guardò fuori, in strada.

"Certo che non mi fermo. Per nessuna ragione al mondo lo farei".

Grani di sale erano sparsi come forfora sulle spalle della sua giacca.

"Magari il tuo serial killer è solo un giustiziere politico. Un rivoluzionario marxista vecchio stampo che persegue una sua personalissima lettura della lotta di classe".

Filippo si limitò a una smorfia. Doveva trattarsi di una battuta, perché un pensiero simile non poteva scaturire da una mente intelligente, capace e onesta come quella del commissario. Una battuta.

"Non resta che scoprire la verità, Franco. Io e te, insieme. Ognuno nei propri ambiti. Il rischio di non trovarla o di trovare qualcosa che falsamente le assomigli non deve indurci a rinunciare alla ricerca".

Il poliziotto annuì alzandosi. Aveva gli occhi grandi ben aperti e le dita piene di sale e appiccicose.

Decimo/Undicesimo giorno
Capitolo 40

Filippo annaspava nell'incertezza. Come doveva vestirsi per affrontare al meglio la seratina vip? Michele Pastrengo si mostrò molto comprensivo, senza eccedere troppo nel sentimentalismo pietistico.
"Un paio di jeans e una camicia elegante vanno benissimo", gli aveva comunicato al telefono. Erano le ventuno e mancava poco all'appuntamento con Villa Cusani e il festino. Filippo era agitato come non mai ma anche profondamente eccitato all'idea di vedere da vicino un party a base di droga e sesso, ovviamente mischiati. Eccitato all'idea di avere addirittura possibilità di fare sesso senza doversi impegnare nella conquista. Con il senso di colpa sotto sedativi e il codice morale addormentato, tutto era possibile. Mentre si preparava davanti alla finestra spalancata della camera da letto, trovò piacevole farsi accarezzare dalla brezza d'aria calda che entrava dall'esterno. La giornata era stata serena e anche a quell'ora della sera il clima mite, così insolito per la stagione, faceva di tutto per far desiderare la primavera. Sulla pelle rinfrescata dalla doccia le folate calde agirono come un afrodisiaco per viandanti alla deriva erotica. Accolse come benvenuta la nuova erezione e perse qualche secondo a osservarsi compiaciuto allo specchio.

Michele citofonò venti minuti dopo: Filippo bevve l'ultimo sorso di caffè, controllò che la moka si fosse sufficientemente raffreddata e uscì di casa. In cortile vorticavano mucchietti di foglie miste a polvere e terra. Il vento era più forte e l'aria calda aggrediva la faccia. Michele aspettava al volante del crossover. Indossava anche lui jeans e camicia sotto un soprabito leggero color caffellatte.
"Sei pronto?", chiese il giovane mentre manovrava per immettersi in via Casati. "Guarda che stasera si scopa di brutto. E se ti va puoi anche bere e farti una striscia di coca senza che qualcuno venga a romperti i coglioni sul più bello".
Rise. Filippo fissò la strada chiedendosi fino a che punto sarebbe stato capace di disinibirsi con la droga. Lui che aveva sempre tenuto a debita distanza i tossicodipendenti, non certo per cattiveria ma per istinto refrattario.
"Niente droga. Non ho bisogno di coadiuvanti per farmi tirare l'uccello".
Michele rise di nuovo.
"Bella risposta. Stavo scherzando. Niente obblighi là dentro, solo opportunità".
Imboccata la statale 36 in direzione Lecco, Filippo si accorse di non avere con sé lo smartphone. Iniziò a frugarsi nelle tasche del giubbotto illudendosi di trovarlo lì. La ricerca confermò che ne era sprovvisto.
"Cosa stai cercando?", domandò incuriosito il compagno di viaggio.
"Il cellulare. L'ho dimenticato a casa".
Michele non parve cogliere il senso della evidente preoccupazione che inesorabilmente colpisce tutti i figli della tecnologia.

"Aspetti qualche telefonata importante?".

"Per la verità, sì. Franco Crespi sa dei festini e della mia partecipazione all'edizione di questa sera. Mi ha suggerito di tenere un contatto aperto con lui in caso di necessità".

Ora il ragazzo sembrava più coinvolto.

"Per quello che ne so, là dentro non succede nulla di pericoloso. Nessuno ha mai dato fuori di matto e non si sono mai verificati fatti di sangue".

Filippo non ne era così sicuro.

"Ascolta Michele. Anna Reggiani e Valentina Ripamonti si conoscevano e frequentavano gli stessi festini. Entrambe sono state uccise da un maniaco di cui non sappiamo praticamente nulla e che potrebbe essere uno dei signori che frequentano il bordello di Villa Cusani. Capisci che non posso stare tranquillo come tu pretendi?".

"Valentina Ripamonti", ripeté Michele lasciandosi dietro una pausa di qualche secondo. "Non l'ho mai conosciuta né ai festini né fuori. E Anna non mi ha mai parlato di lei".

Una lunga fila di auto proveniva in senso opposto sulla strada che puntava in direzione di Verano Brianza. Filippo avrebbe voluto essere seduto in una di quelle auto e fuggire via.

Improvvisamente, Michele imprecò.

"Maledetto bastardo. Ma dove cazzo vuole arrivare?".

Filippo emise un risolino ironico.

"Se lo sapessi...".

Il traffico aumentò nei pressi di Villa Cusani. Michele, che ben conosceva le strade, trovò facilmente parcheggio imboccando una vietta a senso unico immersa nell'oscurità. La villa distava un centinaio di metri. Il lungo cancello era aperto e Filippo notò che da lì entravano auto e pedoni.

"Perché non siamo entrati anche noi in auto?".

Michele gli rispose mentre smanettava con lo smartphone, il suo.

"Perché ho preferito non dare nell'occhio. Se scoprono chi sei non dico che mi castrerebbero ma quasi".

C'era del voluto umorismo nero in quelle parole e Filippo cercò di non dargli peso. Il giornalista si era inventato un nome di fantasia: Marco Breda. Niente voli pindarici, niente fervida immaginazione. Solo una scelta semplice di convenienza. I nomi si somigliano tutti, aveva pensato, chi vuoi che presti attenzione a un Marco Breda qualsiasi?. Michele aveva provveduto al resto: iscrizione fasulla all'Associazione "Il Cammino" e card di riconoscimento. Il rischio per Filippo di essere riconosciuto era minimo anche se non matematicamente inesistente: chi conosceva il volto del caporedattore della cronaca nera della Gazzetta? Era certo di non incontrare Domenico Reggiani o uno degli altri tre notabili colpiti dalla disgrazia familiare. Chissà perché, aveva fin da subito escluso a priori che potessero frequentare un posto come quello. Forse per un autentico scrupolo morale, Domenico Reggiani e Giuseppe Ripamonti stavano sicuramente alla larga dalla villa in cui si erano esibite le figlie, ammesso ovviamente che avessero saputo dell'esistenza dei festini. Non aveva mai partecipato a dibattiti o conferenze, né tantomeno aveva posato il culo sulla poltrona degli ospiti di una qualsiasi trasmissione televisiva. Anche sulla voce era abbastanza sicuro: non era mai stato invitato da un'emittente radiofonica. In internet, non circolavano sue immagini, se ne sarebbe accorto pure lui che non era proprio un patito della rete. La quota maggiore di rischio veniva dalla possibilità di essere riconosciuto da qualche politico o altro rappresentante istituzionale. Filippo confidò sul fatto che, in genere, i colloqui con le istituzioni li delegava a Simona e Rodolfo. Tranne rari casi, lontani nel tempo. Insomma, non era un personaggio pubblico e a parte la firma, quella ben conosciuta, le fattezze di Filippo Corti erano ignote alla massa.

Varcata la soglia della villa, furono immediatamente intercettati da due energumeni in giacca nera e cravatta. Prima di essere interrogati, dovettero aspettare che una coppia finisse di sbrigare le incombenze burocratiche necessarie per essere ammessi nell'arena. L'uomo, piuttosto avanti con gli anni, posava la mano sulle chiappe della donna che era con lui, una biondona con vestito lungo color pistacchio che dimostrava almeno trent'anni di meno. La donna si voltò e Filippo si accorse che aveva due occhi che brillavano di una luce particolare. Avrebbe detto di lussuria e la sicurezza di aver vinto la scommessa sarebbe venuta pochi minuti dopo, quando avrebbe rivisto la femmina all'opera con due uomini che la penetravano contemporaneamente. Con un particolare: nessuno dei due assomigliava a quello che in quel momento la stava accompagnando all'interno della villa.

"Sono Michele Pastrengo. Lui è Marco Breda. È qui per la prima volta. Questa è la sua tessera e il documento di iscrizione avvenuta".

Michele mostrò la card e un foglio A4. L'energumeno numero uno fissò Filippo con occhi di ghiaccio, posando a tratti lo sguardo sulla tessera color argento.

Chissà se li pagano per essere coglioni oppure ci mettono del loro, pensò il giornalista mentre sorrideva come un ebete. L'energumeno numero due segnò qualcosa su un quadernone dalla rilegatura rossa. Filippo non riuscì a capire di cosa si trattasse ma ipotizzò fosse una sorta di registro soci. Gli hanno anche insegnato a leggere e scrivere. Sbalorditivo! Represse la tentazione di esprimere a parole quei pensieri. Aveva una gran voglia di mandare affanculo quei due mentecatti tutto muscoli e niente cervello e andarsene da lì, inchiesta o non inchiesta. Intanto, dietro di loro continuavano ad accodarsi persone che finivano per ingrossare il gruppone degli impazienti. Alla fine, Michele e Filippo riuscirono a imboccare la strada per il secondo piano. Giunti a destinazione, si immersero in capannelli di uomini e donne sorridenti. Camerieri in divisa bianca reggevano con invidiabile equilibrio vassoi con calici riempiti di vino bianco. Sembrava una qualsiasi festa di elegantoni in libera uscita dopo l'ennesima stressante settimana.

"Penso sia meglio che ci dividiamo".

Filippo guardò Michele che sembrava ipnotizzato. Per farsi sentire ripeté il concetto alzando la voce.

"Penso sia meglio che ci dividiamo. Va bene se ci ritroviamo qui tra un'ora?".

Il ragazzo, che sembrava non aver capito, rispose che per lui andava bene. La testa era già altrove, persa in chissà quali perversi impulsi. Filippo credette di vedere Anna e Valentina in mezzo a quella folla di libertini saltuari che per il resto della loro vita indossavano una rispettabile maschera perbenista. Non ne era sicuro, ma desiderava ardentemente trovare tracce dell'assassino in mezzo a quella gente. Lo desiderava non solo per fare bene il suo lavoro ma anche per fare giustizia. E anche perché per quella gente provava un sincero disprezzo. Si avviò lungo il corridoio di destra, che alla luce appariva un po' più stretto di come gli era apparso la prima sera, immerso com'era nel buio.

La gente incominciò a lasciare il corridoio per distribuirsi nelle diverse stanze. Non tutti entrarono nel salone dove stava per essere servita la cena. Evidentemente non costituiva una formalità di rito. Filippo camminò lasciandosi avvolgere dalla penombra che sembrava accoglierlo a braccia aperte e con le fauci spalancate. Gemiti ovattati già provenivano dalla prima stanza a destra. Aprì la porta ed entrò nel locale, debolmente illuminato da due lampadari antichi. Faceva caldo e l'aria era viziata. I gemiti provenivano dalla bocca di una giovane donna che sedeva nuda con le gambe divaricate su un divano di velluto verde. Un uomo con indosso una giacca nera la penetrava energicamente, spingendo il bacino con forti colpi ritmati. La donna aprì gli occhi e guardò Filippo inebetita. L'uomo invece sembrò non essersi accorto dell'intruso. Continuò a spingere come un forsennato, la faccia premuta sui seni sudati della donna. Filippo uscì e mentre richiudeva la porta si accorse che nel corridoio, ora deserto, era calato un silenzio pesante. Nell'aria aleggiavano particelle bianche di polvere che nella penombra brillavano come lucciole ubriache. Ben più movimentato fu lo spettacolo che lo accolse nella seconda stanza. Il locale era fortemente illuminato e non c'erano mobili. A terra, era steso un largo tappeto rosso dai ricami floreali sul quale erano distesi uomini e donne impegnati in un'orgia. A occhio erano almeno una decina, giovani e meno giovani. Qua e là erano posizionati vassoi d'argento con cocaina e bottiglie di superalcolici. Indumenti intimi venivano continuamente schiacciati o spostati dal moto disordinato dei corpi. Membri eretti emergevano dal deserto di carne tremolante, mani e piedi vagavano come alcolizzati annebbiati cercando appoggi, palpando e premendo. Una ragazza lo invitò a unirsi alla festa. Puzzava, anche a due metri di distanza. Filippo rifletté se fosse il caso di chiederle qualcosa a proposito di Anna Reggiani o Valentina Ripamonti, sorprendendosi poi per la stupidità di quella pensata. L'erezione premeva arroventando l'inguine. Filippo appoggiò due dita della mano destra sul pene. Era evidente che non avrebbe cavato un ragno dal buco da quella bolgia infernale. Forse non avrebbe scoperto niente in tutta la serata. L'assassino poteva essere ovunque. Era uno di quegli uomini che ansimavano lì sul tappeto rosso non riuscendo a contenere orgasmi prorompenti? Si ricordò del dialogo con il commissario nel bar di San Fruttuoso: quattro gli assassini di Lisa Brivio, quattro amici potenti colpiti da una scia di morte. C'era una vittima potenziale in quelle donne che inconsapevoli si disfacevano come neve al sole inseguendo piaceri al limite, in balìa di maschi violenti? Aveva la sensazione che il disordine di quei corpi fosse lo specchio di un disordine mentale e morale che produceva tossine infette nella quotidianità normale e accettata di quegli individui.

Decise di uscire con la consapevolezza che non avrebbe potuto resistere a lungo al desiderio che gli montava dentro, chiedendo di essere soddisfatto. Si percepiva, come altre volte gli era successo, scisso tra pulsioni e pensiero morale, non sapendo a chi cedere il comando all'interno della testa. Non era tanto l'orgia in sé a suscitargli perplessità quanto la particolare circostanza in cui il sesso veniva esercitato. Potenti di ogni risma sfruttavano il loro potere per sollazzarsi senza limiti. Era il suo istinto anarchico che emergeva in tutto il suo fulgore? O era semplicemente invidia condita dalla consapevolezza di un'impossibile rivalsa?

In corridoio, intravide un uomo anziano uscire dalla toilette ubicata in fondo. Indossava solo una maglietta bianca. Camminava a piedi nudi con il membro che ciondolava senza vita. Quando l'uomo si avvicinò, Filippo lo riconobbe immediatamente. Era un noto politico monzese, sindaco negli anni Novanta, implicato nella tangentopoli brianzola. In bocca aveva un sigaro acceso che lasciava dietro di sé una scia puzzolente. Si incrociarono senza proferir parola e Filippo piegò la testa di lato cercando di sfruttare la scarsa illuminazione per nascondersi. Subito dopo giunse una brunetta con indosso unicamente delle mutandine bianche. Veniva anche lei dalla toilette e si stava aggiustando il rossetto sbavato. Sorrise forzatamente e a passo veloce raggiunge il vecchio che, accortosi della sua vicinanza, iniziò a insultarla e ad alzare le mani contro di lei spintonandola. La giovane donna era terrorizzata dalla paura. Però non reagì, continuando a seguire il vecchio che camminava in direzione del pianerottolo. Sparirono poi entrambi in fondo al corridoio di sinistra inghiottiti dalla penombra. Meno di dieci secondi dopo Filippo udì una porta chiudersi.

Adesso era disgustato al punto giusto e non cercò più di negarlo a se stesso. L'eccitazione non era sparita ma si era come raffreddata. Aprì un'altra porta ed entrò in una stanza che conteneva tre tavoli imbanditi disposti a ferro di cavallo. C'era ogni ben di Dio da mangiare e bere, comprese tre teglie riscaldate con lasagne e risotto alla milanese. La buona vecchia tradizione lombarda. Per terra sublimavano il nulla resti di cibo e liquidi di diverso colore. Qualcuno si era già servito. Approfittando di essere solo, Filippo ispezionò la stanza in cerca di qualcosa che potesse tornargli utile, una traccia qualsiasi del passaggio di un assassino pericoloso. La prima volta a Villa Cusani era stato fortunato e aveva trovato il taccuino. Chissà che la dea bendata non lo favorisse ancora. Cinque minuti dopo sentì lievi rumori di passi nel corridoio. Stava arrivando qualcuno che poteva benissimo entrare in quella stanza. Finse di mangiare qualcosa. In effetti, entrarono due persone, un uomo e una donna che non lo degnarono di uno sguardo. I due si abbandonarono a profonde effusioni, baciandosi e toccandosi appassionatamente. Imbarazzato, Filippo continuò a servirsi, spizzicando pezzi di pizza e versandosi della Fanta. Voleva uscire ma era come paralizzato. I due si sdraiarono su un tavolo spostando con violenza piatti e bottiglie che rovinarono a terra con rumori secchi e acuti. Si spogliarono e iniziarono a scopare.

Notò che la donna aveva un tatuaggio di un cobra sulla schiena. L'uomo la penetrava da dietro emettendo mugolii che parevano latrati di un coyote in calore. La donna invece parlava a vanvera, condensando un discorso incomprensibile con parolacce comprensibilissime. A un certo punto lei si chinò per praticare una fellatio. Lui le venne in bocca subito dopo, elevando al cielo slavato del soffitto un grido di sfogo esagerato. La donna bevve sperma ma molto gliene cadde lungo il collo e sul seno in rivoli che colavano con metodica lentezza. Adesso sorrideva con occhi da allucinata. Si rivolse al partner chiamandolo Don Mario. Lui nel frattempo era sceso dal tavolo e si stava velocemente rivestendo. Sgranò gli occhi accorgendosi della presenza di Filippo che proprio in quel momento si era deciso a lasciare la stanza. Il giornalista finse di non aver sentito e se ne andò sperando che il sacerdote lo lasciasse in pace.

Il corridoio aveva ripreso vita. C'erano persone che parlavano e ridevano. Vestite o coperte alla bell'e meglio. Alcuni avevano tra le dita sigarette fumanti, altri reggevano bicchieri di vino. Filippo si incamminò verso un gruppetto formato da tre uomini e una donna con l'intenzione di passare oltre per andare a perlustrare altre stanze. Fu per caso che i suoi occhi incrociarono quelli di Barbara Longhi. Era lei la donna del gruppetto. Indossava una minigonna color crema che metteva in risalto con erotica armonia le pieghe degli slip e una camicetta bianca aperta su una generosa scollatura. Niente reggiseno. Barbara sorrideva e teneva la bocca leggermente socchiusa.
Filippo cercò di mettere a fuoco la situazione ma non ci riuscì. Imbambolato e incapace di connettere un pensiero logico, si lasciò travolgere dalla sensazione di totale straniamento che la scoperta della presenza di Barbara al festino di Villa Cusani gli aveva causato. La dottoressa lo vide e con nonchalance gli si avvicinò abbandonando i tre uomini che continuarono a parlare senza apparentemente scomporsi. Non disse nulla. Aderì al corpo accalorato e impietrito di Filippo: il giornalista aspirò l'alito caldo e umido della donna e immediatamente si sciolse, percependo forme che sembravano modellarsi intorno al suo centro di espansione energetico. La desiderò come mai l'aveva desiderata, consapevole che le domande sul perché facesse parte della party community non erano neanche state virtualmente generate.
"Scopami", le sussurrò lei all'orecchio.
Filippo sorrise con occhi che luccicavano come immersi in un lago di rilassante perdizione. Alcune domande riuscirono finalmente a concretizzarsi ma solo a livello celebrale. Perché si trovava lì? Perché si divertita in quel modo? Che razza di donna era per concedersi come una troia in calore a uomini di quella specie? Perché non lo aveva intuito prima? Perché si era illuso di aver trovato una donna con la quale costruire una relazione duratura? Perché continuava a dare importanza alle relazioni? Un vortice di sensazioni ed emozioni lo inghiottì avido. Barbara lo baciò e posò delicatamente una mano sul suo membro eretto. Infine, lo prese per mano con una stretta forte e decisa e lo condusse nella stessa stanza in cui era stato trovato il taccuino con le lettere A e R. Filippo si chiese se fosse una coincidenza oppure il caso avesse deciso di bersi gli eventi e trasformarli in un gioco sadico. Dentro la stanza un gruppo misto era avvin-

ghiato in un'altra fenomenologia orgiastica. Il locale era impregnato di odori corporali. Barbara si spogliò. Filippo l'aiutò toccandola in ogni punto dove due mani potevano arrivare. La donna aveva il pube inzuppato e Filippo vi appoggiò la bocca ingoiando liquidi sciropposi.

Continuarono nelle effusioni distesi nudi sul pavimento, che invece di essere freddo emanava un calore tiepido. L'amplesso generò energia atomica. Quando venne, Filippo puntò lo sguardo verso la credenza: là sotto aveva trovato il taccuino. Il piano in legno era ingombro di indumenti intimi. Un lampo di lucidità lo riportò al motivo per cui si trovava in quella villa di piacere. Fino a quel momento non aveva trovato nulla di interessante per l'inchiesta sul serial killer. Come poteva? Tutti sembravano drogati in crisi di astinenza e ossessivamente concentrati su un unico obiettivo: scopare e farsi scopare, annaffiando il tutto con alcol e cocaina. Aveva senso chiedere qualcosa a Barbara? Non aveva però ancora razionalizzato la presenza del medico legale in quel luogo. Tutto era ancora relegato alla dimensione onirica dell'incomprensibile. Con lo scorrere del tempo in quella stanza, Filippo si sarebbe unito carnalmente a quattro ragazze di cui poi avrebbe scordato il volto senza averne mai saputo il nome. Sarebbe venuto rigogliosamente tutte e quattro le volte. E sarebbe stato costretto a rifiutare malamente le proposte di un uomo in cerca di emozioni omo. Un impiegato di banca con l'ansia di godersi ogni millesimo di secondo della sua brevissima fuga dall'angosciante realtà quotidiana.

Quando uscì dalla stanza, Barbara non lo seguì, preferendo rimanere sdraiata a sciogliersi nei tepori dell'alcol. Non che a Filippo importasse più di tanto, al momento. Aveva goduto intensamente ma la sensazione che aveva nel cuore era fatta di profonda malinconia e solitudine. Pensò a Lucia. E non trovò consolazione. Era stata una stronza a non rivelargli di essere l'avvocato di Reggiani, anche quando aveva saputo della querela. Ma lui l'aveva comunque trattata male e tradita. L'aveva perduta forse per sempre. Questo pensiero gli provocò una fitta d'angoscia, mitigata dalla constatazione che forse la relazione con l'avvocato non era quello che voleva. Rifugiarsi tra le braccia di Lucia come rimedio alla doccia di emozioni straordinarie di quella sera, lo avrebbe solo marchiato come un uomo debole e incapace di rispettare se stesso prima degli altri.

Alla fine, cercò Michele e lo incontrò sulla rampa delle scale. Si erano dati appuntamento dopo un'ora ma ne erano passate quasi tre. C'era molta gente in corridoio e riconobbe senza difficoltà alcuni nomi noti del ceto dominante brianzolo: imprenditori, politici, medici, avvocati, eminenze ecclesiastiche, magistrati. Tutti sorridenti e colmi di euforia, perfettamente a loro agio e sicuri tra quelli che ritenevano i loro contitolari di segreti e peccati. Michele sembrava aver avuto maggiore successo come detective.

"Molti mi conoscono e in qualche modo si fidano", esordì prima di addentrarsi nel racconto della serata. In verità, il ragazzo non aveva carpito nulla di interessante.

"Sono già stati quasi tutti interrogati dalla Polizia. Non hanno quindi molta voglia di lanciarsi in confidenze che potrebbero esporli a qualche rischio. Quasi tutti si ricorda-

no di Anna e Valentina, le due ragazze erano belle e non passavano inosservate. Tutti si dicono dispiaciuti per quello che gli è successo. Nessuno però si è spinto oltre".
Recuperarono i soprabiti e scesero al piano terra. Filippo raccontò a Michele le avventure sessuali della serata, mettendoci dentro anche l'incontro ravvicinato con Barbara. Michele invece ammise di non aver combinato granché. Malgrado tutto, gli bruciava ancora troppo il ricordo di Anna. E se anche era pronto ad ammettere che forse quello che provava per lei era una semplice infatuazione, non poteva fare a meno di voler ancora bene a quella ragazza sfortunata. In un impeto di moralità ritardata, Filippo lo ammirò per quella considerazione. Solidarietà ingenua e narcisistica, da dopo sbornia. Quando passarono davanti al tavolo della reception non c'era nessuno. I due energumeni se ne erano andati portandosi via tutte le carte. Forse erano saliti per farsi qualche sveltina. Uscirono nel cortile dirigendosi verso la cancellata. Un altro energumeno di aprì loro un varco senza scomporsi e limitandosi a sorridere con formale professionalità. Voltandosi indietro e guardando in su verso le finestre illuminate del secondo piano, Filippo pensò a Barbara senza sapere che cosa avrebbe fatto l'indomani. In quel momento non lo sapeva e ringraziò un qualche dio lontano che fosse così. Poi si ricordò di chiamare Franco Crespi non appena arrivato a casa. Michele si strinse nel leggero soprabito per sfuggire agli attacchi voraci della notte fredda.

Undicesimo giorno
Capitolo 41

Forse non era troppo tardi. Le puttane, i trans e gli omosessuali facevano le ore piccole quando si trattava di raccattare qualche euro in più sulle strade della periferia est della città. L'uomo era sudato e indossava vestiti sgualciti. Non gli importava. Aveva ancora urgente bisogno di soddisfare le sue voglie. Strano, perché al festino ci aveva dato dentro e di ragazze ne aveva chiavate un buon numero. Troiette senza futuro se non quello di aprire le gambe alle persone giuste al momento giusto. Si sentiva ancora eccitato, molto eccitato, come se non avesse combinato nulla da settimane. Eccitato e nervoso, aggressivo e violento. Era una bella sensazione, non nuova, complessa e perversamente determinata. E per questo assai piacevole. Veniva dal profondo e chiedeva di essere esaudita. Incuteva rispetto e lui non aveva paura. Era sempre stato attratto dalle perversioni e appena poteva si lasciava andare alla gioiosa anche se breve soddisfazione orgasmica dell'assenza totale di regole. Lo aveva fatto più e più volte, sfruttando fino in fondo la sua posizione sociale, il suo ruolo professionale e la sua ricchezza. Era conscio di avere una personalità portata all'eccesso, era il suo destino. Perché ribellarsi al destino che la natura, forse addirittura Dio, avevano stabilito per lui al momento della nascita?

Sapeva dove andare, quelle strade le conosceva molto bene. Cercava una ragazza. Le avrebbe promesso tanti soldi e poi... I lampioni sparavano una finta luce malata sull'asfalto grigio dei vialoni che circondavano lo stadio. In lontananza, l'uomo individuò il gruppo di prostitute tra cui era sicuro di trovare la preda femmina che faceva per lui. Là avrebbe scovato la giovane preda che avrebbe soddisfatto l'avido demone che risiedeva nel lago oscuro del suo inconscio e aveva preso possesso della parte più nera della sua anima. Girò a sinistra su viale Sicilia e rallentò. Occhi scuri lo guardarono invitandolo con gesti e sguardi a fermarsi e a contrattare qualche minuto di piacere. L'uomo proseguì senza degnare della minima attenzione i trans che continuarono imperterriti a fissarlo attratti dalla bella macchina che faceva pensare a lauti guadagni. Duecento metri più avanti vide la prostituta che faceva al caso suo. Era ferma sul lato opposto della strada e fumava una sigaretta. L'uomo fece inversione e riprese la direzione dell'incrocio da cui era venuto. Lentamente accostò e abbassò il finestrino del lato passeggero. La ragazza sorrise stancamente e si avvicinò. Era giovanissima e bellissima. Non poteva essere più fortunato! Contrattò un rapporto completo e la fece salire. Profumava di fiori di plastica e aveva del trucco pesante in faccia. Gli occhi, di un azzurro talmente intenso da sembrare artificiale, erano circondati da una pesante corolla di trucco nero. Non doveva avere più di vent'anni, constatò soddisfatto. La ragazza rovistò con apparente tranquillità l'interno di una piccola borsetta bianca da passeggio. Due gambe magre emergevano dalla minigonna nera con le cuciture ai lati. Aveva capelli biondi ed era straniera.

Stette zitta per i cinque minuti che servirono per arrivare nel posto che l'uomo aveva scelto per consumare il rapporto. Guardò fuori dal finestrino con aria triste, una pecorella smarrita nel bosco dei lupi. L'uomo se ne accorse ma non provò alcuna pietà per lei. Era stata costretta a fare quella vita? E a lui che cazzo importava? Avrebbe tratto sicuramente più godimento da una situazione come quella: non c'era maggior piacere per lui che godere dalle sofferenze di un debole. Lo aveva constatato un'infinità di volte. Dal regno profondo del suo inconscio malato emersero orde di impulsi neri e perversi, gli stessi di cui l'umanità evoluta aveva da sempre paura e cercava di seppellire e nascondere alla vista del cuore e della mente.

Consumarono un rapporto intriso di violenza ancestrale, in cui le grida della ragazza risuonarono solitarie in quel deserto scuro delle anime perdute. Il buio accompagnò e approvò la sopraffazione di un uomo ai danni di una donna. Quando tutto sembrò sul punto di finire, e la ragazza pregò che lo fosse, l'uomo estrasse un coltello dal cassetto portaoggetti dell'auto e la puntò davanti al viso della giovane. La luce di un'indifferente luna si rifletté sulla striscia lucida di metallo. L'uomo rise perdendo bava dalla bocca come un animale feroce pronto a banchettare con le carni fresche e calde della preda. La prostituta urlò una disperazione infinita mentre l'uomo le penetrò il ventre con la lama e il sangue spruzzò fuori a fiotti caldi e ritmati. La giovane dimenò braccia e gambe, bambola di porcellana dagli occhi sgranati. Poi il nulla. La morte giunge come benedizione a liberare l'anima della disgraziata. L'uomo, ansimante, guardò all'esterno per controllare che sulla strada sterrata non ci fosse nessuno. Scese dall'auto e prese il corpo della ragazza. Non andò lontano. Depose il cadavere a pochi metri dall'auto, senza nasconderlo e senza prendere particolari precauzioni. Il corpo della giovane donna sarebbe stato facilmente scoperto ma dal momento che si trattava di una prostituta, avrebbero sospettato di un cliente qualsiasi, uno dei tanti. O, meglio ancora, un protettore troppo violento. Il caso sarebbe stato nel giro di poco tempo archiviato come normale amministrazione in un ambiente come quello. Il fatto che trans e omosessuali lo avessero visto transitare su viale Sicilia non significava granché. Troppo poco il tempo a disposizione per un identikit credibile. In ogni caso, se fosse servito, aveva le sue conoscenze per mettere tutto a tacere. Non poteva fare a meno di sentirsi invincibile. Si cambiò e si rimise al volante. E dopo aver eliminato i vestiti sporchi di sangue, rientrò a casa dove lo aspettavano una moglie e due adorabili figlioli.

Undicesimo giorno
Capitolo 42

"È una prostituta". Le parole gli scivolarono fuori dalla bocca. Il ritrovamento dell'ennesimo cadavere di una giovane donna assassinata, il quinto da quando la mattanza era iniziata una decina di giorni prima, non stava portando benefici effetti sull'equilibrio mentale di Franco Crespi. Il commissario aveva svegliato Filippo Corti alle sette del mattino, gridando eccitato e inferocito al telefono a meno di un metro dal corpo di una giovane dai capelli biondi, straniera, che batteva i vialoni a est di Monza. Niente mani tagliate questa volta, ma un bel taglio di coltello nel ventre. Franco Crespi lo riferì subito, come se volesse mettere le mani avanti rifiutando qualsiasi ipotesi di collegamento con gli omicidi precedenti. Poi, il timore che il misterioso assassino avesse colpito ancora sebbene con modalità esecutive diverse, prese pian piano anima e sostanza nella psiche del detective. Anche Filippo, in un primo momento, si lasciò suggestionare dalla facile conclusione. Poi, rifletté sul fatto che, in quell'ultimo omicidio, c'erano più elementi anomali che similitudini con le quattro uccisioni precedenti.
"È una prostituta", ripeté Crespi, lasciando intendere che non apparteneva alla classe sociale delle ragazze ritrovate in centro. A quel punto il commissario si era zittito per riflettere e probabilmente lanciare maledizioni con il pensiero contro il destino beffardo che complicava tutto.
"In effetti, non hai tutti i torti", ammise alla fine del ragionamento Filippo, con la voce impastata di remissività. Si diedero appuntamento al bar di San Fruttuoso, ormai eletto luogo di incontro sicuro: Crespi tra l'altro voleva un resoconto dettagliato della serata a Villa Cusani, anche se Filippo lo avvertì che non aveva scoperto nulla di eclatante. I pensieri del giornalista si persero dietro l'immagine lasciva di Barbara Longhi distesa a terra e impegnata nel fare sesso con due uomini contemporaneamente. Il medico legale gli aveva inviato un sms che lui non aveva ancora letto. Quando fece scorrere il display e aprì il messaggio, vide che si trattava del reminder dell'invito a cena per quella sera. Istintivamente, non volle confermare. Si accorse di essere fortemente arrabbiato con Barbara: non per quello che aveva visto e saputo di lei. In fondo, ognuno vive la propria sessualità come meglio crede e lui stesso aveva accettato di partecipare all'orgia scopandosi altre donne. No, non era l'atteggiamento disinibito di Barbara a farlo incazzare. Quello era il sintomo della malattia. Ovvero, la constatazione che con l'affascinante medico legale non avrebbe mai potuto costruire nulla che fosse anche lontanamente paragonabile a una relazione stabile e fedele. Lo agguantò nel profondo la sensazione di fallimento e di mancato raggiungimento di un obiettivo importante. Malgrado cercasse di far finta di nulla e di accettare come inevitabile e auspicabile che la sua vita sentimentale fosse governata dalla finitezza dei rapporti, era alla stabilità che il giornalista mirava. Un miraggio, sembrava. Un miraggio crudele e beffardo.
Inviò un sms con il diniego. Inventò una scusa banale, un'altra della serie, senza riflet-

tere, la prima che gli era venuta in mente. Compose poi un secondo messaggio, indirizzato a Lucia Zanata. All'improvviso, si era messo a pensare all'avvocato e in tutta semplicità e senza secondi fini desiderò averla vicina, come ai vecchi tempi. Tre minuti dopo arrivò la risposta di Lucia. Leggendola, percepì la donna circondata da un alone di ansia e trepidazione. Accettava l'invito e chiedeva a che ora Filippo sarebbe stato disponibile per andare a prenderla. Cosa sarebbe successo? Come doveva comportarsi? Cosa avrebbe fatto? Lucia desiderava riannodare i fili del loro vecchio e malandato rapporto? Oppure voleva approfittare dell'incontro per sfogare di nuovo la sua rabbia? Con Barbara nella testa, era davvero impensabile ricominciare da capo con Lucia? E se tutto si fosse risolto in una notte di sesso? Sarebbe bastato per definire la sua relazione con l'avvocato? Le domande gli frullarono in testa in un buio vortice nichilista mentre si preparava la colazione nella luce grigia di un mattino nuvoloso di fine gennaio. Il caffè scese caldo e sciropposo nello stomaco leggermente sottosopra. Non aveva fame, per colpa di quella sensazione di vuoto nauseante che gli prendeva ogni qual volta si trovava in una situazione difficile da gestire, specialmente quando c'erano donne di mezzo.

Uscì di casa che erano le nove. Via Casati era invasa da un serpentone di auto incolonnate e rallentate dal traffico imbottigliato di corso Milano. Filippo rimpianse di non aver preso la bicicletta: chissà quanto ci avrebbe messo a tornare indietro passando da via Borgazzi e rientrando nel senso unico di via Casati. Meglio rinunciare e mettersi il cuore in pace in coda. Arrivò a San Fruttuoso che mancavano cinque minuti alle dieci. Nel bar c'era confusione. In un angolo in fondo al salone vide Franco Crespi che muoveva braccia e mani come un tarantolato. In bocca teneva una sigaretta spenta che dondolava come una piccola banderuola in totale balìa del movimento convulso. Filippo si avvicinò e appena Crespi lo vide gli face cenno di accomodarsi.

"Caffè?".

"Certo".

Crespi alzò la mano e mosse le labbra in un labiale incomprensibile.

"Il ritrovamento del corpo martoriato della prostituta ha gettato l'intera Polizia nel caos. Abbiamo convocato in commissariato un bel gruppetto di transessuali, omosessuali e puttane. Alcuni piangevano asciugandosi gli occhi con fazzoletti di carta".

Il poliziotto aveva occhi infuocati. Parlava velocemente, come un fiume che tracima.

"Questa è una di quelle giornate di merda in cui le cose peggiori accadono una dietro l'altra. Mi ha appena chiamato il sindaco di Monza. Era piuttosto incazzato per gli ultimi sviluppi dell'indagine sul serial killer. Ha preteso la risoluzione immediata del caso. Quel politicante del cazzo non solo non capisce nulla di come si amministra una città ma anche di come si sta con il fiato sul collo a un serial killer tanto bastardo quanto intelligente".

Guardò fuori. Aria fredda penetrava attraverso il pertugio creato da una finestra aperta.

"Cosa sappiamo della prostituta uccisa?", chiese Filippo per dare un senso alla sua presenza in quel bar di periferia.

"Si chiamava Mira Viri e veniva dalla Bielorussia. Anni ventuno, ex studentessa di Economia nel suo paese. Sembra sia venuta qui in Italia di sua spontanea volontà. Viveva da sola e frequentava un ucraino di venticinque anni che pare fosse il suo protettore".

"E le persone che avete convocato?".

Franco Crespi girò la testa lasciando metà del volto in ombra.

"Colleghi della vittima. Ne ho già interrogati parecchi e sono in attesa di interrogarne altri. Hanno visto per l'ultima volta Mira ieri notte verso le tre. Era come sempre su viale Sicilia, nei pressi del parcheggio che affianca lo stadio. È arrivata una macchina nera, una berlina di grandi dimensioni a quanto pare, probabilmente una Mercedes o una BMW, non me l'hanno saputo dire. La ragazza è salita a bordo e nessuno l'ha più vista".

"Un cliente?".

"Sembrerebbe", precisò Crespi. "La sfiga è che nessuno l'ha visto in faccia e anche dell'auto non sappiamo niente di più di quello che ti ho appena detto. Niente numero di targa, niente particolari strani, niente di niente".

Filippo gettò benzina sul fuoco. Aveva una voglia tremenda di fumare.

"E se, come mi hai già detto, non centrasse nulla con il serial killer?".

Crespi grugnì senza smettere di fissarlo.

"Dio non voglia. Dover iniziare una nuova indagine su un altro pazzo senza aver portato a termine quella in corso, vuol dire per me rischiare grosso. Posto, carriera, salute mentale e fisica. Non so se mi spiego. Maledetto il giorno che ho accettato di venire in questa cazzo di città".

Si alzò per poi risedersi.

"Questa mattina ho parlato con il sindaco, ieri sera con un altro consigliere comunale che si è lanciato in un'accalorata difesa di Angelo Sala, il nonno di Livia Ornaghi. L'ha descritto come una delle persone più influenti del mondo cattolico brianzolo e monzese, membro di diverse istituzioni e organizzazioni del no profit sociale. Mi ha chiesto di stare attento a come i nomi di Angelo Sala e della nipote venivano usati e il rischio che la reputazione di Sala correva. Altrimenti avrei subito delle conseguenze gravi. Ha detto proprio così".

Sorrise.

"Ovviamente ho subito denunciato il fatto al mio superiore che ha immediatamente avviato un'indagine sull'avvocato nonché ex sindaco di Merate e sulle sue presunte amicizie, comunali, religiose e no. Non è però questo che mi preoccupa ma il fatto che ho la sensazione che la situazione mi stia fuggendo di mano. È una questione più che altro psicologica, che mi impedisce di fare bene il mio lavoro e di mantenere un certo grado di razionalità".

"Dal punto di vista pratico a che punto sono le indagini?".

Crespi sospirò. Sembrava stesse esaurendo le ultime riserve di energia.

"A un punto morto. E la prostituta uccisa complica ulteriormente le cose. Piuttosto, sei tu che devi dirmi cosa è successo a Villa Cusani. Ieri notte al telefono sei stato piuttosto sbrigativo".

Filippo emise un debole sbuffo. Fissò lo sguardo in alto, concentrandosi sul bianco moribondo del soffitto.

"In estrema sintesi: nulla di importante. Non ho potuto espormi più di tanto e quindi ho tenuto un profilo basso. Mi sono fatto qualche bella scopata, ho incontrato la donna che avevo iniziato a frequentare scoprendo che ha delle preferenze sessuali esageratamente libertine per i miei gusti, ho scoperto che ai potenti piace divertirsi in gruppo e non ho potuto rivolgere ai presenti domande illuminanti".

Il commissario ascoltava e nel frattempo reggeva una bottiglia da cui fuoriusciva rumoreggiando acqua gassata che riempì velocemente un bicchiere di plastica. Filippo provò irritazione. Non sopportava le distrazioni nei momenti topici. E, per la miseria, parlare di Barbara Longhi era o non era un cazzo di momento topico?
"Michele è stato più coraggioso e ha chiesto in giro. Senza grande successo per la verità. Là dentro nessuno ha voglia di parlare delle ragazze uccise né tanto meno delle due che frequentavano i festini".
"Mi stai dicendo che i miei interrogatori incutono paura in quella massa di debosciati?", argomentò Crespi ridacchiando e sputando gocce di saliva sul tavolo di plastica appiccicoso. "Sì, Franco. Sono contento che almeno il tuo ego abbia un motivo per essere felice oggi".
Il commissario smise di ridere e riprese a fissarlo.
"Sappi che non ho ancora finito. Alcuni li dobbiamo ancora interrogare, altri lo saranno per la seconda o per la terza volta. Sono anni che faccio questo mestiere e ho un certo fiuto per la merda. Il mio istinto mi dice che là dentro c'è qualcosa che non va".
"E se il serial killer non centrasse nulla con Villa Cusani e l'assassino della prostituta fosse invece uno dei frequentatori dei festini?".
La domanda, formulata in modo complicato ma sintetico, era scaturita con impeto dalla bocca di Filippo. Quello era il giorno in cui le lingue viaggiavano un passo più avanti dei cervelli.
"Ci stavo pensando prima che arrivassi. Forse è un dettaglio banale e privo di importanza ma il fatto che i testimoni abbiano riferito che la prostituta sia salita su un'auto di lusso mi induce a pensare ai ricconi che hanno accesso a Villa Cusani. Ragionamento semplice e alquanto vago ma a volte la banalità è la soluzione vincente. Se non sbaglio, ai festini entrano solo persone selezionatissime".
"Esatto. Io sono entrato solo grazie a Michele".
"Continuerò a indagare. Appena ho notizie ti contatto, ovviamente. Mi dispiace che non ci siano altri elementi utili che mi puoi riferire a proposito dei festini. Se lo sapevo non ti facevo venire qui".
"In realtà, al telefono ti avevo già spiegato che...".
"Lasciamo perdere, ok? Adesso devo andare al dipartimento di anatomopatologia per avere i risultati dell'autopsia sul cadavere della prostituta".
"Io pranzerò con il dottor Aliprandi. Chiederò direttamente a Marco le informazioni che mi servono".
Franco Crespi, che nel frattempo si era alzato e si stava avvicinando alla porta, tossicchiò leggermente.

"Non è il dottor Aliprandi a condurre l'autopsia. Mi è stato detto che se ne occupa la dottoressa Longhi".

Filippo distolse lo sguardo per non tradire una qualsiasi emozione. Non voleva concederselo. Fortunatamente, Crespi non parve accorgersene.

"In ogni caso, al di là del medico legale che mette le mani sul nuovo cadavere, dal dipartimento di anatomopatologia non devono uscire indiscrezioni. Ho già troppi problemi con le autorità che mi chiedono di muovermi con i piedi di piombo".

"È per questo che vuoi recarti laggiù di persona?".

"Sì, non posso permettermi altri bastoni tra le ruote. Non ce l'ho con te e con i tuoi colleghi giornalisti. Voi fate il vostro lavoro. Purtroppo però il mondo è pieno di cattivi".

Si salutarono in strada. Filippo sapeva che il commissario avrebbe comunque lasciato trapelare qualcosa di succulento per lui. Il loro era un rapporto difficile ma solido come la roccia.

In redazione tutto tranquillo. Chi doveva scrivere, scriveva e i giornalisti erano chini sulle tastiere per rendicontare tutto quello che c'era da sapere su Monza e Brianza, ultimo omicidio compreso. Filippo trascorse il tempo prima dell'appuntamento con Marco Aliprandi abbozzando il pezzo d'apertura delle sempre più numerose pagine di cronaca nera. Erano ormai arrivati a sei. Sulla scrivania, trovò un biglietto scritto a mano, firmato dal direttore. Paolo Licastro si complimentava per l'ennesima volta con tutta la redazione della nera per i lusinghieri dati di vendita del quotidiano. All'una scese in piazza e la attraversò in diagonale per recarsi in via Cortelonga. Aveva prenotato un tavolo per due al ristorante di fronte al cinema Teodolinda. Marco Aliprandi era già davanti all'ingresso. Leggeva un giornale battendo i piedi per terra a ritmi regolari.

"Povero Crespi", esordì il medico legale dopo aver salutato Filippo con un sorriso. "Un'altra gatta da pelare. Con l'omicidio di quella sfortunata ragazza, le vittime del serial killer salgono a cinque".

Filippo disegnò una smorfia. Entrarono nel ristorante, si sedettero e ordinarono da bere.

"Al telefono avevi una voce malinconica. Mi vuoi dire cosa ti succede?".

Non rispose subito, preferendo lasciar decantare la domanda dell'amico.

"Non è certo che si tratti del serial killer. Ne ho parlato questa mattina con Crespi. So che non ti sei occupato dell'autopsia della prostituta ma che ci ha pensato Barbara".

"Non sono l'unico medico legale. E tra l'altro, stamattina avevo altro da fare, fuori Monza. A proposito di Barbara, non c'è qualcosa che mi devi dire?".

Un'altra smorfia.

"Non sai ancora cosa mi è successo ieri notte. Sono stato a un festino".

"Un festino?", domandò Marco tradendo una sincera sorpresa. "Quelli del genere sesso e droga?".

"Precisamente".

"Un'esperienza che mi manca. E che ci sei andato a fare a un festino? E dove, se posso saperlo?".

"Cercavo tracce del serial killer. Due delle vittime frequentavano Villa Cusani, a Verano Brianza, dove periodicamente centinaia di persone della Brianza bene si ritrovano per scopare e divertirsi come matti con cocaina, alcol e chissà quali altre diavolerie. Il tutto mascherato da una fantomatica associazione filantropica".

"Accidenti. Tutto alla luce del sole?".

"Hanno coperture ai piani alti. E comunque ufficialmente si tratta della cena mensile dell'Associazione di beneficenza Il Cammino".

"Diabolico".

"Già. Tra quelle persone ho incontrato Barbara. La tua collega ha un talento per le orge, lo sapevi?".

Una punta di rabbioso risentimento nella voce. Marco si trattenne dal fare della facile ironia.

"Mi dispiace, Filippo", argomentò con sincero rammarico.

"Il problema è che forse la donna giusta per me non esiste. Frequentavo una ragazza a posto come Lucia e me la sono lasciata scappare, sono uscito e andato a letto con Barbara e ho scoperto che il medico legale non è una paladina delle relazioni stabili".

"Ragioni come un moralista puritano del diciassettesimo secolo", disse con durezza Marco. "Io non conosco bene Barbara, lavoro con lei da pochi giorni. E le nostre strade non si sono mai incrociate fuori dai rapporti professionali. Non mi sembra però giusto giudicarla. Non è tua moglie né la tua fidanzata. O mi sbaglio?".

"No, non ti sbagli".

"E scommetto che al festino, in mezzo a tutta quella figa, tu non ti sia tirato indietro. O mi sbaglio?".

"No, non ti sbagli".

Silenzio. Riflessione. Rabbia. Il cameriere giunse per prendere le ordinazioni e Filippo si accorse di non avere più fame. Maledetta ansia. Ordinò comunque un secondo di carne.

"Scusami", disse il medico. "Sono stato un po' troppo esplicito".

"In effetti. Anche se non hai tutti i torti, Marco. Sai cosa ti dico: Barbara Longhi non è mai stata la mia fidanzata, quindi non c'è nessun preciso legame tra noi. Non sono quindi autorizzato ad esprimere giudizi maschilisti e retrogradi sul suo comportamento sessuale. A questo punto lascio che le cose facciano il loro corso. Prima o poi la smetterò di cercare in maniera ossessiva la donna della mia vita. Ti giuro che non lo faccio apposta".

Sembrò abbastanza convincente nell'essere il più possibile autentico.

"L'inconscio ha un grande potere. Molto più di quello che immaginiamo", disse Marco.

Improvvisamente, così come se n'era andata, senza alcun preavviso la fame tornò a bussare alla porta dei sensi.

"Forse ho sbagliato ad annullare l'invito a cena che ieri ho rivolto a Barbara".

"Pazienza. Ci sarà un'altra occasione".

"Già. Intanto esco con Lucia. Ha accettato il mio invito. Ero così depresso che ho sentito il bisogno di vederla".

Marco annuì.

"Senza impegno", precisò Filippo quasi per giustificarsi. Si sentì fragile e in balìa del giudizio e del parere degli altri. Doveva recuperare una buona dose di autostima.

Quando uscirono dal ristorante, il sole aveva squarciato il velo di nubi.
"Non mi hai detto che cosa hai scoperto di interessante al festino".
Filippo accese una sigaretta assaporando il retrogusto del caffè che si mischiava agli effluvi del tabacco nel fondo del palato.
"Niente di interessante. A parte le donne".
"Oh, ma quelle sono interessanti", argomentò Marco sorridendo.
"Quando potrò avere informazioni dettagliate sull'autopsia della prostituta?".
"Chiama pure Barbara".
Era la cosa più logica da fare.
Si salutarono promettendosi a vicenda di risentirsi nei giorni successivi per programmare una serata al cinema. In compagnia di Barbara o Lucia? Filippo aveva un ventaglio di possibilità che lo fece sentire crudelmente orgoglioso della sua mascolinità. Per pochi secondi, però. Prepotente tornò a dominare la sensazione di confusione e insoddisfazione. Poche ore dopo avrebbe incontrato l'avvocato. Ne aveva ancora voglia o si sentiva oppresso dall'idea di tener fede all'impegno preso? Tornò in redazione e ci restò fino alle diciannove. A casa si concesse una doccia calda e rilassante e alle venti e trenta era già davanti al portone del palazzo dove risiedeva Lucia. La donna scese quasi correndo. Vestiva in modo informale e insieme elegante. Incredibilmente, la serata trascorse in un clima di rasserenata atmosfera. Cenarono in una steakhouse di Milano, bevendo vino e gustando pezzi di carne succulenta. Quando tornarono a Monza preferirono non abbandonarsi alla solitudine ma condividere abbracciati il lento e misterioso divenire della notte.

Dodicesimo giorno
Capitolo 43

In piedi davanti al divano ricoperto di costosa pelle animale, nel soggiorno riccamente arredato dell'appartamento di famiglia, l'uomo teneva la testa piegata verso il basso, lo sguardo fisso al pavimento. Intorno tutto era in subbuglio. Poliziotti ed esperti della Scientifica si muovevano come formiche eccitate nel trasporto di un pezzo di pane verso la tana. In un angolo dell'ampio soggiorno sostava il commissario Franco Crespi, euforico e, per la prima volta dopo giorni, su di giri. All'orecchio destro teneva appoggiato lo smartphone che pareva sprigionare energia sotto forma di invisibili onde di calore. Improvvisamente, l'uomo si mosse. Fece un piccolo passo in avanti ma nessuno lo notò. Alzò la testa e la girò in direzione del poliziotto che, di spalle, era stato messo di guardia e osservava quasi con indifferenza i colleghi affaccendati. L'uomo si era accorto del calcio della pistola d'ordinanza che fuoriusciva dalla fondina fissata alla cintura del poliziotto. A quella puntò in un ultimo gesto pazzo e sconsiderato che ai suoi occhi poteva garantirgli un'illusoria speranza di fuga. Ma come poteva pensare anche lontanamente di impossessarsi di quell'arma? E anche se per assurdo ne avesse avuto l'occasione, come avrebbe fatto ad agire, a muoversi, con le manette ai polsi? Come avrebbe fatto a liberarsi? Era in trappola, lo sapeva ma non era disposto a perdere. Non voleva e avrebbe fatto di tutto per fottere quei bastardi che stavano mettendo a soqquadro la sua casa. Come avevano fatto a trovarlo? E così presto poi! Non era passato neanche un giorno dall'assassinio della puttana e quei maledetti erano già lì in casa sua. Come era stato possibile che una simile cosa succedesse a un potente come lui?

Fece mente locale: quale suo simile poteva chiamare per mettere subito le cose a posto e far tornare tutto come prima? E se fosse stato qualcuno dei suoi "amici" a tradirlo? Il mondo com'era gli sembrava lontano anni luce. Desiderava riportare tutto all'ordine, con le pedine messe al loro posto e il suo potere riconfermato. L'ansia lo attanagliò nell'esercizio della memoria: i nomi di chi poteva aiutarlo comparvero come flash impossibili da acchiappare. Non importava, ci avrebbe pensato dopo. Contava di cavarsela in poco tempo. Per fortuna, moglie e figli erano stati fatti sloggiare prima di conoscere il motivo di quella visita inaspettata delle forze dell'ordine. Probabilmente non sapevano ancora nulla, malgrado lo sgomento che aveva colto negli occhi di sua moglie quando il citofono di casa aveva emesso il suo acuto richiamo alle sei e trenta. Erano ancora tutti a letto quando i poliziotti – un esercito gli era sembrato – avevano fatto irruzione nell'appartamento, ammanettandolo. Solo dopo due ore gli avevano concesso di andare alla toilette per lavarsi e vestirsi. Controllato a vista, ovviamente. Lo avevano poi riammanettato e lasciato in piedi nel soggiorno.

Il commissario terminò la conversazione telefonica e gli si avvicinò.

"Il suo avvocato?", chiese con ironica baldanza guardando l'uomo negli occhi e increspando le rughe ai lati della bocca in un sorriso di derisione.

"Ha deciso che non servirebbe a nulla venire a difendere l'indifendibile?".

L'uomo non rispose. Distolse lo sguardo e posò gli occhi sul tappeto posizionato al centro del quadrato formato da divano ad angolo e due grandi poltrone. In mezzo c'era un tavolino basso sul quale campeggiava un vaso di fiori secchi e un telecomando lungo trenta centimetri. Franco Crespi fece segno a due subalterni di avvicinarsi. I due presero in consegna l'uomo e iniziarono ad accompagnarlo verso l'uscita. L'uomo si fece trascinare nella speranza di rallentare l'operazione. Opponeva quanta più resistenza poteva ma i due poliziotti erano giovani e forti. Sperava di sentire qualcos'altro dal pomposo commissario, qualcosa che sarebbe potuto tornargli utile. Crespi però non aggiunse altro, limitandosi ad accendere una sigaretta incurante di trovarsi in un luogo chiuso e soprattutto di non essere a casa sua.

Lo fa per umiliarmi, pensò l'uomo che nel momento in cui varcava la soglia dell'appartamento per immettersi nel lungo corridoio sul quale si affacciavano altri tre appartamenti. Non c'era anima viva ma di sicuro i vicini ficcanaso origliavano da dietro le porte. Poliziotti e prigioniero scesero le scale e si allontanarono. Crespi sospirò. C'era qualcosa che non andava e lo sapeva. Era stato uno stupido a lasciarsi prendere dall'eccessivo ottimismo. Nel box era parcheggiata una lussuosa Mercedes-Benz Classe S nera e sulla parete di fondo avevano trovato una nicchia ben nascosta contenente non solo riviste e dvd pornografici in gran quantità ma anche materiale ben più compromettente – una pistola, un set di siringhe ed alcune foto di Anna Reggiani e Valentina Ripamonti - che poteva far pensare di aver trovato finalmente il serial killer: bastavano come prove per inchiodare quell'uomo? La prostituta uccisa in periferia era una giovanissima donna come le altre quattro vittime, ma non c'era alcunché di solido che facesse pensare a un collegamento con l'omicida seriale: nessuna traccia di droga, rapporti sessuali consumati non si sa con quanti uomini (trattandosi di una prostituta era lecito supporre che di clienti ne avesse avuto più di uno quella sera), soprattutto nessuna amputazione delle mani. L'unica certezza era che l'arrestato aveva tutte le caratteristiche per essere identificato come l'assassino di Mira Viri. Ma Crespi intuiva che non era lui il serial killer. Non se l'era mai immaginato fisicamente, o almeno non si era mai impegnato veramente nell'esercizio, ma credeva fermamente che l'assassino seriale avesse una personalità forte, non impulsiva ma determinata, immediatamente percepibile a livello di energie sottili. Non certo quella molliccia e viscida del sospettato in stato di fermo.

Perso nei suoi pensieri, di nuovo con l'umore a terra, Crespi uscì in cortile in tempo per vedere arrivare il sostituto procuratore della Repubblica. Vincenzo Costanzi aveva una mole invadente. Sprigionava incazzatura da tutti i pori e il commissario sapeva a proposito di chi e che cosa. A cinque metri dal faccia a faccia, il magistrato iniziò a parlare come un cicciobello impazzito.

"Crespi, forse le mie precedenti parole non sono state sufficientemente comprese: che cazzo sta facendo? Mi vuole dire che cazzo sta combinando? Si rende conto di aver fatto irruzione nella casa di Rodolfo Sicumeri, uno stimato professore universitario, senza uno straccio di prova? Lo sa che mi hanno anche chiamato da Roma per capire che cazzo sta succedendo in questa cavolo di città? Chi crede di colpire, Crespi? Le devo ricordare che nella sua posizione non è autorizzato ad agire per finalità politiche?".

Finalità politiche? Cosa voleva dire? Trattenendosi a fatica dal mandare il ciccione affanculo, il commissario cercò di parlare con calma diplomatica.

"Dottor Costanzi, si rende conto di cosa sta insinuando? Io sono un funzionario di pubblica sicurezza, non mi occupo di politica e di partiti. Il fermo del professore è motivato: a lui siamo arrivati dopo una serie di interrogatori e quando siamo arrivati qui abbiamo scoperto nel box di proprietà di Sicumeri sia un'auto che corrisponde alle caratteristiche e materiale interessante, tra cui una pistola e un bel po' di siringhe".

Materiale interessante? Ne era proprio sicuro? Al sostituto procuratore non avrebbe mai confessato i suoi dubbi.

"Crespi, spero per lei che questo materiale di cui parla sia abbastanza importante da salvarle il culo. Ormai le dovrebbe essere chiaro che c'è in gioco la sua carriera".

"Il suo stimato professore era uno dei frequentatori dei festini di Villa Cusani".

Vincenzo Costanzi rimase basito ma non si scompose.

"Perché non me lo ha detto la prima volta che mi ha parlato dei festini?".

"Non avevo ancora iniziato a fare gli interrogatori. E a tutt'oggi non ho ancora finito. Al professor Sicumeri non ero ancora arrivato, anche se il suo nome compare nel taccuino. E c'è un'altra cosa: nel box abbiamo trovato alcune foto di due delle vittime del serial killer, Anna Reggiani e Valentina Ripamonti. Entrambe frequentavano i festini".

Teso come una corda di violino, il magistrato sembrò sul punto di scattare in avanti come un elastico trattenuto troppo a lungo.

"Delle semplici foto non bastano a giustificare quello che è successo in questa casa".

"Le due ragazze sono state fotografate vive, sembra a una festa. Non appaiono insieme. Ognuna di loro ha la sua foto personale".

"E quindi? È sicuro che si tratti dei festini di Verano Brianza?", chiese Costanzi irritato.

"Non credo. Mi sembra una festa normale".

"Normale?".

"Normale nel senso che non sembra un festino a base di droga e sesso sfrenato. Magari si tratta di un evento universitario. Le due ragazze frequentavano l'università, lo stesso ambiente di Sicumeri. Anche se insegna in una facoltà diversa da quelle frequentate dalle ragazze potrebbe benissimo trattarsi di una festa allargata a tutto il mondo universitario milanese".

Sicumeri era professore di Chimica organica alla Facoltà di Medicina della Statale. Costanzi, che si stava detergendo la fronte con un fazzoletto azzurro, nonostante non ci fossero più di dieci gradi e non c'era motivo di sudare, sembrava essersi calmato.

"Va bene, Crespi, ho capito. A questo punto sono costretto a chiederle un favore personale: non posso formalmente impedirle di proseguire le sue indagini nel modo che ritiene più opportuno. Le chiedo solo di stare molto attento ai passi che compie. Vada con i piedi di piombo. Sicumeri ha conoscenze politiche importanti, sia in Provincia che in Regione. E non dubito che arrivi anche a Roma".

Una piovra gigante dai tentacoli enormi.

"Si muova con discrezione ed eviti il più possibile ogni contatto con gli organi di stampa. Sono usciti in questi giorni articoli un po' troppo spinti per i miei gusti. I giornalisti devono pur fare il loro lavoro ma evitiamo di dar loro benzina da buttare sul fuoco".

Il sostituto procuratore si allontanò a passo svelto, dirigendosi verso l'auto blu che lo aspettava in strada accostata al marciapiede. Grande e grosso com'era, gli ci volle qualche secondo per montarvi sopra. Quando l'auto si allontanò, Crespi, che nel frattempo aveva anche lui raggiunto la strada, si accese un'altra sigaretta. Era da un pezzo che voleva fumare ma aveva preferito non farlo davanti al magistrato.

Chissà, forse mi avrebbe rimproverato anche per una cazzata come questa. Come a scuola.

Sorrise mentre la fiammella dell'accendino lottava per sopravvivere contro il leggero venticello che aveva iniziato a soffiare da nord. Il commissario alzò il collo del cappotto per proteggersi mentre all'interno della tasca sentì vibrare il cellulare. Era Filippo Corti. Ripensò alle parole del sostituto procuratore e alle sue sporche minacce esplicite. Decise subito cosa fare: prese lo smartphone e rispose alla chiamata, pronto a fornire al suo amico giornalista tutte le informazioni che potevano essergli utili per svolgere scrupolosamente il suo lavoro.

Dodicesimo giorno
Capitolo 44

La telefonata giunse inaspettata. La voce che Filippo udì la conosceva bene ma il carico emotivo che si portava appresso era una palla di duro cemento legata a un piede. In quel momento non aveva nessuna voglia di ascoltare Barbara Longhi. Né tantomeno parlare con lei. Non centrava il fatto che fosse nuovamente andato a letto con Lucia dando per risorta la loro relazione apparentemente morta. Su quel punto, il giornalista lottava per rifiutare la logica della consequenzialità degli eventi: un trucco che la mente utilizzava non senza contro-indicazioni, ovvero inibizioni e sensi di colpa. Non centrava Lucia. E non sapeva in cuor suo quale potesse essere la motivazione di fondo di un simile comportamento. Decise di non curarsene e abortendo sul nascere pensieri e sensazioni, con grande soddisfazione notò che il malefico senso di colpa perdeva energia. Rifiutò l'invito a pranzo della dottoressa, paragonandolo all'atto finale di un melodramma strappalacrime. Rifiutò un qualsivoglia appuntamento preciso e alla fine chiuse la telefonata quasi interrompendola. Lanciò il cellulare che andò a sbattere contro un faldone pieno di appunti. Improvvisa arrivò la malinconia e Filippo rimpianse di non sentire la pioggia cadere con violenza. Spesso, quando era triste, amava diluire la tristezza nel grigiore delle giornate piovose. Invece, il cielo sereno e la palla di sole infuocato che primeggiava nell'alta atmosfera, ebbero un effetto disarmante. In testa ronzarono immagini diverse a un ritmo forsennato. L'arresto del professore universitario così come glielo aveva raccontato Franco Crespi meno di mezz'ora prima, Barbara Longhi con la bocca aperta piena di saliva, penetrata da due sconosciuti, Lucia che godendo piangeva come una mistica della carne, la poveretta massacrata ai bordi di una strada coperta di incuria e rifiuti, le quattro ragazze uccise e le loro mani bianche finite chissà dove come trofei macabri dimenticati.
La seconda telefonata emise un suono di avviso ovattato e pastoso. Filippo si allungò per prendere il cellulare. Guardò il display: Gabriele Corallo, il collega di Milano cui aveva chiesto di fare ricerche sulla famiglia di Lisa Brivio. Intuiva già da tempo che la chiave di tutto non andava cercata nel presente ma nel passato. Qualcosa gli diceva che lo stupro e l'omicidio della ragazza di Bellusco erano all'origine dei tragici eventi che Monza stava vivendo.
"Ho fatto quello che mi hai chiesto, Filippo", esordì Gabriele con voce squillante.
Filippo sorrise soddisfatto, il primo e in forte ritardo sorriso della giornata.
"Complimenti. Ci hai messo relativamente poco. È meritato lo stipendio che ti danno".
"Aspetta di ascoltare quello che ho da dirti. Ho fatto in fretta ma unicamente perché conosco un tizio all'anagrafe centrale del comune. La ricerca non è stata facile. Quella famiglia sembra arrivata a Milano dal nulla. Il mio informatore ha dovuto consultare parecchi elenchi e fare diversi controlli incrociati dei dati. La fortuna è che è uno bravo ed è stato veloce".

"Spero tu non gli abbia offerto del denaro. Sappi che io non posso darti nulla, sono completamente al verde come tutti i giornalisti di strada".
Gabriele ridacchiò.
"Non sai che storia c'è dietro. Gli ho promesso una seratina speciale. Di quelle calienti".
Filippo rifletté sorpreso, capendo al volo la situazione.
"Accidenti! Non volevo che ti esponessi così tanto".
"Ma no, che hai capito? Il tizio mi piace e già da tempo pregustavo l'idea di uscirci assieme. Sono io che ti devo ringraziare perché mi hai dato l'occasione giusta per superare la mia proverbiale timidezza e lanciarmi nella proposta indecente".
Simona Vaccari entrò nel salone della redazione. Teneva in mano una copia della Gazzetta e sorrideva radiosa. Anche lei. Si avvicinò alla scrivania di Filippo e prese carta e penna. Dopo che ebbe scritto qualcosa di indecifrabile sollevò il foglietto e lo sbatté in faccia al caporedattore.
"Copie +15%", c'era scritto. Filippo annuì mostrandole di aver gradito l'informazione.
"Veniamo al dunque, Gabriele. Cosa hai scoperto?".
"Di Brivio a Milano ce ne sono diversi. Non tantissimi ma parecchi. Quelli che interessano a te sono registrati all'anagrafe a partire da diciotto anni fa. Hanno cambiato residenza più volte nel corso degli anni, rimanendo però sempre in città".
"Hanno cambiato chi? Io so che a Bellusco la famiglia era formata da quattro persone, padre, madre, figlio maschio e figlia femmina. Lisa, la ragazza che hanno stuprato e ucciso".
"D'accordo. È quello che ho detto a Matteo. Lui pensa che la famiglia Brivio che potrebbe fare al caso tuo era all'inizio formata da tre persone e successivamente da due".
"Che significa?".
"Che del padre si sono perse le tracce circa un anno dopo il loro arrivo a Milano".
"Sei sicuro?".
"È praticamente certo. E c'è dell'altro: dal controllo incrociato Matteo è arrivato a stabilire che all'anagrafe Giulia Astolfi, la madre, e il figlio Luca risultano conviventi per poco più di un mese".
"Cosa può essere successo?".
Corallo sospirò come un attore consumato.
"Scomparsi anche loro. Per l'anagrafe non esistono più".
Filippo cercò una qualche spiegazione logica ma non la trovò.
"Sai che fine ha fatto il padre e di cosa si occupava?".
"No. Matteo ha fatto di tutto per recuperare le informazioni ma non ci è riuscito. Relativamente ai primi tempi seguenti al loro trasferimento da Bellusco, quando in famiglia il padre era ancora presente, il suo nome è presente in pochi documenti".
L'ultimo indirizzo. Filippo doveva sapere dove la famiglia Brivio, o quello che ne rimaneva, avesse alloggiato prima di sparire dai radar. Ci sarebbe andato subito, senza perdere tempo. Gabriele Corallo deglutì e fornì l'indirizzo. Filippo prese appunti scrivendo sullo stesso foglietto che gli aveva passato Simona. Via Conservatorio 23. Non

troppo lontano da piazza San Babila. Una famiglia facoltosa a quanto sembra, pensò il giornalista. Un'appartamento in quella zona di Milano non deve essere proprio economico.

Era tutto. Almeno per il momento. Gabriele Corallo aveva fatto un lavoro egregio e Filippo perse almeno un minuto per ringraziarlo. Quando scese nella rimessa sotterranea per recuperare la Polo, trattenne la mente a rimuginare sul fatto che probabilmente era una sciocca imprudenza recarsi da solo a Milano in cerca di informazioni sulla famiglia Brivio. Apparentemente non aveva nulla da temere dai risvolti di un omicidio commesso vent'anni prima. Tuttavia, sentiva forte la percezione che lo assillava ormai da giorni: la tragica morte di Lisa come necessario preambolo agli spaventosi omicidi delle quattro ragazze monzesi. Il quinto, quello della prostituta accoltellata, lo relegava con disinvoltura nell'ambito del fuori programma. Se voleva trovare il serial killer avrebbe dovuto ricostruire le angoscianti traversie della famiglia Brivio. Salì in auto e fece manovra per uscire dal parking. Sperò vivamente di incrociare la guardia del corpo: l'avrebbe immediatamente invitato a seguirlo. Imboccò via Passerini e superò l'incrocio con via Manzoni per poi dirigersi verso corso Milano. Il traffico non era assillante e arrivare in via Borgazzi fu solo questione di pochi minuti. Dopo aver deviato a sinistra lungo via Toniolo, in direzione del quartiere San Rocco, guardando per l'ennesima volta dallo specchietto retrovisore Filippo ebbe la rassicurante conferma che un'auto, un'anonima berlina nera, lo seguiva con attenta circospezione.

Dodicesimo giorno
Capitolo 45

Il marciapiede di via Conservatorio emanava un calore insolito. Sotto le suole delle scarpe circolava fumo proveniente da una fornace sotterranea. Era solo immaginazione? Una somatizzazione perversa dell'ansia? Ansia o paura? Filippo non seppe rispondere. Fortunatamente, nessuno lo stava seguendo. A parte la guardia del corpo, presenza invisibile ben occultata chissà dove. A Sesto San Giovanni aveva parcheggiato l'auto a poche centinaia di metri dalla stazione della metropolitana. Era poi salito su un treno della linea rossa scendendo alla fermata di San Babila. Non notò nulla di sospetto. E ora, più si avvicinava al civico 23, più le pareti degli antichi palazzi che lo circondavano incombevano su di lui come mostri ancestrali assetati di sangue. Arrivato in prossimità del portone, lo trovò spalancato su un ampio cortile dominato dal verde di piante di più fogge e grandezze. Ai quattro angoli della corte quadrata si aprivano altrettanti vani provvisti di scale che salivano agli appartamenti dei piani superiori. All'improvviso, Filippo sentì una voce che giungeva da destra. Un uomo anziano con un completo blu funerario si avvicinò con professionale curiosità nello sguardo. Si presentò come il portinaio.

"Buongiorno. Umberto Torriani", disse l'uomo allungando una mano rugosa che Filippo strinse con avida indifferenza. "Sono già in pensione – continuò lanciandosi in una conversazione non richiesta – ma amo troppo questo lavoro. Così mi hanno concesso di restare. Non pago l'affitto e in cambio continuo a svolgere lo stesso lavoro di prima senza stipendio. Anche se in realtà, non è più come prima e ho meno cose da fare. Mi hanno affiancato un giovanotto che passa il suo tempo con delle cuffie in testa ad ascoltare musica. Comunque, è un bravo ragazzo e gli sono affezionato. Sa, è il nipote dell'architetto Speroni".

A Filippo non fregava assolutamente nulla di quelle parole a vanvera e di quel discorso inconsistente. Se per la prima volta ebbe vera paura, fu quella di doversi rassegnare a quella manfrina geriatrica. Per sembrare un autentico maleducato, girò la testa a destra e a manca, mettendo gli occhi dappertutto tranne che sulla faccia scavata e sveglia del fastidioso portinaio. Alla fine cedette e decise di rompere il monologo approfittando della presenza dell'anziano ciarliero.

"Che lei sappia, abitava qui la famiglia Brivio?".

L'uomo serrò le labbra e strinse gli occhi.

"Sicuro. Adesso non c'è più nessuno. Da parecchi anni".

Filippo spiegò con fare indifferente chi era venuto a cercare. Si spacciò per un parente alla lontana, molto alla lontana.

"I signori Brivio hanno vissuto qui un annetto circa".

Il custode indugiò assumendo un'espressione triste e sconsolata.

"Immagino che sappia della tragedia che colpì la famiglia...?".

Filippo annuì recitando alla perfezione la parte del parente provato e solidale.

"Povera Lisa... A quel tempo i Brivio non ancora scesi a Milano. Abitavano in un paese della Brianza di cui adesso mi sfugge il nome".

"Bellusco".

"Bellusco!", ripeté il portinaio inondando il giornalista di saliva grumosa.

"A volte il destino è crudele. Persone così per bene colpite da una simile tragedia. Lei crede in Dio signor...?".

"Barni", mentì prontamente Filippo. Si accese una sigaretta per non aggiungere altro.

"Quando capitano cose simili, mi convinco sempre più della mia scelta. Sono ufficialmente agnostico, signor Barni".

"Pure io", rispose Filippo incurvando gli occhi e mettendo a fuoco la punta della sigaretta data alle fiamme.

Passò una signora avanti con gli anni che reggeva un guinzaglio al quale era legato un cane minuscolo tutto bava. Torriani la guardò pesando il ticchettio delle scarpe lucidate di rosa.

"Ricordo che quando arrivarono qui, Giulia Astolfi stava molto male. Perdere una figlia in quel modo... Ma le disgrazie non erano finite, purtroppo. Il marito Donato morì in un incidente stradale e rimasero in due. La scomparsa altrettanto tragica del marito aggravò le già precarie condizioni di salute mentale e fisica della donna. Anche il figlio Luca era disperato. Ogni tanto si confidava con me. Quel ragazzo era troppo sensibile e dentro di me sentivo che psicologicamente stava sempre peggio".

"Che intende dire?".

"Peggiorava sempre più dal punto di vista emotivo. Spesso lo vedevo parlare da solo, gesticolare come un forsennato, piangere, qualcuno mi riferiva che lo sentiva gridare in casa. Però studiava e con profitto. Medicina. Lui e la madre se ne andarono un mese dopo la morte del signor Donato. Nessuno è più entrato in quella casa da allora. Io non ho nemmeno più la copia delle chiavi. Quando se ne sono andati, Luca ha voluto che gliela restituissi".

Ecco la fine che aveva fatto Donato Brivio. Un incidente e la morte. Ed ecco il calvario di Luca e di sua madre Giulia. Una famiglia segata in due dalla tragedia. O dal destino cinico e crudele.

"Non sa dove sono andati a vivere?".

Umberto il portinaio guardò Filippo come se lo vedesse per la prima volta.

"Non mi sembra molto informato per essere un parente, sebbene alla lontana".

Sfiatò aria inquinata da pensieri foschi.

"In quarant'anni di mestiere non ho mai perso un'informazione utile, signor Barni. Crede che se lo sapessi non gliel'avrei detto? Sappia che non ho nulla da nascondere".

Fece per allontanarsi.

"Aspetti, non volevo offenderla", gli urlò dietro Filippo scusandosi.

"Mi perdoni se ho detto qualcosa che non le ha fatto piacere. Non dubito della sua professionalità".

A quel punto non voleva più che il custode se ne andasse. Gli stava fornendo informazioni utili. A spanne, ma utili. E siccome aveva capito di trovarsi di fronte a un caso specifico di portinaio narcisista, decise di puntare senza indugi su quella carta. Il narcisismo è una brutta bestia: va sempre nutrita ed è sempre affamata.

"Non so neppure se Luca si sia laureato e dove abbia iniziato a lavorare", proseguì Torriani sedotto, dopo aver afferrato un fascio di buste che faceva passare una a una tra le dita lunghe e magre.

"Sono certo però che non deve aver avuto difficoltà. Mi ha sempre dato l'idea di una persona intelligente".

Non avrebbe ricavato di più dall'anziano portinaio. Filippo se ne rese conto all'improvviso mentre lo invadeva la smania di sapere a tutti i costi dove fossero finiti Luca Brivio e Giulia Astolfi.

Palazzo Marino e l'archivio comunale non erano molto distanti. Poteva arrivarci anche a piedi. Aveva voglia di camminare, alla faccia dell'aria gelida e dei possibili pedinatori. Mezz'ora dopo chiese di Matteo, l'amico gay del collega Gabriele Corallo che aveva fornito preziose informazioni in cambio di una scopata annunciata e non ancora consumata. Matteo era un trentenne dall'aria trasognata, forse un po' troppo per un lavoro di precisione come il suo. Intellettuale certo, e qui l'inclinazione calzava a pennello. Filippo si giustificò dicendo che doveva verificare subito un'informazione che aveva appena ricevuto. Non c'era stato tempo di avvertire Gabriele. Matteo si diede da fare per cercare dati recenti su Luca Brivio e la madre ma non riuscì a trovare nulla di interessante.

"I casi sono due", disse alla fine l'impiegato. "O hanno cambiato comune di residenza o c'è qualcosa di strano sull'identità delle persone in questione".

"Forse è più semplice pensare alla prima ipotesi", argomentò Filippo sorpreso della piega misteriosa che Matteo aveva dato alla questione.

"Non prendermi per pazzo", continuò l'altro. "In realtà, i casi di identità dubbia sono più frequenti di quel che sembra. Io stesso ne ho trattati diversi da quando lavoro qui".

"Di che si tratta?", chiese il giornalista interessato.

"Persone che volutamente o perché costrette cambiano nome o cognome o entrambi".

"Tu credi che Luca Brivio e Giulia Astolfi oggi si presentino in pubblico con altri nomi?".

"Più o meno".

"Ed è legale?".

"Cosa?".

"Cambiare nome e cognome?".

"La legge lo consente ma solo in casi specifici. Può anche darsi che il tutto sia stato fatto in modo illegale. E in quel caso io non posso aiutarti".

Filippo non gli era simpatico o più semplicemente non era il suo tipo?

"Hai accesso alle anagrafi di altri comuni?".

Matteo si tolse dalla tasca una card che sventolò davanti agli occhi di Filippo.

"Con questa, sì. Ho accesso a un database nazionale".

"Bene", disse sornione il giornalista. "Verifichiamo se i due risiedono in un altro comune italiano".

"Senti", lo interruppe Matteo abbassando la voce. "Ti sto aiutando per fare un piacere a Gabriele. Ma per queste cose occorrono procedure più lunghe e leggermente complesse".

Filippo finse di cadere dal pero, facendo la figura del superficialotto inesperto. Non ottenne nulla, a parte qualche altra informazione di contorno.

"Potrebbero risiedere all'estero. E anche in questo caso non posso aiutarti".

Si accorse di non aver preso in considerazione quell'ipotesi.

"Sì, hai ragione, Matteo. Per l'estero cercherò di muovermi da solo, ma per l'Italia non puoi fare niente? Giusto per dare più credito alla tua ipotesi, che tra l'altro trovo molto interessante".

Anche il giovane impiegato cedette alle lusinghe spiegando che la ricerca avrebbe richiesto qualche ora di straordinario.

"Non posso durante il normale orario di lavoro", spiegò sospirando.

Filippo accettò i termini dell'accordo chiedendosi preoccupato se Matteo avesse preteso anche da lui una serata di sesso in cambio del favore. Era fuori discussione. Prima di andarsene promise una pizza.

Tredicesimo giorno
Capitolo 46

Milano era avvolta nella nebbia. Faceva freddo, un freddo strano e poco invitante. A bordo del Qashqai di Michele Pastrengo, Filippo guardava a destra e a sinistra nell'ossessiva ricerca di un fottuto parcheggio. Le labbra si muovevano in preda a un soliloquio psicotico. Si era alzato nervoso quella mattina. Aveva dormito poco e solo in prossimità dell'alba. Pensieri illogici e paure infondate avevano avuto il sopravvento durante la notte. Michele non ci fece caso. La decisione di tornare all'anagrafe di Palazzo Marino Filippo l'aveva presa al bar, dopo essersi bevuto un caffè che scottava più del normale. Matteo, l'impiegato comunale, gli aveva comunicato per telefono, un'ora prima, il risultato della sua ricerca. Era stato veloce, molto veloce.
In sostanza, di Luca Brivio e della madre non c'era traccia in nessuno dei comuni italiani. Matteo era partito da ciò che sapevano, ovvero che i due avevano abitato in via Conservatorio 23, in un appartamento che ora risultava non solo disabitato ma anche venduto. Da lì, Matteo aveva iniziato una ricerca che si sarebbe rivelata totalmente infruttuosa. Dov'erano dunque finiti il familiari ancora in vita di Lisa? Erano emigrati all'estero? Filippo lo escludeva. Piuttosto, era convinto che ci fosse qualcosa di più misterioso dietro l'apparente scomparsa di Luca Brivio e Giulia Astolfi. Qualcosa che aveva a che fare con un cambio d'identità?
Matteo li aspettava in Piazza della Scala. Fuori da occhi indiscreti ma non tanto, visto che Palazzo Marino era lì di fronte. Filippo e Michele arrivarono a piedi da Galleria Vittorio Emanuele II, il passo veloce e lo sguardo attento. L'impiegato li invitò a fare colazione in un piccolo bar dall'atmosfera tranquilla. Filippo si calmò e apprese con rassicurante ottimismo che anche Matteo l'esperto era del suo stesso parere: Luca e Giulia non potevano essere spariti nel nulla e sembrava poco plausibile che fossero finiti all'estero. Certo, non c'erano prove che supportassero quello che era una semplice rassicurante constatazione. Tutta la complicata vicenda sembrava ruotare al dilemma sulle identità vere e fasulle di quelle due persone. Come se la loro scomparsa fosse parte integrante di un copione cinico e spietato e i dubbi sull'identità un colpo di scena diabolicamente orchestrato dal destino.
Matteo guardò Michele con occhi per niente disinteressati. L'altro nicchiava, brandendo lo scudo dell'eterosessualità militante. Fece lui la prima domanda.
"Hai provato a controllare se Luca Brivio è rintracciabile come medico? È plausibile che si sia laureato".
"Ho tentato. Inutilmente", rispose Matteo. "Se esercita come medico in un ospedale di Milano, lavora certamente con un altro nome, altrimenti avrebbe un riferimento".
"Dovrebbe infatti risultare agli uffici competenti per il lavoro, all'Inps e a chissà a quali altri enti", ribadì Filippo a scanso di equivoci.
Poi ebbe un'illuminazione breve e intensa.

"Aspettate un momento. Forse la risposta è più semplice di quanto pensiamo. E se Lui e la madre abitassero a casa di un'altra persona, un parente, un amico, chiunque? Vivrebbero in Italia ma non avrebbero residenza documentata".

"Sì, è possibile", argomentò Matteo. "Ma non sarebbero così difficile da rintracciare. Possono anche non avere una residenza a loro nome, ma è improrobabile che non risultino da nessun'altra parte. Soprattutto se uno dei due lavora e ha un contratto".

L'adrenalina scorreva nelle vene. La caccia al tesoro si stava facendo interessante.

"Se la pista è quella del cambio d'identità, abbiamo parecchio da fare", precisò professionale Filippo.

"Avete", replicò stizzito l'impiegato. "Io ho già fatto abbastanza per mettere a rischio il posto".

"Abbiamo", insistette Filippo indicando con l'indice tre individui seduti intorno allo stesso tavolo.

"È più che probabile che Luca Brivio e la signora Astolfi si siano creati un'identità falsa e che abbiano qualcosa da nascondere a proposito dell'uccisione di Lisa. Qualcosa che per noi rimanda inevitabilmente al serial killer che terrorizza Monza".

Calò il silenzio e ne approfittarono per bere caffè e addentare le brioches ancora calde.

"Ho sentito delle cinque ragazze uccise", disse Matteo. "Pensi davvero che Luca Brivio e la madre possano avere qualche legame con il bastardo che infuria a Monza?".

Filippo sorrise prima di rispondere, assaporando il gusto del potere del detective di successo.

"Credo di sì. La pista che stiamo seguendo non è fatta di coincidenze fortuite".

Si congedarono nel momento in cui i primi raggi di un sole finalmente fortificato sbrecciava i muri di nebbia che ancora riempivano strade e piazze. Filippo sapeva cosa fare. Se Luca Brivio sfuggiva alla sua smania indagatrice, il padre Donato non avrebbe avuto lo stesso privilegio. Era morto e da morto non si poteva muovere e nascondere. Propose a Michele di separarsi.

"Dovresti andare alla camera di commercio di Milano e chiedere informazioni sull'attività che svolgeva il padre di Luca, Donato Brivio. Ipotizziamo che fosse una famiglia benestante: è probabile che il padre abbia svolto una professione remunerativa, magari come imprenditore. Se a Milano non trovi nulla vai a Monza. Io invece torno in redazione e mi buttò sul pc. Spero di trovare informazioni online sull'incidente in cui Donato Brivio ha perso la vita. Se recupero le informazioni che tu stai cercando, ti avviso".

Michele si allontanò velocemente. Era già stato alla Camera di Commercio di Milano per accompagnare il padre e sapeva dove andare, come e a chi rivolgersi. Filippo invece ripercorse la Galleria fino a piazza Duomo, scese le scale della metropolitana e prese il primo treno diretto a Sesto San Giovanni. Da lì aspettò un quarto d'ora prima di salire sull'autobus diretto a Monza. In redazione c'erano poche persone. Una di queste era Simona Vaccari che, impegnata a digitare come una forsennata sulla tastiera del Mac, quasi non si accorse del suo arrivo. In internet non trovò niente di interessante a pro-

posito dell'incidente automobilistico risultato fatale a Brivio. Alle tredici chiamò Michele che gli comunicò di essere in piazza Cambiaghi, a Monza, e di essere appena uscito dalla sede della locale Camera di Commercio.
"Donato Brivio era un ingegnere, titolare della TecnoEdil, una grossa impresa di costruzioni e progettazione con sede e capannone a Besana Brianza".
L'informazione era arrivata, aggiungendo un prezioso tassello al complesso mosaico in corso di completamento. La telefonata successiva vide Filippo impegnato in un dialogo serrato con Franco Crespi. Il commissario era ancora una volta euforico. Il professore universitario, fermato con il sospetto di essere coinvolto nell'omicidio della prostituta, stava iniziando a cedere. Aveva quasi confessato. Ma cosa si aspettava di ottenere Crespi a proposito dell'indagine sul serial killer? Probabilmente niente di significativo, rifletté Filippo. Da sciocchi pretendere altro. Filippo non prestò dunque eccessiva importanza alla rivelazione. Poteva anche confessare quel fottuto pervertito benpensante! Il serial killer non era lui, neppure indirettamente il professor Sicumeri sarebbe stato capace di assumersi il peso di una simile progressione di morte e dannazione.
Per fare quello che il serial killer aveva dimostrato di saper fare non bastava essere criminali. Occorreva essere qualcosa di più e meglio, una commistione di spirito e carne che travalicava i limiti dell'umana debolezza per incarnare il ruolo dello sterminatore che sa di essere condannato alle fiamme della distruzione e accetta il suo destino con coraggio sovrumano. Il commissario sbraitò epiloghi degni di un thriller di seconda categoria, auspicò una conclusione veloce dell'intera brutta vicenda e la salvaguardia della sua poltrona. Filippo avrebbe voluto metterlo in guardia dal rischio di prendere delle serie cantonate, ma si trattenne per una sorta di pudore amicale. Chiese invece al poliziotto un grosso favore: dopo avergli rivelato ciò che lui e Michele avevano scoperto, gli propose di fare delle veloci indagini su Donato Brivio e l'incidente che lo aveva ucciso. Crespi ascoltò in silenzio, forse maledicendo il giornalista che voleva a tutti i costi rovinargli la festa. Poteva finalmente inchiodare al muro il serial killer, o, alla peggio, la confessione del docente universitario lo avrebbe indirizzato verso qualcosa di più preciso. A dispetto di tutto e di tutti, a cominciare da quel gran figlio di puttana del sostituto procuratore. Che cosa pretendeva Corti? Il commissario promise che avrebbe fatto il possibile. A tempo perso, ovviamente, e fuori dall'orario di lavoro. Quello però al giornalista non lo disse. Si salutarono senza darsi un appuntamento preciso. Poi, Filippo scese in piazza per mangiare un panino. Michele stava arrivando.

Il pomeriggio scivolò via in fretta e furia. Il cielo si riempì di nuovo di nuvoloni grigi che scaricarono per un'ora una pioggerella stitica e fastidiosa. Alle quattro era già buio e sembrava di vivere in una città della Scandinavia durante il lungo inverno artico. Filippo lasciò la redazione prima delle otto, corse a casa per una doccia e aspettò l'arrivo di Marco Aliprandi. Il medico legale lo aveva invitato a mangiare una pizza. Al telefono era parso eccitato mentre annunciava l'intenzione di prendersi qualche giorno di vacanza. Stava frequentando una pneumologa piuttosto esigente che aveva conosciuto in chat. Le cose sembravano andare per il verso giusto e Filippo ne fu contento. Entrambi fidanzati, dunque. "Un collega mi ha iscritto", raccontò Aliprandi mentre guidava in direzione del ristorante. "E, pur essendo molto scettico sulle chat, ho deciso di provare. Filippo, non puoi immaginare quanto mi stia divertendo a conoscere persone, a dialogare con loro".

"E così hai iniziato una relazione con questa dottoressa... Come hai detto che si chiama?".

"Marcella", rispose deciso Marco, gli occhi incollati alla strada, un sorrido da ebete stampato sulla bocca troppo rossa. "Ed è una bella donna, nel senso classico del termine".

"Cosa intendi per classico?", chiese Filippo incuriosito.

"Il tipo di donna che piace a un certo numero di uomini. Statisticamente parlando. Bella ma non appariscente, snella ma non anoressica, alta ma non troppo, simpatica e intelligente".

"E Martina l'infermiera?".

Marco grugnì.

"Al momento è tutto sospeso. Non abbiamo fatto né un passo avanti né uno indietro. Sono però scettico. Mi sembra che tutto sia troppo complesso per i miei gusti".

Il parcheggio del ristorante era piccolo e già stracolmo. Filippo provò un certo nervosismo – era ormai il leitmotiv di quella giornata – mentre Marco appariva straordinariamente calmo e si atteggiava a guru impassibile: avrebbe potuto sopportare anche una doccia di acqua rovente senza battere ciglio. Parcheggiarono a duecento metri di distanza in una stretta via invasa dai cassonetti della spazzatura. Il puzzo della putrefazione opprimeva l'aria dello spazio ristretto tra due file di palazzi. Nonostante fosse inverno e facesse freddo, l'odore era molto forte e pungente. I due furono accolti in un locale ben arredato. I tavoli erano tutti occupati. La cameriera trovò comunque un posticino, un tavolo per due attaccatissimo a un altro intorno al quale era seduta una coppia di trentenni più annoiati che indifferenti. A Marco parve non interessare la tensione che l'amico esibiva senza pudore. E per la prima volta da quando si conoscevano, non chiese nulla dell'inchiesta, a che punto erano le indagini, quale sarebbe stata la prossima mossa. Era completamente assorbito da altro. Un altro distante anni luce dal mondo in cui invece Filippo sguazzava con il rischio di affogare. Per tutta la sera il patologo andò avanti a descrivere meravigliato ed entusiasta i miracoli delle chat e il piacere estremo del contatto virtuale online con donne di tutte le età. La pizza era discretamente buona ma non era il cibo al centro dell'attenzione del giornalista: a un certo punto si sentì tremendamente solo in mezzo a un mondo che gli si presentava come nemico. Non poteva contare su Marco Aliprandi e gli dispiacque: l'amico sembrava essersi eclissato in una dimensione che non era la sua. Non si era accorto del suo stato d'animo e neppure del bisogno che aveva di condividere con qualcuno di fidato l'enorme quantità di sensazioni che lo avevano invaso come uno tsunami emotivo e la cui gestione richiedeva una quantità incredibile di energia psichica. Seduto di fronte

Filippo non riconobbe un amico ma una specie di freddo essere umano programmato per essere vivo nella forma e morto nella sostanza. Tutt'intorno, i commensali vociavano come orgiastiche creature dagli occhi psicotici, le membra disarticolate e le bocche schiumanti parole vuote.

"Non puoi immaginare che gioia abbia sentito montarmi dentro quando Marcella mi ha detto che sarebbe volentieri venuta in vacanza con me. Non mi interessa dove andiamo, mi interessa solo che lei sia con me per un tempo prolungato che non sia lo spazio di una cena o di una nottata".

"Ho paura di essere ammazzato, Marco. Ho paura di essere finito dentro un vortice di eventi incontrollabili. Mi sento solo e non protetto. Riesci a capirmi?".

"Sì, ti capisco benissimo, Filippo. Ma non ti devi preoccupare: c'è una guardia del corpo al tuo fianco. E poi tutto si risolverà per il meglio. Riuscirete ad agguantare il serial killer, a catturarlo e a metterlo sulla sedia elettrica. Capisci Filippo? La sedia elettrica! Mi sembra la soluzione giusta".

Rise compiaciuto del suo estremo cinismo.

"Hai ascoltato il mio racconto, Marco? Che ne pensi?".

"Non penso niente, Filippo. Ho capito tutto e ti dico ancora una volta: non ti preoccupare! Tutto andrà per il meglio!".

Pazienza. Non importava. Si è soli quando ci si eleva al di sopra del terreno fetido che ogni giorno ci accoglie per camminare, mangiare, orinare, scopare. Si è soli quando dall'alto si guarda in basso per scorgere il verminaio che scorre come un fiume putrido, sollevando polvere e languendo in umidi liquidi umorali.

"Andremo in Corsica. Pensi sia la meta giusta?".

"Sì, senza dubbio. Ottima scelta".

Filippo non era mai stato in Corsica ma non aveva senso cercare un nesso logico tra ciò che lui provava in quel momento e le parole del medico legale. Aveva solo voglia di uscire da quel maledetto locale di pazzi per andarsene a casa, ascoltare della buona musica e bere birra. E così fece. Trangugiò l'ultimo quarto di pizza rimasta, svuotò d'un colpo il bicchiere di media e chiese educatamente a Marco di essere riaccompagnato a casa.

"Ho del lavoro da finire", fu la scusa.

Una motivazione banale, adatta a una serata banale trascorsa con una persona che si era rivelata banale oltre ogni malaugurata previsione. Ma anche Marco Aliprandi aveva una via di fuga: un sms di Marcella, in cui la donna lo pregava di raggiungerla al capolinea della metropolitana di Cologno Monzese. L'auto era in panne e dentro l'enorme parcheggio giravano tipi strani. Doveva sbrigarsi. Si salutarono affettuosamente ma senza troppi convenevoli, come una coppia di amanti stanchi di una relazione ormai divenuta logorante.

Filippo camminò verso casa lentamente, la mente travolta da pensieri malinconici. Davanti vedeva unicamente i metri di marciapiede che calpestava ritmicamente, riducendo la distanza che lo separava da via Casati. Non aveva occhi per le macchine che transitavano lungo corso Milano né per le poche persone che a quell'ora indugiavano all'aperto in cerca di chissà cosa. Non aveva occhi per niente e nessuno, tranne che per i pensieri che acquisivano sempre più potere. Non prestò nemmeno attenzione all'uomo che lo osservava da lontano, dall'altra parte della strada, camminando nella stessa direzione, qualche centinaio di metri più avanti. Un uomo imbacuccato in un lungo cappotto nero come la pece, la testa e il viso nascosti da un cappello di lana. A intervalli regolari, l'uomo si voltava e lo guardava senza smettere di camminare, percorrendo pochi metri alla cieca prima di voltarsi e puntare lo sguardo di nuovo davanti a sé.

All'altezza di via Casati, Filippo svoltò nello stretto tratto di strada a senso unico che portava verso casa. L'uomo attraversò la strada e aspettò qualche secondo all'angolo, nascosto dalle fredde pietre di un edificio. Dall'animo di Filippo iniziò a traboccare una tristezza che veniva da lontano e parlava un linguaggio che mischiava passato e presente, vecchi traumi e nuove delusioni, antiche paure e recenti orrori. Sorrise come un martire di fronte al carnefice, anche se non aveva voglia di sorridere. Sapeva che la partita era ormai giunta al termine, i giochi si stavano chiudendo. Mancava solo l'ultima mossa, quella che avrebbe scritto la parola fine a quell'avventura e avrebbe giustificato qualcosa di più grande, qualcosa che aveva a che fare con la vita e con la morte.

Non lo sentì arrivare, né lo vide. Impegnato com'era a infilare una stupida chiave nella serratura del cancelletto condominiale, Filippo non si accorse che l'uomo dal cappello di lana gli era di spalle.
"Il dottor Corti?".
La voce lo fece trasalire. Il giornalista si voltò respirando a fatica. Non lo vedeva bene in faccia. Il buio non raggiunto dalla luce dei lampioni nascondeva buona parte del viso dell'interlocutore.
"Sono io. Cosa vuole?".
Sembrava non respirasse.
"Sono qui per riferirle un messaggio, dottor Corti".
Il suo alito sapeva di menta fresca.
"Quale messaggio? Chi è lei? Come si chiama?".
"Il mio nome non importa. Come le ho detto devo solo riferirle un messaggio".
Impaurito e preoccupato, confuso e in preda a inattese manie di persecuzione, Filippo non sapeva che fare. A destra e a sinistra non c'era anima viva.
"Il messaggio è il seguente, dottor Corti: la smetta di indagare sugli omicidi di Monza, si limiti a galleggiare in superficie. È un avvertimento. La prossima volta non saremo così pazienti e comprensivi".
Veloce come era venuto, l'uomo si discostò da Filippo con l'evidente intenzione di andarsene da dove era venuto. Non ne ebbe il tempo. Da dietro due mani da lottatore lo bloccarono all'altezza delle spalle, impedendogli di muoversi.
"Che cazzo...", mormorò prima di essere rivoltato e sbattuto contro la cancellata.
"Non credo sia una buona cosa quello che hai appena fatto".

La guardia del corpo Mirko Martone digrignò una schiera di denti bianchi ben allineati. Gli occhi erano completamente aperti, sgranati.
"Chi sei tu? Come ti permetti?".
L'uomo sputò gocce di saliva impazzite.
"Chi sono io non ti interessa. Mentre tu che mi dici? Vuoi rivelarti ai qui presenti o preferisci che sbrighiamo le formalità al caldo?".
L'uomo si zittì, stretto alla cancellata da un braccio poggiato di traverso sul collo e l'altro che lo serrava stretto. Martone lo ammanettò trascinandolo via.
"Tutto a posto, dottor Corti?".
Non lo avevano chiamato con il suo titolo mai così tante volte come in quei giorni.
"Sì. Grazie", biascicò intontito.
"Non si preoccupi. Salga in casa. Appena finito con lui torno qui".
Martone si allontanò trascinandosi dietro il misterioso ambasciatore di minacce. Filippo li guardò immobile allontanarsi. Aveva le gambe impietrite, incapaci di muovere un passo. Rimase così per dieci minuti, solo nella notte buia della città.

Quattordicesimo giorno
Capitolo 47

Il palazzone che ospitava gli uffici amministrativi della Multitech era distante meno di un chilometro dalla fabbrica. La zona, alla periferia est di Besana Brianza, era ben presidiata dall'azienda di Domenico Reggiani. L'imprenditore provava un piacere intenso nel pensarsi alla guida di un impero capace di controllare il territorio. Un impero che si allargava ben oltre i metri quadrati dello spazio occupato dalla Multitech, oltre le influenze politiche ed economiche sul territorio comunale e sull'intera Brianza, oltre le diramazioni legali dell'attività di produzione di componenti meccanici di altissima precisione. Reggiani era membro di un influente gruppo di persone che traevano la gran parte del loro immenso profitto da attività illegali consolidate e dall'elevato potenziale di crescita: droga e prostituzione, riciclaggio di denaro sporco, traffico di armi e il sempre lucroso commercio di rifiuti tossici.

Lo stop forzato all'ambizioso progetto del termovalorizzatore di Varedo bruciava e non dava tregua. Ma l'imprenditore non aveva alternative, la posta in gioco era troppo alta. La vendetta però sarebbe arrivata, prima o poi. Non intendeva certo lasciarsi mettere i piedi in testa dall'accolita dell'avvocato Osvaldo Ferranti. Oggi erano più potenti loro, ma domani... Intanto non aveva potuto far altro che difendere l'immagine della famiglia e di sua figlia Anna. A quell'immagine era legato il suo potere. Oltre alla ricchezza c'era il prestigio del leader a sostenere l'edificio del comando e dello sfruttamento. Aveva commesso un passo falso imperdonabile dimenticandosi completamente di seguire sua figlia, la sua vita e le sue occupazioni. Iniziava a credere che Anna fosse stata realmente una drogata. E poi: apprendere che frequentava i famigerati e trasgressivi festivi di Villa Cusani, di cui nell'ambiente era già a conoscenza pur essendone completamente estraneo, lo aveva tramortito. La verità però poteva essere nascosta o rivoltata come un calzino. Anna drogata e dedita alla prostituzione? Poteva, doveva insabbiare tutto e costruire una verità alternativa, incentrata su una brava ragazza studiosa e una famiglia benestante modello.

In piedi, immobile davanti alla grande finestra della sala riunioni del terzo piano, Domenico Reggiani meditava assorto osservando il traffico di veicoli giù in strada. Attendeva Angelo Sala e Giuseppe Ripamonti, due dei suoi tre amici di sempre. Amici e soci in affari. Pietro Brambilla era ancora in ospedale, dopo l'infarto che lo aveva colpito alla notizia della morte dell'adorata nipote Marta. Reggiani non sapeva cosa esattamente avrebbe significato la sua eventuale messa fuori gioco. Brambilla non era in pericolo di vita ma l'infarto poteva aver minato definitivamente le sue capacità operative e questo sarebbe stato un problema serio per tutta l'organizzazione. Dal punto di vista umano, avrebbe perso un amico leale, dal punto di vista professionale sarebbe venuto a mancare un anello fondamentale della catena del potere, difficilmente rimpiazzabile.

Angelo Sala e Giuseppe Ripamonti, invece, si erano parzialmente ripresi. Il primo dopo un passaggio nel reparto di psichiatria del San Gerardo, il secondo al termine di un tentativo di suicidio fallito. Arrivarono in punta di piedi. Quando li vide entrare, abbattuti e deturpati da facce pallide e occhi allucinati, Reggiani ebbe un barlume di consapevolezza. Sembriamo tre zombie, pensò con sgradita ironia. La giornata era bella. Il sole splendeva in un cielo rasserenato. Ciò nonostante, si premurò di tirare le tende gettando la sala riunioni in una cupa penombra.

"Misura precauzionale", disse dopo aver invitato i due amici ad accomodarsi intorno al grande tavolo.

"Grazie per essere venuti. So che avete avuto parecchi problemi. Mi fa piacere vedervi di nuovo in piedi".

Sala grugnì per niente divertito da quella considerazione.

"Stare in piedi non significa necessariamente essere in buona salute".

Reggiani rise a denti stretti. Malgrado la tristezza, la rabbia, il senso di colpa che gli scavavano dentro. Ripamonti tossì preparandosi a parlare.

"Quel bastardo che ha ammazzato le nostre ragazze potrebbe far fuori anche noi. Finora siamo stati fortunati. Ma la fortuna non basta".

Sala annuì.

"Non dimentichiamoci di Pietro. L'infarto l'ha quasi ucciso".

L'ex sindaco democristiano di Merate menò un pugno sul tavolo bestemmiando.

"Calma", disse Reggiani cercando di riprendere il controllo.

"Siamo qui per fare il punto della situazione e prendere le decisioni giuste. Caro Angelo, il serial killer è solo uno dei nostri problemi".

"Direi il più grosso", replicò l'ex sindaco. "A meno che tu non voglia considerare di priorità assoluta l'assurda lotta che hai intrapreso contro Filippo Corti e la Gazzetta".

Reggiani avvampò.

"Lotta che vede coinvolta anche la famiglia di Pietro e Cesare Borsa e alla quale tu e Giuseppe vi siete rifiutati di partecipare".

"È inutile, Domenico", intervenne Ripamonti. "Non sono i giornalisti che dobbiamo temere".

"E chi allora?".

Il notaio sgranò gli occhi.

"Se l'indagine del commissario Crespi e del procuratore capo Cattaneo dovesse spingersi troppo in là...".

Reggiani sbuffò.

"Hai ragione, Giuseppe. Ma quel fottuto giornalista è un osso duro. Non possiamo permetterci che continui a gettare benzina sul fuoco".

"Che intendi fare allora?", chiese incuriosito Angelo Sala.

Reggiani si accese una sigaretta e si concesse qualche secondo per giocare d'effetto.

"C'è la querela e spero che le pressioni che sto esercitando tramite le banche di riferimento dell'editore della Gazzetta portino a qualche risultato".

"Finora però non sembra", commentò stizzito Ripamonti.

"Direttore ed editore sono dalla stessa parte del loro dipendente. Ma credo che a qualcosa si arriverà. Dopotutto oggi le banche hanno un certo potere, o mi sbaglio?".

Non si sbagliava, naturalmente. Anche se Sala e Ripamonti erano disposti a lasciarsi convincere solo da risultati concreti e non da vane promesse.

"Intanto Corti è stato educatamente invitato a mollare l'osso", continuò Reggiani sorridendo compiaciuto.

Sala strabuzzò gli occhi infastidito.

"Ma se hai appena detto che direttore ed editore sono dalla sua parte?".

"Non mi riferivo a loro", precisò Reggiani. "So per certo che ieri sera il giornalista è stato avvicinato da un misterioso individuo che lo ha verbalmente minacciato. Purtroppo è intervenuta la guardia del corpo di Corti che lo ha arrestato".

"Bella minaccia", disse sconsolato Ripamonti.

"È già qualcosa", precisò nervoso il numero uno della Multitech.

"E chi sarebbe il mandante?", chiese Sala spazientito.

"Ancora non lo so", rispose Reggiani. "Ma non abbiamo motivo di non ringraziarlo".

"Staremo a vedere", sentenziò laconico l'ex sindaco.

"Potrebbe essere stato Osvaldo Ferranti".

Il notaio Ripamonti lo aveva detto senza guardare in faccia i due interlocutori. Gli occhi, spenti e assorti, fissavano un punto indefinibile sul pavimento bianco perla della sala riunioni della Multitech.

"Ferranti ci vuole distruggere. E lo farà se non lavoreremo per la sua organizzazione".

Calò il silenzio.

"Concordo con Giuseppe", disse poi Angelo Sala. "L'attacco che stiamo subendo va ben oltre quello che viene pubblicato su un giornale".

Ripamonti aveva toccato la questione di fondo. Ne erano tutti e tre consapevoli.

"Fin dal primo momento, non ho potuto fare a meno di pensare che tutto quello che ci sta succedendo sia frutto di un piano diabolico premeditato".

Lacrime calde sgorgarono dagli occhi stanchi del notaio.

"Valentina è la vittima innocente di questa assurda opera di distruzione. Le nostre ragazze sono tutte vittime innocenti".

Domenico Reggiani, che non aveva mai pianto dal giorno del ritrovamento di Anna, fece fatica ad entrare in empatia con Ripamonti. Il notaio era evidentemente sconvolto e la morte della figlia adorata andava al di là di ogni considerazione logica. Nella sua mente non c'era spazio per niente che non fosse la tragedia che lo aveva colpito. Al contrario di Reggiani, che legava il dolore per la tremenda fine di Anna alle preoccupazioni, ben più ossessive, sul destino futuro degli affari. Angelo Sala era a metà del guado. La morte della nipote Livia Ornaghi lo aveva segnato profondamente ma non era disposto ad abbassare la guardia. Avrebbe usato l'odio in modo calcolato e razionale, senza lasciarsi usare e sopraffare dall'impulso distruttivo che invece stava divorando Giuseppe Ripamonti.

"Giuseppe, pensi dunque che dietro il serial killer ci sia Ferranti?".

La domanda di Reggiani riportò l'attenzione sui binari dell'emergenza.

"Non abbiamo certezze, Domenico. Ma smettila, perdio, di scatenarti contro obiettivi secondari!".

Meteore di saliva si diramarono come schegge tutt'intorno la faccia arrossata del notaio.

"E quali sarebbero, secondo il tuo illuminato giudizio, gli obbiettivi prioritari?".

Ripamonti si alzò in piedi con ritrovato vigore.

"Dobbiamo correre indietro nel tempo", disse lasciando il discorso in sospeso.

Sala e Reggiani si guardarono stupiti.

"La chiave per interpretare il presente è nel nostro passato. All'inizio non ci volevo credere ma poi non ho potuto fare a meno di considerare la sensatezza delle mie argomentazioni". Gli altri due continuavano a non capire.

"Insieme dobbiamo capire chi è il serial killer e dove ci sta portando. Non possiamo permettere che gli inquirenti ricostruiscano passo per passo tutto il lungo percorso che ci ha consentito di essere quello che siamo. C'è chi vuole distruggerci, è vero. Ferranti ha ricattato Domenico e non esiterà a fare molto di più. Il serial killer potrebbe essere frutto della sua offensiva oppure appartenere a un'altra dimensione, non per questo meno pericolosa. Se con Ferranti non possiamo fare granché, almeno per il momento, con il serial killer dobbiamo agire e muovere le pedine di cui abbiamo il controllo".

Reggiani annuì chiedendo di poter intervenire.

"Vuoi dire che il serial killer sta cercando di incastrarci?".

"Precisamente", confermò Ripamonti.

"Abbiamo sempre giocato sporco ed è difficile capire chi possa esserci dietro tutto questo. Un imprenditore che abbiamo fatto fallire? Un concorrente eliminato? Un uomo di Ferranti? Non lo sappiamo e questo mi manda in bestia".

Il notaio si sedette prendendosi la testa tra le mani.

"E se fosse qualcuno che non ci aspettiamo?", chiese Reggiani.

"Non credo che una fottuta puttana o un tossico siano capaci di gestire una cosa come questa", argomentò Sala mangiucchiandosi un'unghia.

Aveva tirato in ballo due dei rappresentanti del core business del gruppo.

Reggiani sgranò gli occhi.

"E allora? Da dove cominciamo a cercare?".

Ripamonti agitò le mani e pretese la massima attenzione.

"La TecnoEdil di Brivio".

Di nuovo Sala e Reggiani lo guardarono sorpresi.

"Ci è andata bene che la fine di Donato Brivio sia ancora avvolta nel mistero e gli inquirenti non siano riusciti a cavarci nulla. Abbiamo però sempre avuto problemi con quel bastardo che voleva fregarci".

"E allora?", domandò Reggiani sul filo del rasoio.

"E allora potrebbe esserci qualcuno che vuole regolare i conti".

"Ma chi? I Brivio sono praticamente scomparsi", disse Sala asciugandosi il dito indice in un fazzolettino di carta.

"Non tutti", replicò Reggiani assecondando il sorriso che improvvisamente faceva risplendere il viso di Ripamonti di una luce malata.

"Che intendete dire?", chiese Sala.

"Il figlio di Brivio, Luca, è ancora vivo", continuò Reggiani. "Purtroppo però non sappiamo dove si trovi".

"Non sarà difficile scovarlo", ribatté Sala.

"E invece sì", precisò stizzito Ripamonti. "Dopo la morte di Donato abbiamo perso le tracce di Luca e della madre. Sono letteralmente scomparsi dalla circolazione. Non sappiamo niente di loro né che fine hanno fatto".

Sala guardò Reggiani. Il notaio Ripamonti si era di nuovo alzato e passeggiava su è giù per la stanza.

"Non siamo però sicuri che il serial killer sia lui o qualcuno che abbia a che fare con Luca Brivio. E non è da escludere a priori che Brivio lavori per Ferranti".

Nella sala riunioni scese il buio. Grosse nuvole oscurarono il sole, gettando i tre nello sconforto più totale. In lontananza intravidero la disperazione.

"Non dobbiamo perdere la calma", disse Ripamonti cercando di tranquillizzare se stesso e gli altri.

Il serial killer era indubbiamente determinato e per questo incuteva paura. Ma loro potevano esserlo ancora di più.

"Setacciate ogni minimo dettaglio operativo degli ultimi vent'anni. Movimenti, persone, omicidi, flusso di denaro. Tutto. Ricostruite nel dettaglio tutte le operazioni che abbiamo compiuto. Io penserò a muovere le giuste pedine per trovare quel maledetto figlio di puttana di Luca Brivio. E se il serial killer è lui, provvederemo a metterlo a tacere prima che la Polizia arrivi dove non deve arrivare".

Angelo Sala e Giuseppe Ripamonti lasciarono la sede della Multitech peggio di come erano entrati. Il sole era tornato a splendere ma il loro animo sguazzava nella pece. Domenico Reggiani li guardò andare via. Aveva aperto le tende e nuovamente stazionava immobile davanti alla finestra della sala riunioni. Non avrebbe scommesso un euro sul futuro, suo e dei suoi amici, ma non poteva fare a meno di andare avanti e di lottare come una belva assetata di sangue. Era la sua vita, ne era prigioniero volontario. Dopo tutto quello che era stato, anche solo il pensiero di un'alternativa non avrebbe avuto alcuna possibilità di esistere.

Quattordicesimo giorno
Capitolo 48

Con il pensiero fisso a quanto successo la sera precedente, Filippo si vestì con inusuale lentezza. Non aveva voglia di uscire di casa. Né tantomeno di incontrare il commissario. Franco Crespi lo aveva chiamato meno di un quarto d'ora prima per fissare un appuntamento in un bar di via Ramazzotti, a poche centinaia di metri dall'Ospedale San Gerardo. Quel continuo cambiamento del luogo dei loro incontri iniziava a ubriacarlo. Il commissario sarebbe già stato da quelle parti per svolgere alcune indagini. Come poteva non accettare? Restava il fatto che Filippo era abbastanza incazzato e anche stranamente affamato. Nonostante l'accoppiamento tra stato d'animo down e cibo fosse quasi impossibile nella sua casistica esistenziale. Quando, venti minuti dopo, era in via Ramazzotti, si accorse ancora una volta di quanto Monza fosse penalizzata in fatto di parcheggi. Ci mise dieci minuti tondi tondi per trovare un buco dove sbattere la Polo e per giunta doveva anche metterci il disco orario. Di Franco Crespi neanche l'ombra. Filippo ordinò un caffè e afferrò una brioche dal contenitore posizionato sul bancone del bar.

Un quarto d'ora dopo il commissario entrò con stampato in faccia il migliore dei suoi sorrisi.
"Come stai?", gli chiese comprensivo e partecipe.
"Uhm", rispose Filippo visibilmente scocciato.
Crespi non fece una grinza.
"Stiamo torchiando l'aggressore: si chiama Davide Sperlonghi e non ha significativi precedenti penali. Presto ne sapremo di più e speriamo di arrivare presto al nome del mandante. Non ti preoccupare, Filippo. Martone ha fatto un ottimo lavoro e migliorerà ulteriormente la sorveglianza. Se poi fosse necessario, ti affiancherò una pattuglia. Non so come ma penso di avere ancora qualche autorità per decidere dove piazzare i miei uomini".
"Grazie, Franco. Spero però di riuscire a riprendere fiato da solo. La solidarietà comunque mi fa bene. Apprezzo il tuo gesto".
"Avevi ragione", continuò il commissario posando una mano sulla spalla del giornalista. "La pista di Donato Brivio e della sua famiglia merita più attenzione. Non so se c'entri qualcosa con il serial killer ma quello che hai scoperto è sicuramente interessante".
Si sedettero a uno dei tavoli esterni. Il clima, freddo ma piacevole, lo permetteva. Crespi ordinò un caffè e ne offrì un secondo a Filippo.
"Ho delle informazioni sull'incidente che costò la vita a Donato Brivio", spiegò il poliziotto.
Nell'udire quelle parole, Filippo ebbe conferma che la sensazione che nelle ultime ore lo aveva invaso aveva la consistenza fisica di una pietra. Un mix esagerato di eccita-

zione e paurosa malinconia iniziò a circolargli nelle vene come sangue infuocato.

"Una sera di diciannove anni fa, Donato Brivio stava tornando a casa a bordo della sua auto. A Milano, dove la famiglia già risiedeva da un anno. Era buio pesto alle otto di sera. Pieno inverno. All'uscita di Palmanova sulla tangenziale est l'uomo ha attraversato un incrocio passando con il rosso e andando a sbattere violentemente contro un Tir che si stava immettendo sulla stessa strada da una via laterale. L'urto è stato talmente forte che Brivio è morto sul colpo".

Filippo bevve un sorso di caffè combattendo con un'angosciante sensazione. Tutto sembrava lentamente illuminarsi di una luce malata al confine di un universo di buio infinito. La verità era ancora lontana ma la strada che avevano imboccato era quella giusta. Evidentemente, Franco Crespi intuiva nel profondo che quanto stava raccontando aveva a che fare con il serial killer. E l'intuizione è un'arma potente se alleata con la volontà. Filippo si augurò che Franco decidesse in fretta di schierarsi al suo fianco. Odiava sentirsi solo nel tratto finale prima della fine del tunnel. Solo e pericolosamente esposto.

"L'indagine rivelò che l'uomo non aveva neppure iniziato a frenare e l'autopsia confermò i primi sospetti: Donato Brivio era ubriaco fradicio".

"Fin qui potrebbe trattarsi di un normale brutto incidente", disse Filippo con una naturalezza disarmante.

"Apparentemente sì", replicò Crespi. "Ma le cose non sono andate così. Un magistrato caparbio e capace, il dottor Ernesto Vaghi, allora in forza alla procura di Milano, decise di vederci chiaro e riaprì l'indagine archiviata troppo in fretta. Quello che ha scoperto è incredibile. L'autopsia risultò essere falsa e il medico legale venne denunciato. Vaghi fece poi dissotterrare il cadavere di Donato Brivio per una nuova autopsia. Ebbene, nelle vene del morto non c'era alcol ma qualcosa di meno comune, una sostanza che provoca la progressiva perdita di coscienza".

"Era stato drogato dunque?".

Crespi annuì.

"So che la domanda è stupida ma come ben sai le domande non sono mai troppe: Brivio ha forse voluto provocare l'incidente per uccidersi?".

"Niente affatto", rispose deciso il commissario, "Vaghi credeva che Brivio fosse stato ucciso. Purtroppo però non ha potuto provarlo. L'indagine gli fu tolta di mano per poi essere insabbiata. Vaghi è stato poi trasferito".

Filippo si accese una Philip Morris confidando nel potere ansiolitico della nicotina e della gestualità del fumatore. Mai come in quel momento ringraziò la sorte di aver ripreso a fumare. Senza ripensamenti. Non avrebbe altrimenti saputo dominare l'ansia che montava nelle viscere come una marea impazzita.

"E questo magistrato non ti ha detto altro? Non ti ha parlato dei suoi sospetti di allora? Ha fatto nomi e cognomi?".

Aveva alzato la voce. Involontariamente.

"Non ho mai parlato con Ernesto Vaghi. Queste informazioni le ho ottenute attraverso altri canali".

Quali fossero questi canali, Crespi sembrava non avere la minima intenzione di rivelarlo.

"Posso però darti il contatto giusto. So per certo che Vaghi non si rifiuterà di parlare. Mi hanno detto che è un professionista onesto e coraggioso che non sopporta di vedersi mettere i piedi in testa".

"E se lo contattassi tu? Mi sembra la cosa più ovvia da fare a questo punto. Credo che Vaghi avrà ancora meno reticenze di fronte alle insistenze della Polizia".

Crespi ridacchiò mentre si accendeva una sigaretta ed espirava il primo fumo.

"Hai ragione e non ti nascondo che mi sembra la soluzione giusta. C'è un problema però: non credo di potermi muovere in veste ufficiale. Intuisco che se l'indagine è stata insabbiata è perché c'è stato l'intervento di qualcuno dei piani alti intenzionato a difendere qualcuno di altrettanto potente. Devo quindi muovermi con gli ormai proverbiali piedi di piombo, altrimenti mi fermeranno ancora prima che abbia finito di comporre il numero di telefono del magistrato".

"È un no quindi?", chiese Filippo con scontrosa insistenza.

Il commissario si concesse qualche secondo per osservarlo e starsene tranquillo sovrappensiero. Confermò poi la non disponibilità a contattare il magistrato e non aggiunse altro. Si salutarono come sempre senza troppe chiacchere in coda, dandosi appuntamento per un successivo aggiornamento. Filippo si recò poi in redazione dove il direttore Licastro lo stava aspettando. Non c'erano buone notizie: Angelo Sala, nonno di Livia Ornaghi, aveva presentato formale denuncia per diffamazione contro la Gazzetta. Dopo quello di Domenico Reggiani, Cesare Borsa e della famiglia Brambilla, si trattava del secondo procedimento giudiziario intentato contro il quotidiano. Senza contare che la querela di Reggiani colpiva anche Filippo che, in quanto giornalista assunto dal quotidiano, chiamava due volte in causa editore e direttore.

"Te lo ripeto: non possiamo più permetterci di sparare a zero", lo ammonì Licastro in preda alla tensione. Era evidente che l'avvertimento gli era uscito con enorme sforzo. Filippo accettò l'ennesimo falso invito del direttore, entrambi consapevoli della necessità di recitare la farsa fino in fondo. Una sceneggiata non priva di conseguenze umoristiche e umorali. Dopo meno di mezz'ora, in preda al nervosismo, Filippo decise di non restare in ufficio, improvvisamente diventatogli indigesto. Non se la sentiva di proseguire un lavoro che sembrava svuotato di senso. Il collegamento della morte di Donato Brivio con quanto successo a Monza era più che una coincidenza. Il pensiero arrostiva nella mente. Girovagò per la città senza una meta precisa, facendo una specie di ronda del centro storico. Alle tre arrivò la chiamata del commissario. La voce era carica e l'energia trasmessa via etere era come eruttata da una sorgente calorica.

"Siamo stati fortunati, Filippo. Vaghi è una persona loquace e abbastanza incazzata da avere una voglia matta di vuotare il sacco e scrollarsi un po' della merda che gli hanno buttato addosso".

Precisò che non gli aveva telefonato ma che aveva dato l'incarico a un sottoposto.

"Ma non dovevo occuparmene io?", domandò Filippo senza troppa enfasi.

Gli aveva fatto un favore e non poteva non compiacersene.

"Mi dispiaceva lasciarti solo", si giustificò Crespi in preda all'euforia. "Meriteresti tu di sedere sulla poltrona dove appoggio il culo io", aggiunse con una foga da adolescente eccitato.
"Sei convinto allora che quella sia la pista giusta per arrivare al serial killer?".
Sì, ne era pianamente convinto. Finalmente. Le rivelazioni del magistrato avrebbero forse aperto gli occhi a tutti e la speranza di arrivare all'assassino seriale avrebbe finalmente acquistato concreta consistenza.

Parlarono a bordo della Peugeot nera del commissario. Crespi non voleva correre rischi ora che l'indagine scottava. Fortuna volle che iniziò a piovere a dirotto. L'acqua che scivolava sui vetri creava una patina di riservatezza che faceva al caso loro.
"Vaghi ha riferito cose molto interessanti, Filippo. Alcune ti lasceranno senza fiato".
Il giornalista guardò Crespi cercando di contenere l'ansia che saliva a una velocità insostenibile.
"L'ingegner Donato Brivio era titolare della TecnoEdil Srl, una solida azienda costruttrice punto di riferimento del mercato immobiliare di tutta la Brianza. Viveva con la famiglia a Besana, dove la ditta aveva un capannone che faceva sia da ufficio che da magazzino. Brivio costruisce la sua fortuna insieme a quattro soci che però, dietro l'ufficialità di attività legali, si dedicano allegramente a business illegali, prostituzione e traffico di droga nello specifico. Gli amici gestiscono non solo lo spaccio di droga nel territorio a nord di Milano ma anche un nutrito traffico di prostitute provenienti dall'Est Europa e ridotte in schiavitù. Sono violenti e non vanno tanto per il sottile. Quando scopre la verità, Brivio è sconvolto e denuncia i quattro".
Il commissario fece una pausa per accendersi una sigaretta. Ne offrì una anche a Filippo. Il fumo riempì velocemente l'abitacolo. Crespi tirava boccate veloci, era teso come una corda di violino. Quando riprese a raccontare, la pioggia martellava sui vetri.
"La denuncia non sortisce alcunché: i quattro sono molto potenti, hanno agganci dappertutto a livello politico e nel mondo giudiziario, buoni avvocati e palate di soldi per pagarli. Anche Brivio si mette in mano a un avvocato, tal Tarcisio Lossi, un torinese. L'indagine va a finire nel nulla, i quattro vengono scagionati e su Brivio si abbatte la mannaia della vendetta. In pochi mesi, l'ingegnere è costretto a sborsare una quantità incredibile di denaro per difendersi dall'accusa di diffamazione. Lossi è bravo ma deve lottare contro i mulini a vento. Alla fine, riesce a non far condannare il suo cliente che nel frattempo ha messo in liquidazione l'impresa, perché, uscito dal giro, non ha più lavoro. La terra bruciata minaccia anche la sua famiglia. Brivio vive costantemente sotto tiro e decide di trasferirsi sotto copertura a Bellusco. I quattro però lo rintracciano e decidono di violentargli e ammazzargli la figlia adorata, Lisa. È qualcosa di troppo forte anche per un uomo dotato di ferrea determinazione come l'ingegnere. I quattro abbandonano Lisa in un bosco di Lentate sul Seveso con le mani amputate. Chiaramente vogliono far sparire ogni traccia del loro passaggio: la ragazza deve aver lottato prima di essere uccisa e qualche traccia degli aggressori potrebbe essere rimasta sulle mani o sotto le unghie. Meglio prendere tutte le precauzioni. Del resto, i bastardi sono

esperti del settore, sanno come proteggere la loro identità di fronte alle porcate che fanno. E non è la prima volta che uccidono. Come hai scoperto tu, Lisa viene ritrovata nel bosco e l'unico testimone oculare dell'epoca dice chiaramente di aver visto quattro uomini uscire dal bosco nei pressi del luogo dove la ragazza è stata rinvenuta. Questa era la pista battuta da Vaghi che purtroppo non ha mai avuto occasione di arrivare a processo. Il passo successivo è la morte dello stesso Brivio che nel frattempo, dopo la tragedia di Lisa, si è trasferito a Milano con moglie e figlio. Come ti ho detto questa mattina, il magistrato è assolutamente convinto che il capofamiglia sia stato assassinato. Purtroppo, non l'hanno fatto andare avanti con l'indagine e come era successo anni prima con la denuncia di Donato Brivio e poi ancora con l'indagine sulla morte della figlia, tutto viene insabbiato. Ancora una volta. Vaghi crede che Brivio sia stato attirato in qualche trappola, magari con la prospettiva di raccogliere del denaro facile per pagare i suoi numerosi debiti. Gli è stata fatta ingerire di nascosto la sostanza che induce alla progressiva perdita di conoscenza e poi lasciato libero di andare. L'incidente che lo ha colto sulla strada è stato quindi orchestrato nel minimo dettaglio. A questo punto, l'avvocato Lossi decide di prevenire altri eventuali danni ai due componenti rimasti in vita della famiglia: la signora Giulia Astolfi e il figlio Luca vengono trasferiti in un'altra zona di Milano e gli viene data una nuova identità. È la seconda volta che succede, visto che già in occasione del primo trasferimento da Bellusco a Milano i tre Brivio avevano nomi falsi".
Una serie di voraci boccate di fumo diedero il via libera a un altro fiume di parole.
"E quali sarebbero queste nuove identità?".
"Tieniti forte. Campano e Aliprandi. Vaghi non sa altro perché Lossi ha sempre tenuto la bocca chiusa. Ipotizza che il primo cognome sia stato utilizzato per creare la nuova identità di Giulia Astolfi, il secondo per quella del figlio Luca. Ovviamente sono stati cambiati anche i nomi di battesimo: Giulia è diventata Claudia e Luca e diventato Marco".
Filippo si sentì soffocare. Non potevano essere arrivati a quel punto. Non c'era nessuna logica.
"Potremo mai arrivare a conoscere tutto?", chiese, lo sguardo fisso sul parabrezza inondato di acqua piovana.
"Se le persone che sto per arrestare confesseranno, è molto probabile", rispose sicuro di sé il commissario.
Filippo si girò a guardarlo. Gli occhi umidi tradivano un caos infernale di pensieri.
"Vuoi dire che Vaghi ti ha fornito i quattro nomi?".
"Sì, Filippo. So chi sono quei figli di puttana".
"Credo di sapere a chi ti riferisci ma dimmelo lo stesso", argomentò Filippo ormai divorato dal caos emozionale.
"Il primo della lista è una tua vecchia conoscenza. Si chiama Domenico Reggiani, stimato imprenditore e padre di Anna, trovata morta e con le mani mozzate due settimane fa all'Arengario. Poi ci sono l'avvocato ed ex sindaco di Merate Angelo Sala, nonno della seconda vittima Livia Ornaghi, Pietro Brambilla, imprenditore tessile e nonno di

Marta, la terza vittima, e infine il notaio Giuseppe Ripamonti, padre di Valentina, la vittima numero quattro".

Nell'abitacolo calò il silenzio, rotto solo dal rumore ritmato della pioggia. In strada una donna correva sotto l'acqua riparandosi con una parte del cappotto fradicio. Le auto che passavano schizzavano acqua da ogni parte.

"Franco, trovare il serial killer dovrebbe essere facile a questo punto".

Nell'aria aleggiò improvviso un fantasma invisibile. Era giunto da chissà dove. Quel cognome, Aliprandi...Nessuno dei due aveva il coraggio di metterlo in relazione diretta con gli avvenimenti.

"È evidente il legame con la famiglia Brivio ma chi potrebbe oggi avere interesse a uccidere quattro ragazze innocenti solo perché sono imparentate con quattro pericolosi criminali?".

Crespi sbuffò.

"Per vendetta. È la prima cosa che ho pensato".

"Sì, ma non sarebbe stato più logico far fuori direttamente i quattro amici? Sono ancora tutti in vita".

"Quali sono le persone che potrebbero aver interesse a una vendetta eclatante e molto scenografica? Tieni conto che Claudia Campano, alias Giulia Astolfi, è morta due anni dopo l'incidente che è costato la vita al marito. L'ha uccisa il dolore. Il figlio Luca è andato avanti da solo, riuscendo a laurearsi in Medicina. Con il massimo dei voti".

La mente di Filippo guardava altrove. Laurea in Medicina, conoscenze chirurgiche utili a eseguire l'amputazione delle mani. Marco Aliprandi, patologo. Amico.

"Della famiglia Brivio è dunque rimasto in vita solo il figlio di Donato, Luca. Ho fatto delle ricerche a Milano su di lui e non ho trovato nulla".

Crespi annuì.

"Ho parlato con l'avvocato Lossi che ha continuato a seguire la famiglia anche dopo la morte di Donato Brivio".

I tasselli del puzzle si stavano ricomponendo a una velocità sbalorditiva. Nulla poteva più essere taciuto.

"È qualcosa cui non so se non credere per paura o per pudore", disse pensieroso Filippo, sempre più gravato dal peso delle informazioni che sembravano piovere dal cielo come le gocce fredde della pioggia d'inverno che sconvolgeva il mondo fuori dalla Peugeot. Crespi terminò il ragionamento cui Filippo non voleva dare credito neppure con il pensiero.

"Luca Brivio diventa Marco Aliprandi. Medico. E il gioco è fatto".

Non riuscì a trattenersi e quando formulò la domanda retorica, calde lacrime iniziarono a scendere lungo le guance arrossate.

"Non è possibile! Stiamo dicendo che Luca Brivio è Marco Aliprandi, l'anatomopatologo che entrambi conosciamo e di cui io sono amico?!".

Crespi fissò Filippo che aveva la bocca spalancata e il mozzicone incollato al labbro inferiore.

"Credo di sì, Filippo. Mi dispiace ma l'ipotesi ha una sua credibilità. Marco Aliprandi, arrivato a Monza da poche settimane. Guarda caso, pochi giorni prima dell'avvio delle imprese del serial killer".

"Tu credi veramente che c'entri qualcosa in questa maledetta storia? Ti rendi conto di quanti Marco Aliprandi ci possono essere?".

"Lo so, lo so, fa sentire anche me uno schifo".

"Stiamo tirando in ballo un amico e uno stimato professionista senza prove certe".

Silenzio.

"Chiaro. Verificheremo se si tratta della stessa persona indicata come il figlio di Donato Brivio. Ho fatto solo delle associazioni in base al cognome che è saltato fuori. Potrebbe essere un abbaglio. Lo spero tanto, Filippo. E poi non è detto che sia lui il serial killer...".

Il commissario diede ossigeno alle sue argomentazioni e cercando di rimanere in equilibrio appeso a un filo.

"Non dobbiamo essere frettolosi ma quando c'è un'indagine come questa di mezzo, tutte le piste vanno prese in considerazione, anche quelle che sembrano più assurde. Quindi, farò delle verifiche scrupolose. Lo dobbiamo al dottore. Tu continua a comportarti come se niente fosse. Io intanto metto in allerta i miei uomini".

Prima di lasciare la Peugeot, con il cielo diventato più clemente, Filippo chiese a Crespi che ne era stato dell'uomo fermato per l'omicidio della prostituta. Il commissario gli riferì che il professore aveva finalmente confessato e che alla luce degli ultimi accertamenti non aveva niente a che fare con il serial killer. Così come sembravano non centrare nulla i festaioli di Villa Cusani, frequentata tra l'altro proprio dall'assassino della prostituta. Tornato a casa, Filippo fece una scoperta che gli gelò il sangue: qualcuno era entrato nel suo appartamento mettendolo completamente a soqquadro. I mobili non erano stati spostati ma ciò che contenevano era sparpagliato per tutta la casa. Carte, libri e faldoni riempivano il soggiorno e il corridoio che portava alla camera da letto e al bagno. Il disordine era totale. Ciò che maggiormente colpì il giornalista fu constatare che il pc era acceso. Si ricordò di averlo lasciato spento come faceva sempre. Chi era entrato in casa lo aveva acceso e vi aveva frugato dentro. Filippo si rimproverò di non usare password di sicurezza. Controllò le cartelle che contenevano i file più importanti e a una prima veloce occhiata constatò che c'erano tutti. Qualcuno però li aveva letti. Erano file di appunti per articoli, niente che non fosse destinato alla pubblicazione. Eppure, nulla poteva lenire la brutta sensazione di essere stati invasi nella propria intimità. La paura invase impetuosa corpo e mente. Paura e terrore. E la guardia del corpo dov'era mentre gli invadevano casa? Agguantò il cellulare non prima di aver controllato che la porta di ingresso fosse ben chiusa. Michele Pastrengo rispose al primo squillo. Filippo lo invitò a trascorrere la notte da lui. L'inconscio tramortito prese il sopravvento.

Quindicesimo giorno
Capitolo 49

Non vedeva alternative: scoprire il colpevole voleva dire affrontare faccia a faccia il serial killer. Che poteva avere il volto di un amico. Come uscire da una situazione senza apparente via di scampo? Marco Aliprandi... Era lui l'ipotesi finale? Filippo rifiutava di crederci. Cosa altrimenti avrebbe fatto? Come si sarebbe comportato? Sentimenti contrastanti turbinarono nell'aria sconvolta dell'appartamento violato. Paura e commiserazione, rabbia e pietà, sete di giustizia e amicizia oltre ogni regola, comprensione e derisione, accettazione e rifiuto. Al culmine parossistico dell'ossessione incatenata su se stessa, Filippo focalizzò quel briciolo di attenzione che gli era rimasta sulla sua abitazione. Speranza vana. Era stato il serial killer a penetrare in casa sua in cerca di qualcosa di indefinito? Non c'era niente di meglio del disordine delle cose per far precipitare la mente in uno stato confusionale difficile da gestire. Lo sapeva bene perché lo aveva sperimentato un'infinità di volte nella vita. Fermo davanti alla finestra del soggiorno, lo sguardo perso lungo via Casati, Filippo indugiò in pensieri densi come melassa. Non era solo in casa. Oltre a quelli di Franco Crespi, udiva i passi dei due agenti della Scientifica che avevano accompagnato il commissario. C'erano impronte da rilevare, tracce da cercare, indizi da valutare. Il commissario gli si avvicinò da dietro. Il giornalista si voltò e lo guardò in faccia con feroce determinazione.
"Abbiamo quasi finito", disse il poliziotto con un'espressione di sconsolata accettazione, che Filippo non seppe se interpretare come spontanea o di circostanza.
"Non c'è niente di rilevante ma come hai detto tu è più che probabile che si tratti del serial killer".
C'erano però altre possibilità. In primis, il filo rosso che collegava l'intrusione nell'appartamento di Filippo con l'aggressione di due giorni prima. Senza contare che la riapertura del caso Lisa Brivio poteva dar fastidio a qualcuno che non necessariamente era il serial killer. Ma chi era a conoscenza, oltre a lui e a Crespi, delle confidenze del magistrato Ernesto Vaghi? Su tutto aleggiava il fantasma di Marco Aliprandi, che Filippo aveva cercato inutilmente di rintracciare sul cellulare sempre spento. E se avesse chiamato lui? Filippo si accorse di avere paura e nello stesso tempo di non temere per la propria vita. Persino nell'ipotesi di trovarsi a tu per tu con l'assassino.
"Sono andato a trovare il tuo testimone di Lentate sul Seveso", disse Crespi armeggiando con l'accendino. "A proposito grazie della dritta".
"Ha confermato?", chiese Filippo guardando in un punto imprecisato tra il divano il mobiletto della televisione.
"In due secondi. Appena gli ho fatto vedere la foto di Marco Aliprandi, ha subito riconosciuto l'uomo che anni fa lo andò a trovare in cerca di informazioni su Lisa Brivio".
Poi aggiunge la conclusione che faceva male.
"I dubbi iniziano a diradarsi, Filippo... Sono davvero dispiaciuto e spero vivamente

che emerga qualcosa, qualsiasi dannata cosa, che scagioni il medico legale".

"Lo spero anch'io", argomentò Filippo.

Si sentiva sfinito.

"Ho contattato l'avvocato Tarcisio Lossi. Ti aspetta nella sua casa di Besana Brianza, in via Torino 25. Puoi raggiungerlo quando preferisci, mi ha detto che oggi sarebbe rimasto in casa tutto il giorno a lavorare".

Filippo fece un debole cenno con la testa comunicando il suo assenso. Non aveva granché voglia di parlare con l'avvocato dei Brivio e si chiese se le parole sarebbero poi miracolosamente uscite. Non poteva non andare da Lossi: doveva apprendere più informazioni possibili su Marco, sapere con assoluta certezza se il medico legale era il fratello di Lisa ma soprattutto qual era stato il suo ruolo nella tragedia che aveva colpito la sua famiglia e come si era comportato negli anni successivi, fino alla comparsa di un serial killer spietato che aveva ucciso quattro ragazze e le aveva mutilate nello stesso modo in cui era stata mutilata sua sorella. Quando Filippo uscì di casa, il sole di inizio febbraio era alto in cielo. Nuvole sparse punteggiavano la volta grigio pallido come macchie di un bianco spento. Non faceva freddo. Salì in macchina mentre squillava il cellulare. Era Lucia ed era arrabbiata. Domenico Reggiani, il suo cliente, non aveva reagito bene all'invito della Polizia di recarsi in commissariato per rispondere ad alcune domande. Aveva fatto il nome di Filippo Corti, indicandolo come "persecutore" a caccia di notizie scandalistiche da pubblicare sul suo giornale.

Il giornalista alzò gli occhi al cielo. Possibile che l'anima professionale dell'avvocato Zanata stesse furiosamente prevalendo sull'anima della donna, la stessa che aveva accettato di rifrequentare l'uomo che ora stava bersagliando al telefono e di andarci a letto affondando in legittime pratiche erotiche? Filippo non aveva voglia di indagare. Aveva altro per la testa e considerava quello sfogo legittimo ma non pertinente con il suo attuale stato d'animo. Chiuse la telefonata assicurando a Lucia che non era sua intenzione colpire nessuno senza uno scopo.

"È il mio lavoro", disse in un tono di forzata indifferenza che irritò ancor di più la sua interlocutrice. "Tu svolgi il tuo, io il mio. Quello che ho pubblicato a proposito di Domenico Reggiani risponde a verità perché si tratta di fatti al vaglio degli inquirenti. Se poi la Polizia ha deciso di interrogare il tuo assistito, io non centro assolutamente nulla. Sono un giornalista, non un poliziotto".

Lucia non si trattenne dal fare riferimento alla querela, che a quel punto non poteva certo essere ritirata.

"Nonostante mi sia spesa nel tentativo di convincere il dottor Reggiani dal farlo, per il tuo interesse", precisò con un'inflessione paternalistica nella voce che lo fece irritare.

A quel punto Filippo ripeté la sua versione dei fatti e alla fine la donna sembrò essersi calmata. Riattaccò senza salutarla scommettendo con voluta radicalità su quando l'avrebbe rivista. Non era proprio un periodo fortunato con le donne. Raggiunta la statale per Lecco, in mezz'ora arrivò a Besana Brianza e quindi in via Torino. Il palazzo in cui abitava l'avvocato Lossi era imponente ed elegante nel suo stile ricercato risalente agli anni Settanta. L'uomo rispose con voce sicura al citofono. Al terzo piano una porta si aprì e Filippo vide sulla soglia un uomo imponente e completamente calvo. L'avvocato indossava una vestaglia dallo stile glamour al di sotto della quale si intravedeva una camicia azzurra e una cravatta color porpora. Lossi lo invitò a entrare ma si capiva che non era molto contento della visita. L'appartamento era arredato in modo elegante e vintage, nell'aria aleggiava un odore aggressivo di sigari. Filippo venne guidato fino a uno studio che aveva al centro un grande tavolo coperto da una lastra di vetro dal peso apparentemente notevole. Il piano di lavoro era ordinatamente ricolmo di libri, pile di fogli e faldoni ricolmi di documenti. In un angolo troneggiava un pc dallo schermo ultramoderno. Lossi si sedette sulla poltrona del grande capo mentre il giornalista si accomodò su quella di fronte.

"Il dottor Crespi mi ha chiesto di incontrarla ma non le nascondo che ho acconsentito unicamente per la stima che nutro nei confronti del commissario", esordì l'uomo accendendosi un sigaro mezzo consumato.

"La ringrazio", rispose Filippo cercando di non mostrarsi eccessivamente intimidito. Quell'uomo lo infastidiva e non aveva alcuna intenzione di farsi umiliare.

"Non ho mai avuto particolare simpatia per i giornalisti – stava dicendo Lossi – men che meno per quelli che vogliono informazioni su Donato Brivio e la sua sfortunata famiglia. Ho accettato di fornire dettagli della loro storia in via del tutto eccezionale e per contribuire alla ricerca del serial killer che ha ucciso quelle quattro poverette a Monza".

Filippo annuì percependo le gocce di sudore che cadevano lente lungo la schiena o chiazzavano la camicia sopra le ascelle.

"Non voglio indagare ma suppongo che tra lei e Crespi ci sia un ottimo rapporto di fiducia. Altrimenti lei non sarebbe qui. Desidera un caffè?".

Sorpreso, Filippo impiegò qualche secondo per accettare. L'avvocato trascinò la sua mole fuori dallo scranno e alzatosi si diresse in cucina dove iniziò a trafficare con la moka. Aveva un addome prominente che spiccava nel mezzo di una corporatura che raggiungeva i due metri di altezza. Quando tornò nello studio, reggeva un vassoietto di argento di antica memoria sul quale erano posati due piattini con tazzine riempite di liquido nero fumante e una zuccheriera con un cucchiaino all'interno. Il giornalista ringraziò e si servì.

"Cosa vuole sapere esattamente?", chiese l'avvocato dopo che, tazzina in mano, tornò a sedersi.

"Sono in possesso di informazioni relative al procedimento giudiziario del procuratore Ernesto Vaghi, che fu titolare delle indagini sulla morte dell'ingegner Brivio e della figlia Lisa".

"Non è esatto", lo interruppe l'avvocato. "Vaghi si è occupato solo dell'indagine sulla morte di Donato Brivio. I collegamenti con il brutale assassinio della figlia li ha potuti fare solo grazie alla documentazione che all'epoca gli fornirono i magistrati di Monza".

Filippo accettò la puntuale precisazione e proseguì con le richieste.

"In realtà, vorrei a questo punto sapere qualcosa di più sul figlio di Donato, Luca. Ipotizzo sia la stessa persona che conosco da circa un mese, un amico che svolge la professione di anatomopatologo a Monza, ma non ho le prove definitive per dirlo".

L'avvocato lo guardò sorpreso prima di rispondere con un'altra domanda:

"Lei conosce Luca Brivio?".

"Certo. La cosa la stupisce?".

Lossi fissò un punto lontano alla parte opposta dello studio.

"Sono mesi che non lo vedo e non lo sento. L'ho cercato ovunque".

Proprio come aveva fatto lui a Milano.

"Avvocato, me lo confermi: Marco Aliprandi e Luca Brivio sono la stessa persona? Quando l'ho conosciuto, ovviamente non sapevo che Marco fosse figlio di Donato Brivio e che il suo vero nome fosse Luca. Ci sono arrivato dopo e non sono del tutto convinto che l'incastro funzioni. In compenso, ho conosciuto tramite altri la tragica storia della sua famiglia. Lui è sempre stato restio a parlare della sua vita privata".

"Non lo posso biasimare", disse l'avvocato con uno smorfia di disappunto. "Luca ha subito una serie di traumi che avrebbero stordito un elefante. Prima la violenza e l'assassinio della sorella, che lui ha sempre amato in modo viscerale, poi l'assassinio del padre e infine la morte per disperazione della madre".

Filippo mosse la testa provando immediatamente una sensazione di straniamento che lo paralizzò interiormente.

"La sua ipotesi è fondata, dottor Corti. Marco Aliprandi e Luca Brivio sono la stessa persona", continuò Lossi. "Fu io, di concerto con le autorità, a fornire alla famiglia nuove identità. I Brivio si trasferirono a Milano dopo la morte di Lisa ma subito dopo le autorità revocarono l'autorizzazione al cambio dei nomi. Un atto le cui motivazioni non sono mai riuscito a comprendere. I tre tornarono a essere Donato Brivio, Luca e Giulia Astolfi e un anno dopo Donato venne ucciso. I suoi assassini lo avevano chiaramente rintracciato. E fui sempre io a lottare per far avere una seconda nuova identità a Giulia e Luca dopo la morte di Donato Brivio. Giulia Astolfi diventò Claudia Campana, Luca Brivio si trasformò in Marco Aliprandi. Sono ovviamente informazioni riservate che mi aspetto vengano trattate come tali, anche se chiederlo a un giornalista può sembrare strano. Si ricordi che lei è qui per intercessione del commissario Crespi e in via del tutto riservata".

Filippo sorvolò sulla questione deontologica.

"Lei è convinto che gli ex soci di Donato Brivio lo abbiano ucciso per vendicarsi della denuncia fatta dall'ingegnere?".

"Praticamente non ho dubbi. Il procuratore Vaghi, uomo competente e preparato, aveva raccolto prove a sufficienza. Peccato che sia stato fermato prima di poterle presentare in sede processuale. Inoltre, aveva forti sospetti che i quattro fossero coinvolti nell'omicidio di Lisa. Ma la procura di Monza non gli diede ascolto".

"E Luca cosa centra in tutto questo?", domandò Filippo allontanando da sé la tazzina vuota da cui fuoriusciva l'odore fastidioso dei residui di caffè.

"Luca ha cercato di sopravvivere, Dottor Corti. Ha fatto di tutto per rifarsi una vita anche se credo che il disagio abbia intaccato come un cancro ogni singola cellula del suo giovane corpo. Perché si ostina a indagare su di lui?".

"Non le nascondo che sono combattuto. Da una parte vorrei proteggere Marco, o Luca se preferisce, come farebbe qualsiasi amico, dall'altra sono spronato a cercare informazioni su di lui per contribuire a far luce sugli omicidi di Monza. Il caso della famiglia Brivio è stato ovviamente riaperto e le similitudini con quanto è successo a Monza con l'omicidio delle quattro ragazze ci portano direttamente a lui sulle tracce del serial killer".

L'avvocato, evidentemente innervosito, si alzò e si avvicinò all'unica finestra dello studio. Parlò mentre guardava all'esterno.

"Sinceramente non vedo quali legami ci siano tra i due eventi. È vero che a Lisa vennero amputate le mani come è successo alle ragazze uccise a Monza ma non è matematico che l'autore di questi ultimi atti orribili abbia un legame stretto con quanto avvenuto vent'anni fa. Potrebbero anche trattarsi degli stessi assassini, ma non credo. E non solo perché mi fa orrore pensare che quei quattro criminali siano stati capaci di ammazzare e mutilare figlie e nipoti. Tenga anche conto che l'amputazione degli arti delle vittime non è così insolita nell'operato di un serial killer. E se fosse una semplice coincidenza? Senza contare che potrebbe anche trattarsi di emulazione".

Lossi aveva ragione. Filippo lo sapeva anche se non riusciva a smettere di pensare che gli eventi del passato erano legati da un filo rosso sangue a quelli del presente.

"Sinceramente, non vedo come Luca Brivio possa centrare qualcosa con ciò che sta succedendo a Monza", puntualizzò l'avvocato.

Puntò lo sguardo su Filippo.

"Cosa di preciso vuole sapere su di lui?".

"So quello che è successo alla famiglia Brivio dopo la morte di Donato. Cosa ha fatto negli anni successivi Luca?".

"Dovrebbe quantomeno immaginarlo", argomentò con ironia cattiva l'avvocato.

"Dopo la morte di Donato, Giulia e Luca cambiarono residenza a Milano e assunsero le nuove identità. Meno di un anno dopo Giulia morì. Luca rimase solo ma riesce a completare brillantemente gli studi conseguendo la laurea in Medicina prima e poi la specializzazione in anatomopatologia dopo. Ha iniziato a lavorare come patologo in tre diversi ospedali milanesi, il Besta, l'Ospedale Maggiore e il Sacco. Le mie informazioni si fermano qui. Evidentemente, stando a quanto mi dice lei, ha avuto poi l'opportunità di iniziare a svolgere la professione di medico legale a Monza e credo abbia accettato con entusiasmo".

Era il tassello che mancava al completamento di quel puzzle maledetto. A quel punto il cerchio intorno a Luca Brivio si stringeva fino ad annullare i pochi coriacei dubbi rimasti. La testa di Filippo girava e un miscuglio viscerale di pensieri e sentimenti si riversò come melma appiccicosa dentro ogni fibra. Se tutto stava andando in quella direzione, quale sarebbe stata la sua prossima mossa? Come si sarebbe dovuto comportare con Marco, o meglio Luca, una persona che continuava caparbiamente a considerare un amico?

"Senza contare Monza, ha svolto la professione di medico legale solo a Milano?".

"Non so. Come le ho detto, sono solo a conoscenza dell'attività di patologo nei tre ospedali milanesi che lo ho indicato. Di altre strutture a Milano o fuori Milano non sono a conoscenza".

"Luca non ha mai parlato con lei di quanto successo alla sua famiglia?".

L'avvocato rise. Amaramente.

"Sempre. Luca si confidava con me e non sono poche le volte che l'ho visto piangere. Penso sia normale visto quello che ha passato. Considero un privilegio avere avuto la possibilità di stargli così vicino. Parlo da uomo prima che da avvocato. Posso dire che la famiglia Brivio è la mia seconda famiglia. Dall'inizio delle disavventure di Donato non ho smesso di starle vicino. Donato era un uomo migliore di quanto si possa pensare, nonostante gli errori che aveva commesso nella sua vita. L'errore più grave è stato sicuramente l'essersi associato con quattro criminali. Sono contento che Crespi abbia riaperto il caso. Spero che quei farabutti vengano arrestati quanto prima".

"Tre di loro hanno querelato me e il giornale per cui lavoro", ammise Filippo con vigore.

L'avvocato sorrise ma questa volta c'era nella sua espressione una sincerità che non aveva nulla a che fare con il sarcasmo.

"Chi?".

"Reggiani, Brambilla e Sala".

Lossi si mosse e si avvicinò. Gli occhi gli si erano illuminati.

"Reggiani è il più stronzo di tutti", disse senza mezzi termini. "Ha tutta la mia solidarietà, dottor Corti. Stia attento: quella è gente potente e pericolosa. Veri criminali. Ha visto cosa è successo ai Brivio".

"La ringrazio dell'avvertimento. Ora mi sento più tranquillo".

Risero entrambi e Filippo fu felice di quella genuina spontaneità.

"L'editore mi ha affidato all'avvocato dell'azienda. Nel caso mi servisse un difensore più agguerrito posso rivolgermi a lei?".

Lossi smise di sorridere ma gli occhi luccicavano ancora.

"Senz'altro", confermò mentre lo accompagnava alla porta.

Non c'era altro da dirsi. Lasciato l'appartamento di Besana Brianza, Filippo si sentì incredibilmente leggero. La mente, liberatasi degli inutili percorsi a vuoto, sembrava focalizzare meglio il corso principale degli eventi. Ormai ne era sicuro: c'era un legame profondo tra le morti di Lisa e Donato Brivio e il serial killer. Le mani amputate non erano causali ma deliberatamente pianificate. Mancava ancora l'anello di congiunzione tra il prima e il dopo: il volto e l'identità del serial killer. Era quello di Marco Aliprandi, alias Luca Brivio? La faccia dell'amico invase prepotente il suo campo visivo. Malinconia e tristezza giocarono al massacro rischiando di demolire il fragile equilibrio mentale del giornalista. Cosa doveva fare? Marco Aliprandi aveva "semplicemente" a che fare con il serial killer o, nella peggiore delle ipotesi, era il serial killer stesso? C'era una bella differenza tra le due opzioni. E se invece il ruolo del medico legale consisteva unicamente nell'essere il depositario di un immane dolore che per una serie di circostanze misteriose e solo apparentemente casuali aveva intrecciato il suo destino con quello di un pericoloso assassino?

Sedicesimo giorno
Capitolo 50

Gli ordini di arresto partirono contemporaneamente, veloci e coordinati. Franco Crespi sorrideva sotto i baffi mentre sguinzagliava come cani rabbiosi i suoi mastini in divisa, in cerca di quattro prede dal karma blindato in un eterno andirivieni dalle tenebre della coscienza. La riapertura delle vecchie indagini sull'assassinio di Lisa Brivio e di suo padre Donato aveva dato il via libera, da parte della procura di Monza, e nello specifico dal suo attuale responsabile, Carlo Cattaneo, al provvedimento di custodia cautelare emesso nei confronti di Domenico Reggiani, Angelo Sala, Pietro Brambilla e Giuseppe Ripamonti. Cattaneo lo sapeva: sotto i riflettori degli inquirenti sarebbero finite anche le attività politiche, economiche e imprenditoriali dei quattro notabili. Il primo a cadere nella rete fu Domenico Reggiani che venne svegliato alle sei del mattino mentre dormiva nel suo letto. Sulle prime, lo stimato imprenditore fu solo sorpreso di vedere sulla soglia di casa tre poliziotti armi in pugno e sguardo cattivo. Abituato a dettare legge oltre la legge, tra le maglie ben oliate del potere scritto e non scritto, non immaginava, neppure lontanamente, che qualcuno avesse l'ardire di mettere le manette a uno come lui.

Resosi conto di ciò che gli stava succedendo, per prima cosa Reggiani bestemmiò e il suono della sua voce incarognita echeggiò come una sventagliata di metallo ardente lungo lo stretto e lungo corridoio del sesto piano dell'elegante palazzina di via Leopardi. Nessuno protestò o ebbe la compulsiva curiosità di curiosare. Ognuno si fece beatamente e selvaggiamente i cazzi suoi. I brianzoli non amano essere disturbati quando sono in attività, fosse anche dormire nelle loro calde e comode casette costruite grazie ai soldi di Santa Impresa e ai risparmi di una vita di duro e nobile lavoro. Anche la moglie di Reggiani voleva continuare a dormire. Guardò attonita il marito che dava fuori di matto, lo aiutò a mettere in uno zainetto da boyscout qualche indumento e l'immancabile Rolex che luccicava anche al buio come un faro di provata ricchezza. Poi Reggiani uscì di casa scortato da tre poliziotti che lo circondavano come fosse un ergastolano ripreso dopo una rocambolesca fuga da Alcatraz.

Il commissario aveva istruito bene i suoi mastini: nessuna pietà ma nei limiti della legalità. Si stava divertendo un mondo. Voleva godersi fino in fondo il piacevole esercizio del potere prima che altri mastini più grossi e pericolosi gli saltassero addosso. Entro due ore le quattro operazioni sarebbero state portate a termine. Alle otto i telefoni avrebbero iniziato a squillare come isteriche zitelle in crisi esistenziale e lui sarebbe finito sulla graticola come "colui che aveva osato arrestare quattro rispettabilissimi, potentissimi, ammanicatissimi rappresentanti della società civile". Avrebbe rischiato il posto ma a quel punto non aveva molte altre carte da giocare sul tavolo verde della realtà. Fosse stato per lui, avrebbe messo a pane e acqua quei quattro luridi criminali e

assassini per il resto della loro miserabile vita e gettato alle ortiche le chiavi delle celle. Ma la deontologia professionale - una bella cosa spesso bastarda - lo obbligava ad andare con i piedi di piombo e i coglioni di burro: mancavano ancora alcune prove determinanti prima di istituire il processo e in uno stato di diritto bla, bla, bla...
Comunque andasse, lui avrebbe lottato come un ossesso per conservare il posto. Sapeva di avere un barlume di speranza, ma non era sicuro che non si trattasse di una pia illusione. Suo padre gli aveva insegnato a credere nella giustizia terrena senza scommettere troppo su quella fortemente aleatoria di un ipotetico paradiso tutto baci e abbracci. Era mai possibile che l'uomo che arrestava dei provati criminali assassini facesse la fine del colpevole? Certo che sì, possibilissimo in un mondo che faceva di tutto, ma veramente di tutto, per andare alla rovescia, quasi fosse al soldo della propaganda metafisica. Eppure Crespi sentiva il bisogno di credere in qualcosa, in qualunque cosa non fosse il semplice portare la pelle al traguardo della vita.

I piedi di piombo furono necessari con gli altri tre membri della banda. Lo shock vero o presunto per la perdita delle ragazze di famiglia aveva avuto conseguenze più o meno gravi sulla salute di tre anziani. Non si poteva andare alla leggera. Anche se la realtà era ben diversa. Angelo Sala venne arrestato alle sei e quindici all'uscita dal Motel Hotel Ristorante con Piscina Coperta Bellavia, affacciato sulla statale 36. In ritrovata salute, al suo fianco c'era una giovane dai tratti orientali imbacuccata manco fosse in Lapponia. L'avvocato ed ex sindaco aveva i cappelli arruffati da un dopo doccia venuto male per la fretta. Forse aveva sentito puzza di bruciato e si stava affrettando a lasciare il territorio. Non ci riuscì perché venne fermato nel parcheggio dello Scannatoio con camere vista asfalto prima di poter salire a bordo della nuova e fiammante Audi Q7 color blu mare. La giovane donna sgranò gli occhi senza proferir parola, non si sa se per mancanza di padronanza della lingua (quella parlata, si intende) o per effettivo panico da "qui mi cade tutto addosso".

Pietro Brambilla venne arrestato in una clinica privata di Vimercate. Ricoverato da giorni per l'infarto che lo aveva colpito alla notizia della morte dell'adorata nipote, il vecchio businessman del tessile esportato anche nell'Isola di Pasqua si era quasi del tutto ripreso e poteva usufruire del caldo abbraccio di una stanza monoletto ben arredata. Era stato trasferito lì dal San Gerardo per consentirgli di gustare una convalescenza lussuosa, degna di un uomo del suo rango. Stava talmente bene che girava a piede libero come fosse nella sua villa di montagna, salutando con malizia volutamente non trattenuta infermiere pettorute e dottoresse con materno bisogno di essere sempre disponibili, anche a una sbirciatina dentro il camice sempre sbottonato. Niente flebo, niente tubi, tubicini e tubetti, tranne quello della crema per i calli ai piedi, il vecchio Brambilla sprizzava salute da tutti i pori. Due poliziotti, accompagnati da un medico alto e brizzolato, trovarono il businessman che confabulava allegramente con l'infermiera del turno di notte. La donna o fingeva di ridere o rideva per fingere. Il vecchio imprenditore del tessile non oppose resistenza, limitandosi a sorridere come un serpente che pregusta l'attesa di schizzare addosso alla preda designata e iniettarle nelle vene la dose mortale di veleno. I due smisero di parlare, ridere, sparare cazzate quando uno dei due poliziotti mostrò un paio di manette luccicanti sotto la luce giallognola dei neon appesi al soffitto.

"Che succede?", chiese incredula l'infermiera rivolgendosi al medico più che ai gendarmi. Il medico alzò le spalle e distolse lo sguardo. I due poliziotti non risposero. Fissando l'omuncolo, chiesero conferma della sua identità e una volta ottenuta risposta affermativa lo invitarono a tornare in camera per vestirsi e seguirli fuori dalla clinica. A questo punto, con occhi iniettati di sangue infetto Brambilla iniziò a sputare il suo veleno malefico.

"Non vedete che sono ricoverato? Dottore, spieghi lei per cortesia qual è la situazione".

Era un ordine, non una richiesta. Il medico, grande e grosso ma non proprio predisposto alla guerra verbale o fisica, annaspò pensando con tutto se stesso a quanto gli sarebbe piaciuto in quel momento essere disteso al sole dei Caraibi.

"Ho già spiegato ai signori poliziotti che le sue condizioni sono migliorate e che le dimissioni erano già previste. Per legge non posso impedire che la portino via. C'è un'autorizzazione in piena regola".

Brambilla prima valutò se fosse il caso di impuntarsi poi, non si sa bene per qualche fortuita reazione chimica, si rese conto che era inutile. I poliziotti stavano eseguendo un ordine e lo avrebbero portato a termine. Li avrebbe accontentati mitigando la scarica di rabbia furiosa che lo stava sommergendo con la consapevolezza che presto avrebbe spedito quel medico idiota a fare pronto soccorso in qualche remota colonia australe. Non era la prima volta che, chiamando questo o quel burattino seduto su questa o quella poltrona, aveva bastonato qualche galletto dalla cresta vibrante, spedendolo a qualche migliaio di chilometri di distanza. Andò a vestirsi impiegando un tempo tutto sommato accettabile. Uscendo dalla stanza con una valigetta marrone in una mano e un cellulare nell'altra, Brambilla lanciò un'occhiata indagatrice all'infermiera che lo guardava esterrefatta. La donna ricambiò lo sguardo increspando le labbra in quello che doveva essere un sorriso di manifesta solidarietà. Oltre alla prospettiva della vendetta contro il medico, Pietro Brambilla trovò piacevole consolarsi all'idea di aver fatto una conquista e di poterne godere nel prossimo futuro. Aveva lasciato alla donna tutti i suoi recapiti. Non dubitava del fatto che presto l'avrebbe incontrata e stesa nuda su un comodo materasso. Non tenne minimamente in conto la possibilità di restare in carcere tanto quanto bastava per indebolire la sua carica sessuale da settantenne arrapato e viagradipendente o addirittura condurlo alla morte.

Anche il notaio Giuseppe Ripamonti era fuori città, per un breve periodo di vacanza post-traumatico. Senza specificare, perché "non lo sapeva", con chi l'uomo di legge contro la legge fosse andato in vacanza, la moglie accolse freddamente i poliziotti che alle sette si presentarono ai cancelli della villa di Desio. Dopo essere entrati, i due uomini attraversarono un giardino ricoperto dalla brina. Alla porta d'ingresso apparve la donna anziana in vestaglia. Il viso accigliato tradiva il fastidio di quella visita inattesa. La signora Ripamonti rimase ferma sulla porta, metà dentro e metà fuori, nascondendo alla vista dei poliziotti l'interno della casa e di fatto impedendogli di entrare, prudente nel rispondere e guardinga nel manifestare più del dovuto. Alla fine, dopo insistenze sempre più minacciose, la donna riferì il luogo dove il notaio soggiornava in compagnia di "non si sa chi".

"È al mare, in Liguria. Abbiamo una villa a Celle Ligure. Mio marito ama il mare e appena può va laggiù per qualche giorno".

Avuta l'informazione, al commissario Crespi bastò una telefonata per far muovere i colleghi rivieraschi. Ripamonti venne arrestato che mancava un quarto d'ora alle otto. Non oppose resistenza e ben figurò nella sua stoica accettazione del fatto compiuto di fronte alla donna ingioiellata ospite alla villa. Crespi ricevette la prima telefonata. Era il procuratore capo Cattaneo che aveva autorizzato gli arresti. La voce preoccupata che trasudava tensione ansiosa, il magistrato concordò con il commissario una linea di difesa fatta soprattutto di parole giustificative dell'azione che avevano compiuto. Un fiume di pensieri sembrò sul punto di annegare la razionalità di Crespi che riuscì a mantenersi sufficientemente calmo e pacato per dare il suo contributo psicologico e logistico. Stranamente non si sentiva eccessivamente preoccupato. Al contrario del procuratore capo che immaginava stesse sudando freddo e avesse una mano scivolosa, quella che reggeva il cellulare. Lo sospettava perché la voce del magistrato andava e veniva, come se il cellulare si allontanasse precipitosamente dalla bocca, andando a finire chissà dove prima di tornare indietro. Una debolezza che lui non si sarebbe concesso, come non avrebbe accettato qualsiasi tipo di minaccia più o velata che dovesse provenire dagli alti papaveri. Quella era la sua linea e avrebbe sputato sangue per difenderla. L'ora successiva fu completamente dedicata alla guerra.

Il sindaco di Monza fu il primo a scatenare l'attacco. Seguito a ruota dal capo della Polizia di Milano, da tre rappresentanti del partito in cui militava Domenico Reggiani e dal responsabile pubbliche relazioni dell'associazione di militanti cattolici cui apparteneva Angelo Sala. A tutti Franco Crespi rispose in modo fermo e civile, rimandando al mittente minacce, insulti e offerte di compravendita di anima e carne. Per tirare fuori uno o l'altro, o tutti e quattro gli psicotici arrestati, gli promisero addirittura un posto di grande responsabilità a Milano, con tanto di ufficio con pavimento in parquet, segretaria scosciata al seguito, uno stuolo di stagiste da scrivania, una macchina blu con autista in divisa e buoni pasto festività incluse. Poi chiamò un prelato, un pezzo grosso della Curia milanese. Il dialogo al telefono all'inizio sembrò uno scambio di auguri tra amici. Mentre parlava Franco Crespi si chiese se non si trattasse di una trappola tesa con machiavellico cinismo. Il prelato difese il militante cattolico Sala senza condannare l'operato del commissario. Un colpo al cerchio e uno alla botte. Dopo un quarto d'ora di convenevoli ovvietà e manifeste banalità mascheratamente civili e sostanzialmente incivili, il sacerdote (un vescovo?) chiese esplicitamente di liberare Angelo Sala.

"È un uomo dalla condotta morale ineccepibile, un cittadino esemplare, un padre di famiglia eccellente, un cristiano rispettoso, un cattolico fedele, un...".

Crespi allontanò il cellulare dall'orecchio bollente e imprecò contro il destino beffardo. Quando riavvicinò il telefono all'orecchio, il prelato aveva completato la lista della spesa. Crespi si limitò a ricordare al sacerdote, norme concordatarie alla mano, che la giustizia colpiva solitamente anche i cristiani, e nello specifico i cattolici, e che, malgrado la grande considerazione in cui teneva la giustizia divina, non poteva esimersi dai compiti che gli avevano assegnato nell'amministrare quella terrena. Il prelato chiuse bruscamente la telefonata. Non c'erano state promesse, minacce o proposte di messa in vendita della dignità umana, sociale e professionale. Ma chissà, dai preti c'era da aspettarsi di tutto.

Filippo Corti si mise in contatto con l'amico commissario a pomeriggio inoltrato. Già sapeva del terremoto che aveva scosso fin nelle fondamenta la Brianza perbenista. La redazione della Gazzetta stava preparando un titolo da prima pagina a caratteri cubitali. Filippo aveva già scritto il pezzo portante della lunga catena di articoli e servizi dedicati all'arresto dei quattro potentissimi. Non temeva più alcuna querela più di quanto non l'avesse temuta nei giorni precedenti. C'era in lui la certezza che con l'arresto di Reggiani e dei suoi simpatici commilitoni a delinquere, quella ridicola accusa di diffamazione contro il giornale, la sua persona e il suo lavoro sarebbe caduta nel dimenticatoio. La credibilità stessa dei querelanti stava inesorabilmente precipitando, almeno agli occhi di chi voleva vedere l'abisso di tenebre che si celava dietro l'immagine da cartolina illustrata che i quattro criminali avevano abilmente diffuso per anni con la compiacenza di una società cadaverica. A meno che i quattro fossero scampati anche quella volta alla giustizia. Un'eventualità tutt'altro che remota, visto l'andazzo schizoide delle procedure giudiziarie italiane e l'assoluta incertezza della pena che equivaleva a una replica del reato, questa volta però commesso dallo Stato. C'era dell'altro che bolliva in pentola. Poche ore prima Barbara Longhi aveva cercato Filippo al cellulare. Con voce concitata e serissima, la dottoressa gli chiese di incontrarlo a cena.
"Ho informazioni importanti da darti, a proposito di Marco", aveva detto vincendo la reticenza del giornalista. Barbara non sapeva nulla degli inquietanti retroscena che avevano svelato la vera identità del collega. Filippo fece di tutto per chiudere la comunicazione, non aveva nessuna voglia di incontrare la donna per la quale stava ancora attraversando una, per certi versi incomprensibile e per questo ancora più odiosa, tempesta emotiva impossibile da dominare razionalmente. Alla fine però accettò l'invito per quella sera stessa. Pentendosene quasi subito. Dentro gli si era formata una solida sensazione amara che sapeva di fosco presentimento. La cena poteva trasformarsi in un triste scambio di pessime opinioni tra due amanti al ribasso. D'altra parte, non poteva tralasciare ogni più piccolo indizio relativo a Luca Brivio. Il patologo era infatti sparito dalla circolazione. A nulla erano serviti i ripetuti tentativi di chiamata di Filippo. Il messaggio metallico della segreteria telefonica annunciava ogni volta che Brivio era inesorabilmente irraggiungibile. Alle quindici, da casa, Filippo chiamò Crespi. Il commissario rispose al terzo squillo. In sottofondo si udivano rumori di traffico.
"Sono in auto", confermò il poliziotto con un tono di voce inusualmente calmo. "Me

ne sono andato dal commissariato. Una gabbia di matti, ecco quello che sta diventando quel posto. È da stamattina che mi sbraitano addosso. Ma sai che ti dico, Filippo? Me ne fotto! Abbiamo fatto il botto! L'arresto di quei quattro bastardi ha morso il culo a parecchia gente altolocata. Certo, all'appello manca ancora il serial killer, ma sento che siamo vicini alla soluzione del caso. Anche per merito tuo. Come minimo ti meriti un grazie".

Filippo sorrise all'esuberanza del commissario. Che si comportava come un vecchio amico in vena di confidenze sfacciate.

"Hai qualche notizia di Luca Brivio?", chiese Crespi. "Abbiamo perlustrato la sua abitazione, senza ricavarci nulla".

"Niente", rispose Filippo sinceramente rassegnato. "Sparito. A questo punto, è evidente che il sospettato numero uno sia lui. Non sai quanto mi faccia male dirlo. Ha due buoni motivi per colpire i quattro attraverso i loro consanguinei: gli hanno ucciso il padre e la sorella".

"È quello che credo anch'io", convenne Crespi. "Ma non posso dirlo a voce alta. Ci sarà un nuovo processo con prove da portare davanti al giudice. Al momento però le autorità non hanno niente di definitivo quindi non si può aggiungere altro".

Già, le prove. Filippo entrò in bagno e azionò la leva dell'acqua calda che scese dal rubinetto e iniziò a riempire la vasca. Voleva immergersi in un bagno di calore e lasciarsi avvolgere dal manto protettivo del liquido soporifero.

"Stasera sono a cena con Barbara Longhi. Mi vuole vedere a tutti i costi. Ha detto che ha informazioni importanti su Luca".

"Aspetto che mi chiami quando hai finito... anche se è molto tardi", lo incalzò Crespi.

Improbabile. Filippo pensava che la serata si sarebbe conclusa con la cena. Non riteneva possibile, o semplicemente non lo desiderava, un qualsiasi dopo cena, fosse anche stato una casta chiacchierata davanti a una tisana alle erbe.

"Sì, certo. Ti chiamerò appena possibile".

Crespi non aggiunge altro, dandosi il tempo di un fugace pensiero sul fatto che l'amico sembrasse così poco entusiasta all'idea dell'appuntamento.

"Immagino che non ci sarà un dopo cena romantico. Non mi sembri particolarmente contento di incontrare la dottoressa".

"Ti ringrazio della premura e della poca discrezione", argomentò l'altro senza tracce di vero risentimento nella voce. "Niente sesso selvaggio. Non è il momento e poi con Barbara è tutto finito. Forse non è neppure cominciato, a dir la verità".

La vasca si stava riempiendo. Verso l'alto salivano strisciando come serpenti fantasmagorici rivoli di vapore caldo. Filippo salutò il commissario e chiuse la telefonata. Si spogliò ed entrò nella vasca immergendosi completamente. Gli occhi chiusi, la bocca serrata, il respiro trattenuto, rilassò il corpo e lasciò vibrare la mente nella tensione velocissima provocata dalla mancanza di ossigeno.

Sedicesimo giorno
Capitolo 51

Una nuvola frizzante di profumo gli circondò la faccia. Davanti allo specchio del bagno illuminato a giorno, Filippo passò in rassegna stato mentale e comportamenti concreti. Non si sentiva affatto bene e non trovava scuse plausibili che potessero affermare il contrario. Uno dei suoi amici era misteriosamente scomparso dalla faccia della Terra e, cosa ancora più incredibile e terribile, era sospettato di essere un feroce e determinato serial killer. Non c'erano prove schiaccianti per inchiodarlo, ma chiari indizi aleggiavano come minacce concrete. Si immaginò guardare un'immagine fotografica di Marco che, pian piano, scompariva in un nero indistinto come il fondale di un profondo oceano infinito. La razionalità rifiutava con categorica fermezza la peggiore eventualità. Lo aveva più volte incontrato, aveva pranzato e cenato con lui, scambiato reciproche confidenze. Com'era possibile? Com'era possibile che un amico fosse un potenziale nemico in veste di serial killer? Come era possibile che due amici avessero orizzonti etici così diversi? E se Marco Aliprandi era davvero il serial killer, perché non aveva mai avuto sospetti? Lui che aveva avuto l'ardire di vedersi come "il giornalista dotato di acume e intuito", vezzeggiato dai successi ottenuti nell'inchiesta? "Sono un giornalista, non un poliziotto", aveva sempre detto. Ma era vero anche per il suo ego? Provò un moto di repulsione al pensiero di parlare di Marco Aliprandi durante la cena con Barbara Longhi. Lei che non sapeva chi fosse Luca Brivio e, una volta appurata la verità, forse non ci avrebbe creduto. Si era invaghito di quella donna, provava per lei un'attrazione sessuale e una voglia di complicità emotiva come raramente in passato gli era capitato. Ora però faceva di tutto per starle alla larga e quella cena programmata così in fretta pareva il frutto del gioco ridicolo di un destino ubriaco. Come poteva divertirsi e stare seduto allo stesso tavolo con la donna che poco tempo prima lo avrebbe spronato a fare carte false per un appuntamento e che ora rifiutava ma era costretto a incontrare, per parlare di un amico che celava sapientemente ipotetiche intelligenze omicide? Barbara non è stupida, si ripeté facendo scorrere una mano sul mento liscio e inondato di fresco dopobarba.

Aprì l'anta dell'armadio per scegliere di che vestirsi. Niente di eccessivamente elegante, non era serata. Niente di eccessivamente pensato, come quando, in preda all'eccitazione dell'attesa di un incontro romantico, sprecava dai cinque ai dieci minuti solo per scegliere di quale colore dovessero essere le mutande.
Informale elegante è la scelta giusta. Come dire: tutto e niente. Se lo sussurrò sottovoce, senza dare peso alla consistenza logica di quella considerazione. Poco dopo le venti era pronto per uscire. Sarebbe andato in auto direttamente al ristorante che aveva scelto e proposto a Barbara. Un nuovo locale da poco inaugurato in via Lecco, a pochi chilometri da Villasanta. Si vociferava bene su quel ristorante, anche se era un peccato

perlomeno veniale dare troppa credibilità alla vox populi. Cucina interregionale, come i treni lenti delle Ferrovie Nord.

Barbara optò per una strategia decisamente diversa, motivata da una determinazione tagliente. La donna voleva a tutti i costi riconquistare Filippo, anche se le controindicazioni non aiutavano. Sapeva di aver urtato la sensibilità del giornalista nel momento in cui si era mostrata nella sua sessualità disinibita e istintivamente libera. Ma Filippo non era un fanatico e un integralista dell'idea immutabile. O almeno così credeva. Da quel poco che lo conosceva, aveva intuito la sua capacità di rendersi all'occorrenza flessibile, in spirito, corpo e mente. Credeva nella fedeltà, certo, ma non come un intransigente nevrotico. Scommetteva su questo. Forse si illudeva. Perché, anche in una relazione, lei non avrebbe mai smesso di fare quello che faceva, di godere di sesso selvaggio quel tanto che serviva per iniettarsi nelle vene l'elisir della dolorosa puntura della vita, quella che ti mantiene vivo e nervoso. E Filippo era tipo da relazione, di quelle esclusive però.

Indossò un tailleur marrone chiaro che copriva come tenue velo quello che c'era sotto, sollecitando abilmente l'immaginazione mentale. Scarpe con tacco intonate. Si truccò e rivestì le labbra di un rossetto tenue e invitante. Erano le sue innocenti armi di seduzione, niente a che vedere con la cinica predeterminazione con cui barattava ciò che aveva scoperto su Marco Aliprandi in cambio di una cenetta a due in un locale raffinato e, se era fortunata, una scopata sul materasso della sua camera da letto. L'unica attenuante era che le informazioni erano vere, attendibili al cento per cento. Ciò che aveva scoperto poteva mettere la parola fine alla carriera del brillante collega con la terribile eventualità del carcere, ammesso che lo avessero trovato. In quanto all'ipotesi di trovarsi di fronte al serial killer – ipotesi cui pensava sempre più insistentemente dopo quello che aveva scoperto - preferiva non avere dubbi: era un'idea balzana che rifiutava in toto.

Nonostante tutto, non poté fare a meno di ripetersi che aveva fatto la scelta giusta. C'era un'indagine in corso, un caso ancora aperto. Che facessero pure il loro lavoro. Lei avrebbe fatto la sua parte. Dal punto di vista professionale, non poteva esimersi dal denunciare il falso per permettere di ricominciare daccapo l'esame autoptico sul corpo delle ragazze uccise, alla ricerca della verità. Che magari, lo credeva possibile, avrebbe persino scagionato Marco dall'eventuale accusa più grave: essere l'assassino seriale che tutti braccavano. Barbara avrebbe dato comunque una chance al collega. Forse perché sentiva naturale offrire opportunità ai peccatori. E poi non era detto che quelle informazioni fossero prove inoppugnabili di colpevolezza. Anzi, dal punto di vista logico non era affatto certo che l'azione di falsificazione delle autopsie portasse automaticamente al serial killer. Di falsificazione degli esami autoptici aveva accennato al telefono con Filippo, senza aggiungere altro, lasciando il giornalista a macerare nell'attesa della cena rivelatrice, la cena che lei stessa aveva organizzato per il suo doppio fine.

Uscì di casa che mancavano dieci minuti alle venti e trenta. Il buio chiudeva il cielo in un abisso di nero sconfinato. C'erano le stelle ma non riuscì a vederle. Raggiunse il ristorante in cinque minuti esatti di pensieri ovattati. Il locale si trovava molto vicino a casa sua e questo agevolava la strategia del dopo cena. Non c'era traffico in città e le poche auto in movimento sfrecciavano su un asfalto che sembrava di ghiaccio.

Filippo era già lì, appoggiato al portellone posteriore della Polo. Barbara parcheggiò di fianco e scese dall'auto sorridendo. Ne ricevette in cambio un sorriso forzato di circostanza che non la turbò eccessivamente. Sapeva che sarebbe stato difficile e aveva messo in conto anche l'orgoglio maschile. Che forse avrebbe facilmente ceduto alle sirene del sesso sicuro. Era davvero bella nel suo tailleur alla moda e le gambe, che libravano dall'orlo della gonna sopra il ginocchio, facevano un bel figurone fasciate com'erano da un paio di collant color carne. La donna si accorse che Filippo se ne era accorto. Altro che. Fosse anche per pochi secondi, ma la sensazione di aver vinto fece capolino in quella dimensione. Gli occhi del giornalista si erano posati sulle cosce di Barbara tradendo tutto quello che c'era da comunicare.

Filippo non riuscì a trattenersi dal farlo. Guardò il corpo di Barbara lasciandosi avvolgere dalla pulsionalità della carne rovente. Un avvio di erezione, più piacevolmente evidente con i jeans stretti che facevano trazione, confermò che oltre al rancore nella vita c'era spazio anche per cose più belle. La prima a parlare fu Barbara.
"Sono felice di rivederti".
"Chi lo avrebbe detto che ci saremmo incontrati dopo tutto quello che è successo?".
Domanda retorica. Difese alzate.
"Beh, se sei qui è perché lo desideravi, no?".
Filippo si morse il labbro e assentì muovendo leggermente la testa. Colpito. Barbara era tanto bella quanto determinata a raggiungere il suo obiettivo. Sarebbe servito lottare contro l'attrazione potente che gli montava dentro? Ci provò mascherandosi di freddezza.
Entrarono nel ristorante e un cameriere in divisa, cinquantenne e dal fare esperto, li condusse al tavolo prenotato. L'atmosfera del locale era calda e accogliente, nel camino addossato a una parete crepitavano ceppi avviluppati da un fuoco amico.
"Grazie per aver accettato il mio invito", esordì per la seconda volta la dottoressa.
"Sei stata molto convincente e allo stato attuale delle cose ottenere informazioni preziose su Marco Aliprandi è come vincere la Lotteria di Capodanno quando è stata truccata. Sono sicuro che il commissario Crespi mi starà invidiando".
Barbara sgranò gli occhi, sorpresa.
"Hai detto a Crespi che ci saremmo visti stasera?".
Delusione.
"Al telefono hai detto di avere notizie importanti da riferirmi su Marco a proposito delle autopsie. Pensavo che l'incontro vertesse unicamente su questo e non ho ritenuto indispensabile non dirlo a Franco. L'indagine è in una fase delicatissima, Barbara, e sono obbligato, sia come cittadino che come giornalista, a dare il mio contributo alle forze dell'ordine. Potremmo salvare vite umane. Sono certo che comprendi...".

"....Sì, comprendo benissimo", disse lei visibilmente seccata.
"Ho seguito l'inchiesta giorno per giorno e ho anche letto tutto quello che è stato pubblicato sui giornali. Sono stata io a invitarti con la prospettiva di importanti rivelazioni, o almeno così credo che siano. Non posso certo biasimarti di averne parlato con il commissario. Anche se non sono d'accordo. Avrei preferito che di questa cena fossimo a conoscenza solo io e te".

Arrivò il cameriere, lo stesso di prima, per le ordinazioni. Filippo aveva fame ma non voleva allungare troppo la serata assecondando i piaceri del palato. Non voleva razionalmente, perché l'anima drogata dai fumi dell'erotismo avrebbe candidamente optato per la faccia carnale della Luna. Istintivamente, lei la serata l'avrebbe allungata eccome. Barbara non si lasciò intimorire dai riflussi mentali e dalle tare psichiche dell'indeciso commensale. Ordinò un antipasto, un primo e un secondo. Filippo preferì passare direttamente al secondo di carne accompagnato da una birra chiara. Il cameriere annotò un brasato alla birra del Trentino Alto Adige, con contorno di polenta. Barbara, che evidentemente voleva diluire ben bene il brodo, scelse di viaggiare liberamente per l'Italia culinaria: antipasto marchigiano di frittelle di persico, accompagnate da un assortimento di formaggi e insaccati lombardi, un primo di origine emiliano-romagnola, gli anolini in brodo, con corollario di vino rosso della casa, e un secondo di pesce, i lavarelli alla salvia con patate al forno di tradizione lombarda.
"Ho le prove che Marco ha commesso qualcosa di molto grave".
La donna venne subito al sodo. Parlò senza caricare le parole, che parvero esplodere nella sala nell'indifferenza generale degli altri avventori. I due si guardarono in faccia, consapevoli di avere qualcosa di scottante tra le mani.
"Ha falsificato i risultati delle autopsie di tutte e quattro le ragazze assassinate. È stato lui perché le autopsie le ha gestite lui. Io ero sempre impegnata altrove o su altri casi. Non credo però che l'abbia calcolato. Ha semplicemente sfruttato il caso fortuito che gli si è presentato davanti. Eseguita la prima autopsia su Anna Reggiani, avrebbe anche avuto una sorta di diritto di precedenza sulle altre vittime, se mai qualcuno avesse avuto da ridire. L'unica che poteva farlo ero io e non l'ho fatto".
Filippo questa volta non si fece pregare. Ormai la realtà scivolava prigioniera di una gravità inesorabile. Partì alla carica con le domande.
"Come ti sei accorta delle falsificazioni?", chiese pochi secondi prima che il cameriere portasse da bere scaricando sul tavolo bottiglie e bicchieri.
"Per caso. I documenti originali di tutte le autopsie sono custoditi nel nostro archivio. Sia in formato cartaceo che elettronico. Se qualcosa manca o risulta manomesso, i primi ad andarci di mezzo sono i medici legali e le grane non sono poche. Marco lo sa e per non destare sospetti credo sia stato costretto a compilare tutto per bene. Ha dovuto agire alla fonte, in fase di redazione del rapporto finale. Sperando ovviamente che io non me ne accorgessi".
"E come mai sei andata a ficcare il naso dove Marco non si aspettava che lo ficcassi?".
"Ero in pausa, nel mio ufficio. Ripensavo a quelle povere ragazze e non so per quale

motivo ho ritenuto che un'occhiata alle carte mi avrebbe forse permesso di capire qualcosa di più su quello che è successo".

"Volevo essere utile, come medico e cittadino", precisò dopo un attimo di pausa, ironizzando senza cattiveria sulla precedente affermazione di Filippo.

"Ho consultato l'archivio e ho scoperto la verità. Come ben sai, nei referti si fa esplicito riferimento alla causa di morte: arresto cardiaco provocato da overdose di anfetamine. E nel caso di Valentina Ripamonti si fa anche riferimento a un probabile concorso del veleno nel causare l'arresto cardiaco".

Filippo annuì e Barbara smise di parlare posando lo sguardo su una coppia di ventenni che seduti uno di fronte all'altra parlavano sommessamente tenendosi per mano.

"L'overdose da anfetamine produce determinate reazioni chimiche all'interno del corpo umano. Tutti i valori di riferimento erano presenti ma uno era sospetto. Marco è un bravissimo patologo, uno dei migliori. E non ho dubbi sul fatto che non abbia commesso errori".

"In che senso uno era sospetto?".

Barbara si fece aria con il tovagliolo.

"Il valore sospetto non è sbagliato in senso assoluto, ma relativo. Ho chiamato le famiglie delle vittime. Tutte e quattro. Mi hanno confermato che ciascuna delle ragazze soffriva di un particolare difetto congenito, niente di grave per loro ma assai rilevante se preso nel contesto di un'analisi autoptica. Evidentemente, Marco non lo sapeva. E le coincidenze non sempre si manifestano in modo chiaro. Il valore che credo abbia falsificato, praticamente inventandoselo, non dà quel risultato se ci sono quei difetti congeniti, ma un risultato diverso".

"E il discorso vale anche per Valentina?", domandò Filippo ormai incapace di distogliere gli occhi da quelli della dottoressa.

"Sì. Vale anche nel caso di assunzione di quello specifico veleno, il cianuro di potassio".

Il cameriere arrivò reggendo i piatti dell'antipasto. Barbara, che iniziò a bere per rinfrescarsi la gola e il resto del corpo dall'improvvisa calura che sentiva dentro, invitò Filippo a mangiare con lei le frittelle di persico e di darci dentro con l'invitante assortimento di formaggi e salumi. Preso com'era dalle rivelazioni di Barbara, Filippo iniziò a mangiare con meccanica determinazione. Ingoiò un pezzo di pane che sapeva di farina viva.

"C'è poi un altro particolare. Come sai nell'utero e nell'ano delle ragazze sono state trovate tracce di sperma che Marco ha stabilito appartenere a più individui. Come non dedurne che le giovani avessero una vita sessuale particolarmente movimentata e promiscua? In apparenza, ciò potrebbe essere vero, il condizionale però è d'obbligo. E non solo quello. Anche a noi è concesso archiviare i risultati delle analisi compiute dalla Scientifica. Ho controllato e le ho confrontate con il nostro database delle analisi dei campioni che preleviamo ai cadaveri. È emersa una cosa incredibile, Filippo. Lo sperma appartiene a una serie di uomini schedati, non dalla Scientifica ma da noi".

"Se sono nel vostro archivio...", balbettò Filippo affascinato.

"...vuol dire che quegli uomini sono deceduti, sì", concluse Barbara. "Lo sperma trovato nel corpo delle ragazze appartiene a uomini morti da almeno cinque anni".
Filippo deglutì e nel farlo produsse un rumore sordo.
"Il serial killer si è dunque procurato lo sperma. Ma come ha fatto?".
Barbara giocò la sua ultima carta arroventata.
"È conservato in laboratorio. Non da noi ma nel centro di Liscate cui ci appoggiamo. Là conservano tutto per cinque anni".
Rimasero in silenzio per qualche secondo. Poi, chissà come, la conversazione si spostò su altri argomenti e la gravità delle informazioni scambiate passò in secondo piano. Fu una rimozione istantanea, messa in atto contemporaneamente da due individui autonomi e coscienti. Arrivarono altre pietanze, il brasato alla birra ammorbidì il cervello di Filippo e gli anolini in brodo riscaldarono i tessuti di Barbara regalandole un piacevole tepore. I piatti fumavano di una beneaugurante prelibatezza per il gusto. Quando ripresero a parlare di Marco Aliprandi e delle sue incredibili autopsie, la fame era stata domata.
"Non voglio dire che Marco sia l'assassino che cercate. Ti ho solo esposto le prove della falsificazione da lui operata durante le autopsie. Sul perché l'abbia fatto non so proprio che dire. È sicuramente sospettabile ma personalmente non credo che lui centri direttamente con la morte delle quattro ragazze".
Barbara credeva in Marco, lo riteneva innocente. Filippo se ne rese conto mentre percepiva una punta di gelosia. Scacciò il pensiero e si concentrò sulla conversazione. Il giornalista fece il resoconto di quanto nel frattempo era stato scoperto a proposito di Luca Brivio e della sua famiglia. Barbara lo ascoltò in stato di assoluta disarticolazione logica.
"C'è il movente, Barbara. La vendetta nei confronti di coloro che gli hanno ucciso il padre e la sorella, ci sono le prove della falsificazione delle autopsie, c'è l'evidente volontà di far apparire quattro ragazze come drogate e puttane, cosa che avrebbe danneggiato l'immagine degli assassini e di conseguenza quella delle loro famiglie. Quattro assassini che hanno rovinato la vita di Luca e dei suoi cari. Al serial killer la morte non basta. Dietro gli assassini c'è molto più di quel che appare".
Barbara sospirò scuotendo la testa. Non era convinta.
"Le tue sono solo supposizioni, Filippo. Credibili ma pur sempre supposizioni. A parte il dato certo delle falsificazioni, quali altre prove hai che Marco, o Luca se preferisci, sia effettivamente l'autore materiale degli omicidi?".
Adesso sbuffava, evidentemente infastidita. Filippo ebbe la sensazione che la donna stesse pensando qualcosa di sgradevole nei suoi confronti.
"Può aver solo falsificato le analisi per vendicarsi", aggiunge la dottoressa.
Un fiume in piena.
"Aveva a disposizione un modo per rovinare l'immagine delle parenti degli assassini di suo padre e di sua sorella. E, come dici tu, dopo che è stato inferto un primo pesante colpo con l'omicidio di quattro ragazze cui i loro parenti erano particolarmente legati. Ma Luca potrebbe essersi limitato alla sola falsificazione, completando in un certo

senso l'opera del serial killer senza aver nulla a che fare con lui. Non si può certo essere incriminati per simpatizzare con uno psicopatico omicida. Conosco Luca e non credo sia capace di compiere orrori di quel genere".

Conoscere una persona a fondo? E come era possibile? Solo perché si lavora insieme qualche ora al giorno si pretende forse di leggere con limpida sapienza l'anima di un vicino di banco? Quando il cameriere arrivò con il secondo di pesce per Barbara, l'atmosfera si era fatta pesante.

"Non capisco per quale motivo non ti sia rivolta direttamente alla Polizia e abbia preferito raccontare tutto a me".

Barbara, che già armeggiava con i fragili lavarelli, mosse il coltello con vibrazioni schizofreniche.

"Stai seguendo l'inchiesta e sei al corrente di tutti gli ultimi sviluppi".

"Faccio il giornalista, Barbara. Non il poliziotto".

Niente sbuffi questa volta; solo occhiate di fuoco.

"Non voglio andare alla Polizia perché non voglio essere direttamente coinvolta. Lo capisci questo, vero? Decido io in che modo dare il mio contributo. Il fatto è che mi fidavo di te. Evidentemente ho commesso un errore nel chiederti questo incontro".

Filippo la fissò senza tradire finta compassione.

"Ti ringrazio per quello che mi hai detto. È molto utile e penso che potrà esserlo anche per Crespi. Se lo desideri farò io da intermediario con la Polizia".

"...che sa del nostro incontro intimo e riservato", completò lei la frase scaricando una vampata di ironia vaporizzata.

"Fornire informazioni non vuol dire necessariamente essere coinvolti in maniera diretta", argomentò lui sul crinale tra la perdita della pazienza e l'annichilimento delle forze celebrali.

"Questo lo dici tu. In realtà, credo che ti faccia piacere vedermi soffrire".

Oddio, no! Ti prego, no!, pensò Filippo in preda a un crescente nervosismo.

"Cos'è? Mi vuoi punire per i miei peccati? Sei così bigotto e perbenista da non riuscire ad accettare comportamenti sessuali diversi dai tuoi?".

Aveva messo in conto quella divagazione. Era imbarazzato ma non impreparato.

"La freddezza che hai manifestato questa sera, fin da quando ci siamo visti fuori, dopo che tra noi c'è stato molto più di una semplice slinguata tra adolescenti, è la dimostrazione lampante del tuo stupido narcisismo".

E chi non era narcisista in un'epoca dominata dalla nevrosi?

"Dei tuoi comportamenti sessuali non mi interessa nulla", mentì Filippo spudoratamente.

"Siamo venuti qui per parlare d'altro. O sbaglio?".

"Eccome se centra, Filippo. È dalla sera in cui ci siamo incontrati a Villa Cusani che mi eviti. Rispetto le tue convinzioni sul sesso e i rapporti interpersonali. Non ho alcuna intenzione di farti cambiare idea. Desidero solo che tu sia ugualmente rispettoso nei miei confronti. Chiedo troppo?".

Il tavolo sembrava circondato da una cappa di scariche elettriche invisibili.

"Non si tratta di rispetto ma di non condivisione. Per me tu puoi fare quel cazzo che vuoi, liberamente. Semplicemente, non mi piace quello che fai e non voglio costruire una relazione su quelle basi. Possiamo essere amici e farci qualche scopata ogni tanto. E in nome di questa amicizia sono pronto a rispettarti in tutto".

Barbara spostò il piatto indicando chiaramente che non aveva più intenzione di continuare a mangiare.

"Non sono una puttana che lavora per volontariato. La scopata saltuaria vai a farla con qualcun'altra. E poi lasciatelo dire: parli di relazione come se si trattasse di un matrimonio. Non riesci a manifestare un briciolo di elasticità mentale. A me la relazione sta bene ma non come la intendi tu".

"E allora chiudiamo il discorso, no? Mi sembra che alla fine siamo giunti entrambi alla medesima conclusione. Argomento relazione decaduto!".

Barbara però non voleva mollare. E Filippo in fondo in fondo non accettava che la serata finisse in quel modo penoso. Quando riprese a parlare, non c'era più aggressività nella sua voce.

"Vorrei comunque chiarire una cosa, Barbara: nella mia vita ho avuto diverse relazioni basate esclusivamente su una magnifica intesa sessuale. Senza particolari coinvolgimenti con firma di clausole contrattuali vincolanti. Tranne che sulla fedeltà. Non mi piace essere tradito e non mi piace condividere una donna con altri uomini".

"Ipocrita! Il discorso sul tradimento non vale per te ma solo per la partner? Tu quindi puoi fare tutto quello che vuoi e andare a ficcare il tuo uccello tra le gambe di chi ti pare?".

Filippo non ebbe il tempo di replicare. Barbara venne distratta dalla vibrazione che proveniva dal suo cellulare, nascosto all'interno della borsetta posata a terra. Con una scusa andò in bagno e lesse l'sms di cui riconobbe immediatamente il mittente. Rimase sorpresa ma non sconvolta nel leggere l'invito di Luca Brivio a incontrarsi più tardi quella sera stessa.

"Ho bisogno di parlarti. Mi vogliono incastrare e mi devi aiutare. Ti sarei grato se più tardi potessimo vederci. Davanti a casa tua. Ti aspetterò là. Grazie. Marco".

Decise di accettare ma non le sfuggì un particolare inquietante: il messaggio era firmato Marco ma lei sapeva un'altra verità. Cosa doveva aspettarsi dall'incontro con il collega?

Uscì dal bagno e, tornata al tavolo, comunicò a Filippo che si sentiva poco bene e voleva tornare a casa. Avrebbe anche pagato il conto. Filippo protestò ma alla fine fu costretto a lasciar fare. La risolutezza di Barbara non ammetteva repliche o alternative. Il giornalista uscì dal ristorante e si infilò in macchina per dirigersi verso casa. Si sentiva in colpa per averla lasciata sola. Un vero stronzo.

Barbara vide Luca Brivio che camminava nervosamente avanti e indietro a pochi metri dal portone di ingresso della palazzina di via Lecco. Sembrava un amante divorato dalla ipersensibilità. Quando la vide arrivare, si fermò e rimase immobile, la testa che ruotava leggermente mentre con lo sguardo seguiva i movimenti dell'auto nelle manovre di parcheggio. Barbara gli si avvicinò senza fretta, l'attenzione puntata sull'asfalto bagnato per l'umidità che invadeva e soffocava l'aria. Faceva freddo e la donna si augurò di non dover restare troppo tempo a parlare in strada.

"Grazie per essere venuta così presto", esordì il collega mentre con la mano destra si aggiustava il collo del cappotto stringendolo a sé per resistere al freddo. Luca Brivio aveva perso il suo consueto bell'aspetto. Appariva stanco, il viso pallido e segnato da una barba disordinata. Senza dubbio in preda a pensieri convulsi.

"Spero di non averti disturbata in un momento importante", disse poi caricando l'affermazione di un'ironia mal riuscita. Barbara se ne accorse ma non ci fece caso. Sorrise forzatamente e mentì, prima di tutto a se stessa.

"Niente di importante. Una cena tra amici".

"Vi ho visti".

"Quando?".

"Prima, al ristorante. Ero fuori, nel cortile. Tu e Filippo. Il nostro caro Filippo. Chissà cosa ti avrà raccontato di me, contro di me".

Parlava in modo calmo e non si capiva se recitava una parte o diceva sul serio.

"Non c'è niente tra noi", precisò Barbara, sentendo che una simile affermazione era nettamente fuori luogo.

"Non mi riguarda, Barbara. Sono affari vostri. Quello che vorrei sapere è che ruolo abbia Filippo nella trappola che mi stanno preparando. Credo vogliano arrestarmi. Sospettano di me per gli omicidi delle quattro ragazze".

"Filippo non vuole crederci", precisò Barbara sapendo in cuor suo che Filippo avrebbe fatto di tutto per difendere l'amicizia e allontanare i sospetti finché era possibile.

"È tuo amico e poi non ha prove di un tuo coinvolgimento diretto negli omicidi. Pure io ti ritengo estraneo, se ti interessa saperlo. È per questo che sono venuta: per capire cosa ti è successo".

Brivio si accese una sigaretta ed espirò una boccata di fumo con un rauca tosse da fumatore inesperto. Barbara non ricordava di averlo mai visto fumare.

"Fa freddo. Che ne dici se andiamo a berci qualcosa di caldo? Puoi lasciare qui la tua macchina. Prendiamo la mia".

Barbara acconsentì prima ancora di chiedersi se fosse sensato. Si diressero verso il centro a bordo di un Suv che profumava di lavanda. Sul parabrezza comparvero piccole gocce di una pioggia che sembrava tutto fuorché provenire dalle nuvole.

"Prima hai parlato di prove. Che intendi dire?".

Barbara si preparò a rispondere rannicchiandosi sul sedile per godersi il piacevole calore che fuoriusciva dalla bocchette di ventilazione. Gli avrebbe detto la verità accettando il fatto che doveva misurarsi con Luca a viso aperto.

"So che hai falsificato le autopsie. E presto lo saprà anche la Polizia. Vorrei sapere perché l'hai fatto".

Luca fermò l'auto a un incrocio e nell'attesa del verde si girò a guardare Barbara.

"Come l'hai capito?".

"Analisi incrociate. Per farla breve".

L'uomo tornò a fissare la strada davanti.

"Vendetta. Una piccola rivincita contro il male che ha distrutto la mia vita e la vita dei miei cari. Ho tenuto d'occhio per anni i quattro bastardi assassini che hanno ammazzato mio padre, violentato e fatto a pezzi mia sorella. Ho sofferto in silenzio aspettando con angoscia l'occasione giusta per fare la mia parte per ottenere giustizia. Quando mi è capitata questa occasione ne ho subito approfittato. Era un segno del destino. Quattro ragazze uccise da un pazzo e tutte imparentate con quei miserabili pezzi di merda. Il mio piano era danneggiarli e ho usato i cadaveri di quelle giovani donne".
"Facendole passare per drogate e puttane".
L'uomo sorrise e le labbra accolsero le invisibili strisce di compiacimento che solcavano il suo viso.
"Esatto", confermò con gli occhi che luccicavano. "Un danno d'immagine per quegli animali senz'anima. Poca cosa in confronto a quello che meriterebbero: la sedia elettrica, come minimo. Dio come vorrei essere io quello che preme l'interruttore che li fa incenerire. In ogni caso, credo di aver ottenuto qualcosa: loro che fondano il potere sull'ufficialità della buona società per nascondere le nefandezze illegali commesse, si trovano di punto in bianco sputtanati da quattro sgualdrinelle che aprivano le gambe a chiunque in cambio di soldi per bucarsi. Che ragazze modello!".
Parcheggiò lungo la via dell'unico locale del centro che a quell'ora era ancora aperto. I pochi avventori erano seduti attorno a piccoli tavoli circolari e alti. C'era musica nell'aria viziata. Si sedettero e ordinarono due punch al mandarino che profumavano come esalatori di droghe olfattive.
"Non mi sembra però che il tuo piano abbia funzionato", stava dicendo Barbara mentre assaporava a fior di labbra il liquido bollente color arancione. "Ciò che ha colpito l'opinione pubblica non sono tanto la droga e il sesso quanto la tragica morte delle ragazze e il modo in cui sono state ritrovate, intendo dire l'amputazione delle mani".
"Diciamo che Filippo e i suoi colleghi non mi hanno favorito. Lo conosci anche tu Filippo: è un professionista tutto d'un pezzo, inflessibile nel suo lavoro. Così mi ritrovo a dover scappare come un delinquente qualsiasi, sospettato di essere uno spietato serial killer. Non li posso biasimare: ho un valido movente per volermi vendicare di quei quattro. E se adesso si viene a sapere che ho falsificato le autopsie, mi scateneranno dietro anche l'Fbi e la Cia. Scommetto che sarà Filippo a riferire il tutto al caro commissario Franco Crespi".
Luca rise e trangugiò un sorso di punch.
"Io che dovrei essere protetto e difeso per quello che mi è successo. Protetto da quattro criminali ancora in libertà quando potevano essere fermati ma ai titolari dell'indagine è stato impedito di processarli. Bello schifo il mondo merdoso in cui viviamo, vero?".
Barbara girò lo sguardo e fissò una foto alla parete che ritraeva un marinaio che dal ponte di una nave immensa mandava baci a una donna con un vistoso cappello rosso che da terra lo salutava piangendo.
"Cosa vorresti esattamente da me, Marco? O forse dovrei dire Luca Brivio?".
Lo guardò negli occhi, fissandolo nel profondo. Il patologo sorrise compiaciuto.
"Conosci anche questa parte della storia. Beh, non mi stupisco. Tutt'altro. Ora che sai

quello che io e la mia famiglia abbiamo subito, potrai senza dubbio comprendere e giustificare quello che ho fatto".

"Comprendo il tuo dolore, Luca. Ma non giustifico quello che hai fatto con le autopsie. Mi dispiace".

Il medico agitò le mani come per prendere le distanze dalla collega.

"Ho voluto incontrarti dopo che ti ho vista con Filippo. Non mi fido più di lui. Questa sera stessa o al massimo domani la Polizia saprà delle autopsie. Mi rimane davvero poco tempo. Devo lasciare subito la città. Ti chiedo di fare una cosa per me: vai alla Polizia e riferisci le stesse cose che di certo hai detto a Filippo. Descrivimi come un bravo collega che ha perso la testa per una tragica vicenda che ha duramente segnato la sua famiglia e la sua vita. Che ha approfittato del suo ruolo professionale per prendersi una sua personale vendetta ma che non ha nulla a che fare con gli omicidi delle ragazze".

"E alla tua carriera ci hai pensato? Non sapevi che compiendo quelle falsificazioni avresti messo fine al tuo lavoro come medico legale in Italia?".

Lui bevve un lungo sorso di punch.

"Sono da tempo in contatto con una clinica privata di Nizza. Cercano un patologo per il laboratorio di ricerca sulle malattie infettive. Non farò più autopsie, non vivrò più in Italia e guadagnerò molto di più".

"E se dovessero rilasciare un mandato di cattura internazionale?".

"Non ho altra scelta, Barbara. E siccome sono abituato alle falsificazioni, a Nizza mi sono presentato con una nuovissima identità ben certificata".

Quando uscirono per tornare al Suv, Barbara aveva già promesso di fare quello che le era stato chiesto. Era stanca e il desiderio di lasciarsi andare a un sonno ristoratore la colpì violentemente. Seduta sul sedile passeggero, si lasciò cullare per qualche secondo nell'abbraccio confortevole dei moderni sedili del Suv. Riuscì a sentire Luca Brivio che, con parole di una dolcezza esasperante, l'aiutava a posizionare la nuca sul soffice velluto del poggiatesta e la rassicurava sul fatto che l'avrebbe immediatamente riaccompagnata a casa.

Filippo camminava su è giù per il salotto di casa gesticolando e parlando da solo. Il senso di colpa lo dominava completamente. Aveva trattato male Barbara, l'aveva umiliata e allontanato da sé la possibilità di riallacciare un rapporto con lei. In fondo, aver sfruttato le informazioni su Luca Brivio per organizzare un incontro vis-à-vis era un male minore che offendeva solo il formalismo dell'orgoglio ma non oscurava i meriti della dottoressa. Barbara si era esposta in prima persona, aveva fatto ricerche e scoperto una verità scomoda e importante. Era stata coraggiosa anche nell'avergliela riferita e non la si poteva certo biasimare per la sua determinazione a rimanere ufficialmente fuori dall'indagine della Polizia. Provava ancora qualcosa per lei? Temendo il "sì" che saliva prorompente dal ventre risucchiato in un vortice di sommovimenti incontrollati, si maledisse per come freddamente e banalmente aveva rifiutato le avances della donna. Ma... Sarebbe stato capace di tollerare la libertà sessuale di Barbara? Un "no" secco giunse da sotto, timido ma insistente: che la serata fosse finita male non era dunque un problema. Era davvero così? Turbato e confuso, afferrò il cellulare e inviò un sms al numero di Barbara. Nell'attesa pregò di ottenere una risposta e riscaldò il caffè avanzato dal mattino. Lo bevve amaro. Passarono dieci minuti ma di sms in risposta neanche l'eco lontano. Provò allora a digitare il numero, cui rispose una segreteria.

"Barbara, sono Filippo. Come stai? Sono tremendamente dispiaciuto per come mi sono comportato stasera. Spero vorrai perdonare la mia stupidità e arroganza. Desidero anche ringraziarti di cuore per le informazioni preziose che mi hai dato. Ne farò buon uso. Se vuoi chiamarmi, puoi farlo quando vuoi".

Provò anche con il fisso di casa ma anche in quel caso si attivò una segreteria cui fece registrare un secondo messaggio. Scrisse un altro sms e infine gettò il cellulare sul divano. Quella notte non avrebbe dormito in pace. Probabilmente non avrebbe dormito affatto. Eppure mai come allora aveva bisogno di abbandonarsi al sonno dell'oblio.

Diciassettesimo giorno
Capitolo 52

Anima grigia e mente annebbiata. Così percepì il suo essere travagliato, la mattina successiva, quando decise di abbandonare il letto che lo aveva accompagnato nella notte burrascosa. Pensieri tristi e paranoici fecero da velenoso contorno alla sensazione di solitudine, quella più difficile da estirpare perché alimentata dall'angoscia, che è come un manto disordinato di erba insana che invade il terreno. Filippo aveva paura di restare solo. Solo di fronte al perdurare lento e gravoso della vita monotona, senza una compagna con la quale allietare il viaggio. Senza un amico con il quale condividere lo stare in bilico sul filo sottile dell'esistenza. Era solo di fronte alla fredda minaccia di un assassino le cui fattezze disperate e crudeli si delineavano progressivamente alla luce della verità dei fatti che rischiarava il buio dell'incertezza. Fino a che punto l'amicizia con Luca Brivio lo avrebbe salvato dalla sua ferocia? E di quale amicizia parlava? E che dire poi della serata con Barbara?

Ormai non era più solo questione di senso di colpa. C'era, annidata nei recessi della mente sconvolta, il timore di aver perduto per sempre un'occasione, senza avere nulla in cambio che non fosse l'ipocrita accettazione di un rapporto sterile con Lucia Zanata. Tutto pendeva verso l'ossessione, difficile da tenere a bada con la sola forza della razionalità. Questa, dal canto suo, lo ammonì beffarda a non abbandonare la certezza che lo aveva spinto a troncare ogni rapporto con la bella dottoressa. Istinto e ragione. Una miscela esplosiva se costretta a una convivenza fatta di alchemiche illusioni risolutive.

Aveva telefonato al commissario che erano le due passate. Crespi, che a quell'ora della notte aveva di meglio da fare che dormire, stava aspettando la chiamata standosene nervosamente seduto sul divano di casa con il telecomando della tv in mano. Dopo che l'ebbe informato con dovizia di particolari, il poliziotto aveva borbottato qualcosa di incomprensibile che Filippo non seppe e non volle interpretare. Crespi cercò di contenersi, consapevole del fatto che il giornalista era stato molto loquace al limite del logorroico perché c'era in lui l'evidente bisogno di sfogarsi. L'adrenalina intanto, indifferente agli scrupoli di coscienza, fuoriusciva come lava incandescente dalla bocca impastata di birra del giornalista. Crespi riferì alla fine che era sua intenzione muoversi subito per raddoppiare gli uomini messi in campo per cercare Luca Brivio.

"Quell'uomo va fermato. Subito!", urlò Crespi.

Il commissario sapeva che le dichiarazioni della dottoressa Longhi sulle presunte autopsie falsificate andavano verificate, ma la mente correva più veloce delle procedure legali e burocratiche.

"Il fatto che ci sia stata falsificazione complica le cose e l'indagine. A questo punto che senso dobbiamo dare ai risultati che ci sono stati comunicati come verità dogmatiche?".

L'intuito gli diceva che era Luca Brivio l'uomo che cercavano. Filippo invece sperava con tutto il cuore il contrario. Quella mattina si era alzato confuso ma con la precisa convinzione che Luca non poteva essere l'assassino seriale che terrorizzava Monza. E anche se, partendo dal presupposto che il racconto di Barbara fosse vero, in un certo senso era stato al gioco del maniaco, non poteva certo essere accusato di omicidio solo per aver falsificato delle analisi autoptiche. Ci voleva ben altro per incolparlo di quattro atroci delitti.

Crespi richiamò che erano appena passate le sette e trenta. Nervoso e in fibrillazione, maledisse il medico legale che non si faceva trovare neppure a casa e giocava a nascondino con Polizia e Carabinieri.

"Quel figlio di puttana è all'estero, ci scommetto quel che vuoi che ha i piedi ben puntati sul suolo svizzero o francese e da là si fa allegramente i cazzi suoi e delle belle risate da maniaco alla faccia nostra".

Poteva avere ragione. Il riferimento alla Svizzera tra l'altro stimolò in Filippo un pensiero che tempo prima avrebbe giudicato assurdo: meno di cinquanta chilometri separavano Monza dal paese elvetico, dove forse Luca Brivio poteva ricominciare da capo. Una seconda chance, una seconda vita.

Crespi rimescolò un bolo di catarro e lo sputò a terra: l'eco dell'operazione giunse fino all'orecchio di Filippo in tutta la sua limpida adempienza fisica.

"Non per infierire, Franco, ma forse Luca è ancora in Italia e voi non riuscite a trovarlo".

"Non siamo dei coglioni, se è a questo che alludi".

Era il caso di spiegarsi meglio.

"Intendo dire che ci sono molti posti dove una persona braccata può andare a nascondersi. Non voglio certo criticarvi per il duro lavoro che state svolgendo, ma prima di puntare lo sguardo oltre confine, io cercherei meglio qui da noi".

Crespi emise un lamento prendendo una vocale e stiracchiandola a lungo.

"Mi stanno con il fiato sul collo, tanto per cambiare. Ma ho capito cosa vogliono quelli dei piani alti. Devo fare in fretta ad ammanettare il mostro così da togliere dall'imbarazzo i potenti e soprattutto distogliere l'attenzione pubblica dai loro guai. Sai benissimo a chi mi riferisco, non farmi fare nomi al telefono che non posso. Stanno proteggendo quei quattro e useranno tutte le armi per continuare a farlo. Un vero schifo, porca troia".

Una storia che si ripeteva.

"È già successo, Franco. Spero che questa volta gli vada male e si faccia finalmente giustizia sulla morte di Donato Brivio e della figlia Lisa. Credo che Luca se lo meriti dopo tutto quello che ha sofferto".

Lo sentì sgranare gli occhi.

"Tu lo difendi! Oh cazzo, sì che lo difendi. Non posso darti torto, amico, ma non dimenticare che io di mestiere faccio il poliziotto e tu sei un giornalista serio".

"Serio" era un termine pieno di equivoci.

"Fino a prova contraria, lo difendo. In senso letterale e morale. Quando mi metteranno davanti le prove del coinvolgimento diretto di Luca negli omicidi delle ragazze, lo scriverò a caratteri cubitali sulla prima pagina della Gazzetta. Scriverò che il serial killer è uno stimato e bravo medico legale, che ha dovuto fare i conti con un dolore troppo grande da elaborare in una sola vita e una società di merda che non gli ha permesso di tentare di farlo".

Crespi non commentò, limitandosi a respirare profondamente.

"Fino ad allora non sprecherò una parola per gettare merda su una persona che è anche mia amica".

Lo disse mettendoci anche l'orgoglio professionale.

"Dimentichi però le autopsie false".

"Niente affatto. So benissimo come trattare la faccenda. Leggi la Gazzetta di questa mattina. Ho fatto gli straordinari tenendo con il fiato sospeso la tipografia".

"E sentiamo: come giudichi la faccenda?".

"Si tratta di accuse da provare".

"Lo sai benissimo anche tu che basta finire sui giornali per essere automaticamente condannato. Alla gente non frega un cazzo se la sentenza non è stata emessa".

"A me non interessa quello che frega alla gente. Io faccio il mio lavoro".

Crespi ridacchiò.

"Sei fortunato, Filippo. Le pressioni che subisci tu non sono evidentemente pesanti come quelle che subisco io. Neppure il diritto di cronaca assecondato al piacere morboso dei lettori e alle vendite di copie sembra scalfirti. Bene, ne sono contento. Rispetto la tua opinione, ovviamente, ma ho un'indagine da portare avanti e non posso che continuare a cercare il tuo amico. So che mi chiamerai qualora dovessi avere qualche notizia su di lui. Sei troppo corretto per non farlo. Dico bene?".

Non era un ordine ma faceva male lo stesso. Filippo non sopportava quel tono paternalistico da "io so come vanno a finire le cose con tipi come te". La telefonata terminò mentre dalla strada giunse il rumore assordante di un clacson. Filippo andò alla finestra ma invece di verificare l'origine e il motivo di quel baccano insopportabile, si distrasse nel constatare che non c'era più alcun poliziotto a vegliare sulla sua sicurezza. Che Martone si stesse nascondendo con ancora maggiore efficacia? La prospettiva di non avere più un taciturno angelo custode non lo rassicurava affatto. Proprio adesso che era arrivato in prossimità della fine di quella tragica vicenda e la tensione poteva giocare brutti scherzi. Proprio adesso che lo avevano aggredito e si erano intrufolati in casa sua. Fu tentato di chiamare Crespi per chiedere spiegazioni ma preferì digitare il numero di cellulare di Barbara Longhi. Lo fece più e più volte fino a che si stancò.

Improvvisamente, si fece largo nel mare magnum dei pensieri la preoccupazione per la sorte della dottoressa. Forse non c'era da allarmarsi, ma dopo i tentativi a vuoto di rintracciarla la sera prima, Filippo iniziava a considerare l'ennesima ricerca infruttuosa come dovuta a qualcosa di più preoccupante che non il semplice "non voglio più parlare con te". Possibile che avesse deciso di non avere più niente a che fare con lui? Barbara era a tal punto incazzata da spegnere il cellulare e non permettere a nessun'altro di chiamarla?

Curiosa ironia, l'unico posto dove Filippo pensava di poterla trovare viva, sana e salva era al dipartimento di anatomopatologia. Se anche avesse deciso di non rivolgergli più la parola, Barbara non poteva certo tralasciare il lavoro.

Prese la macchina e si diresse all'Ospedale San Gerardo. Nel tragitto chiamò Rodolfo Sala e Simona Vaccari per dire che sarebbe arrivato in redazione in ritardo. Mentre entrava nel cortile antistante il dipartimento di anatomopatologia cercando un parcheggio libero, Filippo rifletté a fondo sul serial killer e i suoi scopi. Continuava a credere che Luca Brivio fosse estraneo ai fatti criminosi anche se ormai non poteva fare molto per nascondere il sospetto. La speranza tenacemente riposta nella sua presunta estraneità bruciava come la miccia di un candelotto di dinamite. Nel parcheggio vide una macchina della Polizia. Accanto stazionavano due persone intente a parlare, un poliziotto e un infermiere. Avvicinatosi, Filippo si buscò una doccia fredda: l'infermiere gli disse che non c'erano medici legali presenti. Si informò, maledicendo un'incontrollata agitazione, su dove potesse essere la dottoressa Longhi, se qualcuno l'avesse vista quella mattina, se avesse lasciato un messaggio o si fosse messa in contatto con qualcuno. L'uomo, che non lavorava tutti i giorni al dipartimento ma solo saltuariamente, riferì di non sapere nulla e di essere stato chiamato a dare una mano quel giorno proprio a causa dell'assenza del personale medico. Il poliziotto, giovane e sveglio, spiegò di essere venuto a ritirare altra documentazione sulle quattro ragazze uccise, su richiesta del magistrato incaricato delle indagini sul serial killer. Filippo se ne andò senza preoccuparsi di telefonare al giornale per conoscere i dati sulle vendite. In preda a una crescente preoccupazione, lasciò il dipartimento con il cellulare incollato all'orecchio destro.

"Dove credi possa essere finita Barbara Longhi?".

La domanda era per il commissario Crespi, in allarme come Filippo per la scomparsa improvvisa della patologa.

"Se stai pensando a un rapimento o a qualcosa del genere, l'unica persona di cui sospettare è Luca Brivio. Il movente non manca anche in questo caso".

Doveva definitivamente cambiare idea su Luca? Era questo che Crespi lo stava invitando a fare, tra le righe delle sue parole lucide e determinate?

"Tienimi informato, Franco. Chiamami quando vuoi".

Il commissario non volle indagare su quale fosse la vera motivazione per cui il giornalista fosse così in ansia per Barbara. In fondo, la vita privata non era mai stato argomento di discussione serrata tra loro due.

"Mi hai già detto che la serata al ristorante non è andata benissimo...".

"Infatti. Per niente. Ma non è quello che mi preoccupa. Barbara può anche essere arrabbiata con me ma non è così insensibile e stupida da stravolgere completamente la sua vita iniziando a non presentarsi al lavoro. C'è invece un particolare che mi sono ricordato e che credo sia importante".

"Dimmi".

"A un certo punto della serata, Barbara si è alzata per andare alla toilette. Quando è tornata al tavolo mi ha detto che voleva andarsene. Aveva molta fretta".

"Se tra voi le cose stavano andando male... Mi sembra una decisione giustificata".
"Non credo".
"Cosa ti ha detto esattamente?".
Ci pensò su un momento.
"Mi ha detto che non si sentiva bene. Al momento le ho creduto e non ho dato peso alle sue parole. Poteva trattarsi di una scusa e mi andava bene. Era delusa della serata, ovvio che non se la sentisse più di rimanere lì con me; eppure non aveva solo fretta, era anche preoccupata e agitata. E non solo per quello che era successo tra noi".
La scena gli si presentò davanti agli occhi come la sequenza di un film drammatico.
"Potrebbe aver ricevuto un messaggio sul cellulare o una chiamata silenziata", argomentò Crespi non nascondendo una nota di soddisfazione per la felice intuizione.
"In effetti, quando è tornata al tavolo aveva in mano il cellulare mentre durante la cena non era in vista. Mettiamo anche che avesse attivato il silenziatore e che, accortasi di un sms o un segnale di chiamata in arrivo, si sia recata alla toilette per leggere il messaggio o parlare indisturbata".
Qualcuno aveva contattato Barbara e gli argomenti usati erano stati talmente convincenti da spingerla ad andarsene seduta stante?
"Hai già controllato a casa sua?".
"No", rispose Filippo con rabbia e tensione. "Mi sono limitato al telefono".
"Manderò due dei miei", disse Crespi. "E a breve li raggiungerò".

Non c'era altro da dire, per il momento. Filippo parcheggiò la Polo nell'autorimessa di piazza Trento e Trieste e salì in redazione. Aveva la testa altrove ma doveva lavorare. Puzzava di sudore, malgrado l'aria fredda che sferzava l'autorimessa e la città sotto un cielo di un azzurro immacolato. Il pomeriggio trascorse come un tempo drogato, un diluvio adrenalinico governato da un'ansia tiranna e sigarette scroccate a colleghi generosi. Che si complimentarono con la redazione della nera per i lusinghieri dati sulle vendite – i record precedenti erano stati battuti – in un clima di euforia che sembrava non scalfire le pareti invisibili del rifugio dove Filippo si era ficcato. Il direttore si avvicinò alla scrivania per ben tre volte, ogni volta con un sorriso esagerato che gli allargava la bocca in modo quasi clownesco. I motivi per essere soddisfatti c'erano eccome. Compreso il fatto che, essendo Reggiani and company in stato di fermo, emergesse con chiarezza l'inutilità delle querele. Filippo si chiese se sarebbero stati capaci addirittura di inventarsi uno scoop tutti i santi giorni pur di portare a casa profitti. In verità, non ce n'era bisogno visto che la ormai evidente scomparsa di Barbara Longhi costituiva la nuova notizia degna del massimo delle attenzioni.
La dottoressa continuava a non rispondere al telefono e dal dipartimento di anatomopatologia avevano fatto sapere che non si era ancora vista né messa in contatto. La preoccupazione si era ormai trasformata in angoscia facendo schizzare le sinapsi verso inconsueti e sorprendenti territori. Velocemente, prese forma in Filippo la consapevolezza che Barbara fosse stata rapita da Luca Brivio. Per vendetta o chissà cos'altro, per qualcosa che non aveva niente a che fare con il fatto che Barbara avesse scoperto le au-

topsie falsificate e il suo autore. E se il rapimento fosse solo un pretesto per richiamare l'attenzione di Filippo?

Poco prima delle sette il cellulare vomitò una suoneria infuriata. Non era Barbara Longhi ma il commissario Crespi.

"In casa della dottoressa non abbiamo trovato nulla di interessante. Stiamo seguendo altre piste, in primis quella del rapimento. C'è una novità importante su Luca Brivio".

Filippo si alzò per allontanarsi dalla sua postazione.

"Il medico legale risulta proprietario di un grande capannone a Calò di Besana Brianza. Apparteneva alla ditta del padre, che come impresa edile aveva lì sede e magazzino. Malgrado il fallimento dell'azienda e gli ingenti debiti, Donato Brivio era riuscito a salvare il capannone intestandolo al figlio e svincolandolo dalle proprietà immobiliari della ditta. Sto organizzando una squadra per andare a curiosare".

La reazione di Filippo fu così immediata che sorprese innanzitutto lui.

"Aspetta, Franco. Posso chiederti un grosso favore?".

Crespi non rispose subito ma poi acconsentì con evidente riluttanza.

"Puoi rimandare di qualche ora la tua visita?".

"Cosa? Perché? Ti rendi conto che potremmo finalmente mettere le mani su Luca Brivio?".

"Ho un brutto presentimento. Credo che Barbara Longhi sia là dentro".

Silenzio. Solo un respiro affannoso e un cervello al lavoro alla velocità della luce.

"Non credo nei presentimenti e anche se fosse come dici tu, non vedo perché dovrei aspettare a intervenire quando c'è di mezzo la vita della dottoressa Longhi".

Filippo parlò tutto d'un fiato.

"Luca Brivio ha rapito Barbara ieri sera dopo il nostro incontro al ristorante. L'ha attirata con una chiamata o un sms e lei ha accettato di incontrarlo perché ha piena fiducia nel collega e non lo ritiene capace di compiere atti efferati come l'assassinio e la mutilazione di quattro giovani donne. L'ha rapita per arrivare a me, Franco. Mi sta invitando a raggiungerlo al capannone. Da solo".

Crespi bestemmiò e protestò.

"Tu sei pazzo se pensi che ti lasci andare nella tana del lupo solo e magari anche disarmato. Sono convinto più che mai che Luca Brivio sia il serial killer che cerchiamo, un pericoloso psicopatico che non esiterebbe a massacrarti".

Il giornalista capì che doveva essere molto convincente. In cuor suo sapeva che Luca non gli avrebbe fatto del male. La sua morte non era parte del piano omicida. E forse neanche quella di Barbara, ma per lei doveva rischiare.

"Perché non continuiamo il discorso a cena? Ti aspetto in Piazza Trento tra mezz'ora. Va bene?".

"Mezz'ora?! Qui è questione di minuti, Filippo. Lo vuoi capire sì o no?".

"Mezz'ora".

Si ritrovarono seduti in un ristorante del centro che aveva la struttura di un bar, a poche centinaia di metri dall'Arengario. C'era poca gente e la musica di sottofondo faceva da piacevole contorno a un clima rilassato. Malgrado tutto. Filippo convinse Crespi, che non aveva mai abbassato la guardia soprattutto dopo aver accettato l'invito e averlo interpretato come un palese tentativo di rabbonirlo. Il giornalista si dimostrò molto sicuro di sé nel rassicurare il poliziotto sul minimo rischio che l'incontro con Luca Brivio comportava. Inoltre, si accordò con lui per lasciare intervenire la Polizia dopo non più di dodici ore dal suo arrivo al capannone di Besana, previsto per le ventitré di quella stessa sera. Dodici ore, tutto il tempo per parlare, discutere, non farsi ammazzare e trarre in salvo Barbara Longhi. Non avendo porto d'armi, Filippo optò per l'alternativa obbligatoria: entrare nella tana del lupo disarmato.

"Non capisco perché tu ci voglia andare da solo. Proprio non lo capisco".

"Luca Brivio ha organizzato il rapimento di Barbara Longhi al solo scopo di farmi andare da lui. Da solo. Ormai ne sono certo. Non credo sia una buona idea presentarmi con il vestito elegante e la scorta. Meglio non innervosirlo, non dobbiamo dimenticare che Barbara è con lui".

Crespi annuì.

"Lo fai per Barbara o anche per te stesso?".

Filippo fissò il commissario immergendosi con disappunto nel freddo diventato improvvisamente pungente. Stavano camminando in una deserta Piazza San Paolo.

"Per entrambi".

Ci credeva e non si sarebbe lasciato sviare dai suoi propositi. E poi non sarebbe stato completamente solo. Avrebbe chiesto l'aiuto prezioso di Michele Pastrengo. Lo aveva già contattato e il giovane amico si era reso immediatamente disponibile ad accompagnarlo nella nuova avventura. Il suo compito era rimanere nascosto in auto tutta la notte in una zona protetta nelle vicinanze del capannone. Lo spiegò al commissario.

"Darò a Michele il limite delle dodici ore. Poi potrà mettersi in contatto con voi".

Crespi giocò l'ultima carta.

"Potrei venire io con te e fare quello che hai chiesto a Michele. Brivio non sospetterebbe nulla".

"Luca ti conosce bene, Franco. Inoltre, ha seguito me e Barbara fino al ristorante ieri sera, da giorni probabilmente conosce tutti i nostri movimenti e di sicuro ha prestato molta attenzione anche a te e ai tuoi colleghi. Non credo abbia difficoltà a scoprire se al mio fianco a bordo dell'auto che mi porta al capannone c'è il commissario Crespi o il molto più innocuo Michele".

"E se invece non dovesse approvare la presenza di Michele? Fai in modo che il ragazzo non rischi".

"Stai tranquillo. Piuttosto, la mia scorta è ancora attiva? Oggi non ho visto Martone. Hai per caso deciso di farmi ammazzare?".

Crespi rise, suo malgrado.

"Non ti preoccupare. Non ti ha mollato un secondo. Non sono riuscito però a farti assegnare una volante".

"No problem. Martone fa tutto da solo. Adesso però deve farsi da parte".

"Certo, capisco. Gli spiegherò tutto. Spero per te e per la dottoressa Longhi che Brivio non si comporti ancora una volta da serial killer. Buona fortuna".

Furono le ultime parole famose prima dei saluti. Filippo si affrettò a tornare a casa, farsi una doccia e concentrarsi sul da farsi. Michele citofonò alle dieci e trenta e pochi minuti dopo Filippo era a bordo del Qashqai che in pochi minuti raggiunse la Valassina dirigendosi a nord fino all'uscita di Carate Brianza. Tutt'intorno il mondo si muoveva con lentezza esasperante. Da Carate i due raggiunsero Besana Brianza inerpicandosi su strade collinari poco illuminate. La frazione di Calò comparve che mancavano pochi minuti alle ventitré. Con l'aiuto di un provvidenziale navigatore satellitare ultima generazione, arrivarono presso la stretta strada sterrata che conduceva al capannone. C'era una fitta oscurità che dominava un paesaggio spettrale, con poche case isolate e in lontananza. Michele accostò all'inizio dello sterrato, spense le luci e si accordò sul punto esatto in cui Filippo avrebbe potuto ritrovare il crossover se fosse uscito dal capannone prima dell'ultimatum delle dodici ore. Michele avrebbe parcheggiato poco più avanti sulla provinciale, nei pressi di un incrocio regolato da un semaforo a quell'ora spento e all'interno di uno spiazzo antistante un edificio che ospitava un negozio d'abbigliamento. Conosceva la zona, c'era già stato altre volte. Filippo portò con sé una torcia e illuminando il tratto di strada coperto dalla ghiaia percorse velocemente i duecento metri che lo separavano dal cortile nord del capannone. Uno spicchio di luna scavalcò le nuvole e illuminò la spettrale sagoma del grande edificio che un tempo ospitava la TecnoEdil. Il freddo si era fatto più aggressivo e a Filippo parve di sentirne in bocca l'amaro sapore. Gli odori erano quelli della notte, della ghiaia umida che scricchiolava ovattata sotto le suole delle scarpe, degli alberi alti e silenziosi e dell'erba dei prati vicini avvolta nella nera pece.

Arrivato al cortile, Filippo individuò quasi subito la stretta porta all'estrema destra della lunga parete nord del capannone, aperta come nella prevedibile trama di un thriller. La sua intuizione era giusta. Luca lo stava ansiosamente aspettando. La torcia illuminò un vano d'ingresso piccolo e spoglio. A circa due metri c'era una porta che al primo leggero contatto si rivelò chiusa. Filippo illuminò alla sua sinistra dove scorse una seconda porta, aperta. Il giornalista entrò in quello che subito percepì essere uno spazio molto grande. L'interno del capannone, ovviamente. L'aria asciutta e fredda circolava veloce, l'oscurità era in parte mitigata dalla luce lunare che scendeva dal tetto attraverso ampie vetrate.

Non si accorse della presenza appostata dietro la porta, a ridosso del muro perimetrale. Il colpo alla nuca, forte e preciso, arrivò improvviso. Filippo scivolò a terra come un sacco vuoto. La torcia si spense colpendo violentemente il pavimento lucido e dopo essere rotolata per qualche metro si arrestò senza produrre ulteriori rumori. A terra, Filippo nuotava nel nero mare del dolore e della paura. Stava per svenire. Che avesse sbagliato tutto sulle reali intenzioni di Luca Brivio? La paura si spense nell'oscurità della mente e dello spirito che lo stava accogliendo a braccia aperte.

Diciassettesimo/Diciottesimo giorno
Capitolo 53

Luca Brivio aveva aggredito Filippo Corti solo per tramortirlo. Si mosse con tranquilla agilità nel buio a lui familiare, rischiarato dalla tenue luce lunare che penetrava pura e leggera dalle vetrate sul tetto del capannone. Sapeva esattamente cosa fare e per la prima volta da quando la sua apocalisse personale era iniziata, provava un senso pieno di libertà interiore. Portò Filippo nell'appartamento e lo depose sul letto della camera matrimoniale, accanto a Barbara Longhi, già profondamente addormentata. Filippo avrebbe dormito ancora per poco, Barbara ne avrebbe avuto per tutta la notte. A ognuno il suo sedativo. Tornò nel grande salone respirando con sorprendente regolarità nonostante la grande quantità di adrenalina che gli scorreva nelle vene. Assaporò fino in fondo le piacevoli e insieme dolorose emozioni che l'inconscio placato lasciava fuoriuscire senza alcuna resistenza da parte della mente cosciente.
Munito di una torcia, prelevò dalla parete di fondo due sedie che dispose al centro dello spazio, una di fronte all'altra. Recuperò quindi due pezzi di corda che depose ai piedi di una delle due sedie. Aspettò in silenzio, assecondando il lento cammino del tempo fino a mezzanotte. Seduto sull'altra sedia, produsse pensieri leggeri. Il sedativo somministrato a Filippo finì il suo effetto proprio quando lui si trovava in piedi accanto al letto matrimoniale. La dottoressa Longhi continuava a dormire profondamente mentre Corti si muoveva con difficoltà, in procinto di aprire gli occhi. Era giunto il momento. Prima che riprendesse coscienza completamente, intontito e appesantito dalla chimica e dalla inconsapevolezza, il giornalista venne trasportato di peso nel salone e fatto sedere sulla sedia cui era destinato.

Filippo si accorse di avere le mani e le caviglie legate. Non provò vero e proprio dolore ma un fastidio esasperante. Passarono pochi minuti e riacquistò completamente la lucidità. Il capannone era ancora debolmente illuminato dalla Luna, che in un cielo privo di nuvole sovrintendeva alla notte con una certa autorevolezza. La luce più forte proveniva da alcune lampade al neon, fissate a travi d'acciaio che correvano a pochi centimetri dal soffitto. Filippo sgranò gli occhi e girò la testa in cerca di risposte. Era agitato e impaurito, nonostante si facesse forza ripetendosi fino alla sfinimento che Luca Brivio non poteva fargli del male. Intravide una figura seduta su un'altra sedia, con mani e piedi liberi di muoversi, a una decina di metri di distanza in direzione della parete di fondo del capannone. Riconobbe Luca e non ebbe più dubbi. Il medico sorrideva, i denti bianchi che risplendevano nella penombra. Era vestito elegantemente, con un completo nero e una camicia bianca dal colletto pronunciato.
"Ben arrivato, Filippo", esordì Luca alzandosi in piedi con spontanea teatralità e camminando verso di lui con metodica lentezza.
"Spero tu abbia riposato bene, nonostante il colpo che ti ho inferto. Ho dovuto farlo,

mi dispiace. Non avevo altra scelta, vista l'importanza di quello che sta per accadere".
Filippo si arrese lasciandosi avvolgere dalla paura più meschina, quella fomentata dalla consapevolezza angosciante di trovarsi di fronte a un pericolo senza apparente vie d'uscita. Il pericolo era il serial killer che una volta era stato suo amico. Lo era ancora?
"Dov'è Barbara?", chiese con voce affaticata.
Luca Brivio allargò le braccia.
 "Dorme e non corre alcun pericolo. La rivedrai domattina quando si sveglierà senza sapere quello che sta per succedere tra noi. Ho dovuto ingannarla. Le ho detto cose spiacevoli sul tuo conto, che ovviamente non penso. L'ho fatto a fin di bene. Volevo che tu fossi qui, con me, stanotte. Ho previsto tutto, Filippo. L'andamento dell'inchiesta, intendo, da te magistralmente condotta in collaborazione con il valido commissario Crespi e nonostante la confusione che ho creato con i cadaveri delle ragazze per depistare le indagini. Ho mischiato le carte in tavola, Filippo. Vi ho gettati nella più totale confusione facendovi credere che le ragazze avessero avuto rapporti sessuali con più uomini. Quattro per l'esattezza. Un numero non certo casuale che, consciamente o inconsciamente, vi ha portato a individuare altri quattro individui. In realtà, le puttanelle hanno chiavato solo con me. Le ho penetrate per dimostrare l'avvenuto rapporto, usando dei preservativi. Ho anche usato un piccolo cilindro di gomma con cui ho inserito dentro di loro lo sperma di quattro cadaveri. Sono cose che già sai. Avendo avuto la titolarità delle autopsie ho potuto agevolmente nascondere ciò che ritenevo inopportuno per me divulgare. E ho anche dovuto fare le cose per bene, eseguendo autopsie impeccabili. Il rischio che gli inquirenti decidessero di effettuare un successivo esame autoptico c'è stato ma per fortuna è andato tutto secondo i miei piani. La richiesta inoltrata non sarà accolta, visto che i tre individui che l'hanno avanzata sono attualmente in arresto".
Camminò lentamente avvicinandosi a Filippo.
"Sei arrivato dove volevo che arrivassi. Certo, ho dovuto tenerti d'occhio, fingere, entrare come un ladro in casa tua, persino travestirmi da intruso con tanto di felpa e cappuccio per seguirti nelle tue perlustrazioni. Ricordi di avermi visto al dipartimento e a Villa Cusani?".
Filippo era già arrivato a quella conclusione, senza eccessivi patemi d'animo. Tutti tasselli del puzzle erano ormai al loro posto.
"Ho avuto un grande intuito a fare affidamento su di te e le tue capacità. Potevo sbagliarmi, mi è andata bene. Per una volta nella mia vita, anche la fortuna è stata dalla mia parte".
Filippo cercò di liberarsi muovendo inutilmente mani e piedi, pesanti come macigni. Brivio, sicuro di sé, non parve farci caso. Camminava a piccoli passi compiendo giri intorno a Filippo.
"La tua caparbietà e l'ammirevole professionalità che ti contraddistinguono e che ti hanno permesso di metterti sulle mie tracce hanno consentito a me di calare finalmente il sipario. Ti sono grato per questo".

Belle parole. Erano vere? Voleva in realtà ucciderlo? Avrebbe mutilato anche il suo corpo come aveva fatto con le quattro ragazze? E che ne sarebbe stato di Barbara? Luca non poteva certo lasciar vivere una pericolosa testimone. Cosa significava che avrebbe rivisto la dottoressa l'indomani?

Filippo trovò la forza per una seconda domanda.

"Hai previsto anche che Barbara scoprisse le autopsie falsificate? E che mi dici del difetto congenito delle ragazze? È grazie a quel particolare, e al fatto che lo sperma apparteneva a cadaveri schedati, che Barbara ha scoperto il tuo imbroglio".

Luca sorrise assaporando il gusto della replica.

"In effetti, ho commesso qualche errore. Barbara è stata brava e ha capito tutto. Mi ha spiegato come ha fatto e devo dire che la collega è davvero in gamba. A questo punto, però, non è importante. Quello che dovevo fare l'ho fatto. I dettagli non contano più".

Filippo si concentrò per interpretare quelle parole. Non voleva essere ingannato da suoni apparenti.

"Sei venuto qui accompagnato dal tuo amico, senza poliziotti tra i piedi. So che il ragazzo seguirà alla lettera i tuoi ordini, non si farà vivo fino a quando non sarà il momento prestabilito. Se ne starà buono buono nascosto nella sua automobile, al freddo. Ma se dovesse cambiare idea, io sono qui pronto ad aspettarlo. Non avrà però il trattamento di favore che intendo riservare a te. Sai quello che intendo".

Nel capannone echeggiarono stormi di risate ironiche.

"Voglio subito mettere le cose in chiaro, amico caro".

Mentre pronunciava quelle parole, Luca Brivio si inginocchiò davanti a Filippo. Il giornalista lo fissò con occhi spaventati e il cuore che batteva a un ritmo innaturale. Il viso del serial killer apparve pallido sotto il chiarore slavato delle potenti lampade al neon. Gli occhi erano di un azzurro opaco.

"Tranquillo. Non vi farò del male, né a te né alla bella collega. Ho in mente ben altro per questa notte fatidica che trascorreremo insieme. È una promessa che pretende qualcosa in cambio".

Si rialzò e riprese la sua camminata circolare. Filippo si appoggiò a quelle parole come a una trave che galleggia nel mare gonfio che sta per inghiottire il naufrago. Nella speranza che non fossero semplicemente le parole inattendibili di un pazzo. Riuscì ad articolare una parola sotto forma di domanda.

"Cosa?".

Luca sorrise con le labbra che non sembravano fatte di carne umana.

"Collaborazione, Filippo. Collaborazione nel confronto tra me e te. Stiamo per iniziare".

L'altro lo guardò senza capire.

"Sei sorpreso? Questa notte non faremo altro che parlare e ascoltarci l'un l'altro. Le parole scivoleranno fuori come un fiume in piena che rompe gli argini e miete distruzione del passato".

La mente di Filippo si trascinò via nel limbo di una nebbiosa indeterminatezza.

"Posso contare sulla tua collaborazione?", chiese Luca Brivio con apparente e sincera predisposizione d'animo, lui che era stato un serial killer e con tutta probabilità avrebbe potuto esserlo ancora. Era lì davanti, fermo, in piedi, un atteggiamento di innaturale umiltà che non sembrava neanche avere le caratteristiche di una verosimiglianza teatrale. Filippo sentì la sua voce pronunciare un "sì" rassegnato. Lo avrebbe ascoltato e avrebbe parlato, se era questo che voleva. Non aveva alternative e se anche ci fossero state, la sua mente confusa non era in grado di afferrarle. Luca sorrise mentre ricominciava l'ossessivo camminare in quello spazio che ormai assomigliava al palcoscenico di un teatro abbandonato.

"Non sono sicuro del risultato", disse il medico lanciando una gelida occhiata che grondava sarcasmo e sadico esercizio del potere, quello di controllare il corso degli eventi. "Hai dimostrato di non saper gestire le emozioni, Filippo, i sentimenti, gli stati d'animo più profondi. Mi piacerebbe sapere se ami veramente la donna che sta dormendo di là in camera mia. Sia ben chiaro: tra noi non c'è stato nulla, non c'è mai stato nulla. Ma tu, hai saputo dar vita a qualcosa di unico con lei? Sei venuto qui perché la ami oppure hai scelto lei come alibi della tua morbosa curiosità nei confronti del terribile serial killer che ha inondato di morte la città? Il fatto è che tu non lo sai, sei incapace di leggere dentro di te e pretendi di leggere me!".

Aveva alzato la voce, nel capannone l'eco si aggirava come un pazzo che ulula alla Luna e la chiama per nome.

"Ti voglio comunque dare fiducia, Filippo. Altrimenti saresti già morto da tempo e non saresti qui".

Si avvicinò alla parete e posò le dita su due interruttori. Si accesero altre lampade al neon che sparsero luce giallognola dall'alto verso il basso, dall'altra parte di quell'ampio salone. Filippo guardò in alto e vide che a una trave di metallo erano appesi quattro ganci da macellaio. Da ciascuno pendeva una coppia di mani che sembravano guanti di velluto.

"Ecco la prova definitiva che cercavi, Filippo. La ragione ultima del tuo paziente e deontologicamente perfetto lavoro da giornalista d'assalto in questa città di larve. Quelle che vedi sono le mani delicate delle quattro puttane che ho chiavato, ucciso e mutilato nei giorni scorsi. Belle vero?".

Filippo si limitò ad ascoltare, la mente avvinghiata nella contraddizione di sentirsi prigioniero dell'angoscia e allietato dalla dolcezza ingannevole dell'illusione di poter mettere fine a quella storia, salvando se stesso e Barbara. Decise che le possibilità di salvezza dipendevano dal ruolo attivo che avrebbe saputo interpretare. Rivolse perciò al suo interlocutore due domande precise.

"Perché l'hai fatto? Perché hai sfogato la tua rabbia contro quattro ragazze innocenti? La tua sete di giustizia non doveva essere ignorata ma rispettata. Ti giuro che non ho mai mancato di rispetto verso il tuo dolore ma è un'altra forma di giustizia che dovevi cercare con tutte le tue forze".

Dopo aver parlato, si sentì sorprendentemente calmo. Brivio lo guardò, senza odio, con attenzione.

"Sono qui proprio per rispondere a tutte le tue domande, Filippo. Ma anche per farti capire le mie ragioni. Non ho la pretesa di farti cambiare idea ma almeno vorrei che tu comprendessi. Ho rapito Barbara per farti arrivare a me e avere la possibilità di dialogare in modo aperto, da veri amici, senza che nessuno ci disturbi".

Uscì di scena per un breve momento che parve durare ore. Tornò nel salone reggendo in una mano un bicchiere e nell'altra una bottiglia d'acqua. Sistemò entrambi gli oggetti su un basso tavolinetto che sistemò ai piedi del giornalista. Versò acqua nel bicchiere che porse a Filippo. Il giornalista aveva la gola arida come un deserto. Luca lo fece bere reggendo con mano esperta il bicchiere appoggiato alle labbra.
"Vent'anni fa vivevo in una famiglia felice. Mio padre era titolare di un'impresa edile che operava con successo in Brianza, nel milanese e nel comasco. Una famiglia benestante a tutti gli effetti, normale come possono essere normali le famiglie che non hanno pretese se non quelle di vivere nel migliore dei modi. Mia madre insegnava Italiano e Latino in un liceo di Besana Brianza. Avevo anche una sorella minore cui sono sempre stato molto legato e che amavo più di me stesso. Il suo nome era Lisa. È vero, ti ho mentito: non sono figlio unico. Ci sei comunque arrivato".
Fece una pausa.
"Lisa era giovane e bella, piena di vita e di progetti. Studiava Veterinaria all'Università, dopo aver frequentato il Liceo Classico Gaio Valerio Catullo, lo stesso istituto dove ho studiato io".
Si sedette e per qualche secondo assaporò il gusto amaro di ricordi dolci e dolorosi. Poi emerse l'anima nera della tragedia e l'aria nel capannone divenne come per magia pesante e minacciosa.
"Come è possibile che tutto questo sia stato distrutto per volontà di uomini crudeli? Senza alcuna colpa e con il pieno diritto di esistere, la mia famiglia è stata annientata con un piano diabolico intriso di malvagità che anche adesso, a distanza di anni, faccio fatica non solo a elaborare ma persino a credere possibile. L'ho chiesto a Dio il perché di quel piano, ma non ho avuto risposta. Ho smesso di credere in un Dio che in nome di un supposto amore, permette che la libertà di far del male distrugga la libertà di chi vive compiendo il bene".
Filippo non era credente e spesso, nel riflettere sul suo dichiarato e soddisfacente agnosticismo, si era posto la stessa domanda di fronte alle molte, troppe, tragedie della comunità umana. La risposta per lui andava cercata nel caos.
"Tutto iniziò a morire quando mio padre e la ditta vennero risucchiati in un gorgo infernale. La TecnoEdil stava attraversando un periodo difficile. Un gruppo di imprenditori offrì a mio padre Donato di entrare in società. Lui accettò senza sapere che dietro le belle facce di quegli uomini di affari si nascondevano dei criminali spietati. Iniziò ad affondare nelle sabbie mobili, attirato sul fondo da quei quattro. Immagino che tu sappia di chi sto parlando".
Filippo annuì e chiese dell'altra acqua. Luca gliela diede.
"L'impresa stava attraversando una fase negativa del mercato immobiliare, la struttura finanziaria invece era solida, a tal punto che faceva gola a quei criminali. Mio padre

contava sul loro aiuto per poter appianare qualche debito, affrontare la difficile congiuntura e allargare il business. Purtroppo aveva fatto male i conti. I quattro assunsero il controllo della ditta e la spolparono ottenendo un duplice scopo: utilizzare l'impresa per finanziare il traffico di droga e prostituzione in Brianza e coprire l'avanzata delle imprese edili dei loro amici o di cui erano loro stessi titolari. E non è tutto. Attraverso l'impresa di mio padre venne riciclato parecchio denaro sporco. Messo alle strette, costantemente minacciato, mio padre fu anche costretto a partecipare in prima persona alle attività illegali dei quattro. Questo capannone, per esempio, venne utilizzato per ospitare in gran segreto molte ragazze venute dall'est e dall'Africa e ridotte in schiavitù per alimentare il traffico locale di prostituzione".

Filippo era mortificato. Calò un silenzio carico di tensione.

"Mio padre assistette all'omicidio di una di quelle povere sventurate. Fu per lui un'esperienza così sconvolgente che decise di denunciare i quattro, esponendo lui stesso e la nostra famiglia a enormi rischi. Non so se avesse messo in conto le conseguenze nefaste di quell'eroico gesto. Cosa rischiavamo io, mia madre e Lisa. Non me lo sono mai chiesto veramente e non mi interessa. Mio padre si comportò da eroe e questo mi basta".

Fu Filippo a proseguire nel triste racconto, mentre Luca si sedeva e lo guardava senza rancore.

"Venne drogato e morì in un incidente stradale perversamente pianificato. Prima però toccò a Lisa".

Sentendo nominare la sorella, Luca Brivio represse il pianto continuando il suo sofferto racconto. Gli ci vollero parecchi secondi per riprendere il filo della realtà.

"La rapirono mentre tornava a casa, una sera d'estate. Allora abitavamo a Bellusco, dove ci eravamo trasferiti di nascosto, apparentemente protetti dalla sorveglianza della Polizia. Apparentemente. Il magistrato che stava conducendo l'indagine sui quattro criminali ci disse che aveva le mani legate, che faceva fatica a pescare nel torbido di personaggi troppo potenti. Uno schifo. Vollero colpire mio padre nel profondo ma prima di uccidere lui decisero di farlo morire una prima volta violentando Lisa, uccidendola e deturpandola".

Nonostante tutto Donato Brivio non ritirò la denuncia. Rimase fermo sulle sue posizioni e pagò con la vita il suo impegno civile.

"Dal momento che mio padre non arretrava dalle sue posizioni, i quattro assassini decisero di farla finita e lo uccisero. Lasciarono in pace me e mia madre, anche se la nostra vita non era più in pace. Non era più vita. Non ci uccisero ma dentro eravamo già morti. Ricordi quel film, Filippo? 'Ci sono molti modi per morire. Il peggiore è rimanere vivi'".

Dalla bocca di Filippo uscì un rantolo involontario.

"Tuo padre è stato drogato. Aveva deciso di incontrare gli uomini che gli avevano ucciso la figlia?".

"Ancora una volta venne costretto", rispose con rabbia Luca. "Se non fosse andato da loro, i prossimi a pagare sarebbero stati mia madre e il sottoscritto. Nonostante vivessimo sotto falso nome a Milano, mio padre era sicuro che prima o poi ci avrebbero trovati. Non poteva permetterlo, dopo quello che era successo a Lisa. Per un anno vivemmo sotto copertura. Poi decisero di toglierci i nomi falsi. Una questione burocratica, si giustificarono le autorità tradendo l'assurdità di una decisione chiaramente influenzata dagli eventi e le persone importanti coinvolte. Così uscimmo allo scoperto e mio padre venne ucciso".

Tacque per qualche secondo. Dalla bocca gli uscì saliva calda.

"Perché, nonostante una denuncia chiara e prove evidenti, quei maledetti vermi potevano liberamente circolare per strada, continuando a delinquere e a farsi leccare il culo dalla gente perbene della città? Perché?! Perché?!!".

Filippo non era certo di poter rispondere in modo univoco. Luca si versò da bere e si sedette. Accavallò nervosamente le gambe e ricominciò a sputare il suo odio.

"Morto mio padre, io e mia madre ci trasferimmo in un'altra zona di Milano. Grazie al nostro avvocato, una cara persona, riuscimmo a farci assegnare una seconda nuova identità. Vivevamo nella paura più totale. Mi rifugiai mentalmente nello studio, l'università andava bene e davo esami a un ritmo sostenuto. Dentro di me la morte si trasformava lentamente e inesorabilmente in odio e si rafforzava la convinzione che ben presto divenne una benedetta ossessione: la vendetta. Volevo vendicarmi e alla vendetta dedicai ogni sforzo quotidiano, giorno dopo giorno. Capii il mio destino, Filippo, e quando seppi che i miei studi di Medicina mi avrebbero portato là dove volevo arrivare, provai una gioia incontenibile, qualcosa di bellissimo e di puro che non provavo da anni. Studiai con foga e feci in fretta a laurearmi a pieni voti. Mia madre era già morta da diversi anni... Distrutta dal dolore".

"È allora che concepisti il tuo piano?...".

"Sì!", rispose Luca Brivio alzandosi in piedi. Gli occhi erano imbevuti di liquido espansivo.

"Avrei sfruttato le mie conoscenze di medicina non solo per avere accesso a competenze specifiche ma anche per tessere i giusti contatti. Quando scelsi di specializzarmi in anatomopatologia, sapevo già che avrei fatto di tutto, compreso falsificare autopsie".

Calò di nuovo il silenzio mentre, afferrata la bottiglia, Luca versò dell'altra acqua per bere con foga.

"Lisa era stata violentata e mutilata con l'amputazione di entrambe le mani. Io avrei fatto lo stesso con le quattro giovani donne che avevo fortunatamente trovato. Con una sola differenza: non avrei usato la violenza dello stupro ma il consenso a un rapporto sessuale strappato con l'inganno. Io non sono come quelle quattro bestie".

Lisa pedala tranquilla e soddisfatta. L'aria frizzante di quella serata di giugno le pizzica piacevolmente il volto. Le ruote della bicicletta arrancano sull'asfalto umido, lungo la via che conduce a casa. Con la distanza si accende di vivida luce il ricordo dei piacevoli momenti trascorsi nella camera di Giovanni, il suo fidanzato. Sensazioni eccitanti e pensieri erotici affollano la mente della ragazza, la distraggono trasportandola in un mondo di ovattata delizia. Lisa non si accorge dei due sconosciuti che, sbucati all'improvviso da dietro un'auto in sosta, le piombano addosso scaraventandola a terra. Un macigno di realtà dipinta di incubo nero e selvaggio le cade addosso togliendole il respiro. Lisa sente dolore in tutto il corpo e il sangue caldo che scivola giù per il polpaccio sinistro, fuoriuscendo copioso dal ginocchio ferito. I due assalitori si guardano intorno, spiano come lupi feroci la strada in entrambe le direzioni. Non parlano. Non c'è nessun altro a parte loro e la ragazza che adesso urla e cerca di rialzarsi e fuggire. Impedita dal ginocchio fratturato, Lisa non può fuggire, non ci riesce.

I due uomini la prendono di peso e la sollevano da terra trasportandola verso un furgone parcheggiato poco distante. Aprono le porte posteriori e scaraventano la ragazza sul pianale. Lisa atterra su due materassi lerci e puzzolenti, grida e piange per il dolore e il terrore. Immagini di morte percorrono veloci il suo campo visivo. Uno dei due uomini sale a bordo e chiude le porte, l'altro torna indietro a recuperare la bicicletta che viene poi caricata anch'essa sul retro. Anche il secondo assalitore sale a bordo e battendo con forza un pugno sulla parete del furgone dà il segnale a chi sta al volante che è arrivato il momento di partire. Lisa annega nell'angoscia, non esprime nulla a parole e tutto attraverso il corpo martoriato e i sensi alterati. Sente attorno a sé un'orgia di odori nauseabondi. I due uomini che la guardano con occhi d'odio e malata lussuria puzzano e trasudano sporcizia dall'anima nera. Il viaggio dura un tempo indefinito perché a Lisa non è più concessa la libertà di vivere il tempo. Il furgone attraversa la Brianza da est a ovest e da Bellusco si dirige a forte velocità fino a Lentate sul Seveso.

Nella mente di Lisa le immagini di morte si mischiano ai volti liquefatti delle persone care, Giovanni, Luca, mamma e papà. Lacrime d'angoscia e disperazione sgorgano copiose da occhi ormai stanchi di piangere. Il furgone accosta lungo una strada isolata. Le porte posteriori si spalancano con violenza gratuita e Lisa si accorge che in cabina, oltre al guidatore, c'è un quarto uomo che sta gridando ai suoi compagni ordini perentori. Lisa viene fatta scendere e trascinata oltre un basso muretto che separa la strada da una boscaglia nera come la pece. In mezzo ad alberi che paiono zombie vegetali dalla pelle buia, Lisa è colpita dall'umidità pungente della calda sera estiva.

Raggiunto uno spiazzo circondato da alberi e buio, la ragazza viene spogliata e distesa a terra. Lisa capisce ciò che sta avvenendo e ciò che subirà. Vorrebbe morire anche nel corpo, accompagnando l'agonia lenta della sua anima. Tre dei quattro uomini la tengono ferma bloccandole braccia e gambe. Il quarto, quello che con occhi di ghiaccio e voce da demone prima dava ordini a tutti, si cala i pantaloni scoprendo un pene indurito e pulsante di energia fredda. Il fuoco infernale che divora i quattro stupratori brucia il reale. Vampate di calore macabro ammorbano l'aria immobile dell'estate. L'uomo indossa un preservativo e penetra la ragazza ululandole insulti e umiliazioni. Lo fa con metodica ferocia. A lungo. Lisa non piange più, gli occhi aperti che fissano vuoti il cielo nero della morte. Immobile assiste all'orgasmo volgare dell'uomo che erutta sperma dal Dna perduto. Vomita parole disumane e grottesche flatulenze anali che sembrano il respiro di mostri ancestrali. Rialzatosi, si allaccia i pantaloni e dà il cambio a uno dei suoi maledetti amici di sventura. Il secondo uomo violenta Lisa e dopo di lui tocca ai due rimasti. Conclusa l'infamia, Lisa è riversa a terra morta. Il cuore ha cessato di battere in un ultimo consolatorio atto di clemenza verso quel corpo innocente che lo ha ospitato. I quattro se ne accorgono mentre commentano con vanterie ridondanti di saliva corrotta l'impresa assassina di cui si sono resi consapevoli colpevoli. L'obiettivo è stato raggiunto: la morte della ragazza.

Mentre stanno per andarsene, quello che dà gli ordini e tesse le fila della banda, impone agli altri di fermarsi. C'è un'ultima cosa da fare: hanno toccato la ragazza, la troietta dal visino pulito. E lei ha opposto resistenza, con le poche energie rimaste, mentre veniva fottuta come una cagna. Le sua dita hanno annaspato e premuto e forzato respingendo gli assalitori. Non basta aver indossato i guanti di lattice. Non basta aver infilato un preservativo. Non basta far sparire la bicicletta e i vestiti della puttana. Devono sparire le unghie attaccate a quelle maledette dita! Perché non le dita stesse? Perché non le mani intere? Qualcuno fa notare che, in effetti, con la denuncia del bastardo traditore, Donato Brivio, i sospetti sarebbero presto ricaduti su di loro. Un altro sghignazza tracotante tranquillizzando tutti: gli amici, quelli potenti, avrebbero sistemato tutto, come già sta accadendo per la denuncia destinata a cadere nel nulla. Non sono forse liberi di fare quello che vogliono e andare dove vogliono? "Meglio non correre rischi inutili e complicare ancor di più la vita ai magistrati che non ci siamo comprati". Lo dice quello che dà gli ordini, occhi di ghiaccio e voce da demone. Fine di ogni discussione.

Che si proceda con l'amputazione delle mani. Sudano e imprecano i quattro mentre, appoggiando gli arti di Lisa a una grossa pietra, mutilano un corpo già sbranato e smembrato nella sua essenza fisica e spirituale. Le mani di Lisa finiscono in un sacchetto di plastica impregnato di sangue. Il resto del cadavere, nudo e bianco come una Luna malata, viene ributtato a terra. Nessuna delicatezza nel farlo: gli uomini belve utilizzano calci assetati di famelica malvagità. Quando si allontanano, nel bosco cala un silenzio che tutto avvolge in una coltre invisibile vuota di senso. Lisa è inghiottita dal buio e giace in una pozza di sangue che impregna un terreno da cui nulla sarebbe più germogliato.

Luca Brivio era di là, nel suo appartamento. Filippo non sapeva perché a un certo si fosse allontanato senza dare spiegazioni. Ricomparve pochi minuti dopo. Si avvicinò e liberò il giornalista.

"Ho voluto che venissi qui per parlare. Da amico. Penso di potermi fidare".

Filippo si sorprese a pensare che in fondo quella poteva anche essere una malinconica serata di chiacchere tra vecchi amici. Fuggire non era comunque più una priorità.

"Barbara dorme. Sta bene".

Un ticchettio veloce e isterico annunciò la pioggia. Le gocce, appesantite dal freddo e incattivite da una malsana gravità, caddero gravemente sui vetri del soffitto. Luca camminava in lungo e in largo nel ristretto spazio che separava le due sedie.

"Tu cosa avresti fatto al mio posto?".

La domanda era un fendente improvviso, spinta da una forza invisibile. Filippo si concesse il lusso di aspettare qualche secondo prima di rispondere. Quando lo fece era pieno di dubbi. "Non lo so. Ho sempre pensato che per comprendere occorra sperimentare, vivere. La tragedia che ha colpito te e la tua famiglia mi addolora. Ma, al contrario di te, non sono in grado di dare un giudizio vero e definitivo su quello che è successo perché non ho mai vissuto niente del genere, niente di così doloroso".

Luca lo guardò e per la prima volta Filippo ne percepì l'angoscia profonda e il dissidio tra la coscienza e le azioni che aveva accettato di compiere.

"Ho cercato la vendetta come la più alta forma di giustizia che la mia anima morta poteva accettare e comprendere. Ho messo da parte ogni regola morale e sociale, ogni razionalità e ogni logica per assecondare ciò che di me era rimasto in vita: la sofferenza fattasi odio e l'amore assoluto per i miei cari, per Lisa...".

Si era seduto, le mani sorreggevano la testa, i capelli sbucavano a ciocche inumidite tra le dita magre che sembrano artigli di tigre.

"Quando Lisa venne assassinata credevo ancora nella giustizia dello Stato, nel magnifico esercizio del diritto penale di un paese democratico che premia gli onesti e condanna i criminali, senza distinzione di sesso, razza, ceto sociale, opinioni e fedi religiose. Poi tutto è cambiato. Velocemente. Il trauma per la morte di mia sorella ha modificato il mio Dna e mi ha trasformato in un essere umano diverso. Avevo occhi spalancati ma vedevo cose che gli altri non vedevano".

Filippo si alzò sgranchendosi gambe e braccia. A quel punto si sentiva alla pari con il suo interlocutore.

"Come sei arrivato alla decisione di uccidere quelle ragazze?".

Luca sorrise.

"In realtà, come ti ho già detto, il mio piano prevedeva anche di squartare quelle quattro bestie dei loro parenti, gli assassini. Poi ho cambiato idea. La vendetta doveva essere più sofisticata, a un piano superiore di ragionevolezza etica. Li avrei lasciati in vita per soffrire, anche se non ero sicuro che avessero un cuore per piangere figlie e nipoti".

"Uno di loro ha avuto un infarto".

"Lo so, lo so... È stata una grande gioia apprenderlo... Sempre troppo poco tuttavia... Cambiai idea, dicevo. E decisi anche di sfruttare le indagini sugli omicidi per farvi arrivare a loro. Avevo previsto tutto: dopo la morte delle ragazze le indagini avrebbe portato ai quattro assassini di Lisa e di mio padre, ai loro sporchi affari. Processati, avrebbero perso tutto e di una cosa sono certo: perdere denaro e potere è per quei maiali il peggiore dei mali. Se non fosse bastato il dolore per la morte delle ragazze... Sperai affidandomi alle forze dell'ordine ma gioii quando ti conobbi: tu saresti stata la persona giusta per far emergere tutta la verità. Di questo ti sarò sempre grato, Filippo. Anche Lisa è soddisfatta, ne sono certo. Lei è in un'altra dimensione, adesso. E spero che stia bene e sia felice". Pianse e lacrime pesanti rigarono il suo viso per pochi secondi. Filippo si voltò dall'altra parte per istintivo pudore. A fatica trattenne le sue di lacrime.

"L'istinto è l'unica cosa che Lisa e le altre persone pure come lei salverebbero dell'umano stato. L'istinto è la traccia più profonda e vera del nostro essere, ciò che ci potrebbe redimere dall'angoscia del vivere come automi in un sistema costruito per automi che sfogano pulsioni innaturali. Ci potrebbe rendere degni di vivere se non fossimo in questa situazione, ridotti a sopravvivere come larve".

Aveva di nuovo alzato la voce. Filippo non se ne preoccupò. Era parte delle regole di quel gioco che aveva accettato di giocare quella sera in un capannone sperduto in Brianza. Azzardò, quasi inconsapevolmente.

"Uccidendo ti sei messo sullo stesso piano di quelle belve che giustamente condanni. Sei diventato come loro".

Luca si fermò lasciandosi avvolgere dal silenzio ritmato dalle gocce di pioggia che colpivano il tetto.

"È vero, dunque: tu ragioni con la logica di coloro che non hanno vissuto ed esprimono giudizi. Riesci per un solo momento a comprendere ciò che ho vissuto? Oppure sei così profondamente condizionato dal pensiero collettivo, quello del tuo tempo, in cui il criminale gode di più diritti delle vittime? In un'altra epoca avresti considerato normale decapitare sulla pubblica piazza persino un ladro di galline".

"Sono contrario alla pena di morte se è questo che stai cercando di dire".

"L'avevo intuito!", sentenziò Luca con voluta ironia. "Ti ho invitato a confrontarti con me, non a cambiare le tue idee".

Filippo si sedette sospirando.

"Quale sarebbe dunque la differenza tra te e quei bastardi criminali? Anche loro in fondo hanno attuato una vendetta nei confronti di tuo padre".

Luca sputò un grumo acido di saliva che andò a spiaccicarsi sul linoleum verde appassito.

"La differenza di cui parli è spirituale, non materiale. Ci sono state epoche in cui la pena di morte era ammessa e accettata come normale, altre, come quella nefasta che stiamo vivendo, in cui l'opinione pubblica guarda con sgomento e rabbia ai paesi in cui la morte di Stato è legale. Le epoche sono contrassegnate da moralità diverse, da diverse etiche della convivenza sociale. Ma la giustizia come principio vale per sempre, al di là del tempo. La giustizia è un principio spirituale che si avvale di mezzi diversi per attuarsi".

Si sedette anche lui e riprese fiato.

"Quegli uomini non hanno agito per la giustizia ma solo per difendere sporchi interessi di denaro e potere e per soddisfare i loro impulsi di morte. La loro vendetta è frutto del male incarnato, è figlio dell'egoismo e della meschinità che sviliscono l'essere umano. Io ho agito al di fuori del tempo e dello spazio materiale. Ho compiuto un atto di giustizia nel senso spirituale. Ho vendicato mia sorella e mio padre, la mia famiglia, ho riportato una vittoria in nome della loro dignità e del nostro amore".

Adesso Filippo lo fissò chiedendosi se non ci fosse della pazzia in tutto quel discorso all'apparenza così preciso e ordinato. Non riuscì a trovarla e si sorprese a dover fare i conti con la logica del pensiero di Luca Brivio.

"Se tutti facessero come te, vivremmo in una giungla, Luca. Chiunque potrebbe farsi giustizia da sé arrogandosi il diritto di aver agito in nome di un ideale di giustizia".

Il serial killer non si scompose.

"La giungla non potrà mai generare giustizia ma solo prassi esecutiva sbagliata dove a pagare sono i deboli e non i potenti".

Si stavano fronteggiando sul ring della dialettica.

"Controllare l'aggressività e l'istinto è alla base della civiltà e del vivere comunitario", incalzò il giornalista alzandosi in piedi e finendo per sbattere contro la sedia.

"Sono d'accordo. L'istinto di cui parlo io è spirituale, non materiale e fisico. Quello cui fai riferimento tu io lo chiamo impulso".

"Ma quando hai ucciso lo hai fatto in modo bestiale!".

Era un'obiezione cui Luca Brivio era da tempo preparato a rispondere.

"E lo sarei stato ancora di più se avessi deciso di ammazzare anche i quattro".

Si mosse velocemente e si posizionò proprio sotto la fila di uncini con le mani penzolanti. Parlò indicandole con il braccio destro alzato come la lancia di un cavaliere.

"Li avrei rapiti uno a uno e poi appesi qui sopra, uno vicino all'altro. Insieme avrebbero vissuto la morte e il dolore fisico della mutilazione in una lenta agonia. Si sarebbero guardati sgomenti mentre procedevo a mutilare i loro corpi pezzo per pezzo, con premeditata lentezza. Avrebbero supplicato una clemenza immeritata".

Il medico legale rise. Non c'era una sola nota di isteria nell'armonia di quel suono acuto.

"Avrei dovuto lasciare che la cosiddetta giustizia dello Stato facesse il suo corso? Non c'è stato un solo tribunale che sia riuscito a portare a termine un solo iter giudiziario. Eppure le prove c'erano, i sospetti erano lampanti. Tutto è stato insabbiato, Filippo. Tutto!".

Lasciò cadere il braccio, come vinto da una stanchezza interiore.

"I potenti hanno la loro finta giustizia, ai danni dei miserabili. Non c'è in questo nemmeno l'immagine riflessa della vera giustizia. A questa ho dovuto pensare io".

"Perché colpire quattro giovani donne? Perché non infierire direttamente sui colpevoli?". Lo aveva già spiegato ma la domanda andava ripetuta. Ripetuta all'infinito, fuori dalla consequenzialità del pensiero. Luca non ci fece caso, era pronto a rispondere sempre e comunque.

"Perché la giustizia, la vera giustizia, è equilibrio, Filippo. E la vendetta è la più nobile espressione della giustizia. Sai per quale motivo? Perché la misura di una punizione è la sua proporzionalità al danno ricevuto. Quei porci hanno tolto Lisa e mio padre a me e a mia madre, io ho tolto quattro ragazze alle famiglie, le loro. Con le stesse modalità ma senza macchiarmi della bestialità dello stupro".

"Ti sei abbassato comunque al loro livello", gridò Filippo avvicinandosi.

Luca agitò le braccia.

"No!", replicò con ferocia. "Niente affatto. Due azioni apparentemente uguali possono avere senso completamente diverso".

Dal soffitto giunge il rumore angosciante del vento che premeva contro il tetto. Non pioveva più già da qualche minuto.

"Ho sempre pensato che violenza genera violenza in una spirale di morte che non ha mai fine e che distrugge tutto. È a questo che sei arrivato, Luca? Vuoi distruggere anche te stesso portando a compimento l'annientamento della tua famiglia messo in atto da quei criminali? È questo che vuoi?".

Il medico legale non rispose. Percorse i pochi metri che lo separavano dalla sedia e vi si lasciò cadere sopra.

"Non ho mai avuto alternative e non le ho mai cercate. Non sono pentito di quello che ho fatto. Sarei pronto a ricominciare subito, domani. Vorrei solo che tu capissi, che mi giustificassi".

"E per questo che sono qui?".

"Sì. Comprendere, per quanto nessuno che non abbia vissuto la mia tragedia potrà mai anche solo sfiorare con la mente e con il cuore le ragioni profonde delle mie azioni. Non ti chiedo di tradire le tue convinzioni, ma di comprendere e giustificare le mie. Ho sempre pensato a te come a un amico ed è come amico che ho voluto averti qui stanotte".

Anche Filippo era tornato a sedersi. Pensieri contrastanti coprirono il suo campo visivo.

"Non hai bisogno della mia comprensione se sei certo che ciò che hai fatto sia giusto".

Luca si agitò tradendo la preoccupazione di non essere compreso, di essere lasciato solo a confrontarsi con l'immane compito che si era scelto come destino. Non poteva permettersi un fallimento da quell'incontro su cui aveva posto grandi speranze. Aveva ottenuto ciò che voleva. Le sue azioni sarebbero state ricordate per sempre e la dignità della sua famiglia sarebbe stata salvaguardata per l'eternità. A patto che una persona esterna riconoscesse il senso della sua vendetta.

Si alzò e si accese una sigaretta che tirò fuori da un pacchetto che teneva nella tasca interna della giacca. Ne offrì una. I due fumarono di gusto per qualche minuto, senza dirsi niente e osservando le esili colonne di fumo che si disperdevano nell'aria salendo in alto verso il tetto.

"Sei così sicuro che quattro assassini, uomini senza scrupoli e privi di ogni moralità ed etica possano aver sofferto così come hai sofferto tu?".

Luca sbuffò una nuvola di fumo.

"Sì. E se non hanno sofferto a sufficienza per la morte delle ragazze, soffriranno per gli esiti del processo. A patto che questa volta il processo non venga abortito. Ho passato anni a scandagliare le loro misere vite e le loro famiglie. Mi sono fatto un nome e ho conosciuto le persone giuste che mi hanno fornito le informazioni che cercavo. Le quattro troie sono state scelte con cura".

"Credi davvero che adesso stiano soffrendo? Lo credi davvero?".

"Ma gli è stato anche riferito che le loro quattro beniamine erano delle puttane drogate, morte per overdose dopo aver scopato con chissà chi. Un bello smacco per la bella società pulita e ordinata che ogni domenica riempie i banchi della chiese. Sai che Anna Reggiani era veramente una drogata? Con lei non ho dovuto inventare nulla. Mi ha fornito un valido precedente per riempire di fango l'immagine delle altre tre ragazze. Anna era ricattata: il suo spacciatore la teneva in pugno e la costringeva a prostituirsi ai festini di Villa Cusani in cambio del suo silenzio. I festini... Un giorno me ne hai parlato e io ho finto di non sapere nulla. In realtà, sapevo... Sapevo già tutto".

Occhi iniettati di sangue, di un rosso vivo e improvvisamente molto inquietante. Filippo cercò di provare paura ma non ci riuscì. Era l'ansia della confusione a dominare le sue azioni e la sua psiche. Quella nottata era assurda per tanti motivi e uno di questi era che Luca non avrebbe mai fatto del male né a lui né a Barbara. Ma che ne sarebbe stato di lui? Cosa aveva in mente di fare Luca? Si sarebbe consegnato alla Polizia dopo la fatidica nottata al capannone?

"Probabilmente soffrirebbero di più rinchiusi in un carcere dopo regolare processo e condanna".

Luca scoppiò a ridere fragorosamente.

"È quello che spero dopo che, grazie al tuo aiuto, tutto il marcio che quei quattro nascondono verrà alla scoperta. Ma non illuderti: la giustizia dello Stato non è mai la soluzione. In Italia non c'è alcuna certezza della pena e anche per reati mostruosi come quelli compiuti da quei quattro si sta facendo di tutto per abolire l'ergastolo. Ammesso che fossero finiti dietro le sbarre, cosa che non è successa, quanto credi che sarebbero rimasti dentro? Cinque, dieci, quindici anni? La verità è che la falsa democrazia in cui viviamo riconosce i diritti dei criminali e calpesta i diritti delle vittime e dei loro familiari. Esistono forse categorie diverse di diritti umani? Forse perché le vittime sono persone morte o vivono nel terrore, incapaci di difendersi, sono destinate a non vedersi riconosciuti i loro legittimi diritti? Ma una collettività che non ha rispetto dei morti quanto dei vivi non può dirsi civile. A quale civiltà puoi mai fare riferimento, Filippo?".

Filippo, spiazzato, non rispose. Lentamente, inesorabilmente, tutto il suo essere si trascinò impotente nello spazio delle opinioni di Luca. Iniziava ad essere d'accordo con lui. E ne era sconvolto. Osservò sconcertato Luca dirigersi calmo verso l'appartamento. Uscì qualche secondo dopo reggendo un bicchiere. Dentro ondeggiava un liquido trasparente come acqua.

"Spero che finalmente quei fottuti bastardi siano processati come meritano. Almeno ora. E che soffrano per questo. Ma soprattutto spero che i loro affari illegali vengano fermati. Questo li manderà in bestia, ne sono certo. Roba da fargli schizzare il cervello fuori dalle orbite".

Rise.

"C'è però un'ultima confessione da rendere, Filippo. In una delle stanze interne dell'appartamento, c'è un vero innocente. Un lavoratore della notte, il buttafuori di una discoteca. Lo avranno cercato chissà quanto e dove, poveretti. Ma lui era qui. Purtroppo per lui mi ha visto in faccia quando non era previsto che lo facesse. Ho dovuto sedarlo e metterlo sotto chiave. Ma è vivo e domani potrà tornarsene a casa".

Cosa aveva in mente di fare? Filippo se lo chiese di nuovo. Non trovava alcuna logica nelle parole di Luca. Questi sospirò di nuovo, come un consumato attore alla fine dell'atto.

"Abbiamo finito, Filippo. Non era mai intenzione arrivare a una conclusione definitiva perché non ci sono conclusioni definitive nella vita. Mi basta sapere che hai ascoltato quello che ho detto e hai espresso liberamente i tuoi pensieri. Speravo che comprendessi ma non posso costringerti a farlo. Forse in futuro avrai questa occasione".

L'amarezza avvolgeva la sua voce, lo sguardo fiero e sincero. Filippo non aggiunse altro, non raccontò del calvario che stava vivendo, nel progressivo passaggio dal considerare sbagliate le sue vecchie opinioni all'accettare come legittime quelle del medico legale.

"Ti chiedo un ultimo favore. Bere questa dose di sedativo. Non ti farà del male, puoi fidarti. Ti addormenterai accanto a Barbara. All'alba sarete entrambi svegli e potrete uscire da qui, liberi. Io non ci sarò".

"La Polizia sa che sono qui, Luca. E sa che sei il serial killer. Come puoi pensare di fuggire? E per quanto?".

"Non ho alcuna intenzione di fuggire. Tra poche ore tutto sarà finito. Non ci saranno rocambolesche fughe all'estero o difese ad oltranza con i fucili spianati. Quello che ti chiedo è bere la dose di sedativo e non fare altre domande".

Filippo bevve nell'illusoria speranza che l'indomani avrebbe portato con sé la conclusione di tutta quella terribile storia. C'era la possibilità che Luca intendesse costituirsi. Era un desiderio ingenuo? Un brutto presentimento prese forma nella nebbia dei pensieri. Si accorse che anche l'ingenuità era stata protagonista di quella folle nottata nel capannone del serial killer. Mentre il sedativo faceva effetto, il giornalista ripensò come ossessionato alle ultime parole di Luca.

"Tra poche ore tutto sarà finito". Come? Barcollando si appoggiò a Luca che dolcemente lo accompagnò all'interno dell'appartamento, fino alla camera da letto dove Barbara dormiva ancora, tranquilla. Giaceva sul fianco e respirava debolmente. Decise di non raccomandarsi al futuro. Disteso sul letto, attraverso il velo appannato che calava sugli occhi, Filippo intravide Luca Brivio che lo osservava immobile, sorridendo. Era il sorriso di un bambino. Poi il medico si allontanò. Giunse infine il buio e un sonno senza sogni.

Diciottesimo giorno
Capitolo 54

Il buio iniziò a diradarsi che era da poco spuntata l'alba. Proprio come aveva detto Luca Brivio. Ombrosi raggi di sole penetravano dalle vetrate del tetto del capannone, visibili anche dall'appartamento ricavato in quel gigantesco spazio angusto. Filippo si svegliò con una naturalezza che da tempo non provava. Ebbe la sensazione di aver dormito a lungo e bene. Come era possibile nella situazione in cui si trovava e con quello che Luca Brivio gli aveva fatto ingerire? La razionalità tramortita ebbe la meglio: il benessere lasciò il posto all'angoscia quando la mente riprese il controllo della realtà. Era all'interno del capannone del serial killer.
Barbara giaceva ancora addormentata al suo fianco. Rivide le sequenze più importanti delle ore trascorse a parlare con Luca Brivio. Era vivo, su questo almeno non c'erano dubbi. Accalappiato dal terrore, scosse il corpo di Barbara con la ferma intenzione di svegliarla. La donna grugnì infastidita e con lentezza riprese coscienza. Filippo constatò con sollievo che non era ferita.
"Non ti preoccupare", le sussurrò con dolcezza. "Sono Filippo. È tutto finito".
Si abbracciarono. Ne era certo. Luca non era più lì con loro e probabilmente aveva già da tempo abbandonato il capannone per andare chissà dove.
"Come sei arrivato fin qui?", gli chiese Barbara stropicciando gli occhi e mettendosi faticosamente a sedere a bordo letto.
"Ti ho cercata tutto il giorno e ho capito che ti era successo qualcosa di potenzialmente pericoloso. Quando il commissario Crespi mi ha riferito di aver trovato l'ubicazione del capannone della ditta TecnoEdil, ho subito pensato che lui ti avesse portato qui per convincere me a venire".
Le parole uscivano di bocca con insana facilità e inconsapevolezza. Sapeva di essere sconvolto ma non aveva la forza di lasciarsi andare.
"Lui...lui...", balbettò Barbara in lacrime. "Avevi ragione, Filippo. Non dovevo fidarmi. Grazie per essere venuto a salvarmi. Ieri sera mi ha drogata. Quando mi sono accorta che c'era in me qualcosa che non andava ma non ho potuto reagire".
Lo baciò teneramente. Lei aveva i capelli umidi e odorosi.
"Luca...", mormorò Filippo in cerca di parole comprensibili. "Luca è un amico, Barbara. Mio e tuo. Non ti biasimo se hai scelto di difenderlo. E dopo quello che mi ha raccontato, non sono più sicuro nemmeno io su come giudicarlo".
"Ma è il serial killer!", sbottò la donna. "Ha ucciso quattro donne innocenti!".
Lacrime calme le rigarono il viso, gli occhi arrossati che tremolavano come fiammelle di candele esposte al vento.
"Hai ragione. Ma ce la siamo cavata. Siamo sopravvissuti e Luca non ci ha ucciso".
Barbara si guardò intorno preoccupata.
"Come fai a esserne sicuro? Potrebbe essere ovunque, pronto a ucciderci e mutilarci

come ha fatto con quelle povere ragazze".

Era solo un'ipotesi fantasiosa. In realtà, Filippo pensava che Luca avesse coerentemente deciso di fare ciò che aveva promesso: andarsene.

"No. Non ci accadrà più nulla. Ho parlato con lui e penso di potermi fidare. La sua intenzione era di parlare con me e così ha fatto".

Barbara lo osservò stranita.

"E cosa ti ha detto?", chiese la donna mentre si infilava le scarpe appaiate ai piedi del letto.

"Adesso dobbiamo andarcene da qui", rispose Filippo ignorando la domanda. Si avvicinò alla donna e le sedette accanto.

"Ti ha rapita e sedata. E sono stato sedato anch'io, prima e dopo la lunga chiacchierata. Non è stata una bella esperienza ma so che troveremo il coraggio di affrontarla insieme. Quando sarà il momento ti racconterò tutto".

Barbara si tranquillizzò. La prospettiva di condividere con Filippo un qualsiasi possibile futuro era tutto quello che sentiva di aver bisogno in quel momento.

"Va bene", rispose con calma.

"Posso chiederti un favore?".

"Certo".

"Vorrei che andassi in ospedale, per un controllo. Mi sentirei meglio se lo facessi".

Barbara annuì. Da medico aveva già capito che non c'era nulla di grave nel suo stato fisico e mentale ma un controllo non avrebbe certo fatto male. Filippo calzò le scarpe e si diresse verso la porta ricavata in una delle pareti della camera da letto. La aprì ed entrò in un locale soffocato dall'odore del sangue. Il giornalista riconobbe immediatamente il laboratorio segreto del serial killer. Un brivido freddo gli scese lungo la schiena. Sul tavolo di metallo giaceva immobile il corpo di un uomo sulla trentina, alto e robusto. Con fatica, procedendo di pochi centimetri alla volta, Filippo si avvicinò per constatare che il buttafuori della discoteca respirava calmo.

Decise di lasciarlo dormire in attesa dell'arrivo dei soccorsi.

Uscì dal laboratorio e si diresse in corridoio senza rivolgere l'attenzione a Barbara. Su un ripiano vide due cellulari. Uno era il suo. Ritornò da Barbara e le diede lo smartphone.

"Cosa c'è in quella stanza?", chiese la dottoressa indicando l'ingresso del laboratorio.

"C'è il buttafuori della discoteca che Luca ha sequestrato la sera in cui ha rapito l'ultima delle sue vittime. È vivo, per fortuna".

"Vado a dargli un'occhiata", disse alzandosi la donna.

"Non serve, Barbara. È sotto sedativo. Dorme e non credo sia in pericolo di vita".

Lo guardò con occhi sgranati.

"È lì dentro vero?".

"Cosa?", chiese sorpreso Filippo.

"È lì dentro che ha mutilato le quattro ragazze, vero?".

Filippo annuì incapace di dare altre spiegazioni.

Barbara però non insistette. Accesero i due smartphone. Filippo compose il 118 e diede l'indirizzo del capannone. Chiese la disponibilità di due ambulanze. Poi chiamò Michele Pastrengo e il commissario Crespi. Il ragazzo rispose al primo squillo, sollevato nel sentire la voce dell'amico. Quando uscirono in cortile, Michele era già là, appoggiato alla portiera del Qashqai. Vedendo i due sopravvissuti, corse loro incontro sorridendo e gesticolando.

"Mi devi una notte insonne passata al gelo", disse sorridendo e abbracciando Filippo. Questi raccontò per sommi capi cosa era successo. Altre confidenze avrebbero richiesto il loro tempo per emergere dal subconscio.

"Hai visto per caso qualcuno uscire dal capannone?", chiese Filippo preoccupato.

"Per sicurezza mi sono appostato in fondo alla strada, in un punto strategico. Da lì non ho visto passare nessuno".

"Luca e Barbara sono venuti qui in macchina".

"Un Suv nero", intervenne la dottoressa.

Filippo diede una fugace occhiata al piazzale antistante il capannone.

"L'auto di Luca... Che fine ha fatto?".

Fu Michele a rispondere.

"È parcheggiata sul lato sud del capannone, davanti all'ingresso principale. L'ho vista subito ieri sera quando stavo cercando il luogo isolato dove parcheggiare. Ed è ancora là".

Filippo si girò a guardare il capannone. Una scossa di adrenalina gli attraversò il corpo dalla testa ai piedi.

"Aspettatemi qui".

Corse verso l'ingresso. Dopo aver varcato la soglia, si diresse a sinistra, mettendo piede nel capannone. La luce del giorno illuminava l'ampio spazio rivelando dettagli che la penombra della notte aveva accuratamente nascosto. Le luci dei neon erano ancora tutte accese. Vide le due sedie e un corpo che giaceva a terra supino nello spazio che le divideva. Avvicinatosi, constatò che si trattava di Luca Brivio. Indossava i vestiti della sera precedente, la giacca a terra al suo fianco. La manica sinistra della camicia bianca era rivoltata indietro con cura. Il braccio grigiastro del medico legale sembrava il pezzo di freddo marmo di una statua riversa sul pavimento. A pochi centimetri di distanza c'erano una siringa e una boccetta di vetro vuota.

Suicidio. Avvelenamento. Inginocchiato, Filippo iniziò a piangere disperatamente, senza porre freni alla voce del corpo. Le lacrime portarono via, lentamente, il dolore per la morte dell'amico e tutta la tensione di quei giorni assurdi. Non riuscirono invece a portare via la disperazione per non essere riuscito a confessare a Luca che aveva finalmente compreso le sue ragioni, mosse da un dolore disumano. Adesso capiva il senso delle ultime parole di Luca. "Non ho alcuna intenzione di fuggire. Tra poche ore tutto sarà finito". Che stupido era stato a non comprendere che per Luca il suicidio era da vent'anni un'alternativa plausibile. In lontananza, la realtà che continuava a muovere i suoi lenti passi irruppe sulla scena attraverso il suono assordante delle sirene delle ambulanze in avvicinamento. Il pianto però non accennò a diminuire.

Filippo si fece forza. Camminò avanti e indietro incapace di distogliere lo sguardo e a distanziarsi da quel corpo inerme. Accarezzò delicatamente il viso di Luca ed ebbe la sensazione di toccare un fiore unico e fragile, spezzato dalla forza della tempesta. Quando finalmente uscì in cortile, due medici e tre paramedici in tuta arancione attorniavano Barbara e Michele. Filippo raggiunse il gruppo a testa bassa.

"Cos'è successo?", chiese ansiosa Barbara.

"Luca non è fuggito. Non se ne è mai andato. È dentro il capannone. Morto. Suicida".

Barbara scoppiò a piangere e abbracciò Filippo con tenerezza infantile.

"Non voglio vederlo, Filippo. Ti supplico non farmelo vedere, mai più".

Lui annuì e accostando le labbra a quelle di lei la convinse con parole appena sussurrate a salire sull'ambulanza. Barbara montò a bordo senza protestare.

"C'è un uomo vivo all'interno dell'appartamento. Lo troverete nel laboratorio cui si accede passando dalla camera da letto. È sotto sedativi".

Uno dei medici fece una smorfia e annuì senza scomporsi. Poi si diresse verso il capannone accompagnato da due paramedici.

Barbara gli mise una mano sul braccio.

"Vieni con me, Filippo. Non mi lasciare sola".

La seguì nel vano posteriore dell'ambulanza e si sedette al suo fianco. Aveva pochi secondi a disposizione.

"Non ti lascio sola. Verrò più tardi in ospedale, dopo che avrò parlato con il commissario Crespi. Non posso fare diversamente. Ci sono due uomini là dentro".

Barbara sgranò gli occhi spaventata. Poi si lasciò vincere dalla stanchezza.

"Anche tu hai bisogno di un controllo medico", argomentò nella speranza di convincerlo.

"Più tardi ti raggiungerò al pronto soccorso. Te lo prometto. Tu aspettami là".

Cedette.

"Va bene. Ti aspetterò".

Filippo sorrise con debolezza immane. Barbara ricambiò allo stesso modo.

"Filippo?".

"Sì?".

"C'è una cosa che non sai e che vorrei dirti. Riguarda me e quello che faccio. Ricordi Villa Cusani a Verano Brianza, vero?".

Filippo la guardò pensando che non c'era tempo neanche per quello. Per fortuna, perché non aveva nessuna voglia di affrontare l'argomento.

"Non adesso. Non ti preoccupare. Ci sarà tempo per dirci tutto".

Scese dall'ambulanza e si informò sulla sua destinazione.

"Ospedale di Carate", disse il barelliere.

L'ambulanza lasciò il piazzale proprio mentre stava arrivando la squadra di Crespi. Michele era nel frattempo entrato nel capannone. Quando uscì all'aperto, non fece commenti. Due volanti della Polizia a sirene spiegate scaricarono otto uomini in tutto. I poliziotti si sparpagliarono e iniziarono a ispezionare l'esterno e l'interno del capannone. Crespi puntò diritto su Filippo.

"Stai bene?", gli chiese con sincera apprensione.

"Tutto bene. Sono solo molto stanco. Dentro c'è il cadavere di Luca Brivio e il buttafuori della discoteca che avete cercato invano per giorni. È vivo ma sotto sedativi".

Il commissario sbuffò e appoggiò una mano sulla spalla del giornalista stirando un sorriso forzato. I suoi occhi esprimevano reali sentimenti di partecipazione e comprensione e persino la sensazione di sollievo che l'uomo provava nel vedere Filippo sano e salvo".

"E la dottoressa Longhi?".

"Sconvolta e sotto shock ma niente di grave. Sta andando in ospedale con l'ambulanza che hai incrociato. A Carate Brianza".

"Hai fatto bene. Manderò uno dei miei da lei più tardi".

Crespi volle a tutti i costi conoscere i dettagli di ciò che si erano detti Filippo e il serial killer quella notte.

"Dammi il tempo di elaborare, Franco. Poi avrai la tua esposizione dettagliata".

Il commissario annuì senza troppa convinzione ma accettò il dato di fatto.

"Ho alcune novità da riferirti. Due dei quattro hanno confessato durante la notte".

"Chi?".

"Pietro Brambilla e Angelo Sala. A questo punto il processo per l'assassino di Lisa Brivio e di suo padre nonché per tutti i reati di cui la banda si è resa colpevole è inevitabile. Mi ha anche chiamato l'avvocato Lucia Zanata. Le querele nei tuoi confronti e contro il giornale sono state annullate. Ha cercato di mettersi in contatto con te ma eri evidentemente irraggiungibile".

Irraggiungibile anche per me stesso, pensò Filippo demoralizzato.

"Il processo rappresenta una vittoria per Luca Brivio. Mi dispiace che non sia qui con noi a godersi questo momento".

Crespi sospirò.

"Filippo, stai parlando di un serial killer che ha ucciso e mutilato quattro donne innocenti".

"Ha agito per vendetta, non per crudeltà fine a se stessa. Ciò non cambia i fatti ma almeno li inquadrano in una diversa prospettiva, quella di un uomo disperato alla ricerca della vera giustizia".

Crespi preferì non replicare. Si accese una sigaretta e sparò l'ultima cartuccia.

"Qualcosa per lui almeno ho fatto. Ho evitato di pubblicare le informazioni riguardanti le autopsie falsificate e la falsa identità. Non potevo rischiare che i quattro lo trovassero e si sbarazzassero di lui".

Crespi non commentò. Cambiò invece discorso.

"Ci sono novità anche per quanto riguarda la ragazza di Usmate che ha rischiato di essere violentata e uccisa. Ricordi il caso che stavo seguendo prima del ritrovamento del corpo di Anna Reggiani all'Arengario?".

"Certo".

"Ebbene, i mandanti della tentata violenza sono ancora loro quattro. Che hanno pagato due pregiudicati per fare gli stupratori. La ragazza è una prostituta che vuole lasciare il giro. Ora è in una casa famiglia, lontano da qui. Ieri, vincendo le resistenze e la

paura, ha accettato di parlare. Ricostruendo i fatti e muovendo le giuste pedine sono arrivato ai due pregiudicati che dopo un'ora di interrogatorio hanno vuotato il sacco".
C'erano ancora alcuni particolari da chiarire. Filippo non poté a fare a meno di approfittare dell'occasione.
"E per quanto riguarda la prostituta trovata uccisa alla periferia di Monza?".
Crespi tirò una boccata alla sigaretta prima di lasciar cadere il mozzicone a terra.
"Capitolo chiuso. Il sospettato numero uno, il professor Sicumeri, ha confessato tutto, compreso il giro di festini a Villa Cusani. Spaccio di droga e prostituzione. Li teniamo in pugno i festaioli".
Anche Barbara Longhi prima o poi sarebbe stata interrogata. Franco Crespi lo sapeva ma preferì non entrare nei dettagli sorvolando cavallerescamente sulla cosa. Filippo apprezzò la delicatezza del commissario. Ripensò alle parole della dottoressa e alla sua ansia di rilevargli particolari in merito alla villa del sesso e della droga. Decise che valeva la pena tentare di capirci qualcosa.
"Hai saputo chi, la prima sera in cui io e Michele siamo entrati a Villa Cusani, ha cercato di stanarci?".
Crespi rifletté sull'opportunità di rispondere, lì in quel momento. Avrebbe preferito anche lui chiedere i tempi supplementari.
"Sicumeri è un tipo loquace. Mi dispiace doverti dire che la donna era Barbara Longhi. L'uomo invece è un tal Mario Zinca, una specie di guardiano del gruppo. Anche lui assiduo frequentatore della villa. Il suo nome compare nel taccuino che hai trovato quella sera. Come quello della dottoressa Longhi, del resto".
L'ultima rivelazione riguardava Marcello Sperlonghi, l'uomo che aveva aggredito Filippo davanti a casa.
"Continua a non fare nomi ma sappiamo che dietro c'è un mandante. Prima o poi parlerà".

Franco Crespi e Filippo si salutarono mentre il sole iniziava a innalzarsi spandendo energia tiepida da un cielo tornato sereno. Il giornalista montò a bordo del crossover di Michele che, lasciato il piazzale del capannone, imboccò la strada che conduceva a sud, verso Carate Brianza. Non si girò a guardare indietro. Attaccò il cellulare e diede indicazioni ai colleghi della redazione per iniziare a impostare l'edizione speciale della Gazzetta, che sarebbe uscita il giorno seguente. Il direttore lo colmò di affetto e attenzioni e si disse pronto a dargli carta bianca su come imbastire il resoconto completo della vicenda legata al serial killer. Filippo si concesse un barlume di contentezza, convinto che ora non avrebbe omesso nulla nel raccontare la vera storia di Luca Brivio e della sua sfortunata famiglia, distrutta da quattro criminali e da una giustizia inesistente.
Mancavano pochi chilometri all'ospedale di Carate quando ricevette la telefonata di Lucia Zanata. La donna gli comunicò ciò che già sapeva: la querela di Domenico Reggiani aveva perso valore. Svanita nel nulla. C'era da scommettere che sarebbe successa la stessa cosa con quella intentata da Angelo Sala. Dal cellulare uscì una voce fredda e

metallica che improvvisamente si addolcì quando Filippo raccontò ciò che gli era successo e dove si trovava. Lucia si dimostrò molto comprensiva e lo invitò a un incontro risanatore. Quando cessò la telefonata, Michele stava entrando nel parcheggio del pronto soccorso.

Filippo non sapeva come avrebbe agito con Barbara nei minuti, nelle ore e nei giorni seguenti. E neppure sapeva come doveva comportarsi con Lucia. Cosa avrebbe pensato di Barbara se gli avesse chiesto esplicitamente di iniziare finalmente una relazione? E Lucia Zanata? Cosa si aspettava da lui? Non sapeva nulla ma non provava rabbia contro se stesso. Su tutto troneggiava come un faro la tragica fine di Luca Brivio, la sua incredibile storia, la storia di un amico infelice e coraggioso, lucidamente e tragicamente determinato. Immagini di morte si sovrapposero a flash di vita, i momenti trascorsi insieme, i dialoghi a volte aperti e genuini, in altre occasioni più riservati. Vita normale lungo un arco di tempo troppo breve. Alla fine, Filippo si concesse il lusso di prestare attenzione solo agli umori che gli riempivano la bocca. Umori densi e corposi che avevano consistenza solida e amara. Umori dal forte sapore, il sapore del freddo.

INDICE

www.ingramcontent.com/pod-product-compliance
Lightning Source LLC
Chambersburg PA
CBHW061239120726
48001CB00001B/47